राजा राम मोहन राय

राजा राम मोहन राय

एम॰ कुमार
दीप्ति शर्मा

अर्जुन पब्लिशिंग हाउस

राजा राम मोहन राय

प्रथम संस्करण, 2026

ISBN 978-81-8330-248-7

प्रकाशक :

अर्जुन पब्लिशिंग हाउस

4831/24, गोविन्द लेन

अंसारी रोड, दरियागंज

नई दिल्ली—110002

फोन : 23272541, 23242541

e-mail : arjunbooks2001@gmail.com

टाइपसेटिंग :

सिमरन कम्प्यूटर्स

दिल्ली–110092

प्रिन्टर्स :

मिलन इंटरप्राइजेस

दिल्ली

भूमिका

राजा राम मोहन राय के धार्मिक, सामाजिक, आर्थिक और विशेष रूप से राजनीतिक विचारों को भली-भाँति समझने के लिए उनके चिन्तन की पृष्ठभूमि अर्थात् उन तत्वों का अन्वेषण करना आवश्यक है जिनका प्रत्यक्ष या अप्रत्यक्ष प्रभाव उन पर पड़ा था। राजा राम मोहन राय के घर का वातावरण न सिर्फ धार्मिक था बल्कि यह आस्था के आधार पर वैष्णव व शाक्त में विभक्त भी था। यही स्थिति बंगाली समाज की थी। यह समाज भी तर्कहीन धार्मिक परम्पराओं की जंजीरों में जकड़ा हुआ था और इसका प्रत्येक सदस्य अपने-अपने धर्म, सम्प्रदायों व देवताओं से श्रेष्ठ सिद्ध करने का प्रयत्न कर रहा था। राजा राम मोहन राय पर इसका नकारात्मक प्रभाव पड़ा। वे पूरी तन्मयता के साथ हिन्दू समाज की अबौद्धिक परम्पराओं तथा रीति-रिवाज़ों को ध्वस्त करने के लिए दृढ़ निश्चयी हुए। ईसाई, बौद्ध व जैन धर्म ने उन्हें उदारवादी-मानवतावादी बनाया।

लगभग 17 भाषाओं के ज्ञान के कारण राजा राम मोहन राय विभिन्न धर्मों—हिन्दू, मुस्लिम, ईसाई व यहूदी—के आधारभूत धर्मग्रन्थों को पढ़ने में सफल हुए। अरबी-फ़ारसी भाषा के ज्ञाता होने के कारण ही वे मूल कुरान के साथ-साथ युक्लिड की ज्यामिति एवं अरस्तू के अरबी अनुवाद का अध्ययन करने में सफ़ल हुए। इसके अतिरिक्त, मुताज़िलों, मुवाहिदियों व सूफी साहित्य की रचनाओं का गहन अध्ययन-मनन भी उन्होंने किया था। उनके एकेश्वरवाद पर कुरान व बाइबिल का प्रत्यक्ष प्रभाव देखा जा सकता है। इसी प्रकार मुताज़िलों की तार्किकता से राममोहन राय काफी प्रभावित हुए थे किन्तु सबसे बड़ा प्रभाव अंग्रेज़ी साहित्य पर पड़ा। 'कम्पनी' की सेवा में रहते हुए उन्होंने अपने अधिकारी जॉन डिग्वी से इस भाषा का ज्ञान प्राप्त कर जब ब्रिटिश व पश्चिमी साहित्य व दर्शन का अध्ययन किया तो स्वतन्त्रता, समानता व विवेकपूर्ण दृष्टिकोण से

सम्पन्न एक नवीन दुनिया उनके आँखों के समक्ष खुल गई। इस नवीन ज्ञान के आलोक में भारतीय समाज का अज्ञान व पिछड़ापन और अधिक तीक्ष्णता के साथ उद्घाटित हुआ जिसे दूर करना ही राजा राम मोहन राय के जीवन का उद्देश्य बन गया।

प्रस्तुत पुस्तक की विषय-वस्तु छात्रों एवं प्राध्यापकों के लिए अत्यन्त ही उपयोगी सिद्ध होगी। पुस्तक की भाषा अत्यन्त सरल है जो पढ़ने में रोचकता प्रदान करती है।

एम. कुमार
दीप्ति शर्मा

अनुक्रमणिका

*****

1

जीवन परिचय

यूरोप में मध्ययुग के समापन की प्रक्रिया वस्तुत: 1453 ई. में कांस्टेन्टिनोपोल के पतन के पश्चात् प्रारम्भ होती है जिसने फ्लोरेन्स (इटली) को आधार बनाकर पुनर्जागरण (Renaissance) को जन्म दिया। 1517 ई. में जर्मनी के मार्टिन लूथर ने ईसाई चर्च-संगठन में सुधार की माँग प्रस्तुत की जिससे धर्मसुधार (Reformation) का आगमन हुआ। इन दोनों प्रवृत्तियों ने मिलकर यूरोप को मध्यकालीन अन्धकार से बाहर निकाला।

भारत के संदर्भ में यही कार्य राजा राममोहन राय ने किया। वे जिस अवधि का प्रतिनिधित्व करते हैं वह भारतीय इतिहास का अन्धकारतम युग कहा जा सकता है। 1757 ई. के प्लासी युद्ध के बाद अंग्रेजों को न सिर्फ राजनीतिक प्रभुत्व की स्थापना का मार्ग हासिल हुआ अपितु भारतीय सामाजिक संरचना, नैतिक व धार्मिक मूल्यों तथा हिन्दू-मुस्लिम संस्कृतियों का सामना एक ऐसी सशक्त सभ्यता व संस्कृति से हुआ जिसने सम्पूर्ण भारतीय जनमानस को झकझोर कर रख दिया। हिन्दू-मुस्लिम राजनीतिक सत्ता व संस्कृति का द्विपक्षीय संघर्ष त्रिकोणात्मक संघर्ष बन गया जिसमें ईसाई संस्कृति अपने बौद्धिक व राजनीतिक शक्ति के साथ सम्मिलित हो गई। इस अव्यवस्थित, अन्धकारपूर्ण और किंकर्तव्यविमूढ़ अवस्था में भारतीय समाज को विद्या, विवेक, स्वाभिमान और स्वतंत्रता की प्रकाश-ज्योति दिखलाने का काम जिस व्यक्ति ने किया उसी का नाम है-राजा राममोहन राय, जिन्हें 'आधुनिक भारत का पैगम्बर' (The Prophet of Modern India) कहा जाता है[1]।

प्रचलित मान्यता के अनुसार राममोहन राय का जन्म 22 मई, 1772 को बंगाल के हुगली ज़िले के राधानगर गाँव में एक धर्म प्रेमी ब्राह्मण रमाकांत राय के पुत्र के रूप में हुआ था[2]। उनके कट्टर हिन्दू परिवार में जहाँ पिताजी वैष्णव मत के अनुसरणकर्ता

थे, वहीं माता जी (तारिणी देवी) शाक्त सम्प्रदाय में आस्था रखती थीं। अपनी प्रारम्भिक शिक्षा पूर्ण करने के बाद राममोहन राय अपने पिता के निर्देशानुसार पटना चले गए जहाँ उन्होंने अरबी व फ़ारसी भाषा का अध्ययन किया। उनके बहुआयामी व्यक्तित्व के निर्माण के दृष्टिकोण से इस घटना को वास्तविक प्रस्थान बिन्दु माना जा सकता है क्योंकि अब वे कुरान व सूफी चिन्तन के मूलग्रन्थों को बिना किसी माध्यम के पढ़ सकते थे। कालान्तर में उन्होंने इसी उद्देश्य से संस्कृत,[3] अंग्रेजी, ग्रीक तथा हिब्रू भाषाओं का ज्ञान भी प्राप्त किया और जिस प्रकार 20वीं शताब्दी में मैक्स वेबर (1864-1920) ने विश्व के प्रमुख धर्मों-हिन्दूधर्म, बौद्धधर्म, कन्फ्यूशियस धर्म, यहूदी धर्म, इस्लाम धर्म व ईसाई धर्म-का तुलनात्मक अध्ययन प्रस्तुत कर 'धर्म के समाजशास्त्र' को समझने का प्रयत्न किया, उसी प्रकार राममोहन राय ने भी विभिन्न भाषाओं के अध्ययन द्वारा विभिन्न धर्मों के आधारभूत तत्वों की खोज़ करने की कोशिश की एवं जिसके आधार पर उन्होंने 'एकेश्वरवाद का सिद्धान्त' प्रतिपादित किया।

1811 ई. में एक ऐसा घटनाक्रम उपस्थित हुआ जिसने उनके जीवन की दिशा ही बदल दी। जब राममोहन राय के बड़े भाई जगमोहन राय का निधन हुआ तब उन्होंने परिवार व समाज के द्वारा अपनी भाभी को सती (Sati) बनने के लिए बाध्य होते देखा। "राममोहनराय ने अपने भाई की विधवा की उसके पति की चिता पर अनिच्छुक मौत (Unwilling Death) को देखा, इससे भावात्मक व बौद्धिक विद्रोह एक साथ उत्प्रेरित हुए और स्वयं को उन्होंने एक ऐसे पथ पर चलते हुए पाया जो इतना सूना (Lonely) था मानो किसी पराक्रमी चेतना ने उसे सदैव के लिए कुचल दिया हो।[1]"

राममोहन राय इस घटना से न सिर्फ द्रवित व दुःखित हुए अपितु इस निर्मम परम्परा के उन्मूलन हेतु हरसम्भव प्रयास करने का संकल्प भी लिया, जिसके कारण उन्हें पुरातनपंथी परिवार व समाज के व्यापक विरोध का सामना भी करना पड़ा। वास्तव में तार्किक दृष्टिकोण के चलते राममोहन राय का अपने पिता व परिवार से सम्बन्ध सदैव ही तनावपूर्ण रहा जिसके परिणामस्वरूप उन्होंने घर त्याग कर भ्रमण करना प्रारम्भ किया। इसी क्रम में वे तिब्बत पहुँचे। वहाँ भी उन्होंने देखा कि बौद्ध धर्म के समर्थक मूर्तिपूजा में संलग्न हैं जबकि स्वयं महात्मा बुद्ध मूर्तिपूजा के विरोधी थे। पिता के देहावसान के उपरान्त राममोहन राय मुर्शिदाबाद लौट आए और 1803 से 1814 ई. तक ईस्ट इण्डिया कम्पनी के अधीन शिरिश्तेदार (दीवान) के पद पर कार्य करते रहे।[2]

1815 ई. में कलकत्ता वापस आकर उन्होंने 'आत्मीय सभा' (Atmiya Sabha) का गठन किया, जिसका मूल उद्देश्य बंगाल के बुद्धिजीवी वर्ग को एक ऐसा 'प्लेटफार्म' प्रदान करना था जहाँ वे एकत्रित होकर धार्मिक, नैतिक व सामाजिक मुद्दों पर तार्किक ढंग से विचार-विमर्श कर सकें। कुरान, बाइबिल व सूफी विचारधारा के अध्ययन के बाद उन्हें एकेश्वरवाद में पूर्ण आस्था हो गई थी और इस आस्था के सुव्यवस्थित प्रचार-प्रसार के हेतु उन्होंने 1821 ई. में "The Calcutta Unitarian Association" की स्थापना की परन्तु निश्चित रूप से राजा राममोहन राय द्वारा स्थापित ब्रह्म समाज (Brahmo Samaj) सर्वाधिक सफल व सुविख्यात संस्था थी जिसकी स्थापना 28 अगस्त, 1828 को हुई थी[3]।

1829 ई. में सती प्रथा निषेध क़ानून पर भारतीय समाज में होने वाले विरोध के दबाव में न आने के लिए ब्रिटिश सांसदों को समझाना ज़रूरी था। इसी ध्येय से राममोहन राय ने लंदन के लिए प्रस्थान किया। यह यात्रा 1830 ई. में प्रारम्भ हुई[4]। लंदन में उनकी मुलाकात प्रसिद्ध उपयोगितावादी ब्रिटिश विचारक जेरमी बेन्थम (1748-1832) और इंग्लैण्ड में समाजवादी विचारों को लोकप्रिय बनाने वाले राबर्ट ओवन (1771-1853) से हुई। बेन्थम ने उन्हें 'अपार प्रशंसित तथा मानवता की सेवा में संलग्न परम प्रिय सहयोगी' कहकर सम्मान दिया और उनके अंग्रेजी भाषा के ज्ञान के सम्बन्ध में विचार व्यक्त किया कि "राममोहन की भाषा इतनी पूर्णता प्राप्त है कि इसे सहज ही किसी अंग्रेज की रचना माना जा सकता है[2]।"

ब्रिटेन की यात्रा के इसी क्रम में राममोहन राय अन्ततः ब्रिस्टल (Bristol) पहुँचे, जहाँ वे मस्तिष्क नाड़ियों के सूजन (Meningitis) की बीमारी के शिकार हो गए और 'नवीन भारत के निर्माता' और 'भारतीय पुनर्जागरण के अग्रदूत' राजा रामामोहन राय 'बहादुर' का 27 सितम्बर, 1833 को असामयिक निधन हो गया। श्री द्वारकानाथ टैगोर ने 1843 ई. में राममोहन राय की समाधि को निर्मित कराया जिस पर लिखा हुआ है कि-'इस पत्थर के नीचे राजा रामामोहन राय के अवशेष हैं-(जो) एक पुण्यात्मा तथा ईश्वरत्व की एकता में विश्वास करने वाले एक दृढ़निश्चयी व्यक्ति थे, जिन्होंने एकमात्र 'दैवीय चेतना' की आराधना में, पूर्ण समर्पण के साथ अपने जीवन का उत्सर्ग कर दिया[3]।"

राममोहन राय के विचारों की पृष्ठभूमि

(Background of Rammohan Roy's Thought)

राजा राममोहन राय के धार्मिक, सामाजिक, आर्थिक और विशेष रूप से राजनीतिक विचारों को भली-भाँति समझने के लिए उनके चिन्तन की पृष्ठभूमि अर्थात् उन तत्वों

का अन्वेषण करना आवश्यक है जिनका प्रत्यक्ष या अप्रत्यक्ष प्रभाव उन पर पड़ा था।

इस क्रम में सर्वप्रथम उल्लेख उस परिवेश का करना चाहिए जिसमें उनका जन्म व पालन-पोषण हुआ। रामामोहन राय के घर का वातावरण न सिर्फ धार्मिक था बल्कि यह आस्था के आधार पर वैष्णव व शाक्त में विभक्त भी था। यही स्थिति बंगाली समाज की थी। यह समाज भी तर्कहीन धार्मिक परम्पराओं की जंजीरों में जकड़ा हुआ था और इसका प्रत्येक सदस्य अपने-अपने धर्म सम्प्रदायों व देवताओं से श्रेष्ठ सिद्ध करने का प्रयत्न कर रहा था। राजा राममोहन राय पर इसका नकारात्मक प्रभाव पड़ा। वे पूरी तन्मयता के साथ हिन्दू समाज की अबौद्धिक परम्पराओं तथा रीति-रिवाजों को ध्वस्त करने के लिए दृढ़ निश्चयी हुए। ईसाई, बौद्ध व जैन धर्म ने उन्हें उदारवादी-मानवतावादी बनाया।

लगभग 17 भाषाओं के ज्ञान के कारण राजा राममोहन राय विभिन्न धर्मों-हिन्दू, मुस्लिम, ईसाई व यहूदी-के आधारभूत धर्मग्रन्थों को पढ़ने में सफल हुए। अरबी-फ़ारसी भाषा के ज्ञाता होने के कारण ही वे मूल कुरान के साथ-साथ युक्लिड की ज्यामिति एवं अरस्तू के अरबी अनुवाद का अध्ययन करने में सफल हुए। इसके अतिरिक्त मुताजिलों, मुवाहिदियों व सूफी साहित्य की रचनाओं का गहन अध्ययन-मनन भी उन्होंने किया था। उनके एकेश्वरवाद पर कुरान व बाइबिल का प्रत्यक्ष प्रभाव देखा जा सकता है। इसी प्रकार मुताजिलों की तार्किकता से राममोहन राय काफी प्रभावित हुए थे किन्तु सबसे बड़ा प्रभाव अंग्रेजी साहित्य का पड़ा। 'कम्पनी' की सेवा में रहते हुए उन्होंने अपने अधिकारी जॉन डिग्वी से इस भाषा का ज्ञान प्राप्त कर जब ब्रिटिश व पश्चिमी साहित्य व दर्शन का अध्ययन किया तो स्वतन्त्रता, समानता व विवेकपूर्ण दृष्टिकोण से सम्पन्न एक नवीन दुनिया उनके आँखों के समक्ष खुल गई। इस नवीन ज्ञान के आलोक में भारतीय समाज का अज्ञान व पिछड़ापन और अधिक तीक्ष्णता के साथ उद्घाटित हुआ जिसे दूर करना ही राममोहन राय के जीवन का उद्देश्य (Mission) बन गया।

इंग्लैण्ड प्रवास के अन्तर्गत उनकी मुलाकात राबर्ट ओवन से भी हुई थी लेकिन ओवन का काल्पनिक समाजवाद राजा राममोहन राय को अपने आकर्षण में नहीं बाँध सका[1] किन्तु निश्चित रूप से वे जेरमी बेंथम के विचारों से प्रभावित हुए थे। प्रो. बी.बी. मजूमदार के अनुसार, 'राममोहन राय के चिन्तन में प्राकृतिक अधिकारों के समर्थन का अभाव तथा विधियों के संहिताकरण (Codification) की माँग की पृष्ठभूमि में बेंथम का प्रभाव' स्पष्टतः परिलक्षित होता है[2]।

भारत की स्वतन्त्रता की माँग न करने के बाद भी राममोहन राय ने निरंकुश शासन के स्थान पर संवैधानिक व लोकतान्त्रिक व्यवस्था का समर्थन किया जो इस बात का संकेत है कि उन्होंने किसी न किसी रूप में ब्लैकस्टोन, मांटेस्क्यू, ह्यूम व जॉन लॉक के विचारों का भी अध्ययन किया था। प्रो. वी.पी. वर्मा के अनुसार राजा राममोहन राय पर वाल्तेयर तथा वोल्नी का भी प्रभाव प्रकट हो होता है क्योंकि वाल्तेयर के समान ही उन्होंने व्यक्तियों को चार वर्गों में विभाजित किया है–

1. जो धोखा देते हैं,
2. जो धोखा खाते हैं,
3. जो धोखा देते हैं और धोखा खाते हैं,
4. जो न तो धोखा देते हैं और न ही धोखा खाते हैं[1]।

इसके अतिरिक्त प्रो. वर्मा का यह भी मानना है कि अन्धविश्वासों के अस्तित्व व कारणों की खोज में ऐतिहासिक तत्वों की अपेक्षा मनोवैज्ञानिक तत्वों को अधिक महत्व प्राप्त होना इस तथ्य का संकेत करता है कि उन पर लॉक तथा ह्यूम का प्रभाव था[2]।

राममोहन राय के विचारों के व्यापक विश्लेषण हेतु उनकी अधोलिखित रचनाओं का अध्ययन अत्यन्त महत्वपूर्ण होगा–

1. तुहफत–उल–मुवाहिदीन (A Gift to the Monotheists)
2. The Abstracts of the Arguments Regarding the Burning of Widows Considered as Religious Rite.
3. The Modern Encroachment on the Ancient Right of Females According to Hindu Law of Inheritance (1882).
4. The Judicial and Revenue Systems of India (1832).
5. The Indian Peasantry.
6. Remarks on Settlement in India by Europeans (1813).
7. The Precepts of Jesus (1823).
8. Appeal to the Christian Public (1823).
9. The Ideal Humanity of Jesus (1823).

10. Right of Hindus over Ancestral Property According to the Law of Bengal.

11. Vedanta Sara (1816).

12. Trust Deed of the Sabha (1828)[1]

राममोहन राय के विचारों को प्रस्तुत करने से पूर्व उन वैचारिक चुनौतियों को जानना महत्वपूर्ण होगा जिसका सामना भारतीय समाज कर रहा था और जिससे स्वयं राममोहन राय को जूझना था। 1818 ई. के चतुर्थ व अन्तिम आंग्ल-मराठा युद्ध के बाद ब्रिटिश सत्ता ने भारत के बड़े भू-भाग पर अपना प्रभुत्व स्थापित कर लिया। ये अंग्रेज अपने साथ ज्ञानोदय, प्रकृतिवाद और 19वीं शताब्दी के प्रत्यक्षवाद (Enlightenment, naturalism and ninteenth century's positivism) ले आए थे। मुग़लों की धर्म व संस्कृति अलग तो थी लेकिन उसने भारतीय हिन्दू समाज में नवीन चिन्तन को उद्वेलित नहीं किया, जबकि अंग्रेजों के सम्पर्क के उपरान्त भारतीय समाज को अपनी परम्परागत मान्यताओं के पुनर्निरीक्षण के लिए विवश होना पड़ा। ये चुनौतियाँ मूलतः तीन क्षेत्रों में थीं[2]–

1. एक चुनौती उस भारतीय नैतिक दृष्टिकोण व व्यवहारों की थी जिसमें जातीय-भेदभाव जैसी व्यवस्थाएँ प्रचलन में थीं। अंग्रेज स्वतंत्रता, समानता व व्यक्ति के अधिकारों की बात कर रहे थे।

2. दूसरी चुनौती हिन्दू धर्म को मिली। पश्चिमी विद्वानों को लगता था कि ईसाई धर्म के सरल व स्पष्ट स्वरूप के विपरीत हिन्दू धर्म कठिनता से समझ में आने वाले विश्वासों की एक अव्यवस्था (Barely intilligible chaos of beliefs) है।

3. भारतीयों को उस दार्शनिक व्यवस्था से भी चुनौती मिली जो वास्तविकता की व्याख्या प्राकृतिक या यथार्थवादी शब्दावली में (In naturalistic terms) करना चाहता था। उसे "चिन्तनात्मक अन्तःज्ञान या ज्ञान तक रहस्यात्मक पहुँच" के सहारे की ज़रूरत नहीं थी।

जहाँ तक भारतीय बुद्धिजीवी वर्ग का प्रश्न है, उनकी स्थिति अत्यधिक विचित्र थी। वे भारतीय सामाजिक व धार्मिक मापदण्डों, आदर्शों तथा मान्यताओं में परिवर्तन की आवश्यकता महसूस करते थे परन्तु परम्पराओं के बंधन से स्वयं भी पूरी तरह मुक्त नहीं थे, उन्हें पश्चिम की धर्मनिरपेक्ष दृष्टि आकर्षित करती थी लेकिन वे जिस परिवेश में रह रहे थे वह व्यापक रूप से धार्मिक था। इस स्थिति में ही राजा राममोहन

राय का आगमन होता है जो ब्रिटिश चिन्तन की तार्किकता, ईसाई धर्म की नैतिक मान्यताएँ तथा ज्ञानोदय की प्रवृत्तियों से प्रभावित थे। उन्होंने परम्परागत भारतीय समाज को आधुनिक युग की मान्यताओं के अनुरूप बदलने का संकल्प लिया, किन्तु प्राचीन हिन्दू परम्परा की पूर्ण उपेक्षा द्वारा नहीं, अपितु प्राचीन व आधुनिक विश्वासों के तर्कपूर्ण सामंजस्य के माध्यम से। उन्होंने वेदों, बाइबिल, उपनिषदों, गीता व कुरान को अपने सुधारवादी प्रयत्नों का आधार बनाया।

राममोहन राय के धर्म सम्बन्धित विचार
(Rammohan Roy's Idea About Religion)

ईसाई धर्म व इस्लाम के दर्शन का साक्षात्कार करने के उपरान्त राजा राममोहन राय के लिए हिन्दुत्व की पुनर्व्याख्या करना आवश्यक प्रतीत होने लगा। बाल गंगाधर तिलक के विपरीत उनका विश्वास है कि भारतीय समाज में राजनीतिक जागृति उत्पन्न करने के लिए उन सामाजिक और धार्मिक कुरीतियों को समाप्त करना नितान्त आवश्यक है जो राजनीतिक सुधार को भी बाधित करती हैं। जड़ता को खत्म किए बगैर गतिशीलता असंभव है।

बहुदेववाद का खण्डन

इस दिशा में सर्वप्रथम उन्होंने हिंदू धर्म के बहुदेववाद अर्थात् 'अनेकीश्वरवाद' (Polytheism) का खण्डन किया। अपने अध्ययन व अनुभव के आधार पर वे इस निष्कर्ष पर पहुँचे कि हिन्दू समाज में स्वीकृत बहुदेववाद की मान्यता से न सिर्फ विभिन्न प्रकार की धार्मिक पद्धतियों व विविध अनुष्ठानों का विकास हुआ है अपितु साथ-साथ अनेक धार्मिक सम्प्रदायों में विभाजित होने के कारण हिन्दू समाज की 'एकता' भी ध्वस्त हो चुकी है। इस्लाम में 'तौहीद' (ईश्वर की एकता) की अवधारणा तथा ईसाई धर्म में एकमात्र ईश्वर की परिकल्पना ने राममोहन राय को एकेश्वरवाद की तरफ बढ़ने के लिए प्रोत्साहित किया। सूफी साहित्य में भी उन्हें एकेश्वरवाद के दर्शन हुए क्योंकि सूफी दर्शन मानता है कि "अल्लाह एक है, यह सृष्टि उसके द्वारा निर्मित है और उसी में निहित है।" राममोहन राय ने एकेश्वरवादी दर्शन (Monotheism)को फ़ारसी (Persian) में रचित पुस्तक-'तुलफत-उल-मुवाहिदीन' के माध्यम से प्रस्तुत किया[1]।

उन्होंने तथ्यात्मक ढंग से इस स्थापना को लोकप्रिय बनाने का प्रयास किया कि सभी धर्म एक विश्वव्यापी धर्म के अंग हैं व तात्विक दृष्टि से एक हैं। इस एकता

का मूलाधार यह है कि ईश्वर एक और केवल एक है जिसे अलग-अलग धर्मों में पृथक-पृथक संज्ञाएँ (नाम) प्राप्त हैं। 'बौद्धिकता से रहित' धर्मों को छोड़कर प्राय: सभी धर्मों व समाजों में एक ईश्वर की मान्यता में विश्वास किया जाता है।

इस प्रकार राममोहन राय मानते है कि हिन्दू समाज द्वारा बहुदेववाद में विश्वास करना उस समाज व धर्म के 'अतार्किकता तथा अन्धविश्वास' से जुड़ जाने का प्रमाण है जिसके फलस्वरूप भारतीय समाज अनेक धार्मिक सम्प्रदायों में विभक्त हो चुका है, जबकि दुनिया के अन्य समाजों की स्थिति अलग है। वे कहते हैं-'मैंने विश्व के दूरस्थ भागों की यात्राएं की...। और मैंने पाया कि वहाँ के निवासियों में उस एक ईश्वर के अस्तित्व में विश्वास के प्रति सामान्य सहमति है, जो इस जगत् के निर्माण का स्रोत तथा इसका शासनकर्ता है।'' ''मैं इस निष्कर्ष पर पहुँचा हूँ कि मनुष्यों में एक शाश्वत सत्ता के प्रति सामान्य झुकाव पाया जाता है और यह (निष्कर्ष) मानवता के समस्त व्यक्तियों पर समान रूप से लागू होता है[1]। अत: हिन्दू समाज को भी एकेश्वरवाद की मान्यताओं को स्वीकार कर लेना चाहिए।

इसका यह अर्थ नहीं है कि वे एकेश्वरवादी अवधारणा का प्रतिपादन केवल ईसाई धर्म के प्रभाव में कर रहे थे। वे बाइबिल पढ़ने से पूर्व कुरान व सूफी साहितय पढ़ चुके थे और 'तौहीद' अर्थात 'ईश्वर की एकता' एवं एक अल्लाह की धारणा से परिचित हो चुके थे[2]। वाराणसी से संस्कृत का ज्ञान प्राप्त करने के उपरान्त वे प्राचीन धर्म साहित्य व ग्रंथों का अवलोकन करने एवं इस्लाम व ईसाई धर्म से उसकी तुलना करने में सफल हुए। उन्होंने विशेषत: उपनिषदों तथा 'गीता' का अध्ययन किया। वेदान्त के माध्यम से भी वे एकेश्वरवाद पर विश्वास करने लगे। उनके अनुसार 'ब्रह्म' *(Brahman)* ही एकमात्र सत्य है। व्यक्ति की 'आत्मा' (Atman) इसी 'ब्रह्म' का एक अंश है अत: दोनों अलग-अलग दृष्टिगत होने पर भी एक हैं। ईश्वर शाश्वत, एकल तथा अकथनीय (Ineffable) है। अपने अज्ञान *(avidhya)* के कारण ही व्यक्ति ईश्वर के 'अभेदत्व' को समझ नहीं पाते[3]।

फिर भी यह निर्विवाद रूप से सत्य है कि ईसाई धर्म ग्रन्थों के अध्ययन के बाद उन्हें ईसा मसीह की शिक्षाओं तथा ईसाई नैतिकता से विशेष लगाव हो गया। स्वयं उनके ही शब्दों में, ''मेरी जानकारी में जितने भी धर्म सिद्धान्त हैं, उनमें से ईसा मसीह के सिद्धान्तों को मैंने नैतिकता के अधिक अनुरूप तथा बुद्धिजीवियों के अधिक अनुकूल पाया है।'' राममोहनराय ईसाई धर्म की निम्नलिखित मान्यताओं के पूर्ण समर्थक हैं-

1. मनुष्य को ईश्वर पर विश्वास–पूर्ण विश्वास–रखना चाहिए तथा उसकी पूजा सच्चे हृदय से करनी चाहिए।

2. प्रत्येक व्यक्ति से प्रेम करना चाहिए तथा सबको अपना भाई-बंधु मानकर उनके अपराधों को क्षमा कर देना चाहिए।

3. कर्म-काण्ड के स्थान पर पवित्र व सरल आचरण अपनाना चाहिए व नैतिकता का दृढ़ता से पालन करना चाहिए।

ईसाई धर्म के प्रति व्यापक आस्था रखने के बावजूद राममोहन राय न तो हिन्दू धर्म का उन्मूलन चाहते है और न ही हिन्दू समाज का ईसाईकरण ही उन्हें पसन्द हैं। वस्तुतः वे एक तार्किक व्यक्तित्व के स्वामी हैं और चाहते हैं कि हिन्दू धर्म की असंगत व अतार्किक मान्यताएँ परिवर्तित होकर अपने शुद्ध व वास्तविक स्वरूप को ग्रहण करें। ईसाई धर्म को भी उन्होंने एक आलोचनात्मक दृष्टि से ही विश्लेषित किया। वे ईसा मसीह को दिव्य मानने से इंकार करते हैं। इसी प्रकार 'पिता, पुत्र व पवित्र चेतना' (Father, Son and Holy Ghost)[2] के 'त्रिमूर्ति' के सिद्धान्त को भी राजा राममोहन राय स्वीकार नहीं कर सके।

'एक' निराकार, शाश्वत व दयालु ईश्वर की विचारधारा के प्रचार-प्रसार हेतु सिर्फ सैद्धान्तिक तर्क ही नहीं अपितु व्यावहारिक प्रयत्न की भी आवश्यकता थी। इसके लिए राममोहन राय ने 1815 ई. आत्मीय सभा, 1821 ई. में कलकत्ता एकेश्वरवादी संघ तथा 1828 ई. में ब्रह्म समाज की स्थापना की। सौभाग्य से उन्हें विलियम गेट्स व विलियम एडम जैसे उदार व सहयोगी ईसाई मिशनरी भी मिले जिन्होंने भरपूर सहयोग प्रदान किया। मैक्समूलर के अनुसार विलियम एडम तो इतने प्रभावित थे कि वे स्वयं ही एकेश्वरवादी हो गए।[2]

बहुदेववाद का खण्डन करने के उपरान्त राममोहन राय ने मूर्तिपूजा (Idolatry) को अपनी आलोचना का केन्द्र बनाया। ऐसा नहीं है कि वे केवल हिन्दू धर्म में प्रचलित मूर्तिपूजा का विरोध करते हैं बल्कि वे सामान्य रूप से इस अवधारणा के ही विरोधी हैं कि मूर्तिपूजा धर्मानुकूल है। इसीलिए उन्होंने तिब्बत यात्रा के अन्तर्गत बौद्धों द्वारा किए जाने वाले बुद्ध की मूर्ति की आराधना को बौद्ध धर्म के प्रतिकूल बताकर आलोचना की क्योंकि महात्मा बुद्ध कर्मकाण्ड व मूर्तिपूजा के प्रबल विरोधी थे।

जहाँ तक हिन्दू धर्म का प्रश्न है उसकी स्थिति तो और भी विचित्र थी क्योंकि बौद्ध धर्म तो बुद्ध की मूर्ति तक ही सीमित था जबकि हिन्दू धर्म में प्रत्येक देवता की मूर्तिपूजा की जाती है[3]। सामान्यत: मूर्तिपूजा के समर्थकों द्वारा इसके पक्ष में दो तर्क प्रस्तुत किए जाते थे–

1. अलग-अलग देवताओं की मूर्तियों का पूजन एकेश्वरवाद के प्रतिकूल नहीं है क्योंकि परम ब्रह्म एक है।

2. मूर्तिपूजा से कोई नुकसान नहीं है। मूर्ति ध्यान के केन्द्रण में सहायक होती है।

राजा राममोहन राय का प्रत्युत्तर यह था कि आध्यात्मिक स्तर पर स्वीकृत 'ब्रह्म' की अवधारणा उस समय प्रभावहीन प्रमाणित होती है जब हम पाते हैं कि हिन्दुओं और उनके विभिन्न सम्प्रदायों के अपने पृथक देवी-देवता हैं जिनका अन्य देवताओं से स्वतंत्र अस्तित्व है। अत: इसे एकेश्वरवाद के अनुकूल सिद्ध नहीं किया जा सकता। उनके अनुसार मूर्तिपूजा न केवल एक ग़ैर वैदिक परम्परा है अपितु यह हानिकारक भी है क्योंकि यह विविध धार्मिक सम्प्रदायों व उनके समर्थकों में संघर्ष का कारण बनती है। राजा राममोहन राय के शब्दों में 'अनेकानेक सम्प्रदायों में विभाजित' ये भक्तगण अपने मान्यताओं से इतनी दृढ़ता से सम्बद्ध होते हैं कि हरिद्वार जैसे पवित्र धार्मिक स्थलों पर भी ये अपनी वरीयताओं का परित्याग नहीं कर पाते और आमना-सामना होने पर संघर्ष व अपशब्दों का आदान-प्रदान करने लगते हैं। अपनी संस्था 'ब्रह्म समाज' के माध्यम से राममोहन राय ने मूर्तिपूजा के विरुद्ध आवाज़ उठाई और आजीवन इस बुराई के विरुद्ध संघर्ष करते रहे। उन्होंने अलग-अलग मूर्तियों की पूजा के स्थान पर ईसाई समाज में प्रचलित सामूहिक प्रार्थना की परम्परा को स्वीकार करने का आह्वान किया।

कर्मकाण्ड एवं पुरोहितवाद का खण्डन–

वास्तव में राममोहन राय का सम्पूर्ण प्रयास इस ध्येय से प्रेरित था कि हिन्दू समाज जीवन के अन्य क्षेत्रों के समान धार्मिक क्षेत्र में भी तार्किक दृष्टिकोण अपनाएं अन्यथा अन्धविश्वासों से मुक्ति सम्भव नहीं है। वे लोगों को नास्तिक बनाना अथवा धार्मिक परम्पराओं में उनकी आस्था को कमज़ोर करना नहीं चाहते किन्तु वे यह भी जानते हैं कि समय के प्रवाह के साथ हिन्दू धर्म में कुछ ऐसी अबौद्धिक परम्पराओं

का समावेश हो गया है जिनके उन्मूलन के बिना वास्तविक 'आनन्द' की प्राप्ति नहीं हो सकती। इसके लिए आवश्यक है कि सही व ग़लत धार्मिक मान्यताओं के अन्तर को पहचाना जाए और सही परम्परा का पालन किया जाए, तभी व्यक्ति व समाज 'सुखी व प्रसन्न' रह सकेंगे। अतः धार्मिक मामलों में भी विवेक का प्रयोग ज़रूरी है और केवल उन्हीं परम्पराओं को अपनाना चाहिए जो तर्कपूर्ण हों तथा सच्चे धर्म की कसौटी पर खरी उतरती हों। राममोहन राय के शब्दों में, "उन व्यक्तियों का समाज सुखी होता है जो... किसी के भी प्रति पक्षपात रहित होकर, विभिन्न व्यक्तियों द्वारा स्वीकृत धर्म के विविध सिद्धान्तों की सत्यता एवं असत्यता के अन्वेषण के लिए अधिकतम संभव सीमा तक प्रयत्न करते हैं।[1]"

इस प्रकार आनन्द की प्राप्ति हेतु एक सच्चे आस्तिक को सच्चे धर्म की अनुपालना करनी चाहिए। इसके लिए उसके पास एक तर्कपूर्ण आलोचनात्मक दृष्टि होनी चाहिए ताकि वह उन आधारभूत मान्यताओं का भी सूक्ष्म निरीक्षण कर सके जो समाज में सर्वमान्य हैं क्योंकि संभव है कि सर्वमान्य धार्मिक परम्पराएँ भी तार्किक दृष्टि से असत्य हों। उनका यह विचार उन्हें ज्ञानोदय की मूल चेतना से जोड़ देता है।

अन्ततः राजा राममोहन राय के उस विचार को प्रस्तुत करना भी आवश्यक है जिसमें उन्होंने **पुरोहितवाद का खण्डन** किया है। इस बिन्दु पर उनके विचारों में धर्म-सुधार आन्दोलन (Reformation) की प्रतिध्वनि सुनाई देती है। मार्टिन लूथर ने चर्च व पादरी वर्ग का विरोध करते हुए प्रतिपादित किया था कि एक व्यक्ति बाइबिल द्वारा निर्देशित पथ का अनुसरण करते हुए स्वयं ही ईश्वर से सम्पर्क कर सकता है एवं ईश्वर के कृपा (Grace of God) की प्राप्ति कर सकता है उसे चर्च या पोप के मध्यस्थता की ज़रूरत नहीं है। राममोहन राय भी इस बात का समर्थन करते हैं अर्थात् उनकी मान्यता है कि ईश्वर के आराधना की लिए मूर्ति या पुजारी की आवश्यकता नहीं है। ईश्वर दयालु है और वह व्यक्तियों से दयालुता, सादगी व सरलता की माँग करता है, कर्मकाण्ड, चमत्कार या हिंसा की नहीं।

राममोहन राय इस तथ्य से अत्यन्त क्षुब्ध तथा चिन्तित हैं कि हिन्दू समाज में कुछ व्यक्ति 'चमत्कारी' होने का दावा करके साधारण जनमानस की धार्मिक आस्थाओं का शोषण करते हैं। उन्होंने हिन्दू धर्म के अनुयायियों को सावधान करते हुए कहा कि स्वयं ईश्वर भी किसी असंभव वस्तु का निर्माण नहीं कर सकता और न ही अपनी अलौकिक शक्तियों के प्रदर्शन के लिए वह किसी व्यक्ति को माध्यम बनाता

है। सम्पूर्ण घटनाएँ 'कार्य-कारण संबंध' की प्रतिफल होती हैं। यदि बौद्धिक दृष्टि से कारणों का समझा जाए तो कोई भी व्यक्ति इस निष्कर्ष पर पहुँच जाएगा कि चमत्कार (Miracle) या अप्राकृतिक घटनाएँ हमारे अज्ञान एवं अनुभवहीनता का परिणाम हैं। वास्तव में राममोहन राय हिन्दू समाज में जादू-टोना व तन्त्र-मन्त्र के प्रभाव को समाप्त करना चाहते हैं। व्यक्ति अपनी विभिन्न इच्छाओं की पूर्ति के लिए तथाकथित तान्त्रिकों व चमत्कारियों के पास जाते हैं और मूर्ख बनते हैं।

वे एक ऐसे धर्म का विकास चाहते थे जो उसके अनुकरणकर्ताओं को सम्पूर्ण संकीर्णताओं से मुक्ति प्रदान करे तथा जाति, धर्म, रंग व स्थान के भेदभाव से ऊपर उठकर व्यक्ति, एक-दूसरे के कल्याण व समृद्धि के लिए प्रयत्नशील हों, न कि निजी स्वार्थ के लिए। इसीलिए उन्हें सूफीमत की निम्नलिखित शिक्षाएँ बहुत आकर्षित करती थीं-इनका वे अक्सर उल्लेख करते थे-

1. ईश्वर दयालु एवं पितातुल्य है। तुम भी अपने मित्रों के प्रति दयालुता और शत्रुओं के प्रति सज्जनता का व्यवहार करो।

2. ईश्वर अल्लाह एक है और वही सत्य है।

3. सभी धर्म एक सत्य धर्म के अंश हैं।

4. मानवता की सेवा ही ईश्वर की सेवा है।

संक्षेप में, वे चाहते हैं कि हिन्दू धर्म में इस प्रकार सुधार किया जाए कि अन्य धर्मों के साथ इसका अन्तर्विरोध समाप्त हो जाए तथा यह धर्म सच्चे अर्थों में मानवतावादी धर्म का स्वरूप धारण कर सके।

समाज सुधार एवं शिक्षा संबंधित विचार

(Idea About Social Reform and Education)

राजा राममोहन राय धार्मिक सुधारों के साथ-साथ सामाजिक सुधारों के भी प्रणेता हैं। उन्होंने वर्तमान सामाजिक व्यवस्था के स्थान पर किसी नवीन सामाजिक संरचना का आदर्श प्रस्तावित नहीं किया अपितु वे तत्कालीन समाज में प्रचलित बुराइयों को समाप्त कर उसे बौद्धिक, वैज्ञानिक व सबसे महत्वपूर्ण मानवतावादी आधार प्रदान करने के इच्छुक थे।

जाति-व्यवस्था का खण्डन

उनके विचारानुसार हिन्दू समाज में प्रचलित जाति-व्यवस्था सर्वाधिक अमानवीय परम्परा है[1]। उन्होंने वेदों के अनुशीलन के आधार पर यह प्रमाणित किया कि मूल वैदिक परम्परा में जाति व्यवस्था का अभाव था और जातीय आधार पर मनुष्यों को उच्च या निम्न मानने की अवधारणा किसी भी सच्चे धर्म का अंग नहीं हो सकती। पुरोहित वर्ग ने अपने निहित स्वार्थों के लिए जाति व्यवस्था को दैवीय स्वरूप प्रदान किया ताकि पवित्र ईश्वरीय व्यवस्था मानकर व्यक्ति इसका अनुसरण करते रहें और जातीय श्रेष्ठता की पद-सोपानात्मक व्यवस्था कायम रहे।

भारतीय चिन्तकों का एक वर्ग ऐसा था जो सामाजिक पिछड़ेपन को राजनीतिक पतन से अलग करके देखता था जबकि राममोहन राय का मानना है कि हमारी राजनीतिक कमज़ोरी का मूल कारण ही सामाजिक जीवन की अतार्किक जाति व्यवस्था है जिसने समाज-हिन्दू समाज-को अनेक जातीय स्तरों में विभक्त कर दिया है जिससे हिन्दू समाज की एकता का विखण्डन तथा साहस का अन्त हो गया। उन्होंने भारतीयों को जातीय संकीर्णताओं से ऊपर उठने तथा इस बुराई को दूर करने के लिए अन्तर्जातीय विवाहों को बढ़ावा देने का आह्वान किया। उन्होंने शैव सम्प्रदाय का उदाहरण देते हुए कहा कि शैव-विवाह की मान्यतानुसार विवाह हेतु वंश, उम्र या जाति कोई आधार नहीं होती। किसी भी रूप में जातीय निर्योग्यता का पालन एक सामाजिक कलंक है। श्रेष्ठता का संबंध गुणों से है, जन्म से नहीं।

किन्तु यदि हम राममोहन राय को स्त्री-मुक्ति का पैगम्बर कहें तो इसमें कोई अतिशयोक्ति नहीं होगी। जिस प्रकार एथेंस के परम्परागत समाज में प्लेटो ने महिला-पुरुष समानता का उद्घोष किया था उसी प्रकार राममोहन राय आधुनिक भारत के प्रथम विचारक हैं जिन्होंने शास्त्रीय आधार पर स्त्रियों को पुरुषों से निम्न मानने की परम्परा का खण्डन किया।

जाति-प्रथा का विरोध-

विशेषतः सतीप्रथा के उन्मूलन में उनकी ऐतिहासिक भूमिका सर्वाधिक वन्दनीय एवं उल्लेखनीय है। 19वीं शताब्दी के प्रारम्भिक दो दशकों में बंगाल के गवर्नर जनरल-लार्ड मिण्टो (1807-13), मार्क्यूज ऑफ हेस्टिंग्स (1813-23) तथा लार्ड एमहर्स्ट (1823-28) ने सती प्रथा को रोकने का विचार किया किन्तु 'उन्हें ऐसे किसी कानून के लागू हो जाने की व्यावहारिकता पर संदेह था। उन्हें इस बात का

भी भय था कि इससे सेना के सिपाहियों में असंतोष उत्पन्न हो सकता है[1]। फिर भी, 5 दिसम्बर, 1812 ई. को शासन द्वारा एक प्रस्ताव पारित किया गया जिसका उद्देश्य अमानवीय सती-प्रथा को नियन्त्रित करना था। इस कानून के अनुसार सोलह वर्ष से कम उम्र की हिन्दू विधवा अथवा गर्भवती महिला का सती बनना अवैध घोषित किया गया। 16 वर्ष की उम्र से अधिक आयु वाली विधवा पूर्णतः स्वेच्छा से सती बन सकती थी। लेकिन ये प्रयत्न अप्रभावशाली प्रमाणित हुए क्योंकि जैसा कि तत्कालीन बंगाल के निचले क्षेत्र (Lower Bengal) के पुलिस अधीक्षक मि. एवर (Mr. Ewer) का कहना था कि "भूखे ब्राह्मणों और स्वार्थी संबंधियों की भीड़ से घिरी हुई विधवा" के लिए सती बनने या न बनने के प्रश्न पर विचार करने के लिए न तो समय होता था और न ही विरोध करने का साहस[1]।

इस परिवेश में राजा राममोहन राय सती-प्रथा के विरुद्ध संघर्ष करने के लिए दृढ़प्रतिज्ञ हुए। इस प्रथा के खिलाफ उन्होंने 1818 ई. में एक निबन्ध लिखकर इसे अमानवीय तथा अधार्मिक घोषित किया। अमानवीय इसलिए क्योंकि इसमें जीवित इंसान को उसकी इच्छा के विरुद्ध जलाया जाता है एवं अधार्मिक इसलिए क्योंकि वेद या उपनिषद से सती-प्रथा का समर्थन नहीं होता। उन्होंने सती प्रथा के समर्थकों के इस तर्क को अस्वीकार कर दिया कि सती प्रथा को हिन्दू धर्म के सिद्धान्तों द्वारा प्रोत्साहित व स्वीकृत (Recognised and encouraged by the doctrines of the Hindu religion) किया गया है। राममोहन राय के अनुसार सती-प्रथा आधारभूत हिन्दू धर्म ग्रन्थों द्वारा स्थापित या समर्थित न होकर परम्परा द्वारा विकसित है, जिसके पीछे मूल कारण महिलाओं की आर्थिक दृष्टि से दयनीय स्थिति थी। विधवाओं के प्रति समाज का अपमानजनक व्यवहार भी सती प्रथा के विकास का सहायक तत्व माना जाना चाहिए क्योंकि सामाजिक उपेक्षा की कटुता की उपस्थिति एवं आर्थिक आत्मनिर्भरता के अभाव में उसे अपना जीवन अन्धकारपूर्ण लगता था। उनके अनुसार, "पुरुष प्रधान समाज ने जानबूझ कर महिलाओं को शिक्षा तथा सम्पत्ति के अधिकारों से वंचित किया है। उदाहरण के लिए याज्ञवल्क्य बृहस्पति तथा नारद संहिताओं में स्त्री को अपने पिता व पति दोनों की ही सम्पत्ति में एक निश्चित हिस्सा प्रदान किया गया है[2]।"

यही कारण है कि यद्यपि राममोहन राय ने 1829 ई. में लागू सती-प्रथा निषेध क़ानून, जो लार्ड विलियम बेंटिक (1828-35) के शासन काल में लागू किया गया

था, को 'अपरिपक्व' (Premature) कहने के बावजूद इंग्लैण्ड जाकर इस क़ानून का समर्थन किया क्योंकि स्वयं उनका विचार भी यही था कि सती प्रथा एक स्त्री के जीवन जीने के अधिकार का हनन करने के कारण, एक अमानवीय परम्परा है जिसे 'हत्या' के समतुल्य माना जाना चाहिए। इसलिए राममोहन राय ने स्त्रियों को 'शिक्षा का अवसर' तथा 'संपत्ति में विधिक अधिकार' प्रदान करने की पुरज़ोर माँग की ताकि वे आत्मविश्वास व आत्मनिर्भरता से परिपूर्ण होकर अपने प्रति किए जाने वाले अन्याय एवं अत्याचार का विरोध करने में समर्थ हो सकें। उन्होंने कन्या - विक्रय तथा बहु-विवाह का भी तीव्र विरोध किया। याज्ञवल्क्य संहिता का उद्धरण देते हुए उन्होंने कहा कि एक हिन्दू पुरुष को, जिसकी स्त्री जीवित है, कुछ विशेष परिस्थितियों, जैसे संतानहीन रहना, असाध्य रोग से पीड़ित होने या मादक द्रव्यों के सेवन में ही पुनः विवाह की अनुमति दी गई है। अतः भोग विलास मात्र के लिए अनेक विवाह करना धार्मिक दृष्टि से असंगत तथा नैतिक दृष्टि से ग़लत है क्योंकि इससे महिलाओं की स्थिति और भी दयनींय बन जाती है।

शिक्षा

राममोहन राय ने अज्ञान को ही समस्त बुराइयों का जड़ माना। अतः यदि व्यावहारिक स्तर पर सामाजिक, धार्मिक अथवा राजनीतिक सुधारों को तार्किक आधार प्रदान करना है तो इसके लिए वर्तमान शिक्षा प्रणाली में व्यापक परिवर्तन अपरिहार्य है। अपने विशद अध्ययन व विश्लेषण के उपरान्त उन्हें पश्चिमी समाज की प्रगति का रहस्य मालूम हो गया जो उनकी आधुनिक शिक्षा व्यवस्था में अन्तर्निहित है।

उनके विचारानुसार रूढ़िवादिता, अबौद्धिक परम्पराओं, रहस्यों व चमत्कारों में अतार्किक आस्था इत्यादि से मुक्ति के लिए परम्परागत भारतीय शिक्षा पाठ्यक्रम में आधुनिक वैज्ञानिक व उदारवादी शिक्षा को सम्मिलित करना आवश्यक है। इसीलिए जब 1813 के चार्टर एक्ट में ब्रिटिश शासन ने संस्कृत शिक्षा को बढ़ावा देने का निश्चय किया तो राममोहन राय ने इसका विरोध करते हुए कहा कि "यदि ब्रिटिश संसद की इच्छा यह है कि भारत अन्धकार में रहे तो इसके लिए संस्कृत शिक्षा सर्वश्रेष्ठ है, किन्तु शासन का लक्ष्य भारतीयों को अच्छा बनाना है, अतः सरकार को एक उदारवादी शिक्षा का प्रचार-प्रसार करना चाहिए जिसमें गणित, रसायन विज्ञान, शरीर-रचना शास्त्र (Anatomy) तथा प्राकृतिक दर्शन (Natural Philosophy) तथा अन्य व्यावहारिक व लाभदायक विज्ञान समाहित हों, और निश्चित वेतन

पर इन विषयों का अध्यापन करने वाले विद्वान भर्ती किए जाएँ एवं महाविद्यालय खोले जाएँ।[1]"

वास्तव में राजा राममोहन राय ने समय के बदलाव का पूर्व आकलन कर लिया था। भविष्य के द्रष्टा के रूप में उन्होंने अनुभव कर लिया कि भारत का उद्धार परम्परागत संस्कृत शिक्षा से नहीं अपितु पाश्चात्य वैज्ञानिक शिक्षा पद्धति से होगा। इसका यह अर्थ नहीं है कि वे प्राचीन हिन्दू साहित्य व दर्शन को अर्थहीन मानते थे। इसके विपरीत उन्हें अपने पूर्वजों की उपलब्धियों पर गर्व था। उनके शब्दों में, "यदि बुद्धिमता की रश्मि (Ray of Intillegence) से उनका (पश्चिमी विद्वानों) तात्पर्य यान्त्रिक कलाओं से है तो हक़ीकत में उनके प्रति आभार प्रकट करने को तैयार हूँ। लेकिन यदि वे विज्ञान, साहित्य और धर्म के क्षेत्र की बात करते हैं तो मैं किसी प्रकार से ऋणी नहीं हूँ।... विश्व मेरे पूर्वजों के प्रति उस ज्ञान के लिए अधिक आभारी है जो पूर्व (East) में प्रारम्भ हुआ और बुद्धि की देवी की अनुकम्पा से हमारे पास एक दार्शनिक एवं समृद्ध भाषा है जो हमें उन देशों से अलग कर देती है जो वैज्ञानिक तथा भावात्मक विचारों को अभिव्यक्त करने के लिए [illegible] भाषा की सहायता के बग़ैर अपना काम नहीं चला सकते।"

इसलिए उन्होंने जहाँ एक तरफ 1816 ई. में डेविड हेयर (David Hare) एवं अलेक्जेण्डर डफ (Alexander Duff) के साथ मिलकर कलकत्ता में हिन्दू कॉलेज को स्थापित किया वहीं दूसरी ओर वेदान्त कॉलेज की नींव भी रखी जिसमें पाश्चात्य विषयों के साथ भारतीय वेदान्त दर्शन की शिक्षा भी दी जाती थी। उन्होंने वेदों व उपनिषदों को बंगाली व अंग्रेजी भाषा में अनुवादित किया ताकि विद्वत वर्ग के साथ-साथ आम जनता भी इनका अध्ययन कर सके। 1835 ई. में मैकाले की सहायता से लार्ड विलियम बेंटिक ने भारत में जब अंग्रेजी शिक्षा को लागू किया उस समय राममोहन राय जीवित नहीं थे तथापि भारत में आधुनिक शिक्षा प्रणाली को लागू करने की आवश्यकता महसूस करने वाले वे पहले भारतीय थे। फलत: शिक्षा के क्षेत्र में भी उन्हें आधुनिक उदारवादी शिक्षा (भारत के संदर्भ में) का अग्रदूत माना जाना चाहिए।

❑❑❑

2

राममोहन राय के राजनीतिक विचार

राजा राममोहन राय को विश्वास था कि सामाजिक, धार्मिक व शैक्षिक क्षेत्रों को पुनर्संगठित करके राजनीतिक क्षेत्र में अपेक्षित परिवर्तन लाए जा सकते हैं। इसलिए उन्होंने स्वयं को विशेषत: ग़ैर राजनीतिक सुधारों के प्रति समर्पित रखा। फिर भी वे राष्ट्रीय व अन्तर्राष्ट्रीय राजनीति व राजनीतिक घटनाक्रमों के प्रति व्यापक सतर्क है और समय-समय पर राजनीतिक व संवैधानिक मुद्दों पर अपना विचार व्यक्त करते रहे। इस स्थल पर इस तथ्य को विस्मृत नहीं करना चाहिए कि यद्यपि वे हीगल व बेंथम के समकालीन थे तथापि उन्हें व्यवस्थित राजनीतिक चिन्तक नहीं कहा जा सकता। वस्तुत: वे एक सुधारक थे और ब्रिटिश शासन के अधीन भारतीय प्रशासन में कुछ ऐसे सुधार चाहते थे ताकि भारतीय समाज व नागरिक पश्चिमी लोकतान्त्रिक उदारवादी परम्परा से लाभान्वित हो सकें। इस दृष्टिकोण से वे भारत में उदारवादी राष्ट्रवाद के प्रवर्तक थे जिसका अनुसरण भारतीय राष्ट्रीय कांग्रेस (1885 ई.) की प्रारम्भिक पीढ़ी गोपाल कृष्ण गोखले, दादा भाई नौरोजी, दीनशा वाचा इत्यादि ने किया।

अधिकार एवं स्वतंत्रता

एक उदारवादी चिन्तक के रूप में राममोहन राय को व्यक्तियों के नागरिक अधिकारों (Civil Rights) से विशेष लगाव है। उन्होंने इन अधिकारों का व्यवस्थित संपादन तो नहीं किया और न ही जॉन लॉक के समान प्राकृतिक अधिकारों (Natural Rights) की चर्चा की, तथापि ब्रिटिश शासन से वे जिन नागरिक अधिकारों की अपेक्षा रखते थे उसके आधार पर कहा जा सकता है कि जीवन, स्वतंत्रता व संपत्ति के अधिकारों को वे व्यक्तियों के लिए आवश्यक मानते हैं। इसके अतिरिक्त समझौते की स्वतंत्रता तथा 'भू-सम्पत्ति पर उत्तराधिकार' को भी उन्होंने मान्यता दी।

वे यह भी चाहते हैं कि महिलाओं को उनके पिता व पति की भू-सम्पत्ति में हिस्सा मिले।

वे एक आध्यात्मिक व्यक्ति थे और हिन्दू धर्म में प्रचलित कर्मकाण्डों व अबौद्धिक परम्पराओं के आलोचक होने के बावजूद आजीवन एक हिन्दू बने रहे। लेकिन एक विचारक के रूप में उन्होंने धार्मिक सहिष्णुता की उदारवादी मान्यता का समर्थन करते हुए इस बात पर बल दिया कि प्रत्येक व्यक्ति को उसकी आस्थानुसार किसी भी धर्म को मानने का अधिकार होना चाहिए तथा शासन को धर्म-निरपेक्ष दृष्टि अपनाते हुए अपने नागरिकों के साथ किसी भी क्षेत्र में किसी प्रकार का भेदभाव नहीं करना चाहिए। इसी प्रकार प्रत्येक व्यक्ति को शिक्षा व संपत्ति का अधिकार भी है। वे संपत्ति के वंशानुगत अधिकार के समर्थक हैं। इस बिन्दु पर सर्वाधिक महत्वपूर्ण बात यह है कि राजा राममोहन राय पुरुषों के समान ही महिलाओं के अधिकारों के भी समर्थक हैं। उन्होंने स्त्रियों की दयनीय स्थिति का मूल कारण अशिक्षा व संपत्ति अधिकार के अभाव को ही माना।

प्रेस की स्वतंत्रता

राजा राममोहन राय को आत्मा की रचनात्मकता से असीम लगाव है। ब्रह्म का अंश होने के कारण आत्मा स्वतंत्र एवं विवेकपूर्ण है। इसी तर्क के आधार पर व्यक्ति भी विवेकवान है, अतः व्यक्तियों को विचार व अभिव्यक्ति की स्वतंत्रता मिलनी चाहिए। चूँकि उस समय प्रेस विचारों की अभिव्यक्ति के सर्वाधिक सशक्त माध्यम थे, इसलिए राममोहन राय ने प्रेस की स्वतंत्रता का तीव्र समर्थन किया। राममोहन राय को विश्वास है कि इससे कोई हानि नहीं होती अपितु दोहरा लाभ अवश्य होता है–

1. व्यक्ति अपने विचार को अभिव्यक्ति प्रदान करते हैं,
2. सरकार को जनमत की जानकारी मिलती रहती है।

यही कारण है कि जब बंगाल के तत्कालीन गवर्नर जनरल जॉन एडम्स (John Adams) ने 1823 ई. में यह अध्यादेश जारी किया कि दैनिक या साप्ताहिक किसी भी प्रकार के समाचार पत्र या पत्रिकाओं के प्रकाशन के लिए सपरिषद् गवर्नर जनरल की पूर्व अनुमति (लाइसेंस) प्राप्त करना होगा, तब राममोहन राय ने इस अध्यादेश को कलकत्ता के सर्वोच्च न्यायालय में चुनौती दी। सर्वोच्च न्यायालय द्वारा याचिका

अस्वीकार किए जाने के उपरान्त उन्होंने ब्रिटिश सम्राट जॉर्ज IV (1820-30 ई.) के समक्ष अपील प्रेषित की। इसके माध्यम से राममोहन राय ने तर्क दिया कि प्रेस की स्वाधीनता क्रान्ति का कारण नहीं बनती है। इसके विपरीत यह ऐतिहासिक सत्य है कि जहाँ जनमत को वास्तविकता से दूर रखने के प्रयासों के क्रम में प्रेस या विचाराभिव्यक्ति को सीमित या प्रतिबंधित किया गया है, वहीं क्रान्तियाँ भी हुई हैं। समाज का बुद्धिजीवी वर्ग शासन-कार्यों का मूल्यांकन करता है और उन्हीं अधिकारियों की आलोचना करता है जिन्होंने अपनी सत्ता का दुरुपयोग किया है। स्वयं राममोहन राय के ही शब्दों में-''स्वतंत्र प्रेस ने संसार के किसी भी हिस्से में क्रान्ति को कभी भी जन्म नहीं दिया है। इसका कारण यह है कि प्रेस के माध्यम से व्यक्ति स्थानीय अधिकारियों के आचरण से उत्पन्न होने वाली शिकायतों को उच्चतम शासन के समक्ष पेश कर सकते हैं और उन्हें (शिकायतों को) दूर करवा सकते हैं।''

उनका मानना है कि जब लोग अपनी समस्याओं को उच्च अधिकारियों तक नहीं पहुँचा पाते और जब उनकी शिकायतों का निस्तारण नहीं हो पाता तब क्रान्ति, हिंसक प्रदर्शन व परिवर्तन की परिस्थितियाँ निर्मित होती हैं। संभव है कि शासन बलपूर्वक इन क्रांतियों को दबा दे फिर भी जनता के मन-मस्तिष्क में अन्तर्निहित असंतोष उन्हें 'सदैव विद्रोह हेतु' तत्पर बनाए रखता है। अत: यदि सरकार को इन विषम परिस्थितयों से बचना है तो उसे राज्य में प्रेस की स्वतंत्रता को स्वीकार करना होगा। इस प्रकार राजा राममोहन राय विचार व अभिव्यक्ति की स्वतंत्रता पर लगाए जाने वाले प्रतिबन्धों को अनुचित मानते थे[1]।

फिर भी, वे प्रेस की निरपेक्ष स्वतन्त्रता के समर्थक नहीं हैं। उनका मानना है कि संकटपूर्ण परिथितियों में सरकार समाचार पत्रों के प्रकाशन को नियन्त्रित कर सकती है, किन्तु सामान्य परिस्थितियों में प्रेस की स्वतन्त्रता पर प्रतिबंध आरोपित करना अनुचित है। उनके शब्दों में-''यह कहने की ज़रूरत नहीं है कि असाधारण संकट के वक्त जिन प्रतिबन्धों को आरोपित करने का अधिकार दिया जा सकता है, शान्तिकाल में उनके प्रयोग को कभी भी उचित नहीं माना जा सकता।'' इस प्रकार असामान्य स्थितियों में किसी सांघातिक हानि से बचने के लिए विचार अभिव्यक्ति अथवा समाचार पत्रों की स्वतंत्रता पर उचित प्रतिबन्ध लगाए जा सकते हैं लेकिन सामान्य अवस्था में प्रेस को स्वाधीन रखना चाहिए। यह शासकों व शासितों, दोनों के लिए लाभप्रद है।

राष्ट्र की स्वतंत्रता

व्यक्ति के लिए अधिकार एवं स्वतंत्रताओं की माँग करने वाले विचारक के लिए राष्ट्र की स्वाधीनता पर अपना मत व्यक्त करना स्वाभाविक ही था। सामान्य रूप से हम राममोहन राय को व्यक्तियों व राष्ट्रों की स्वाधीनता का समर्थन करते हुए पाते हैं। उदाहरण के लिए 1821 ई. में जब नेपल्स (इटली) में लोकतान्त्रिक आन्दोलन का दमन[1] तथा एक निरंकुश सरकार की स्थापना हुई तो उन्होंने इस घटनाक्रम को दुर्भाग्यपूर्ण घोषित करते हुए इस पर गहरी निराशा प्रकट की। लोकतान्त्रिक मूल्यों में उनकी आस्था का प्रमाण उस वक्त भी देखने को मिलता है जब 1823 ई. में उन्होंने अपने मित्रों को इस खुशी में कलकत्ता में सामूहिक रात्रि भोज पर आमंत्रित किया कि स्पेन के निरंकुश नियन्त्रण से दक्षिणी अमेरीकी उपनिवेश स्वतंत्र हो गए थे। ऐसी ही प्रसन्नता का इज़हार 1830 ई. में द्वितीय फ्रांसीसी क्रान्ति के समय देखने को मिलता है। 1827 ई. में तुर्की की नवारिनो युद्ध में पराजय से यूनान की स्वतंत्रता का मार्ग प्रशस्त होने तथा 1832 में इंग्लैण्ड में सुधार अधिनियम के पारित होने की घटनाओं का उन्होंने हृदय से स्वागत किया क्योंकि ये घटनाएँ स्वतंत्रता-प्रेमी व्यक्तियों की इच्छाओं एवं संघर्षों की सफलता की प्रतीक थीं।

इससे प्रमाणित होता है कि राममोहन राय सार्वभौम स्वतंत्रता के समर्थक हैं। नेपल्स में लोकतान्त्रिक शासन के पतन पर प्रतिक्रिया व्यक्त करते हुए उन्होंने कहा कि–"यूरोप के परवर्ती समाचारों से मेरा मन निराश है... मैं यह निष्कर्ष निकालने के लिए विवश हुआ हूँ कि मैं यूरोप तथा एशिया के राष्ट्रों में–विशेषत: यूरोप के उपनिवेशों में स्वतंत्रता के सार्वभौम पुनर्स्थापना को देखने के लिए जीवित नहीं रहूँगा। फिर भी स्वतन्त्रता के शत्रुओं तथा निरंकुशता के हिमायतियों (मित्रों) को अन्तिम सफलता न तो कभी मिली है और न ही मिलेगी[1]।" इससे स्पष्ट हो जाता है कि राजा राममोहन राय एशिया, दक्षिणी अमेरीका व यूरोप की राजनीतिक घटनाओं में व्यापक अभिरुचि रखते थे तथा उस प्रत्येक परिवर्तन का विरोध करते थे जिनसे स्वतंत्रता नागरिक अधिकारों व संवैधानिक परम्परा पर आघात पहुँचता हो।

एशिया व दक्षिणी अमरीका में यूरोपीय शक्तियों द्वारा स्थापित उपनिवेशों की स्वाधीनता की कामना व समर्थन करने वाले राजा राममोहन राय का भारत में ब्रिटिश शासन के प्रति दृष्टिकोण क्या था? यह प्रश्न अत्यन्त संवेदनशील है और इसी कारण व्यापक सतर्कता की माँग करता है। चिन्तन के प्रारम्भिक चरण में वे भारत में ब्रिटिश

सत्ता की उपस्थिति की आलोचना करते थे लेकिन जैसे-जैसे पश्चिमी जगत् की वैज्ञानिक सोच, धर्म-निरपेक्ष दृष्टि, आधुनिक शिक्षा व उदारवादी राजनीतिक मूल्यों से साक्षात्कार बढ़ता गया वैसे-वैसे ब्रिटिश शासन के प्रति उनका आक्रोश कम होता गया। इसका सबसे बड़ा कारण यह था कि वे पाश्चात्य धर्म व दर्शन के अध्ययन अवलोकन के उपरान्त इस निष्कर्ष पर पहुँचे कि उनकी प्रगति का मूल आधार उनकी बौद्धिक व तार्किक जीवनशैली है। यदि भारत को राजनीतिक क्षेत्र में उन्नति करनी है तो उसे सर्वप्रथम अपने सामाजिक व धार्मिक पिछड़ेपन को दूर करना होगा। किन्तु जिस हिन्दू समाज का पुरोहित वर्ग, जिसका शिक्षा व ज्ञान पर एकाधिकार था, स्वयं ही अबौद्धिक परम्पराओं को संरक्षण व प्रोत्साहन प्रदान कर रहा हो उससे आशा रखना निरर्थक था। दूसरी ओर ब्रिटिश शासक वर्ग अपनी उदारवादी शिक्षा व वैज्ञानिक दृष्टिकोण के साथ, शनैः शनैः ही सही, सामाजिक व धार्मिक कुरीतियों तथा अमानवीय परम्पराओं को दूर करने के लिए उत्सुकतापूर्वक खड़ा था।

इसी परिवेश में राजा राममोहन राय ने ब्रिटिश प्रभुत्व को ईश्वर द्वारा प्रदत्त एक सुअवसर के रूप में देखना प्रारम्भ किया। उन्होंने इसे स्वीकार करते हुए कहा कि "हम अपनी गंभीर भक्ति भावना से अन्य वस्तुओं के साथ-साथ ईश्वर को भारत में अंग्रेजी शासन के वरदान के लिए प्रायः विनम्र धन्यवाद अर्पित किया करते हैं कि यह शासन आने वाली अनेक शताब्दियों तक अपना कृपापूर्ण कार्य करता रहे[1]।" इस वाक्यांश में 'अनेक शताब्दियों' वाली शब्दावली भ्रामक है। इस शब्द खण्ड से तो यह अर्थ निकलता है कि राजा राममोहन राय भारत की स्थायी पराधीनता के समर्थक थे! जबकि वस्तुस्थिति इससे काफी अलग है।

वास्तव में वे इस तथ्य में विश्वास करते थे कि ब्रिटिश शासन भारत को मध्ययुगीन अज्ञान के अन्धकार से मुक्ति प्रदान कर इसे आधुनिकता के प्रकाश से आलोकित कर देगा। जब भारतीय समाज वैज्ञानिक जीवन दृष्टि को आत्मसात कर लेगा तब वह स्वतः ही राजनीतिक स्वतंत्रता की मशाल लेकर उठ खड़ा होगा। उसके बाद ब्रिटिश साम्राज्य की कोई आवश्यकता नहीं रहेगी। विपिन चन्द्र पाल के शब्दों में, "जब ब्रिटिश जाति की संस्कृति और चरित्र से उनका गहरा परिचय हुआ तो उन्हें लगा कि अंग्रेज अधिक बुद्धिमान एवं आचरण में अधिक दृढ़ व आत्म संयमी हैं... और वे विश्वास करने लगे कि भले ही अंग्रेजी शासन विदेशी है लेकिन उसके अन्तर्गत देश के निवासियों की मुक्ति अधिक तीव्रता व निश्चितता से होगी।

राजा राममोहन के अनुसार अंग्रेजी शासन के कुछ प्रशासनिक तरीके ऐसे अवश्य हैं जिन्हें प्रतिबंधित किया जाना चाहिए। लेकिन भारत की वर्तमान सामाजिक परिस्थितियाँ, जो अतार्किक एवं अमानवीय रीति-रिवाजों द्वारा पहचानी जाती हैं और शासकीय आदेशों को दूषित करती हैं, तुलनात्मक दृष्टि से उन प्रशासनिक तरीकों से अधिक खराब हैं।

इसलिए ब्रिटिश शासन का कायम रहना बुरा नहीं है किन्तु ऐसा अनन्तकाल तक न होकर एक अल्पकालिक अवधि तक ही होना चाहिए। ऐतिहासिक तथ्यों से प्रमाणित होता है कि वे चालीस वर्षों से आगे ब्रिटिश शासन नहीं चाहते थे। उन्हें यकीन था कि इन चार दशकों में ब्रिटिश साम्राज्य भारत में मानवतावादी कार्यों के सम्पादन, लोकतान्त्रिक मूल्यों के प्रसार तथा जनतान्त्रिक संस्थाओं की स्थापना का लक्ष्य पूर्ण कर लेगा[2]। इस संदर्भ में विपिन चन्द्र पाल का यह कहना उचित प्रतीत होता है कि "राजा राममोहन राय पहले व्यक्ति थे जिन्होंने भारत को राजनीतिक स्वतंत्रता का संदेश दिया। उन्हें इस बात का गहरा दु:ख था कि उनके देशवासी इस स्वाधीनता को खो चुके थे। उनके लिए यह असहनीय था कि कोई विदेशी जाति उनके देश पर प्रभुत्व स्थापित कर ले। इसीलिए बीस वर्ष की अल्पायु में ही वे देश छोड़कर तिब्बत की यात्रा पर निकल पड़े।[3]" अंग्रेजों के प्रति झुकाव तब हुआ जब वे अंग्रेजी भाषा सीखने के बाद अंग्रेजी संस्कृति व दर्शन से अवगत हुए।

फिर भी यह सत्य है कि उन्होंने अपने जीवन में कभी भी स्पष्ट रूप से भारत की स्वाधीनता की माँग नहीं की। लेकिन उस समय व परिस्थितियों को देखते हुए राजा राममोहन राय से इसकी अपेक्षा करना कि वे भारत की स्वतंत्रता की माँग करते एक बहुत बड़ा अन्याय होगा। वस्तुत: वे प्रथम भारतीय थे जिन्होंने देश की नैतिक और बौद्धिक स्वायत्तता के साथ राजनीतिक स्वतंत्रता का स्वप्न देखा। यह अलग बात है कि भारतीय राष्ट्रीय कांग्रेस के उदार राष्ट्रवादियों के समान वे सामाजिक, आर्थिक व राजनीतिक क्षेत्रों के सुधार पर ज्यादा बल देते थे ताकि भारतीयों को अधिकाधिक सुविधाएँ प्राप्त हो सकें और वे आधुनिक विश्व के साथ कदम से कदम मिलाकर चल सकें।

राजा राममोहन राय भारत-ब्रिटिश सम्पर्क को एक अच्छाई के रूप में देखते थे और उनका विचार था कि यदि तार्किक दृष्टिकोण के धारक पढ़ें-लिखे व चरित्रवान अंग्रेज अथवा यूरोपीय, जिनके पास पर्याप्त पूँजी भी हो, भारत में स्थायी रूप से बसते हैं तो इसमें कोई बुराई नहीं है क्योंकि इससे भारत शैक्षिक व आर्थिक दृष्टि से मजबूत बनेगा[1]।

राज्य की सकारात्मक भूमिका

राजा राममोहन राय वैचारिक दृष्टि से एक उदारवादी चिन्तक हैं। उदारवाद में राज्य के क़ार्यों को लेकर दो प्रकार के मत विकसित हुए। एडम स्मिथ (1723-90), जेरमी बेन्थम (1748-1832) और हरबर्ट स्पेन्सर (1820-1903) जैसे विचारकों ने नकारात्मक उदारवाद (Negative Liberalism) का समर्थन करते हुए इस बात पर बल दिया कि राज्य को व्यक्तियों के मामलों में कम से कम हस्तक्षेप करना चाहिए।

यह तथ्य सर्वविदित है कि इंग्लैण्ड में उनकी मुलाकात जेरमी बेन्थम से हुई थी और दोनों एक दूसरे का सम्मान भी करते थे। बेन्थम का मानना था कि व्यक्ति स्वार्थी किन्तु विवेकवान होते हैं, अत: वे यह बात अच्छी तरह समझते हैं कि क्या उनके हित में है और क्या उनके हित में नहीं है? राज्य की भूमिका नकारात्मक है। इसका कर्तव्य यह सुनिश्चित करना है कि व्यक्ति अपने विवेकानुसार इच्छित कार्य को संपादित करने में किसी बाधा का सामना न करे। सामान्य स्थितियों में राज्य को व्यक्तियों के स्वतंत्र कार्य व्यापार में हस्तक्षेप नहीं करना चाहिए।'

राजा राममोहन राय बेन्थम से प्रभावित होने के बावजूद राज्य के 'अहस्तक्षेप सिद्धान्त' का समर्थन नहीं करते। व्यक्तियों को प्रत्येक क्षेत्र में विवेकानुसार कार्य करने की स्वतंत्रता मिलनी चाहिए किन्तु टी.एच. ग्रीन (1836-82) के समान वे मानते थे कि राज्य को उन बुराइयों को दूर करने का उत्तरदायित्व निभाना चाहिए जो व्यक्तियों को वास्तविक स्वतंत्रता से वंचित करती हैं। उदाहरण के लिए भारतीय समाज अविद्या, अशिक्षा, अतार्किक कर्मकाण्ड व परम्पराओं में इतना डूबा हुआ है कि जब तक इन अवगुणों का उन्मूलन नहीं होगा तब तक सही अर्थों में धार्मिक, सामाजिक या राजनीतिक स्वतंत्रता असंभव है। उन्होंने शिक्षा, धर्म व समाज, न्याय, प्रशासन, प्रत्येक क्षेत्र में ब्रिटिश शासन के उचित व सकारात्मक हस्तक्षेप को आमंत्रित किया इसी प्रकार वे व्यक्तिगत सम्पत्ति के अधिकार में विश्वास करते हैं किन्तु जमींदारों द्वारा निर्धन कृषकों के शोषण को रोकने के लिए वे शासन का हस्तक्षेप आवश्यक समझते हैं ताकि किसानों को उनके श्रम का उचित प्रतिफल हासिल हो सके। किन्तु भारतीय किसानों के प्रति उनकी चिन्ता के आधार पर उन्हें समाजवादी विचारक मान लेना भयंकर भूल होगी। वे निजी संपत्ति, संपत्ति के उत्तराधिकार, पूँजीपतियों एवं इस प्रकार पूँजीवाद के समर्थक हैं।

अन्तर्राष्ट्रीयतावाद

भारत के बहुदिशात्मक उत्थान व समृद्धि का स्वप्न देखने तथा अपने पूर्वजों के साहित्यिक सांस्कृतिक उपलब्धियों पर गर्व प्रदर्शित करने के उपरान्त भी राजा राममोहन राय प्रजातीय भेदभाव (Racial Discrimination) और उग्र राष्ट्रवाद की संकीर्ण मनोवृत्तियों से मुक्त हैं। वे राष्ट्रों की भौगोलिक सीमाओं का सम्मान करते हुए, चाहते थे कि प्रत्येक राष्ट्र को एक दूसरे के समतुल्य समझा जाए। जिस प्रकार सभी धर्म एक सार्वभौम मानव धर्म के अंश हैं उसी प्रकार समस्त राष्ट्रों को मानवता का एक अंग मानना चाहिए जो समान, स्वतंत्र किन्तु एक-दूसरे पर निर्भर हैं। उनके अनुसार सह-अस्तित्व का भाव ही समाज की प्रगति का मूलाधार है।

सर्वाधिक सुखद आश्चर्य उस वक्त होता है जब हम उन्हें एक ऐसी अन्तर्राष्ट्रीय संस्था के विकास (स्थापना) का विचार व्यक्त करते हुए पाते हैं जिसके माध्यम से राष्ट्रों के मध्य उठने वाले विवादों का शान्तिपूर्ण समाधान किया जा सके[1]। इसके लिए उनका प्रस्ताव था कि विवाद की स्थिति में सभी सम्बद्ध राष्ट्र समान संख्या में अपने प्रतिनिधि नियुक्त करें और ये प्रतिनिधि आपस में विचार-विनिमय द्वारा उस समस्या का समाधान ढूँढ़ने का प्रयत्न करें। वे विभिन्न राष्ट्रों के मध्य पारस्परिक सम्पर्क को बढ़ाने के लिए पारगमन पत्र (Passport) की व्यवस्था को समाप्त कर देना चाहते थे। वास्तव में राजा राममोहन राय की सोच अपने युग से बहुत आगे थी। कवि रवीन्द्रनाथ टैगोर के शब्दों में, वे (राजा राममोहन राय) जानते थे कि मानव सभ्यता का आदर्श स्वतंत्रता के अलगाव में नहीं है बल्कि मनुष्यों तथा राष्ट्रों के परस्पर निर्भरता के भाईचारे में अन्तर्निहित है। उनकी कोशिश यह थी कि हम अपने सांस्कृतिक व्यक्तित्व को पूर्णरूपेण समझें और इस सभ्यता के अनूठे अस्तित्व को पहचानें, इसके साथ-साथ यह प्रयत्न भी करें कि हम अन्य सभ्यताओं की तरफ सहानुभूतिपूर्ण सहकारिता की भावना से अग्रसित हों।"

विधि व नैतिकता

उनके विधि संबंधित विचारों पर जॉन ऑस्टिन (John Austin) और जेरमी बेन्थम का प्रभाव परिलक्षित होता है। ऑस्टिन (1790-1859) के समान ही राजा राममोहन राय मानते थे कि क़ानून सम्प्रभु शक्ति के आदेश होते हैं। इस दृष्टिकोण से भारत में लागू होने वाले किसी भी क़ानून (विधि) को सिर्फ "ससंसद-सम्राट (King in Parliament) ही अन्तिम रूप से घोषित कर सकता है क्योंकि वही सर्वोच्च

है, गवर्नर-जनरल ब्रिटिश सम्राट के अधीन है, ऊपर नहीं।'' अतः उन्होंने इस तर्क का खण्डन किया कि गवर्नर जनरल को भारत के लिए क़ानून निर्मित करने का अधिकार है। लेकिन उनका मानना था कि संसद सम्राट को भी स्वेच्छारितापूर्ण ढंग से क़ानूनों का निर्माण नहीं करना चाहिए और भारतीय प्रजा पर लागू होने वाली किसी भी विधि को अन्तिम रूप प्रदान करने से पूर्व उस संबंध में भारत के आर्थिक व बौद्धिक दृष्टि से अभिजात्य वर्ग से विचार-विमर्श करना चाहिए।

निश्चित रूप से किसी भी समाज में प्रचलित रीति-रिवाज व परम्पराएं विधि के एक महत्वपूर्ण स्रोत के रूप में जानी जाती हैं लेकिन किसी परम्परा के लागू रहने का तात्पर्य यह नहीं है कि परम्पराओं या प्रथाओं (Traditions or Customs) में क़ानून से अधिक शक्ति होती है। ऑस्टिन व बेन्थम मानते थे कि कोई परम्परा उस समय तक ही जारी रह सकती हैं जब तक कि सम्प्रभु (या राज्य) उसे प्रतिबंधित नहीं कर देता। राममोहन राय भी मानते हैं कि सम्प्रभु किसी भी प्रथा को सीमित अथवा परिवर्तित कर सकता है लेकिन सामाजिक हित को ध्यान में रखते हुए ये परिवर्तन तर्कसंगत होने चाहिए। उन्होंने, बेन्थम के समान, विधियों के संहिताकरण (Codification of Laws) पर भी व्यापक बल प्रदान किया क्योंकि संहिताकरण से क़ानूनों में स्पष्टता व सरलता लाई जा सकती है। इससे क़ानून आम जनता के लिए बोधगम्य बनते हैं जिससे कानूनों को लागू करना अपेक्षाकृत अधिक सहज हो जाता है। अतः दीवानी और फौज़दारी क़ानूनों (Civil and Criminal Laws) को संहिताबद्ध करना आवश्यक भी है और लाभदायक भी।

राममोहन राय ने विधि व नैतिकता में भेद किया है[1]। यह सत्य है कि क़ानून और नैतिकता दोनों ही व्यक्तियों के व्यवहार को निर्देशित व नियन्त्रित करते हैं लेकिन जहाँ क़ानूनों के पीछे राज्य की भौतिक शक्ति होती है वहीं दूसरी ओर नैतिकता की पृष्ठभूमि में सामाजिक दबाव क्रियाशील होता है। लेकिन मूल प्रश्न यह है कि अनैतिक और अवैध कार्यों के मध्य किन आधारों पर अन्तर किया जाए? क्योंकि कुछ कार्य क़ानूनी दृष्टि से वैध होते हुए भी नैतिक दृष्टिकोण से अनुचित हो सकते हैं। इसी प्रकार कुछ व्यवहार समाज में नैतिक मापदण्डों पर उचित माने जा सकते हैं किन्तु संभव है उन्हें क़ानून अवैध मानता हो। इसे एक उदाहरण से समझा जा सकता है– 1829 ई. से सती-प्रथा क़ानूनी रूप से अवैध हो गई किन्तु नैतिक दृष्टि से उसे उचित माना जाता रहा। राजा राममोहन राय का मानना था कि राज्य की सामान्य

विधि (Common Law), वैधता तथा स्थापित परम्पराएं (Established Usages) नैतिकता की मापदण्ड हैं। सम्प्रभु आचरण के प्रचलित सिद्धान्तों में संशोधन कर सकता है परन्तु क़ानूनों को प्रभावकारी ढंग से कार्यान्वित करने के लिए ज़रूरी है कि विधि निर्माण के समय तार्किक नैतिक मान्यताओं की उपेक्षा न की जाए। इसके अतिरिक्त इस तथ्य को भी ध्यान में रखना आवश्यक है कि नैतिकता सापेक्ष होती है, निरपेक्ष (Absolute) नहीं, अतः एक आचरण विशेष एक समाज में उचित और दूसरे समाज में नैतिक दृष्टि से अनुचित माना जा सकता है।

न्यायिक प्रणाली में सुधार

राममोहन राय तत्कालीन न्यायिक व्यवस्था से संतुष्ट नहीं थे और इसमें व्यापक सुधारों की अपेक्षा रखते थे। इस संबंध में उनके विचार मूलतः उन प्रतिक्रियाओं के रूप में सामने आए जो ब्रिटिश शासन द्वारा न्यायिक प्रशासन में किए गए हस्तक्षेप के प्रतिफल थे। 1831 ई. में 'हाऊस ऑफ कॉमन्स' की प्रवर समिति (Select Commitee) के समक्ष प्रस्तुत प्रपत्र में कुछ अति महत्वपूर्ण सुझावों का समर्थन किया–

1. न्यायिक तथा प्रशासनिक कार्यों को एक दूसरे से पृथक कर दिया जाए,[3]

2. भारतीयों को उचित न्याय की प्राप्त हेतु न्यायालयों में भारतीय न्यायिक सहायक नियुक्त किए जाएँ,

3. न्यायालयों में विशिष्ट वर्ग की भाषा अंग्रेजी के स्थान पर सामान्य जनता के समझ में आने वाली भाषा (फारसी) का प्रयोग किया जाए,

4. क़ानूनों का संहिताकरण किया जाए,

5. किसी भी मुकदमे की सुनवाई व निर्णय न्यायाधीशों के समूह अर्थात् जूरी (Jury) द्वारा किया जाए,

6. प्राचीन भारतीय ग्राम पंचायतों को पुनः जीवित किया जाए, इत्यादि।

वे न्यायिक प्रशासन में प्रजातीय अथवा धार्मिक भेदभाव को न्याय के मूल सिद्धान्तों का निषेध मानते थे। यही कारण है कि उन्होंने 1826 ई. के भारतीय जूरी विधेयक का तीव्र विरोध किया। नवीन प्रावधानों के अनुसार–

1. हिन्दू और मुसलमान न्यायाधीश किसी ईसाई या यूरोपीय व्यक्ति के मुकदमें नहीं देख सकते।

2. भारतीय न्यायाधीश केवल छोटी जूरी में ही सम्मिलित हो सकते हैं, महाजूरी में नहीं,

3. यूरोपीय न्यायाधीश भारतीय या ग़ैर भारतीय, किसी भी, मुक़दमे की सुनवाई कर सकते हैं।

ब्रिटिश पार्लियामेंट को प्रेषित याचिका में राजा राममोहन राय विधेयक की आलोचना करते हुए लिखते हैं कि "प्रसिद्ध जूरी विधेयक द्वारा देश की न्यायिक व्यवस्था में धार्मिक भेदभाव को स्थान देकर सामान्य देशवासियों में न सिर्फ असंतोष का आधार उत्पन्न किया है, अपितु राजनीतिक सिद्धान्तों से अवगत प्रत्येक व्यक्ति के हृदय में गम्भीर आशंका भी जाग गई है।"

संक्षेप में, राजा राममोहन राय ने विधि व न्याय के क्षेत्र में किसी भी प्रकार के भेदभाव को पूरी तरह अस्वीकार कर दिया।

मूल्यांकन

अब तक के इतिहास में कोई भी विचारक या सुधारक ऐसा नहीं हुआ है जिसे आलोचकों की वक्र दृष्टि से मुक्ति मिल सकी हो। सम्भवत: अपूर्णता मनुष्य की सहोदर है, पूर्णता का दावा तो केवल ईश्वर कर सकता है। राजा राममोहन राय को भी व्यापक आलोचनाओं का सामना करना पड़ा। एक परम्परागत हिन्दू समाज में प्रचलित मान्यताओं को अबौद्धिक घोषित करने का साहस तो उन्होंने अवश्य किया किन्तु उन्हें यह अनुभव हुआ कि वे अधिकांश व्यक्तियों द्वारा त्याग दिए गए हैं, अकेला छोड़ दिए गए हैं। स्कॉटलैण्ड के दो या तीन मित्रों को छोड़कर कोई उनके साथ नहीं था। यही कारण है कि राममोहन राय ने इन सहयोगियों व उनके राष्ट्र के प्रति सदैव आभार व्यक्त किया[1]। सती प्रथा, कर्मकाण्डों, बहुदेववाद, बहुविवाह, महिला अधिकार पर उनके विचारों को अभारतीय एवं अपारम्परिक मानकर घर, परिवार व समाज द्वारा विरोध किया गया।

मध्यमवर्गीय पूँजीपतियों व ज़मींदारों का समर्थन करके राममोहन राय ने भावी समाजवादी आलोचकों को अपनी आलोचना हेतु एक अन्तहीन मुद्दा प्रदान कर दिया। उदाहरण के लिए वरुणडे का कहना है कि "राममोहन राय के राजनीतिक व आर्थिक विचारों की प्रशंसा उन्हीं लोगों द्वारा की जाती है जो भारतीय उदारवाद के इतिहास के पूजक हैं। तथापि यह संभव है कि हम उनके विचारों को उस ग़रीबी की समस्या

के समाधान में भारतीय उदारवादी बुर्जुआ की असफलता के कठोर सन्दर्भ में रखकर देखें, जिसे साम्राज्यवाद ने उत्पन्न किया था और जिसे राममोहन राय दूर नहीं कर सके।''

यह सत्य है कि भारतीय हिन्दू समाज की अनेक मान्यताएँ तर्कहीन, असंगत व अमानवीय थीं जिसकी तुलना में पश्चिमी सभ्यता व संस्कृति की तार्किक जीवन दृष्टि को अपनाना गलत भी नहीं था। राजा राममोहन राय ने भारतीय संस्कृति और ब्रिटिश आचार-विचार का समन्वय करने का प्रयत्न किया। उदाहरण के लिए शिक्षा -क्षेत्र में प्राकृतिक विज्ञानों के साथ वेदान्त अध्ययन को सम्मिलित करना ऐसा ही प्रयत्न था। लेकिन **सुशोभन सरकार** जैसे आलोचक इसे बहुत अधिक महत्व नहीं देते। उनके अनुसार, ''वास्तविक सामंजस्य, दोनों विरोधियों (भारतीय व ब्रिटिश संस्कृति) से मिलकर निर्मित होने वाला एक तृतीय किन्तु अधिक अच्छा सामंजस्य होता, जो तुलनात्मक दृष्टि से दोनों संस्कृतियों से बेहतर हो। लेकिन हमारे पुनर्जागरण में तृतीय तथा अधिक ऊँचा सामंजस्य कहाँ है?''

राममोहन राय की आलोचना का एक आधार यूरोपीय लोगों के प्रति उनकी प्रशंसात्मक दृष्टि भी है। भारत में यूरोपीय लोगों को बसाने का समर्थन तथा ब्रिटिश सत्ता को लाभदायक घोषित करके, उन्होंने धुर राष्ट्रवादियों को असंतुष्ट किया। ऐसे आलोचक यह आरोप लगाते हैं कि राजा राममोहन राय ब्रिटिश सत्ता को अनन्तकाल तक कायम रखना चाहते थे। राष्ट्रवादी भावना के प्रबल प्रवाह में ये आलोचक यह तथ्य भी विस्मृत कर जाते हैं कि उनके अंग्रेज सचिव **आर्नोट** के अनुसार वे ब्रिटिश शासन को चार दशकों से अधिक कायम रखना नहीं चाहते थे।

वस्तुतः इन आलोचनाओं के बावजूद राममोहन राय की ऐतिहासिक महत्ता अपनी जगह कायम है। उन्होंने दिशाहीन भारतीय समाज को एक नया रास्ता दिखलाया, अविद्या के अन्धकार से निकलकर ज्ञान के उज्ज्वल प्रकाश में आने का आह्वान किया और सबसे महत्वपूर्ण यह कि पुस्तकों, पम्फलेटों व समाचार पत्रों के माध्यम से सामाजिक, धार्मिक, आर्थिक तथा राजनीतिक क्षेत्र में परिवर्तन हेतु वैचारिक विमर्श को प्रारम्भ किया। **एल्फिंस्टन** महोदय 1822 में पाते हैं कि ''स्थानीय निवासियों, विशेषतः बंगाल में, आश्चर्यजनक उन्नति स्पष्ट रूप से दृष्टिगोचर होने लगी है। यहाँ एक बंगाली अख़बार है, जो समस्त विषयों पर विचार-विमर्श करता है, इसमें अंग्रेजी पाठक भी अभिरुचि रखते हैं, यद्यपि अनेक बार उन्हें यह गलत व बचकाना (Puerile) लगता है[1]।' एल्फिंस्टन का यह भी कहना है कि ईश्वरत्व के पक्ष में पुस्तकें लिखने तथा एक हिन्दू दृष्टि के धारक होने के बावजूद राजा राममोहन के प्रभाव में स्थानीय लोग शासन के स्वरूप और उसकी प्रक्रियाओं में अभिरुचि लेने लगे। इसके अतिरिक्त उनमें अपने देश के विज्ञान, धर्म व नैतिकता के क्षेत्र में सुधार की एक तीव्र चेतना भी जागृत हो गई थी।

इसमें संदेह नहीं है कि वे पश्चिमी संस्कृति से प्रभावित थे तथापि उन्होंने हेनरी डेरोजियो (1809–31) व 'तरुण बंगाल' के समर्थकों के समान भारतीय धर्म व आचार शास्त्र की अवमानना नहीं की। 'तरुण बंगाली' तो प्रत्यक्षत: हिन्दू रीति-रिवाजों व मान्यताओं का मखौल उड़ाते थे। राममोहन राय भारतीय समाज व धर्म की केवल उन्हीं मान्यताओं का विरोध करते थे जो अबौद्धिक या अमानवीय थी। तरुण बंगालियों एवं राममोहन राय के अन्तर को दर्शाते हुए कविवर **रवीन्द्रनाथ टैगोर** कहते हैं कि "जब बंगाली विद्यार्थी हिन्दू कॉलेज से बाहर आते थे–नई अंग्रेजी शिक्षा में डूबे हुए–तब उनमें एक निश्चित प्रकार का उन्माद जन्म ले चुका होता था।... वे प्राचीन भारतीय हिन्दू समाज के गहरी चोट खाए हुए हृदय से टपकने वाले लहू (Blood) को लेते थे और उसे एक खिलौने के रूप में प्रयोग करते थे। उनके लिए हिन्दू समाज में कुछ भी अच्छा या पवित्र नहीं था। वे प्राचीन हिन्दू समाज के प्रति इतना भी सम्मान नहीं रखते थे कि वे सोचें कि समाज के यहाँ-वहाँ बिखरे अस्थि पंजर को चुनना चाहिए, उसका उचित ढंग से दाह संस्कार करना चाहिए और गंगा में उस राख को प्रवाहित करने के उपरान्त भारी हृदय से घर लौटना चाहिए।... लेकिन वह व्यक्ति जिसने सर्वप्रथम क्रान्तिकारी अग्नि (Revolutionary Fire) की प्रथम ज्वाला को बंगाली समाज में प्रज्वलित किया अर्थात् राममोहन राय, वे इस तरह से उन्मत्त नहीं थे। उन्होंने प्रत्येक वस्तु–अच्छी या बुरी–का धैर्यपूर्वक अवलोकन किया। उन्होंने तत्कालीन अन्धकारमय हिन्दू समाज को आलोकित (प्रकाशित) किया। किन्तु दाह क्रिया की सर्वभक्षी अग्नि शिखाओं को नहीं जलाया। यही राममोहन राय की महानता थी (He enlightened the dark Hindu Society of those days, but did not light the all consuming fires of cremation. That was the greatness of Rammohan Roy.)।

अन्तत: राममोहन राय के मूल्यांकन के प्रसंग में इस तथ्य को भी ध्यान में रखना चाहिए कि उनका युग एक संक्रमण काल का प्रतीक है जिसमें दो प्राचीन

व्यवस्थाएँ (हिन्दू-मुस्लिम) ध्वस्त हो रही थीं लेकिन नवीन पाश्चात्य व्यवस्था (ब्रिटिश) अपनी स्थापना के प्रारम्भिक चरण में थी। ज़ीवन के प्रत्येक क्षेत्र-राजनीतिक, सांस्कृतिक, आर्थिक-में प्राचीन व मध्ययुगीन मूल्यों-आदर्शों को एक तर्कपूर्ण वैज्ञानिक सभ्यता चुनौती प्रस्तुत कर रही थी। सब कुछ अस्त-व्यस्त था। प्रत्येक दिशा में व्यापक पुननिर्माण अपेक्षित था। किन्तु तीन-तीन संस्कृतियों हिन्दू-मुस्लिम व ईसाई-की उपस्थिति में कोई सर्वमान्य सिद्धान्त दिखलाई नहीं दे रहा था। **प्रो. ब्रजेन्द्र नाथ सील** (Brajendra Nath Seal) के शब्दों में, "और प्रश्न यह था कि इन विषम, विरुद्ध व संघर्षशील शक्तियों के मध्य एकता के लिए, समरसता के संबंधों को कैसे तलाश किया जाए?... राजा समरसता व मिलन के बिन्दुओं की खोज के द्वारा आधुनिक भारत के जनक व कुलपुरुष बन गए एक संयुक्त राष्ट्रीयता व एक संश्लिष्ट सभ्यता के भारत के जनक और उन मिलन की रेखाओं द्वारा-जिसे उन्होंने सामने रखा-तथा अपने अनुभवों द्वारा उन्होंने जिस प्रकार का व्यक्तित्व विकसित किया,उससे उन्होंने मानवीय इतिहास के अन्तर्राष्ट्रीय संस्कृति और सभ्यता के मसलों (मुद्दों) के समाधान का रास्ता दिखलाया, और भावी सभ्यता के लिए एक आधारभूत आदर्श, एक अग्रदूत एवं एक पैगम्बर बने[1]।"

राजा राममोहन राय का युग तथा सामाजिक स्थिति

आधुनिक भारत के निर्माता राजा राममोहन राय का जन्म जिन परिस्थितियों में हुआ वह ऐसा समय था जिस समय चारों तरफ घोर अराजकता और राजनीतिक धार्मिक आर्थिक वैचारिक अस्थिरता थी। धार्मिक और सामाजिक स्तर पर संकीर्णता अध्ययन का ताण्डव नृत्य हो रहा था। मानवीय जीवन की स्थितियाँ जिस रूप में विद्यमान थी वे काल्पनिक और वैचारिक दृष्टि से परिपूरित थी। मानव का स्वरूपगत भाव भी विचारगत नहीं था। यद्यपि आज का भारत राममोहन के समय से दो सौ वर्ष आगे निकल चुका है। और राम मोहन के समय में जिस ओपनिवेशिक विदेशी साम्राज्य की स्थापना हुई थी उसमें भी देश को मुक्त हुए लगभग पचास वर्ष बीत चुके है। फिर देश की मूल समस्याएँ आज भी मुँहबाएं खड़ी हुई है।

सतियों की चिताए जलाई जा रही है और स्त्रियाँ आज भी धैर्य की माँग से उपजी आग में झोखी जा रही है। धर्म के नाम पर ढकोसला विभिचार और संकीर्णता का बोलबाला आज भी सर्वत्र परिलक्षित होता है। साम्प्रदायिकता की समस्या से हम अभी भी जूझ रहे हैं। राष्ट्रीय और अन्तर्राष्टीय स्तर पर समस्याओं के बीहड जंगल में पथ की

खोज आज भी जारी है। ऐसी परिस्थिति में राममोहन का विचार दर्शन आज भी उतना प्रासंगिक है। जितना उनके जीवनकाल में रहा है।

भारत के प्राचीन विचार और संस्कृति में जो कुछ अभिलाषित था उन सबकी राममोहनराय ने प्रशंसा की है। उनकी यह प्रशंसा इसलिए भी महत्त्वपूर्ण है कि यह गंभीर अध्ययन और आलोचनात्मक मूल्यांकन पर आधारित है। हमारी परम्परा में जो कुछ महत्त्वपूर्ण था। वह सब वैचारिक दृष्टि से अनुकूलित था। उन्होंने अपने समय की इस परम्परागत हिन्दू मान्यता को निर्दयतापूर्वक उठाकर दूर फैंक दिया। कि धर्म शास्त्र कुछ इने गिने व्यक्तियों की गुप्त निधि है। वेदान्त और उपनिषदों की विचारधारा सांस्कृतिक दृष्टि से अनुकूलित और परिपूरित है। संसार में सर्वत्र स्वतंत्रता और लोकतंत्र के लिए संघर्ष के प्रति राममोहन की असीम सहानुभूति उनके विचारों में स्वतः सिद्ध होती है। जिस ढंग से उन्होंने फ्रांसीसी क्रान्ति स्पेन और पूर्तगाल में संवैधानिक सरकारों की स्थापना और स्पेन के प्रभुत्व के विरुद्ध दक्षिणी अमेरिकी औपनिवेशिक के विद्रोह का स्वागत किया था वह भी मानवीय और वैचारिक दृष्टि से अनुकूलित था। राजा राममोहन राय का व्यक्तित्व सामाजिक दृष्टि से अत्यन्त महत्त्वपूर्ण माना गया है। भारत में अंग्रेजी राज्य के प्रति घोर वितृष्णा रखते हुए भी पश्चिम के सम्पट से भारत को मिलने वाले अपरिमित लाभ और उनकी दृष्टि से ओझल नहीं हुए। यद्यपि भारत की सच्ची सांस्कृतिक धरोहर को बदनाम करने वालों को जिस दृष्टि से विरोध का सामना करना पड़ा। उसमें भी वे कभी नहीं चूके।

फिर भी पाश्चात्य विचारधारा और संस्कृति में जो कुछ श्रेष्ठ था उसके प्रति उनकी पूरी पूरी सहानूभूति थी। वास्तव में वे एशिया के ऐसे पहले व्यक्ति थे जिन्होंने समाज में नवोदित भावना का संचार किया। मानवीय दृष्टि की परम्परा में राजा राममोहन राय वैचारिक दृष्टि से परिपूरित थे। सभी में नवोदित मानव प्रेम भावना के प्रकाश से प्रकाशित भाव का विस्तार करने वाले राममोहन राय नव जागरण युग के प्रतिनिधित्व करने वाले प्रमुख आंदोलक थे। इस समय विभिन्न लोगों को अपनी नानाप्रकार की प्रवृत्ति समक्ष पक्षपात और विशेष स्वार्थो के कारण राममोहन राय का रूप भिन्न भिन्न रूपों में दिखाई पड़ने लगा। कुछ लोगों ने धर्म सुधार के रूप में उनकी भूमिका की प्रशंसा की है। तो कुछने विशेष रूप से समाज सुधार और नारी उद्धार के लिए संघर्ष करने वालों के रूप में उनका चित्रण किया है। अन्ध पक्षपात के कारण राजनैतिक दलों ने ऐतिहासिक तथा तथ्यात्मक रूपों की अनदेखी करने की कोशिश की है। मैं आपको बता देना चाहता हूँ कि राममोहन राय का व्यक्तित्व राजनैतिक आर्थिक वैचारिक और संवेधानिक प्रवृत्ति की प्रथम

सीढ़ी थी। उनके महत्त्व को जानकर जानबूझ कर हटाने का विवेकशील इतिहासवेत्ताओं पर कोई प्रभाव नहीं पड़ा। कारण कि राजा राममोहन राय का विचार स्वयं को स्वार्थ हेतु बनावटी नहीं था। जहाँ तक स्पेयर ने लिखा है कि यह वही आधार था जिस पर बाद में महात्मा गाँधी ने अपना भव्य भवन खड़ा किया जनता की विस्मृति राममोहन राय की भूमिका तक ही सीमित नहीं है। आज की पीढ़ी तो यह भी भूल गई है कि उन्हें भारतीय प्रेस के संस्थापक आधुनिक बंगलागर्द के जन्मदाता और उन शिक्षा सुधारों के प्रवर्तक थे जिन्होंने भारतीय इतिहास की धारा को विशेष रूप से प्रभावित किया। इस सम्बन्ध में आर. वेंकटरमन का कहना है कि राममोहन राय अपने पूर्ववर्ती भारत के अन्य महान नेताओं से बिल्कुल भिन्न थे।

इनमें वैचारिक दृष्टि की व्यापकता सहानुभूति के विस्तार शक्ति की तेजस्विता क्रियाकलाप की विभिन्नता विभिन्न हितों के समन्वय और विचारों के सामंजस्य तथा सब प्रकार के प्रभावों को आत्मसात करने वाले जीवन को उनकी भवित परिपूर्णता के साथ समझने में राममोहन राय यदि समस्त मानव जाति के इतिहास में नहीं तो कम से कम भारत के इतिहास में अवश्य अर्द्धतीय रखती है। लोगों के मन में राममोहन राय के विषय में अधूरी भावना बन जाने के कारण शायद उनके हितों का अध्ययन और क्रियाकलापों के क्षेत्र में अकल्पनिय तथा विविध कार्यक्षेत्रों में उनकी अभूतपूर्व जीवन की कल्पना इतनी व्यापक थी कि उसकी तुलना नहीं की जा सकती है। यह भी सच है कि उनकी प्रत्येक उपलब्धि उनकी ख्याति को अमर बनाने के लिए पर्याप्त थी। परन्तु उनमें से किसी एक को चुनकर उस पर विशेष जोर देना वृक्षों की झुरमुट को वन समझने के समान होगा। रामामोहन राय की दृष्टि में स्वयं मनुष्य की महत्ता उसके कायार्रा से कहीं अधिक थी। उनके दृष्टिपथ पर एक ही वेगवान प्रयत्न में धुंधला अतित बाधता उन्मुलक वर्तमान संस्कृति और धार्मिक भेदभाव का टकराव परम्परा के दावे और परिवर्तन की अनिवार्यता अन्तरआत्मा की प्रेरणा और तर्क की आवाज उपस्थित हो जाती थी। राममोहन राय ने एक सामाजिक क्रान्ति का सूत्रपात किया। उन्होंने यह विश्वास किया कि धर्म और समाज सुधार की अनुपस्थिति में केवल राजनीतिक विकास का कोई मूल्य नहीं रहेगा। चाहे राजनैतिक स्तर पर हम मुक्त हो जायें। पर यदि समाज का सुधार और विकास नहीं होगा। और धार्मिक अंधविश्वासों और पाखण्डों से हम यदि ऊपर नहीं उठे तो हमारी राजनीति की सत्ता खोखली हो जायेगी। इसी दुरगामी विश्वास से प्रेरित होकर राजाराममोहन राय ने सामाजिक क्रान्ति का धार्मिक सामाजिक विकास का संघ फूंका।

राममोहन राय ने राजनैतिक प्रगति और सामाजिक तथा धार्मिक सुधारों के बीच घनिष्ठ सम्बन्ध निश्चित करने की दूरदर्शिता दिखाई। और आगे चलकर ऐसी ही अनुभूति महात्मा गांधी को।

धार्मिक दृष्टिकोण

राजा राममोहन राय मानवतावाद के प्रतिमूर्ति थे इनमें विश्व भ्रातृत्व की भावना कूट कूट कर भरी हुई थी और धार्मिक मत मतान्तरों से ऊपर उठकर सार्वभौम के उपासक थे। और मोनियर विलियम्स के अनुसार सम्भवत: वह दुनिया के सबसे पहले व्यक्ति थे जिन्होंने पूरी गम्भीरता निष्ठा और लग्न से सम्पूर्ण धर्मो का तारण किया तथा उनमें निहित विकास को समझा। हिन्दू इस्लाम बौद्ध धर्म के और इसाई धर्म में उन्होंने एकता की खोज की और समन्वय का आदर्श रखा। वास्तव में राममोहन राय सम्पूर्ण जाति के आध्यात्मिक एकता और विश्वव्यापी धर्म के स्वप्न दृष्टा थे इनके वैचारिक स्वरूप पर डॉ. वर्मा ने इनके संदर्भ में मौलिक रूपक प्रस्तुत करते हुए अपना दृष्टिकोण प्रस्तुत किया है कि सार्वभौम अथवा विश्वव्यापी धर्म का विचार उनके चिन्तन का अंतिम साकार रूप नहीं था। अंत में उन्होंने आध्यात्मिक संश्लेषण की एक आधारभूत योजना निरूपित की। और परमेश्वर की आराधना पर आधारित धार्मिक अनुभव की एकता पर बल दिया। इस प्रकार उन्होंने कबीर नानक दादू तुकाराम तथा अन्य संतों के सामाजिक एवं धार्मिक समन्वय की परम्पराओं को आगे बढ़ाया राजा राममोहन राय परम्परागत बंधनों और बाधाओं से मुक्ति के पोषक थे। सहयोग सहिष्णुता और भ्रातृत्व की भावना उनमें कूट कूट कर भरी हुई थी। उनकी मान्यता थी कि संपूर्ण मानव समाज एक ही विशाल परिवार है। और विभिन्न राष्ट्र तथा जातियों के लोग सिर्फ उनकी शाखाएँ है। उनका कहना था कि सभी देशों के समझदार लोग अनुभव करते है कि मानव समाज के बीच पारस्परिक आदान प्रदान को सहज बनाना चाहिए और उसे प्रोत्साहित करना चाहिए उनकी कामना थी कि मनुष्य को सहिष्णुता सहानुभूति तथा बुद्धि पर आधारित समाज का निर्माण करने के लिए स्वतंत्र छोड़ दिया जाये वस्तुत: राममोहन राय के धर्म का मूल उद्देश्य सभी धर्मो के शाश्वत तथा निहित तथ्यों को भूलकर एक सार्वभोमिक धार्मिक सहिष्णुता का परिवेश बनाना था। उन्हें इस उद्देश्य में सफलता मिली या नहीं यह विषय उतना विचारणीय नहीं जितना कि यह तथ्य कि अपने उद्देश्य की प्राप्ति में वे किस प्रक्रिया से गुजरे और यह प्रक्रिया तत्कालीन परिप्रेक्ष्य में कितनी प्रगतिशील थी। इतिहास के इस संक्रान्तिकाल में राममोहन राय के योगदान का बिल्कुल ही परस्पर विरोधी मूल्यांकन मिलता है। एक ओर पुराण पंथी हिन्दू

उन्हें हिन्दू मानने से इंकार करने लगे तो ईसाईयों ने केवल मात्र इन फिगल या काफिर कहा राममोहन राय को वस्तुत उस काल और परिवेश पैदावार कहा जा सकता है। इसी से राममोहन राय के धार्मिक विचारों का विकास और हिन्दू धर्म को रूढिवादी संकीर्णता से उभारने में हमको विचार करना होगा। यद्यपि राममोहन राय तीन पठानों के विचार और अपने सिद्धान्तों पर पहुँचे थे। फिर भी उन्होंने मुख्य रूप से हिन्दू धर्म और संस्कारक के रूप में ही मुख्यत: माना जाता है सर्वविदित है कि भारतीय मानस में धर्म का क्या स्थान रहा है इस देश के सामाजिक ढांचे की नींव धर्म पर अड़ी है। राममोहन राय इस वस्तुस्थिति से पूरी तरह अवगत थे।

जूरी एक्ट के विरुद्ध उन्होंने अपनी अपील में लिखा था–

Religious Opininons Exercise a great influence over their the People's general and daily conduct. it is not merely a system of theories and opinions but is interwoven with the laws, the manners, the daily actions of every condition of human life.

धार्मिक सिद्धान्तों के लोगों के साधारण और दैनिक जीवन के आचार व्यवहार को काफी हद तक प्रभावित करते है। यह मात्र सिद्धान्त व्यवहार मात्र ही नहीं बल्कि देश के कानून, दैनिक आवश्यकता, कार्य कलाप और मानव जीवन के प्रत्येक पहलू के साथ जूडे हुए होते है।

राममोहन देश और समाज के विभिन्न पहलूओं के बारे में पूरी तरह सचेत थे। उनमें वैचारिक भावना समाज और देश के लिए भरी हुई थी। राममोहन देश और समाज के विभिन्न पहलूओं के बारे में जानते थे। उनके प्रारम्भिक जीवन की यह घटना बहुत ही महत्त्वपूर्ण थी उनका अपने माता पिता से प्रचलित धार्मिक रीति रिवाजों और मूर्ति पूजा के प्रश्नों को लेकर मतभेद पैदा हो गया। इन्हीं कारणों से बहुत ही छोटी उम्र में घर छोड़ देना पड़ा वस्तुत: यही से वह सत्य की खोज का रास्ता प्रारम्भ हुआ। घर छोड़कर वे इधर उधर भटकने लगे इसी दौरान वे तिब्बत की यात्रा पर भी गये। इन्हीं यात्राओं के दौरान उन्होंने हिन्दू बौद्ध धर्मो का अध्ययन किया इसके अतिरिक्त वे हिन्दू धर्म शास्त्रों के अध्ययन के लिए उन्होंने काशी में कई वर्षो तक निवास किया पटना प्रवास के दौरान जहां वे फारसी व अरबी के लिए गए उनका परिचय इस्लाम की बुद्धिवादी विचारधारा व सूफीवादी विचारधारा से हुआ। इसका प्रभाव उन पर जीवन भर रहा। आगे चलकर पश्चिमी सभ्यता और संस्कृति के सम्पर्क में आये और ईसाइ धर्म का भी उन्होंने गहराइ से अध्ययन किया। बाइबिल को समझने के लिए उन्होंने ग्रिक और हिन्दू भाषओं की

शिक्षा प्राप्त की। राममोहन राय ने हिन्दू मुस्लिम और ईसाई तीनों के धर्मशास्त्रों ओर मानक ग्रंथों का श्रद्धापूर्वक अध्ययन किया। बौद्ध और जैन शास्त्रों का भी उन्हें ज्ञान प्राप्त था। इन धर्मशास्त्रों के ज्ञान के साथ वैज्ञानिक प्रयोगवाद के सम्पर्क में वे आये। यद्यपि राममोहन राय के पूर्व भी धार्मिक समन्वय एकेश्वर और धर्म की सार्वभौमिकता को प्रचारित किया लेकिन आधुनिक काल के प्रमुख धर्मो का उनके मूल भाषा में अध्ययन करके तुलनात्मक बौद्धिक विवेचन के माध्यम से सभी धर्मों के आधारभूत सिद्धान्तों तक पहुँचने की कोशिश की।

राममोहन का धार्मिक दृष्टिकोण और विवेचन दार्शनिक स्तर पर उनके बौद्धिक अनुसंधान का परिणाम था। किसी धर्म गुरु के साम्प्रदायिक विश्वास पर आधारित नहीं था। उन्होंने धर्म को चाहे हिन्दू धर्म हो या ईसाई विवेक और बुद्धि के द्वारा तर्कसंगत या युक्तिपूर्ण रति से समझने की चेष्टा की। इनके व्यक्तित्व का प्रारूपक मानव के विचारों से ओतप्रोत था। धर्म के मूल तत्वों और सिद्धान्तों के साथ प्रचलित धार्मिक आचार विचार के भेद को समझने और समझाने की कोशिश की। मैं तो यह कहूँगा कि 18वीं और 19वीं सदी के रीति रिवाजों पर आधारित हिन्दू धर्म को उसके मूल सिद्धान्तों पर वापस लाने की यह पहली चेष्टा थी। रामामोहन राय का विचार था कि यदि नींव पक्की नहीं तो इमारत कभी भी ढह सकती है। इन्होंने यह सामाजिक चेतावनी दी थी जो धर्म सुधार के रूप में सबसे बड़ी देन थी।

राजा राम मोहन राय की धार्मिक एवं बौद्धिक प्रवृतियों का सबसे अधिक चित्रण उनकी प्रसिद्ध पुस्तक तुहफातुल मुहाविदीन में पाया जाता है। इस पुस्तक में धर्मों के स्वरूप को कलंकित करने वाले असत्य पर खेद प्रगट किया गया है तथा ईश्वर एक है और एक ही सत्ता है इस तथ्य पर अटूट विश्वास प्रगट किया गया है तथा ईश्वर एक है और एक ही सत्ता है इस तथ्य पर अटूट विश्वास के सम्बन्ध में मानव जाति के विचार की एकता का प्रतिपादन किया गया है। मगर जब मनुष्य ने निर्गुण ब्रह्म को गुणों से सम्पृत किया गया उस समय मतभेद पैदा हो गया और उसी समय में साम्प्रदायिकता और धर्मान्धता की जड़ें प्रतिस्थापित हुईं। राजाराममोहन ने यहाँ स्पष्ट किया तथा जोरदार शब्दों शब्दों में कहा कि निर्लिप्त स्रष्टा की साम्याबुद्धि एवं औदार्य के विपरीत है। आश्चर्यजनक रूप से आधुनिक प्रतीत होने वाले स्वर में उन्होंने लिखा है कि–

मैंने संसार के सुदूरवर्ती भागों की यात्रा और मैं मैदानों एवं पहाड़ी का भ्रमण किया। मैंने सर्वत्र यही देखा कि एक ईश्वर ब्रह्म की सत्ता में, जो सृष्टि का रयचिता एवं

निर्माता है, विश्वास करने में तो आमतौर से एकमत हैं, परन्तु उस ब्रह्म को गुण-विशिष्ट बनाने तथा धर्म के सिद्धान्तों और हलाल एवं हराम के उपदेशों वाले विविध मतों को मानने से एकमत नहीं है। इससे मैंने यह निष्कर्ष निकाला है कि एक अनादि और अनन्त सत्ता ब्रह्म की ओर झुकना मनुष्य की स्वाभाविक प्रवृति है और यह प्रवृति मनुष्य जाति के प्रत्येक सम्प्रदाय का कुछ विशेष गुणों से युक्त किसी विशेष ईश्वर या देवता तथा किसी विशेष प्रकार की पूजाविधि या भक्ति की ओर झुकाव एक ब्रह्म एवं अस्वाभाविक गुण है जो आदत और प्रशिक्षण से मनुष्य में आ जाता है। इन सम्प्रदायवादियों में से कुछ अपने पूर्वजों के कथन को सत्य मानकर मतभेद हो जाने पर अन्य मतावलम्बियों के मतों का खण्डन करने के लिए तैयार रहते हैं, जबकि वे पूर्वज कीअन्य लोगों की भाँति पाप और गलतियाँ करते थे। अत: ये सभी सम्प्रदायवादों या तो सच्चे हैं या झूठे। यदि सभी बच्चे हैं, तो परस्पर विरोधियों के एक होने का दोष आता है और यदि सभी झूठे हैं तो झूठ या तो किसी धर्म विशेष में आरोपित करना होगा या समान रूप से सभी धर्मों में। इस प्रकार मनुष्य अपनी स्वार्थ सिद्धि हेतु परम्परा और देवीय शक्ति में विश्वास का सहारा लेकर ऐतिहासिक धर्मों की सर्वव्यापकता को ही नष्ट नहीं करता, वह धर्माथ होकर अन्य मतावलम्बियों पर तरह-तरह के अत्याचार करने पर भी उतारू हो जाता है। धर्म के प्रति तार्किक दृष्टिकोण अपनाने के लिए एक जोशीली दलील पेश करते हुए, राजाराम मोहन ने लिखा है कि-वे लोग धन्य हैं जो स्वभाव और सतत् साहचर्य से व्यक्तियों में पैदा होने वाली स्थितियों तथा जातियों और व्यक्तियों में स्वाभाविक उत्कृष्ट उत्कण्ठाजन्य सहज गुणों के अन्तर को पहचानते हैं और विभिन्न व्यक्तियों द्वारा माने जाने वाले धर्म के विभिन्न सिद्धान्तों की सत्यता एवं असत्यता वस्तुनिष्ठ परीक्षा करने की यथासंभव कोशिश करते हैं, तथा उन स्थापनाओं की भी बारीकी से जाँच करते हैं, जो उन लोगों की स्थिति पर ध्यान दिए बिना जिनकी वे हैं, मान ली जाती हैं।

राजा राममोहन राय का विश्वास था कि आध्यात्मिक जटिलता के स्थान पर सहज, सुगम, सरल सिद्धान्तों का प्रतिपादन आवश्यक है कि वे संरलीकरण द्वारा विश्वास को व्यावहारिक औचित्य देने के पक्ष में थे। वह पक्के एकेश्वरवादी थे, अत: त्रिदेव के ईसाई सिद्धान्त में उन्हें कोई आस्था न थी। हिन्दू धर्म ग्रन्थों के बाह्य ज्ञान और इस्लाम के एकेश्वरवाद के उनके विचारों को निर्धारित करनें महत्त्वपूर्ण भाग लिया था। उनकी पुस्तक तुहफल-उल-मुहाहिदीन में एकेश्वरवाद का बड़ा विद्वतापूर्ण समर्थन था। शुद्ध फारसी में लिखी गई तथा अरबी भाषा की भूमिका युक्त इस बात का प्रमाण है कि धर्मशास्त्र सम्बन्धी तथा तत्व मीमांसा के प्रश्नों पर राजा राममोहन राय ने पूर्ण अधिकार

प्राप्त कर लिया था। सन् 1816 में उन्होंने वेदान्तसार प्रकाशित किया जिसमें प्रचलित बहुईश्वरवाद तथा कर्ममकाण्डग्रस्त धर्म के स्थान पर वेदान्तीय एकेश्वरवाद को अपनाने के लिए दलीलें दी थी। राजा राम मोहन राय किसी भी रूप में बहुदेववाद और मूर्तिपूजा के विरोधी थे। आत्मा की अमरता में उनका विश्वास था।

राजा राम मोहन राय नास्तिकता को प्रोत्साहन न देकर विश्वास के स्थान पर विवेकी सृजन के समर्थक थे। व्यक्ति की महत्ता में उन्हें असीम विश्वास था, अतः उनकी मान्यता थी कि धर्म और विश्वास को व्यक्ति पर हावी नहीं होने देना चाहिए। विवेपूर्ण चिन्तन उन्हें प्रिय था। साम्प्रदायिता और धार्मिक कट्टरता से वे ऊपर थे। उन्होंने स्वयं को एक ऐसे विश्व धर्म के प्रतिपादक के रूप में प्रस्तुत किया जो सम्प्रदाय और परम्परा के सारे कमजोर बन्धनों को अस्वीकार करता है। के.पी. करुणाकरण के अनुसार, राय के आध्यात्मिक और धार्मिक अध्ययन ने उन्हें नए धर्म में परिवर्तन नहीं किया बल्कि वह विश्व धर्म को मानने लगे थे तथा उनकी दृष्टि में विश्व की व्यापकता समाहित हो गई। अपने सामाजिक एवं राजनीतिक क्षेत्रों का मूल्यांकन इसी पृष्ठभूमि में किया जाना चाहिए। उनके वैचारिक आधारों की गरिमा यही है कि सर्वोत्तम की आकांक्षा में उन्होंने राष्ट्रीय प्रगति को प्राथमिकता दी परन्तु अपने राष्ट्रवाद में कोई संकीर्णता या पूर्वाग्रह नहीं आने दिया।

राजा राममोहन राय सामाजिक प्रथाओं, धार्मिक क्रियाओं या विधानों आदि सभी को मानव कल्याण की अग्नि परीक्षा में खरा उतरना चाहिए, अन्यथा वे त्याज्य हैं। उस समय, जबकि धार्मिक या सामाजिक रीतियों के विषय में अविश्वास का क्षीण से क्षीण स्वर में बड़े से बड़ा अपराध माना जाता था, राजा राममोहन राय ने घोषणा की थी कि-मूर्तिपूजहा की हिन्दू प्रथा ने अन्य सभी प्रथाओं की तुलना में समाज में ढ़ाँचे को अधिक क्षति पहुँचाई है। मूर्तिपूजा के विभिन्न विधानों से जो असुविधाजनक अथवा हानिकारक रीतियाँ शुरू हो गई है उन पर निरन्तर विचार करने के बाद, में अपने देशवासियों को भ्रान्तियों के प्रति मुझे जो प्रेम है, उसने भी मुझे इसके लिए बाध्य किया है। इसके बावजूद राजा राममोहन राय धर्म के आध्यात्मिक पहलू के प्रति उस अतिशय पूर्वाग्रह से मुक्त थे, जिसने मार्टिन लूथर को कृषक युद्ध के अमानुषिक अत्याचारों को क्षमा करने के लिए प्रेरित कर दिया था। उनमें निर्भ्रान्त मानव-प्रेम भावना उनकी उस मार्मिक प्रार्थना में स्पष्ट झलकती है, जो ईसाई जनता से अपील (फर्स्ट अपील टू दि क्रिश्चियन पब्लिक) के अन्त में दी। उन्होंने लिखा है कि, ईश्वर! तू धर्म को ऐसा बना दे कि यह मनुष्य और

मनुष्य के बीच पारस्परिक भेदभाव और वैर विरोध को मिटाने तथा मानव जाति में शान्ति और एकता पैदा करने में समर्थ हो।

भारत में प्राचीन विचार और संस्कृति में जो कुछ अविनाशी था, उस सबकी राजा राममोहन ने प्रशंसा की है। उनकी यह प्रशंसा इसलिए महत्त्वपूर्ण है कि यह गंभीर अध्ययन एवं आलोचनात्मक मूल्यांकन पर आधारित है। हमारी परम्परा में जो कुछ महत्त्वपूर्ण था उसका राममोहन आदर तो करते थे मगर दास कभी नहीं बने। उन्होंने अपने समय की परम्परागम हिन्दू मान्यता को निर्दयतापूर्वक उठाकर दूर फैंक दिया कि धर्मशास्त्र कुछ इने-गिने व्यक्तियों की निधि है। वेदान्त और उपनिषदों का बंगला और फ्रेंच जैसी जीवित भाषाओं में अनुवाद करके, उन्होंने हिन्दू धर्म-ग्रन्थों का सारतत्व अधिक से अधिक लोगों के सामने रख दिया। मैक्समूलर ने लिखा है कि-राममोहन राय पहले व्यक्ति थे, जिन्होंने पूर्व और पश्चिम में प्रवाहित जीवनधारा को पूर्णतः संयुक्त किया।

राममोहन के विचार में धर्म कोई ऐसा गुण नही जिसका केवल व्यक्ति के अपने मोक्ष से हो। वस्तुत: वह ऐसी शक्ति है जिसे समाज के उत्थान का प्रशंसनीय कार्य करना और मनुष्य के आत्मोद्वार में योग देना है। अत: यह अनिवार्य था कि वे सामाजिक रीतियों और संस्थाओं का उसी तन्मयता और सावधानी से अध्ययन अपने काल के समाज में नासूर के समान फैली हुई बुराइयों का पता लगाया और उन्हें उखाड़ फेंकने के लिए संघर्ष आरंभ किया।

धर्म की विश्व व्यापकता में राममोहन के विश्वास की तर्कसंगत क्रमिक परिणति राज्य शासन विकध में उनके अन्तर्राष्ट्रीय विवाद आपसी बातचीत द्वारा तय किए जा सके।

राजनीतिक प्रवृत्तियाँ

राजा राममोहन राय, गोखले, तिलक, सुरेन्द्रनाथ बनर्जी आदि की तरह एक राजनीतिज्ञ नहीं थे, तथापि देश-विदेश की राजनीति में उनकी गहरी दिलचस्पी थी और उन्हें यूरोप की विशेष रूप से इंगलैण्ड की राजनीति का अच्छा ज्ञान था। भारत के राजनीतिक जागरण में उनका जो योगदान रहा उसे भुलाया नहीं जा सकता। भारत में सामाजिक एवं राजनीतिक चेतना जगाने के कारण ही उन्हें-नए भारत को संदेशवाहक कहा जाता है। सुरेन्द्र नाथ बनर्जी ने उन्हें-भारत में संवैधानिक आन्दोलन का जनक कहा था। राजा राम मोहन राय ने पूर्व सम्पूर्ण देश के अलावा कलकत्ता में भी कोई राजनीतिक

जीवन नहीं था। जनता ने अपने परिवारों के अधिकारों के प्रति कोई विचार नहीं था और विदेशी हुकूमत के सामने अपनी शिकायतें रखने की बात कोई सोचता भी नहीं था। लेकिन ऐसे आरम्भिक काल में भी राजा राम मोहन राय ने आश्चर्यजनक रूप में ओजपूर्ण राजनीतिक विचार व्यक्त किए और अपने राजनीतिक आन्दोलन को वे शासन सत्ता के केन्द्र तक ले गए। उन्होंने देश की राजनीति के विभिन्न पक्षों पर ध्यान दिया और समस्याओं के बुद्धिमत्तापूर्ण निदान प्रस्तुत किए। उन्हें चाहे अपने निदानों और सुझावों को क्रियान्वयन में सफलता प्राप्त न हो पर उस युग में अधिक महत्त्व तो इस बात का था कि एक भारतीय ने प्रशासकीय दोषों के प्रति अपनी और भारतीय जनता की चिन्ता अपने राजनीतिक प्रभुओं के समक्ष रख दी। राजा राममोहन राय ने समय समय पर जो राजनीतिक विचार प्रकट किए उनमें हमें उनके राजनीतिक चिन्तन का बोध होता है।

राजनैतिक स्तर पर राममोहन के समक्ष दो प्रमुख स्थितियाँ थी। एक ओर जहाँ मुगलों के पतन के साथ मध्ययुगीन शासन व्यवस्था पूरी तरह टूट चुकी थी और देश छोटे-छोटे स्वार्थों और रजवाड़ों में बँटा हुआ था, वहाँ दूसरी ओर देश में अंग्रेजी हुकुमत की नींव पड़ चुकी थी और नए शासक श्रेणी के साथ पश्चिमी ज्ञान-विज्ञान और आधुनिक अर्थव्यवस्था की नींच रखी जा सकती थी। देश की ऐसी राजनीतिक और सामाजिक परिस्थिति में राष्ट्रीयता की एक नयी परिभाषा स्थिरता देने और वैचारिक स्तर पर आधुनिकता के दरवाजे पर लाने में राममोहन ने जो कुछ भी किया वह ऐतिहासिक दृष्टि से बहुत ही महत्त्वपूर्ण था। उस समय तक भारत में राष्ट्रीय स्वाधीनता जैसी भावना का जन्म ही नहीं हुआ था। राजनीतिक या राष्ट्रनीति की ओर साधारण जनता की कोई रुचि नहीं थी। शिक्षित या सचेतन नागिरिकों की काई भी संस्था अभी तक संगठित नहीं थी। अराजकता के उस परिवेश में जनता केवल प्रशासनिक न्याय, धार्मिक स्वतंत्रता और सुरक्षा की आवश्यकता को महत्त्व देती थी। इधर अंग्रेजी शासन के प्रति आस्था की भावना बढ़ चली थी। कुछ लोक इस शासन को अराजकता और सामन्तवादी अत्याचारों से मुक्ति का रास्ता समझने लगे थे।राजा राम मोहनराय की राजनैतिक विचारधारा, उनके धार्मिक प्रवृत्ति में निहित, उपनिषदों में वर्णित मानव को शाश्वत और स्वछंद स्वरूप पर आधारित है। उनके धार्मिक सामाजिक, सुधारवाद और राजनैतिक आन्दोलनों के बीच गहरा सम्बन्ध रहा है।

राजा राममोहन की राजनैतिक दूरदर्शिता इसी में थी कि उन्हें अंग्रेजी शासन की बुराइयों और पराधीनता के कष्टों को झेलते हुए भी देश के लिए एक योग्य प्रशासन की

स्थापना के लिए तथा देश की आर्थिक और सामाजिक प्रगति के लिए कुछ वर्षों तक ब्रिटिश शासन और पराधीनता को स्वीकार करने में उन्हें कोई झिझक नहीं थी। कई आलोचकों ने राममोहन के इन विचारों को प्रतिक्रियावादी ठहराया है लेकिन ऐतिहासिक मूल्यांकन से स्पष्ट है कि राममोहन अपने समय के दूर भविष्य में देखने की क्षमता रखते थे। अंग्रेजी शासन के बुर्जुआ और बौद्धिक मध्यवित्त श्रेणी को जन्म दिया, जिसका सामाजिके और आर्थिक प्रगति में भारी योगदान था। इस श्रेणीक्षने देश के आधुनिकीकरण, औद्योगिकीरण, शिक्षा और संस्कृति के क्षेत्र में महत्त्वपूर्ण ऐतिहासिक भूमिका निभाई।

राजा राममोहन राय ने लॉक, ग्रोशस तथा टॉमस पेन की भाँति प्राकृतिक अधिकारों की पवित्रता को स्वीकार किया। उन्हें जीवंत स्वतंत्रता तथा सम्पत्ति धारण करने के प्राकृतिक अधिकारों में ही विश्वास नहीं था, अपितु व्यक्ति के नैतिक अधिकारों का भी समर्थन किया। किन्तु उन्होंने अपने प्राकृतिक अधिकारों के सिद्धान्त को प्रचलित भारतीय लोकसंग्रह के आदर्श के ढ़ाँचे के अन्तर्गत ही रखा। अत: अधिकारों और स्वतंत्रता के व्यक्तिवादी सिद्धान्त के समर्थक होते हुए भी उन्होंने आग्रह किया कि राज्य के समाज सुधार तथा शैक्षिक पुनर्निर्माण के लिए कानून बनाना चाहिए। इस प्रकार इन्होंने प्राकृतिक अधिकारों के साथ सामाजिक उपयोगिता तथा मानव कल्याण की धारणाओं का संयोग कर दिया।

राम मोहनराय यह जानते थे कि धार्मिक और सामाजिक परिस्थितियों में जो सुधार वह करना चाहते हैं, उसका प्रभाव भारतीय राजनीतिक प्रगति पर अच्छा पड़ेगा। सन् 1828 ई. में उन्होंने लिखा कि– मुझे अफसोस है कि हिन्दुओं का वर्तमान धार्मिक सिद्धान्त राजनीतिक विकास को दृष्टि में रखकर नहीं बनाया गया। जातियों की विभिन्नताओं और उनके अनगिनत विभाजन ने उन्हें राजनीति से बिल्कुल अलग कर दिया है। धार्मिक विशेषताओं, उत्सवों, शुद्धिकरण के कानून ने इन्हें किसी भी साहसिक कार्य के अयोग्य बना दिया है। इसीलिए मैं सोचता हूँ कि उनके धर्म में कुछ परिवर्तन आवश्यक है, कम से कम राजनीतिक लाभ और सामाजिक चैन की दृष्टि से। अत: राममोहन ने धार्मिक सुधार और राजनीतिक तथा सामाजिक विकास के आन्तरिक सम्बन्ध को पहचान लिया था।

जिस तरह पश्चिम की राजनीतिक विचारधारा को व्यावहारिक रूप में लाने में अरस्तू का नाम आगे आता है, ठीक उसी प्रकार भारत में राजनीतिक स्वतंत्रता के लिए जी जान से प्रयास करने वाले राजा राममोहन राय का नाम पहली अंगुली पर आता है,

जिन्होंने आधुनिक भारत में राजनीतिक स्वतंत्रता के लिए प्रयत्न किया और सफलता पायी। जिस प्रकार उन्होंने सामाजिक और धार्मिक स्वाधीनता के लिए प्रयास किया था उसी तरह उन्होंने राजनीतिक स्वतंत्रता भी प्राप्त करने में कोई कौर कसर नही उठा रखी। जिस तरह पाश्चात्य राजनीतिक विचारधारा उच्च स्तरीय दार्शनिकों द्वारा प्राचीन काल में प्लेटो एवं अरस्तू तथा मध्यकालीन भारत में थामस एक्वीनाश और पटुआ के मार्सिलो और आधुनिक युग में हॉब्स, लॉक, काण्ट, हीगल, वेन्थम, ग्रीन एवं मार्क्स प्राप्त हुआ ठीक उसी प्रकार भारतीय राजनीति राजा राममोहन राय के कुशल नेतृत्व के द्वारा ही संभव हुयी। मध्यकालीन भारत में राजनीति का स्तर बहुत ही अच्छा था। मगर 18वीं शताब्दी के शंकराचार्य से लेकर विद्याभूषण ने राजनीतिक उतार-चढ़ाव में स्वयं की उत्सुकता से भाग लिया।

राम मोहन राय ने देश की राजनैतिक जीवन के प्राय: प्रत्येक क्षेत्र में अपनी छाप छोड़ी। न्यायालयों और दूसरे प्रशासनिक मुद्दोंपर सुधार के राममोहन राय के आन्दोलनों, कृषि और औद्योगिक मसलों पर उनकी पहल के बारे में काफी अध्ययन हो चुके हैं। इस प्रकार देखा जाय तो आधुनिक भारत की राजनीति में राममोहन ही पहले युग के पुरुष थे जिन्होंने देश की राजनैतिक चेतना जागृत किया।

राजा राममोहन राय प्रशासित समाज की आकांक्षाओं के प्रति जागरुक थे। अत: उनकी मान्यता थी कि न्याय की उपलब्धि में ही न्याय का औचित्य है। न्याय की उपलब्धि के लिए उनकी दृष्टि में न्यायिक संस्थाओं, न्यायिक संगठन और न्यायिक प्रक्रिया का जन-कल्याणकारी होना आवश्यक था। नि:सन्देह राजा राममोहन राय प्रथम भारतीय थे जिन्होंने शासन और न्याय विभागों को पृथक् करने की आवाज उठाई और ब्रिटिश संसद की विशिष्ट समिति के सामने महत्त्वपूर्ण मसविदे प्रस्तुत किए। भारत में राजस्व एवं न्यायिक व्यवस्था (इन एक्सपोजीशन ऑफ दि रेवेन्यू एण्ड ज्यूडिशियल सिस्टम ऑफ इण्डिया) नामक अपनी पुस्तिका में उन्होंने निर्भीकता से न्यायिक प्रशासन का मूल्यांकन किया और भारत में न्यायिक व्यवस्था, नागरिक अधिकारों, कानूनों आदि के सम्बन्ध में विभिन्न सुधारों का सुझाव दिया। बी.बी. मजूमदार के शब्दों में-जीवन और स्वतंत्रता को सुरक्षित रखने के लिए उन्होंने कानूनों को संहिताबद्ध करने, शक्ति पृथक्करण न्यायधीशों की ईमानदारी, कुशलता, स्वाधीनता, ज्यूरी प्रणाली तथा बन्दी प्रत्यक्षीकरण अधिनियम को अपनाने और अधिकारों के कानूनी उत्तरदायित्व की माँग की। उनका विचार था दीवानी और फौजदारी कानूनों को इस तरह संहिताबद्ध कर दिया जाय कि

मुसलमानों व ईसाइयों की किसी भी प्रमाणिक पुस्तक का हवाला देकर व्यवस्था करने की आवश्यकता न रहे। शक्ति पृथक्करण उनके लिए अच्छे शासन का मूल सिद्धान्त था। .... कलेक्टर के पर के साथ प्रबन्धकारिणी और न्यायिक शक्ति के सम्मिश्रण का उन्होंने जोरदार विरोध किया।

राजा राम मोहन राय के विचार से सारी जाति एक विराट् परिवार है, असंख्य राष्ट्र तथा उपजातियाँ केवल शाखाएँ हैं। अत: प्रत्येक देश में विदग्ध लोग यह महसूस करते हैं कि सारी विपदाओं को हटाते हुए प्रत्येक दिशाओं में मानवीय मेल-मिलाप को प्रोत्साहित करना तथा सरल बनाना होगा ताकि सारी मानव जाति की पारस्परिक सुविधाओं और आनन्द में वृद्धि हो। राजा राम मोहन को "राजनीतिक स्वाधीनता का संदेशवाहक" कहना चाहें तो अतिशयोक्तिपूर्ण हो तब भी इसमें संदेह नहीं कि उनका अपने देशवासियों की योग्यता, बुद्धि एवं सामर्थ्य के सम्बन्ध में यह दृढ़ विश्वास था कि वे उस ऊँचाई तक पहुँच सकते हैं, जहाँ तक अन्य कोई भी सभ्य राष्ट्र नहीं पहुँचा हो। विपिन चन्द्र पाल के शब्दों में- "व्यक्तिगत स्वाभिमान और राष्ट्रीय स्वाभिमान की दो ऐसी सर्वाधिक प्रबल शक्तियाँ थीं जो अन्य जातियों और सुसंस्कृतियों के लोगों के साथ राममोहन के सम्बन्धों का स्वप्न निर्धारित करती थी।"

आर्थिक विचारधाराएँ

राजा राममोहन राय ने आधुनिक युग की बातों या समस्याओं को महसूस किया और तरह के सुधारो की लड़ाई एवं संघर्ष के साथ-साथ राममोहन भारतीयों की आर्थिक स्वाधीनता हेतु प्रयत्नशील रहे। उनका यह प्रयत्न असीमित रहा और इसीलिए राममोहन को "फादर ऑफ दि प्रेजेन्ट इण्डियन रेनाइसेन्स" कहा जाता है। सारे विषयों-धार्मिक, राजनैतिक, प्रेस एवं पत्रकारिता आदि की स्वतंत्रता एवं स्वाधीनता हेतु संघर्षरत राममोहन का एक मात्र उद्देश्य था कि भारतीय इन अधिकारों एवं स्वतंत्रता को प्राप्त कर लें। राजा राममोहन राय भारतीय लोगों के दयनीय आर्थिक पक्ष की मजबूती हेतु सतत् संघर्षरत रहें।

आर्थिक क्षेत्र में राम मोहन ने जिन पहलुओं पर मुख्य रूप से आन्दोलन चलाया था उनमें किसानों की आर्थिक स्थिति, राजस्व समस्या, ईस्ट इण्डिया कम्पनी के व्यावसायिक एकाधिकार का विरोध, फ्री ट्रेड या स्वतंत्र व्यापार की पैरवी, और अन्त में शिक्षित, धनी और चरित्रवान यूरोपीय नागरिकों के भारत में बसने का अधिकार देकर देश की आर्थिक उन्नति में सहयोग देना मुख्य है। 1832 में पार्लियामेन्टरी कमेटी के सामने अपनी गवाही में किसानों की अवस्था पर अपनी राय व्यक्त करते हुए उन्होंने कहा था-

"The condition of cultivators is very miserable. They are placed at the mercy of the Zamidar's avcrice and ambition ..... the landlords have met with indulgence from government in the assessment of their revenue while no part of its is extended towards the poor cultivators .."

यद्यपि राममोहन की आर्थिक विचारधारा के बारे में हमें कम्पनी के व्यापारिक एकाधिकार विरोधी आन्दोलन में उनकी भूमिका, नमक मजदूरों के शोषण के खिलाफ आन्दोलन और बाद में इंगलैण्ड प्रवास के दौरान पार्लियामेन्ट के सामने दी गयी गवाही और प्रकाशित लेखों से विवरण मिलता है, लेकिन देश की आर्थिक स्थिति और किसान समस्या के बारे में राममोहन बहुत पहले से ही सजग थे और काफी अरसे से इन विषयों पर सोच-विचार कर रहे थे। राममोहन राय एक लम्बे अरसे से भारत की आर्थिक समस्या पर गंभीरता से विचार कर रहे थे। दूसरे वे कर भार से पीड़ित और शोषित किसानों की दुर्शशा के प्रति विशेष सहानुभूतिशील थे जो हाउस ऑफ कामन्स के सामने दी गई गवाही से स्पष्ट होता है। वे किसानों की दुर्दशा पर दुःखी थे। इसी से उन्होंने जमींदारों के लगान बढ़ाने के अधिकार का सदा विरोध किया, साथ ही जमींदारों पर कर की दर में कमी करने की आवश्यकता पर जोर दिया क्योंकि इसी अनुपात में किसानों का बोझ भी कम हो सकता था। राम मोहन ने अधिक कर लगाने की नीति का विरोध करते हुए कुछ सुझाव दिए थे-

1. भोग विलास और अनावश्यक वस्तुओं पर अधिक कर लगाना।

2. राजस्व विभाग में प्रशासनिक खर्चे की कमी करना। हजार-डेढ़ हजार वेतन के यूरोपीय कलक्टरों की जगह तीन-चार सौ रुपये के भारतीय कलक्टरों की नियुक्ति का सुझाव। लगान घटने से प्रजा संतुष्ट होगी और सरकारी प्रशासनिक निपुणता बढ़ेगी।

3. स्थाई विदेशी और देशी सेना के स्थान पर स्थानीय रक्षा-दल की स्थापना करने से प्रशासनिक व्यय में भारी कमी आएगी और जनसाधारण का सहयोग भी मिलेगा।

जिस चार्टर के अनुसार ईस्ट इण्डिया कम्पनी की स्थापना हुई थी उसी कानून के अनुसार कम्पनी को भारत में व्यापार करने का अधिकार मिला हुआ था। कोई भी यूरोपीय चाहे वह अंग्रेज ही क्यों न हो व्यापार या कृषि के उद्देश्य से भारत में बसने देने के अधिकार मिला हुआ था। कोई भी यूरोपीय चाहे वह अंग्रेज ही क्यों न हो व्यापार या कृषि के उद्देश्य से भारत में बसने देने के अधिकार का भार भी संपूर्ण रूप से कम्पनी पर ही था।

जवाहरलाल नेहरू ने राममोहन के विषय में लिखा है-"वे विद्वान और अन्वेषक के अलावा और भी कुछ थे, वे मुख्यत: सुधारक थे।" वास्तव में राष्ट्रीय जीवन का ऐसा कोई अंग नहीं था, जो राममोहन के आजीवन प्रयास से अछूता था अप्रभावित रहा हो। क्योंकि राममोहन ने अपने लिए जा कर्तव्य निर्धारित किया था वह अपने देशवासियों के सोचने की प्रक्रिया को नए साँचे में ढालना तथा जीवन विधि में परिवर्तन लाना था। बहुमुखी सुधारों के लिए संघर्ष करते हुए, अन्त में, राममोहन ने मध्ययुगीन रीतियों के विरुद्ध सतत् युद्ध छेड़ दिया था। राममोहन ने आर्थिक समस्याओं को, उन्हीं के मार्ग पर चलकर आर्थिक ढंग से तथा वित्तीय एवं राजनीतिक समस्याओं को राजनीतिक विज्ञान एवं शासन विधि के उच्चतम सिद्धान्तों से हल करने का प्रयास किया और इस प्रकार उन्होंने राष्ट्रीय जीवन के इन विभिन्न विभागों में सुन्दर संतुलन स्थापित किया।

राममोहन, जो एक दूरदर्शी वास्तविकतावादी थे, यह भली-भाँति जानते थे कि जरूशलम-पुराना या नया-हवा में खड़ा नहीं था। वे सांस्कृतिक पुनरुत्थान और आर्थिक उन्नति के पारस्परिक सम्बन्ध को स्पष्टतया समझते थे। यह बात प्रजा की दशा सुधारने के लिए प्रशासनिक सुधारों के वास्ते दिए गए उनके सुझावों से, ईस्ट इण्डिया कम्पनी के व्यापार सम्बन्धी एकाधिकार के विरोध में तथा मुक्त व्यापार और यूरोपियों को यहाँ बसाने के सिद्धान्त के समर्थन से स्पष्ट हो जाती है। यह ध्यान देने की बात है कि अंग्रेजों द्वारा भारतीय सम्पत्त की लूट के विषय में कांग्रेस पार्टी के मंच का मुख्य विषय बनने से एक शताब्दी पहले ही राममोहन इसकी ओर ध्यान आकर्षित कर चुके थे। जिस चार्टर एक्ट के अधीन ईस्ट इण्डिया कम्पनी बनी थी, उसने उसे भारत में व्यापार करने का एकाधिकार ही नहीं दिया था, अपितु यह अधिकार भी दिया था कि वह किसी भी ब्रिटिश नागरिक को व्यापार या कृषि व्यवसाय करने के लिए भारत आने से रोक दे। इन अधिकार शास्त्रों से सज्जित होकर कम्पनी ने नग्न अपहरण और दिन दहाड़े लूट की नीति अपना ली थी। भारत का निर्दयतापूर्वक शोषण करने के कम्पनी के कार्यक्रम के दो उद्देश्य थे- एक तो, इंगलैण्ड के कारखानों को सस्ता कच्चा माल सप्लाई करने के लिए भारत को दृढ़तापूर्वक अपनी पकड़ में रखना, और दूसरा, इंगलैण्ड के कारखानों में बने तैयार माल के लिए भारत को गोदाम के रूप में इस्तेमाल करना और यहाँ पर उसे बेचना। इससे कम्पनी और उसके नौकर इतने मालामाल हो गए जिसकी उन्हें स्वप्न में भी कल्पना नहीं थीं। असीम धन-सम्पत्ति के लोभ ने बहुत से यूरोपीयों को कम्पनी के एकाधिकार को समाप्त करने तथा भारत में जमीन खरीदने या रखने के अधिकार के सम्बन्ध में यूरोपीयों पर लगाई गई

पाबन्दी को हटाने के लिए आन्दोलन चलाने को प्रेरित कियां अठारहवीं शताब्दी के अंत में एकाधिकार और मुक्त व्यापार के विचार तक को ईस्ट इण्डिया कम्पनी के अधिकार ईश्वर का शाप समझते थे। जब मुक्त व्यापार की माँग बढ़ी तो उससे आतंकित होकर कम्पनी के अधिकारियों ने निदेशक मण्डल के कार्यालय को इस आशय की रिपोर्टों से भरना शुरू कर दिया यदि यूरोपियों को उनके सुरक्षित शिकारवाह में शिकार करने का अधिकार दिया गया तो कम्पनी का भाग्य अधर में लटक जाएगा।

फ्रांसीसी नाम के एक वरिष्ठ अधिकारी ने लिखा है कि-''यदि कानून द्वारा यूरोपीयों को कृषि का अधिकार दिया गया, तो अन्य सभी बातों के अलावा, यह निश्चय है कि कठिनाइयाँ पैदा हो जायेंगी, जिससे कम्पनी के राजस्व को धक्का पहुँचेगा।'' सन् 1788 ई०में स्वयं गवर्नर जनरल ने इस सम्बन्ध में निदेशक मण्डल को एक पत्र लिखा कि-''यदि प्रस्तावित योजना (मुक्त व्यापार) अपनाई गई तो असंख्य यूरोपीय, देश के भीतरी भागों में छा जाएँगे और स्वभावतः कम्पनी द्वारा छोड़े गए निर्माण केन्द्रों पर अधिकार कर लेंगे जिससे तुरंत घोर प्रतिस्पर्धा पैदा होगी, कीमते बढ़ेगी और घटिया माल बनेगा।''

राम मोहन ने नमक के व्यापार पर ईस्ट इण्डिया कम्पनी के नौकरों के एकाधिकारों का विरोध किया। वे इसकी साधारण कीमत के एक हजार प्रतिशत बढ़ाकर नमक बेचते थे। उन बेचारों की स्थिति गुलामों जैसी थी। नमक के उत्पादन के लिए सरकार एजेन्ट नियुक्त करती थी। इसके बाद नमक को कलकत्ता में एकमुश्त थोक में बेचा जाता था। सारे व्यापार पर कुछ भारतीय धनपशुओं का कब्जा था। वे इसे दबाकर रखते थे और मिलावट भी किया करते थे। कम्पनी ने विदेशी नमक के आयात पर कर की दर बहुत ज्यादा रखी थी। राम मोहन राय ने नमक के एकाधिकार के खिलाफ आवाज उठाई। क्योंकि सभी लोग नमक की कमी महसूस करते थे। इसलिए उन्होंने तर्क दिया था कि गर नमक की कीमत कम कर दी जाय तो इसका इस्तेमाल ज्यादा मात्रा में होगा। संस्ता और बढ़िया होने के कारण अंग्रेजी नमक के आयात की अनुमति देकर और मौलंगियों को कृषि के काम पर लगाया जाना चाहिए। उन्होंने कहा कि मिलावट का स्तर यह था कि मिट्टी और नमक में भेद कर पाना संभव नहीं था। संसदीय उच्च समिति ने भी राम मोहन राय के एकाधिकार विरोधी मत से सहमति प्रकट की। इस तरह उनका आन्दोलन सफल हुआ और ईस्ट इण्डिया कम्पनी का नमक-एकाधिकार खत्म हो गया।

राम मोहन राय पहले व्यक्ति थे जिन्होंने ब्रितानी शासकों द्वारा भारत की सम्पत्ति को बड़े ही साजिशाना ढंग से बाहर ले जाने के बारे में भारतीय जनता को आगाह किया। यह भारत के विजेताओं को भेंट के तौर पर समझा जा रहा था। "भारत राजस्व व्यवस्था" के सवालों का जवाब देते हुए राम मोहन ने कहा था कि अवकाश प्राप्त अंग्रेजी अफसर वर्ग देश की अपरिमित धन सम्पदा को विदेश ले जा रहा था। उन्होंने देश की इस लूट को साबित करने के लिए कुछ सूचियाँ तैयार की और कहा कि ईस्ट इण्डिया कम्पनी पहले महालेखापाल और बाद में महालेख रह चुके मेसर्स लायड एण्ड मेलबिल के हाउस ऑफ लार्ड्स की सिलेक्ट कमेटी के सामने 23 फरवरी, 1830 ई० को दिए गए बयान में बताया गया कि भारत से प्राप्त होने वाले राजस्व का लगभग 30 पौण्ड प्रतिवर्ष इंगलैण्ड में लग रहा था। इसमें "बोर्ड ऑफ कन्ट्रोल" और "इण्डिया हाउस" का खर्च, अनुपस्थिति भत्ता, यूरोप में स्थिति सरकारी और फौजी अफसरों को भारत में की गई सेवाओं के बदले में ब्याज सहित पेंशन आदि की रकम भी शामिल है और भारत में की गई सेवाओं के बदले में ब्याज सहित पेन्शन आदि की रकम भी शामिल है और भारत में क्षेत्रीय भण्डार के लिए भेजे जाने वाले चार लाख, तिरेपन हजार, पाऊच सौ अट्ठासी (4, 53, 588) पौण्ड की रकम इससे अलग है।

ईस्ट इण्डिया कम्पनी के बंगाल स्थित कुशल एवं वरिष्ठ अधिकारी ने अपनी पुस्तक "आन कोलोनियल पालिसी ऐज अप्लीकेबुल टू दी गर्वमेन्ट ऑफ इण्डिया" में बंगाल सरकार के बोर्ड ऑफ डाइरेक्टर्स के नाम लिखे गए पत्र दिनांक 28 जून 1810 को उद्धृत किया गया। निदेशकों का कहना था कि "यह स्वीकार करना गलत नहीं कि व्यक्तिगत खातों के माध्यम से लन्दन भेजी जाने वाली रकम की दर लगभग 20 लाख पौण्ड प्रति वर्ष रही है। इस, तथा अन्य, प्रामाणिक दस्तावेजों के आधार पर अनुमान लगाया जा सकता है कि सार्वजनिक और व्यक्तिगत तौर पर भारत में 1765 ई० और 1820 ई० के बीच 10 करोड़ पौण्ड की भेंट ली गई थी।"

उधर इंग्लैण्ड में स्वतंत्र व्यापारियों और इजारेदारों में काफी बड़े पैमाने पर रस्साकसी चल रही थी। राम मोहन ने स्वतंत्र व्यापारियों के पक्ष में इजारेदारों के विरोध मे अपने विचार प्रकट किए और इस काम में उन्हें द्वारकानाथ टैगोर का उल्लेखनीय समर्थन भी मिला। दोनों ने अपनी दूरदर्शिता से जान लिया कि इतिहास, भारत पर ब्रितानी शासन के माध्य से, भारत को पिछले दशक में मुसलमानों के शासन की जड़ता से मुक्त करा रहा है। लंबे अरसे से भारत विश्व-इतिहास की मुख्यधारा से अलग-थलग और बाहर था।

इंग्लैण्ड भारत को इसके अस्तित्व के सम्पूर्णतत्व में उस मुख्यधारा में लाने वाली ताकत थी। आर्थिक क्षेत्र में भी इंग्लैण्ड ने भारत को औद्योगिक क्रान्ति के काम को अनजाने ही शुरू कर दिया। राममोहन राय और द्वारकानाथ ने बंगाल के कस्बों में अंग्रेजों द्वारा उद्योगों की स्थापना का समर्थन इसलिए किया कि जमींदारों के बर्बर अत्याचारों से किसानों को बचाने का रास्ता मिल सके। यह प्रक्रिया भी अन्य ऐतिहासिक प्रक्रियाओं की भाँति क्रूर ही थी। जो कुछ भी हुआ अवश्यम्भावी था। सामंती आर्थिक व्यवस्था से पूँजीवादी आर्थिक व्यवस्था में परिवर्तन आसानी से होने का उदाहरण संसार के किसी भी इतिहास में नहीं मिलता। भारत मे ही इसके विपरीत नहीं हो सकता था। राममोहन राय ने भारत की इस आर्थिक क्रान्ति का समर्थन किया और द्वारकानाथ जैसे मित्रों से पूरी वफादारी से उन्हें सहयोग प्राप्त हुआ।

❑❑❑

3

नारी प्रस्थितिः सुधार और राजा राममोहन राय

भारतीय समाज सदियों से कुरीतियों शिकार होता आया है। मुगल आक्रमणकारियों के पूर्व भारत में नारी का स्थान सम्मानजनक था। मुगलों के सामने हिन्दू राजाओं के पराजय का प्रमुख कारण रहा है सामाजिक संगठन का कमजोर होना। प्रमुख कमजोरियों में थी जाति प्रथा, स्त्रियों की सोचनीय स्थिति, बाल विवाह, कन्यावध, रुढ़ियाँ आदि। विगत दो सौ वर्षों में जो भी सामाजिक परिवर्तन आये या सामाजिक कुरीतियों को दूर करने का प्रयास किया गया है इसमें राजा राममोहन राय के सुधार कार्यक्रम अग्रणी रहे। अव्यवस्थित सामाजिक व्यवस्था में तथा सामंती पूंजीवाद व्यवस्था तक के बीच नारी की स्थितियों में अनेक उतार चढ़ाव आये हैं। हम यहाँ पर नारी के ऐतिहासिक पृष्ठभूमि का विश्लेषण कर रहे हैं।

आदिम युग

आदिम युग मानव जाति का प्रारंभ काल था। मनुष्य जंगलों में रहता, कंदमूल खाता। इस काल में अनियंत्रित यौन सम्बन्ध होते थे। नारी की सत्ता परिवार में स्वीकार्य थी। बच्चे माता के नाम से जाने जाते थे क्योंकि एकनिष्ठ विवाह प्रथा का अभाव था। संतान के पिता का पता लगाना कठिन था। माताओं को प्रतिष्ठा एवं सम्मान प्राप्त था।

समय और परिस्थितियों में परिवर्तन के साथ एकनिष्ठ विवाह का प्रारंभ हुआ। संक्रमण के प्रमुख कारणों में आर्थिक जनसंख्या, परम्परागत यौन सम्बन्ध की समाप्ति। फलतः महिला वर्ग पर पुरुषहारा, एकलपति, एकनिष्ठ तथा प्रथा स्थापित किया गया पुरुष पर कोई मर्यादा लागू नहीं की गई। सामाजिक व्यवस्था में एक महत्त्वपूर्ण परिवर्तन अया। सम्पत्ति की अवधारणा एवं प्रक्रिया का संचालन तथा उक्त का उत्तराधिकारी कौन है यह एक प्रश्नप उठ खड़ा हुआ। श्रम विभाजन के तौर पर आहार जुटाने, यंत्र तंत्र का

कार्य पुरुष को था अतः सम्पत्ति का अधिकार पुरुष को मिला। स्वयं की संतान को उत्तराधिकारी बनाने का एक मात्र विकल्प यह था कि सामाजिक व्यवस्था को पितृसत्तात्मक बनाया जाये। यही से प्रारंभ होता है नारी के सामाजिक स्तर में गिरावट का। मातृ सत्ता का विनाश, पुरुष सत्ता का आधिपत्य ने महिला वर्ग को पदच्युत कर दिया सामाजिक पारिवारिक संगठन से। कालान्तर में दासी का स्वरूप प्रदान कर दिया गया। महिला को प्रस्तुतीकरण की आदरवादी रक्षण भावना एवं कृत्रिम संवेदना से युक्त रखा गया।

सम्पत्ति समाज में परिवार के ज्यों-ज्यों बढ़ती गई वैसे-वैसे महिलाओं की स्थिति गिरती गई पुरुष का स्थान शीर्ष होता गया। सामूहिक सम्पत्ति को व्यक्तिगत सम्पत्ति में रूपान्तरण करने के प्रयोजन को बढ़ावा मिलता है।

यूनानी तो स्पष्ट रूप से स्वीकार करते हैं एकनिष्ठ विवाह का उद्देश्य केवल यह था कि परिवार में पुरुष का शासन रहे। इतिहास की दृष्टि में एकनिष्ठ विवाह सामाजिक परिवर्तन की महत्त्वपूर्ण देन है परन्तु परिवार में पति की प्रवृत्ति एवं स्थिति बुजुर्आ जैसी बनती गई एवं पत्नी सर्वहारा की भाँति शोषित बनी। पुरुष प्रधान समाज द्वारा थोपे गये मर्यादा एवं नैतिकता तो महिला पर लागू किया गया परन्तु पुरुष उससे मुक्त रहा। अतीत काल में महिला आदर की पात्र बनीं वरन् पुरुषों के समकक्ष थी। प्रारंभिक काल में वह मुखिया थी परन्तु सामाजिक समानता के अवसरों एवं अधिकारों से वंचित होने के साथ महिला को कुपरिणामों का भागीदारी बनना पड़ा।

वैसे भारतीय संस्कृति में महिलाओं को सम्मान का पात्र माना गया है। देवी पूजा के विभिन्न रूप इस तथ्य को प्रमाणित करते हैं। पौराणिक साहित्य और महाकालों में प्रमाण उपलब्ध है। जैसे वैदिक साहित्य में महिला को विशेष सम्मान प्राप्त था। कन्याओं को उच्चतर शिक्षा दी जाती थी। तैत्तिरीय ब्राह्मण (2, 3, 10) में सीता सावित्री नामक विदुषी और सोम राजा के संभाषण में सीता-सावित्री ने सोमराजा की पत्नी बनना उसी समय स्वीकार किया जब राजा ने वेदग्रन्थ भेंट करना स्वीकारा।

नारी की सर्जना करने वाले ब्रह्माजी ने भी आज की नारी की सुदृढ़ सामाजिक स्थिति, बहुआयामी व्यत्तित्व की प्रतिभा को बिखेरती नारी के वर्तमान स्वरूप को देखकर कभी यह सोचा भी न होगा कि इस पुरुष प्रधान समाज में नारी इतनी उन्नति कर पाएगी या अपना स्थान सुनिश्चित कर पुरुषों से चार कदम आगे निकल जाएगी। किन्तु वर्तमान में यही सत्य है, क्योंकि वर्तमान युग कल युग है अर्थात 'मशीन युग'। इस मशीनी युग में एक ओर जहाँ नारी के उत्तरदायित्व बढ़े, वहीं दूसरी ओर इसने प्रत्येक क्षेत्र में अपनी प्रतिभा का लोहा मनवाकर ख्याति प्राप्त की।

मशीनों की भांति तीव्र गति से कार्य करती हुई नारी कलयुग में कलयुगी नारी की संज्ञा से विभूषित हुई। आज पुरुषों से प्रत्येक क्षेत्र में प्रतिस्पर्धा करती हुई नारी घर एवं बाहर की दोनों जिम्मेदारियों का पूर्णत: निर्वहन करती हुई आगे बढ़ती चली जा रही है। चाहे वह कोई भी क्षेत्र हो यथा शिक्षा हो या प्रशासन, यांत्रिकी हो या चिकित्सा, राजनीति हो या विज्ञान आदि अनन्य क्षेत्रों में नारी की सहभागिता दर्शनीय एवं सराहनीय है। इतना ही नहीं चाँद पर भी जाने में एवं एवरेस्ट की ऊँचाई को नापने में भी औरत को किसी प्रकार की हिचकिचाहट नहीं हुई। कल्पना चावला एवं बधेन्द्री पाल इसकी ज्वलंत उदाहरण हैं। जिन्होंने कलयुग में ही अवतार लेकर अपने देश के गौरव और नारी का सम्मान बढ़ाकर इतिहास में अपना नाम अंकित किया है।

सबसे पहले हम राजनीति को लें जोकि अपने आप में शुष्क, नीरस एवं पुरुष प्रधान क्षेत्र था या यों कहा जाए कि इस क्षेत्र में पूर्णत: पुरुषों का ही वर्चस्व था परन्तु इस वर्चस्व के चक्रव्यूह को भेदते हुए न केवल नारी ने पुरुषों के वर्चस्व को नकारा है अपितु उनकी मनमानी मानसिकता एवं ज्यादतियों का विरोध करने के लिए उनके सामने पत्थर की चट्टान के समान अवरोध-बनकर खड़ी हो गई। पूर्व प्रधानमंत्री इन्दिरा गाँधी ने अपने समकालीन बड़े से बड़े प्रभावशाली नेताओं के प्रभाव को परे हटाकर सम्पूर्ण विश्व में अपनी प्रतिभा को प्रतिष्ठित कर सम्मानजनक दर्जा प्राप्त किया। वर्तमान में कई देशों में महिलाएँ प्रधानमंत्री, मुख्यमंत्री, राज्यमंत्री जैसे पदों पर आसीन होकर अपने कर्त्तव्य प्रशस्त दिशा निर्देश के द्वारा एक वृहद समाज को संचालित कर रही हैं तथा समसामयिक आपदाओं का भी सामना कर रही हैं। जयललिता, मायावती आदि नारियाँ इसकी ज्वलंत उदाहरण हैं।

समाज को दिशा प्रदान करने वाला, समाज का दर्पण कहलाने वाले साहित्य के क्षेत्र में भी आज की नारियों ने पुरुषों से दस कदम आगे बढ़कर ऐसी पृष्ठभूमि का निर्माण किया है जो समाज की विसंगतियों को दर्शाकर युवा मन की कुंठाओं की ग्रन्थियों को खोलकर समाज को नई दिशा देने में सहायक है। शिवानी, तस्लीमा, नसरीन, मैत्रेयी, पुष्पा, मन्नू भंडारी, ममता कालिदा, अलका सरावयी आदि जैसी अनेक कर्मठ लेखिकाएँ समाज के ज्वलंत विषयों पर अपने विचार सम्प्रेषित करती हुई हृदय के कोमल पक्षों को भी उजागर करने का काम कर रही हैं। ये रचनाएँ मनुष्य की संवेदनशीलता को तो बढ़ाती ही हैं, साथ ही एक ठोस मानसिक आधार

भी प्रदान करती हैं। इनकी रचनाएँ मानवीय कल्पनाओं पर आधारित न होकर मानवीय संवेदनाओं से अभिप्रेरित हैं।

आज की नारी अब केवल अपनी समस्याओं का रोना नहीं रोती वरन् अपनी समस्याओं का स्वत: हल ढूँढ़कर समाज को प्रेरित करती हुई तमाम संस्थाओं से जुड़कर समाज सेवा का कार्य भी कर रही हैं। अर्थात् आज वह अपनी दिशा पाने के लिए भटकती नहीं है बल्कि दूसरों को दिशा प्रदान करने वाले प्रकाश स्तम्भ के रूप में कार्य कर रही हैं। प्रथम भारतीय पुलिस अधिकारी श्रीमती किरण बेदी के साहसिक एवं सकारात्मक कार्य से सम्पूर्ण विश्व प्रभावित है। स्वास्थ्य एवं खेलकूद जैसे क्षेत्र में प्राचीन एवं मध्ययुगीन नारियों का हस्तक्षेप एक स्वप्न मात्र था क्योंकि इन क्षेत्रों में उसके प्रवेश का द्वार बन्द था किन्तु आज की नारी ने इस क्षेत्र में भी प्रवेश कर अपना नाम स्वर्णाक्षरों में अंकित करवाया। चाहे वह एथलीट पी.टी. उषा हो, भारोत्तोलक मल्लकेश्वरी हो, तैराक आरती साहा हो या ओलम्पिक पदक विजेता सुनीता रानी हो। इन सभी की उपलब्धि-अपने आप में इस तथ्य को सिद्ध करती हैं कि ईश्वर प्रदत्त कोमल काया को भी आज की नारी ने तपाकर फौलाद में परिवर्तित कर लिया है। आज विश्व की अनेकानेक महिलाएँ खेलकूद के विभिन्न क्षेत्रों में प्रतिस्पर्धा करती हुई अपने कौशल का प्रदर्शन कर रही हैं और दक्षताओं के नवीन मापदण्ड स्थापित कर रही हैं। स्वास्थ्य के प्रति भी जागरुक हो नारियाँ अपने परिवार एवं समाज को भी नई दिशा दे रही हैं।

मध्यकाल तक शिक्षा के क्षेत्र में नारी का पदार्पण नगण्य था किन्तु कलयुग कहलाने वाले इस युग में नारी शिक्षा प्राप्त कर न केवल अपने लिए नवीन पथ का निर्माण कर रही है बल्कि शिक्षा प्रदान कर समाज को विविध पहलुओं से समायोजन स्थापित करने के लिए तैयार कर रही है। आज की नारी चिकित्सा, विधि, न्याय और राजनीति तथा तकनीकी के क्षेत्रों में बढ़चढ़ कर शिक्षण कार्य कर रही है।

नारी की कमनीयता और सुन्दरता सदैव ही आकर्षण का केन्द्र रही है। कलयुग में फिल्म जगत और सौन्दर्य के क्षेत्र में इसी आकर्षण के चलते नारी ने अपनी स्थिति सुदृढ़ की। रीता फारिया, लारा दत्ता, ऐश्वर्या राय, सुष्मिता सेन, दिया मिर्जा एवं प्रियंका चौपड़ा जैसी विश्व सुन्दरी की विभूति से सम्मानित नारियों ने अपने सौन्दर्य एवं प्रतिभा का लोहा सम्पूर्ण विश्व में मनवाया है। सौन्दर्य के क्षेत्र में यह विदित है कि मात्र कायिक सौन्दर्य से ही किसी उपाधि या सम्मान की प्राप्ति सम्भव नहीं है, उच्चतम

स्थिति को प्राप्त करने के लिए बौद्धिक चिन्तन एवं व्यापक दृष्टिकोण की भी समान आवश्यकता है और आज की नारी ने यह सम्भव कर दिखाया है।

पुरानी रूढ़ियों के आधार पर प्राय: ऐसा माना जाता था कि औरतों की मानसिकता पुरुषों की अपेक्षा कम होती है लेकिन विविध-बुद्धि लब्धिपरीक्षणों के माध्यम से आज यह तथ्य भली-भांति स्पष्ट हो गया है कि नारी का बौद्धिक स्तर पुरुषों से कम नहीं बल्कि काफी हद तक अधिक है। इसी प्रकार यदि ललित कलाओं का क्षेत्र लें और भली-भांति विश्लेषण करें तो हम पाऐंगे कि सोनल मानसिंह, संयुक्ता पाणिग्रही, सितारा देवी, शाश्वती सेन आदि ऐसे कई नाम उभर कर सामने आऐंगे जिन्होंने अपने अथक परिश्रम और कठिन साधना से नृत्य कौशल की पराकाष्ठा को भी पार कर लिया है और प्रसिद्धि के शिखर पर अपना परचम लहराया है। गायकी के क्षेत्र में एम.एस. सुब्बालक्ष्मी, मल्लिका पुखराज, बेगम अख्तर, अलका याज्ञनिक, कविता कृष्णमूर्ति आदि गायिकाओं ने अपने स्वरों के माध्यम से घर-घर में प्रसिद्धि पाई स्वर साम्राज्ञी लता मंगेशकर एवं आशा भौंसले को तो विश्व कला प्रेमी व्यक्ति अपने हृदय पीठिका पर आसीन कर चुका है। विभिन्न उपाधियों से विभूषित और सम्मान प्राप्त गायिका लता मंगेशकर ने तो अपने स्वर का जादू बिखेर कर सबको आश्चर्यचकित कर दिया है और वैज्ञानिकों को इस बात के लिए कृत संकल्पित कर दिया है कि उनकी मृत्यु के पश्चात् वे उनके गले की स्वरतंत्रियों पर शोध कार्य करेंगे।

जैसा कि कहा जाता है कि वतमान युग कलयुग है और आज की महत्त्वाकांक्षी, लक्ष्य को प्राप्त करने के लिए संकल्पित नारी कलयुगी है। परन्तु यदि हम आज के युग का विश्लेषण करें तो हम पाऐंगे कि वर्तमान युग नव जागृति का युग है। भौतिकता और पाश्चात्य सभ्यता से ओत-प्रोत इस मशीनी युग में नारी मशीन की ही भांति दिन रात कर्त्तव्य के पद पर डटी हुई है और मशीन की ही तरह एक दिन उसका अन्त होना उसकी नियति बन गया है। सुप्रसिद्ध महिला अन्तरिक्ष यात्री कल्पना चावला का असामयिक निधन इस बात को स्पष्ट करता है।

नारी अब **'अबला नहीं सबला है'**। इस कथन को चरितार्थ करते हुए नारी अपने तन मन की सुन्दरता को बनाए रखते हुए आर्थिक क्षेत्र में भी तीव्रगामी चरण रख रही है। आज अधिकांशत: नारी अपने पैरों पर खड़ी हैं उसमें से कुछ के पास सरकारी नौकरी है, कुछ के पास अपने व्यावसायिक प्रतिष्ठान हैं, कुछ सामाजिक संस्थाओं से जुड़ी हैं, तो कुछ विविध सांस्कृतिक गतिविधियों में संलग्न हैं। फैशन

डिजायनिंग, गृह सज्जा (आन्तरिक सज्जा, भवन निर्माण कला) पाक कला विशेषज्ञ, सौन्दर्य विशेषज्ञ आदि के रूप में अपने उज्ज्वल भविष्य का निर्माण कर आगे आने वाली पीढ़ियों के लिए मार्ग बना रही है।

कलयुग की नारी अत्याधुनिक बनने की चाह में फैशन, सिनेमा, होटल, नाच, डिस्को और क्लब तथा किटि पार्टियों की ओर आकर्षित हो रही हैं जो उसकी छवि को बिगाड़ने में महत्वपूर्ण भूमिका निभा रहे हैं। ये सभी बातें एक सीमा के भीतर तो ठीक है परन्तु जब नारी अपनी सीमाओं का अतिक्रमण करती है तो घर, परिवार और समाज में वह हेय बन जाती है और अपने नारीत्व को लज्जित करते हुए अपनी गरिमा को ठेस पहुँचाती है। किन्तु ऐसी नारियों की संख्या समाज में कुछ ही प्रतिशत है जिन्हें देखकर हमारा पुरुष समाज उन्हें कलयुगी नारी की संज्ञा दे डालता है जो उसकी व्यंग्य वृत्ति का परिचायक है। अतः नारी को अपने सम्मान और गौरव की रक्षा स्वयं करनी होगी।

नारी श्रद्धा, सात्विकता, प्रेम, करुणा, दया, ममता आदि सद्‌गुणों की प्रतिमूर्ति है। इन गुणों को अपनाकर वह समाज में ऊँचा स्थान प्राप्त कर आदर की अधिकारिणी बन सकती है साथ ही अपने अधिकारों की रक्षा स्वयं करते हुए दहेज प्रथा जैसी बुराइयों के प्रति विरोध प्रकट कर सकती है।

आज की नारी पुरुष की प्रिया है, पत्नी, है तथा वास्तविक अर्थों में माँ है। शिक्षित नारी पति के बिना भी अपनी आजीविका चला कर अपने बच्चों का समुचित पालन-पोषण कर रही है। प्राचीन नारी की तरह वह पुरुष के अधीन न होकर उसकी सहायक है। जब से नारी अपने स्वतंत्र अस्तित्व के प्रति सजग हुई है तभी से उसके उत्तरदायित्व और भी बढ़ गए हैं और उन उत्तरदायित्वों की पूर्ति हेतु आज की नारी कभी-कभी अपने मार्ग से विचलित होकर भटक रही है। आधुनिकता के नाम पर पश्चिमी वेशभूषा एवं चकाचौंध-संस्कृति के आवरण में लिपटी नवयौवना दूसरे नव युवकों के साथ मादक पदार्थों का सेवन करती हुई-कान फोड़ने वाले संगीत पर थिरकती हुई भी नजर आती हैं तब उसकी उच्छृंखलता वास्तव में असहनीय होती है। ऐसी स्थिति में नारी-नारी का ही विरोध करने को मजबूर हो जाती है और उसे समझाकर नैतिकता एवं मूल्यों का बोध कराकर मार्ग दिखाने की चेष्टा करती है।

यद्यपि नारी ने अपना स्वतंत्र अस्तित्व कायम कर लिया है फिर भी अपने सम्मान की रक्षा के लिए उसका संघर्ष जारी है। उसने कर्त्तव्य की परिधि को तो पार कर

लिया है लेकिन अधिकारों के चक्रव्यूह अभी भेद नहीं सकी है। अस्मिता का प्रश्न अभी भी उसके सामने खड़ा है। दोहरी जिन्दगी जीते हुए नारी कभी-कभी खुद को असहाय एवं उपेक्षित पाती है लेकिन इसका अर्थ यह कदापि नहीं कि उसने कहीं भी हार स्वीकार कर ली है, वह निरन्तर परिस्थितियों से सामंजस्य स्थापित करती हुई प्रगति पथ में अपने झंडे गाड़ रही है। और उसे दृढ़ विश्वास है कि वह इसी तरह सीढ़ी दर सीढ़ी चढ़ती हुई सफलता की उपलब्धियाँ प्राप्त करती रहेगी तथा आने वाले समय में साहसी, परिपक्व, सहिष्णु और एक मजबूत इरादे वाली महिला के रूप में प्रस्तुत होगी। एक परिपूर्ण नारी के लिए अत्यन्त जरूरी है कि वह बने बनाए रास्तों पर ही न चले बल्कि नए रास्तों की ईज़ाद करें लेकिन नए पन के नाम पर किसे साथ लेकर चलना है और किसे छोड़ देना है यह विवेक अवश्य रखे

दुनिया के निर्माण के पश्चात् ईश्वर ने विचार किया होगा कि इस दुनिया को और अधिक सुन्दर बनाना होगा, और उन्होंने मानव की रचना की। मानव को दो रूप दिए—एक पुरुष व दूसरा नारी। ये दोनों ही एक-दूसरे के पूरक हैं किन्तु नारी के बिना दुनिया का कोई अस्तित्व ही नहीं है। ईश्वर ने नारी की शारीरिक रचना ही इस प्रकार की है कि संसार के भविष्य की वह स्वयं निर्मात्री हो गई है। कई युगपुरुष हुए हैं जो नारी के किसी न किसी रूप चाहे वह माँ, बहन, पत्नी, भाभी अथवा दाई रही हो, से प्रभावित होकर महान् बने। अत: कहा जा सकता है कि युग चाहे जो भी रहा हो, संसार की तरक्की नारी के विकास पर ही आधारित है।

उन्नीसवीं शताब्दी के प्रारम्भ में सामंती सत्ता की ईश्वरीय स्वीकृति को रद्द करते हुए क्रान्तिकारी पूँजीवाद अथवा औद्योगिक क्रान्ति ने पहली बार मानवीय अस्मिता की बात की। इस तरह मानव केन्द्रित समाज के तहत स्वतन्त्रता, समानता एवं बन्धुत्व की सोच विकसित हुई। इसी पृष्ठभूमि पर यूरोप तथा अमेरिका में फेमिनिस्ट आन्दोलन अथवा नारीवादी आन्दोलन विकसित हुआ। उसकी प्रारम्भिक माँग मताधिकार और काम करने की अनुकूल तथा समान परिस्थितियाँ रही। धीरे-धीरे विवाह, तलाक एवं पुरुषों के बराबर अधिकार की बात जुड़ती गई। उस दौर के आर्थिक, सामाजिक हालातों ने महिला आन्दोलन पर अत्यन्त प्रभाव डाला। यही कारण है कि उग्र परिवर्तनवादी (रेडिकल) पूँजीवादी विचारों से लेकर यूरोपियन समाजवादी, सुधारवादी, दार्शनिक, सामाजिक विचारों के अलग-अलग महिला संगठन अस्तित्व में आए। सम्पूर्णता में इन सबकी सोच प्रगतिशील थी।

उस समय नारी आन्दोलन के पास नारी शोषण के इतिहास, सामाजिक, आर्थिक, सुधार एवं इसकी पूर्ण समाप्ति की कोई स्पष्ट सोच नहीं थी। इस दिशा में सोच के स्तर पर पहला प्रयास मार्क्सवाद द्वारा किया गया किन्तु अनेक महिलावादी क्षेत्रों में इतिहास की इस सच्चाई को नकारा जाता है। मार्क्स ने गुलामी तथा शोषण के इतिहास तथा वर्तमान की व्याख्या की। स्त्री–पुरुष समानता के लिए उन्होंने पूँजीवाद को समाप्त करने का आह्वान किया। हालाँकि मार्क्स ने महिला स्वतंत्रता एवं समानता के सम्बन्ध में अपना अभिमत व्यक्त नहीं किया, पृथक संगठन पर चर्चा नहीं की। परन्तु उसी विचार को आगे बढ़ाते हुए विश्व कम्युनिस्ट आन्दोलन में प्रथम बार महिला संगठन की सोच लेनिन ने आरम्भ की और अलग से महिला संगठन खड़ा किया। क्लाराजेटकिन, अनेसा आरमाँ, रोजा लक्जेमबर्ग, अलेक्सांद्रा कोलोताई–क्रुप्सकाया जैसी नारीवादी महिलाओं से लेनिन का महिला मुद्दे पर लगातार पत्र–व्यवहार होता था। उसमें पुरुषवादी सत्ता, नैतिकता, बराबरी, मुक्ति आदि महिला से जुड़े सवालों पर मार्क्सवादी विचार में जवाब दिए गए। इस सब के पश्चात् भी लेनिन के दौर में अलग से नारी आन्दोलन की सोच विकसित नहीं हो पाई, इस समंय तक यह केवल श्रमजीवी महिलाओं का संगठन बनाने तक सीमित रही। उसी दौर में रोजा लक्जेमबर्ग के नेतृत्व में अन्तर्राष्ट्रीय महिला कामगार संघ की स्थापना हुई जिसमें प्रायः यूरोप और रूस की कम्युनिस्ट महिला मजदूर आदि थीं। इस संगठन का निश्चित ही महिला आन्दोलन को बड़ा लाभ प्राप्त हुआ। किन्तु वर्गीय दृष्टि से देखने के कारण मध्यम वर्ग की महिला का इसमें कोई महत्त्व नहीं था। इस सबके पश्चात् भी सोवियत संघ, चीन या पूर्वी यूरोप के समाजवादी देशों में महिला के हित में जो काम हुए तथा उससे महिला की स्थिति में जो अन्तर आया वह आज तक दुनिया के किसी और देश में संभव नहीं हो सका।

स्त्री समाजवादियों के पहले और दूसरे अन्तर्राष्ट्रीय सम्मेलन (स्टूटगार्ट 1907 और कोपेनहेगेन 1910) श्रम–जीवी नारी आन्दोलन की विकास यात्रा के महत्वपूर्ण पड़ाव थे। इन सम्मेलनों ने जहाँ महिला को मताधिकार का प्रस्ताव किया, वहीं अन्तर्राष्ट्रीय महिला सचिवालय बनाने और महिला पत्रिका निकालने का भी तय किया। इसी सम्मेलन ने 8 मार्च को महिला दिवस घोषित किया। 1920 तक सर्वहारा विचारधारा पर आधारित नारी आन्दोलन में एक व्यवस्थित रूप प्राप्त कर लिया था। इस दौर में (1920–1926) महिला कम्युनिस्टों के चार अन्तर्राष्ट्रीय सम्मेलन हुए। चौथे दशक में फासिज्म के उभार और साम्राज्यवादी युद्ध विरोधी संयुक्त लड़ाई में अन्य तबकों के साथ मध्यम वर्ग की महिलाएँ

भी सक्रिय थीं। इससे ही निकलकर 'जनवादी फासिज्म विरोधी नारी आन्दोलन' का सूत्रपात हुआ। 1934 में पेरिस में ऐसे कई देशों के नारी संगठनों की पहल पर पहली 'फासिज्म विरोधी विश्व महिला कांग्रेस' हुई। बाद में ऐसे और भी सम्मेलन हुए जिसने युद्ध और फासिज्म के खिलाफ लड़ने के अलावा महिलाओं को आपस में अपनी समस्याओं को देखने, समझने तथा सोचने का अवसर दिया। चीनी क्रान्ति के अलावा एशिया, अफ्रीका और लातिन अमेरिका के राष्ट्रीय संघर्षों ने भी महिला संगठन और महिला मुद्दे को समझने का मौका दिया।

1888 में ही अमेरिका में नारीवादियों की पहल पर 'अन्तर्राष्ट्रीय नारी परिषद' की स्थापना जैसी सक्रियता दिखने लगी थी। इसी समय स्त्री चेतना के दबाव में डरकर धार्मिक और सुधारवादियों ने भी भाँति-भाँति के महिला संगठनों की स्थापना की थी। इस तरह एक लम्बे समय तक छुटपुट सक्रियता बनाए रखने के पश्चात् 1960 के दशक में अमेरिका और पूरी पश्चिमी दुनिया में एक नया नारीवादी आन्दोलन विस्फोट के रूप में फूट पड़ा जो वास्तव में यौन उत्पीड़न के विरुद्ध एक बगावती अन्धा विद्रोह था जिसकी कई शाखाएँ आगे चलकर फली-फूलीं तथा एक सीमा तक दुनिया भर की उच्च अथवा मध्यमवर्गीय महिलाओं को इसने प्रभावित भी किया। उनके पास नारी-समस्या के सभी बिन्दुओं की इतिहाससंगत, तर्कपूर्ण व्याख्या नहीं थी और न ही इस संघर्ष को आगे ले जाने का कोई ठोस कार्यक्रम। यह एक तरह से पश्चिमी उपभोक्ता संस्कृति के खिलाफ बगावत थी। वैसे नारीवाद के सिद्धान्त का पहला मील का पत्थर 1946 में फ्रांसीसी में और 1953 में अंग्रेजी में प्रकाशित 'सिमोन द वोउवा' की चर्चित पुस्तक 'द सेकेण्ड सेक्स' थी। कुछ वर्ष पहले स्त्री उपेक्षिता के नाम से हिन्दी में भी यह प्रकाशित हो चुकी है। अपनी लाख कमियों के पश्चात् भी यह पुस्तक नारीवादी आन्दोलन-कर्मियों के लिए आज भी गीता, बाइबिल के समान पवित्र है। व्यापक ऐतिहासिक परिप्रेक्ष्य, नारी आन्दोलन की दिशा तथा सामाजिक आर्थिक विश्लेषण के अभाव के पश्चात् भी साठ के दशक में नारी आन्दोलन की चेतना इससे काफी प्रभावित हुई। इसी तरह अमेरिका में 1966 में राष्ट्रीय नारी संगठन का गठन करने वाली 'वेट्टी फ्रीडन' की पुस्तक 'द फेमिनिन मिस्टिक' भी काफी चर्चित हुई जिसमें स्त्रियों की घरेलू दासता और पुरुष-स्वामित्व को स्वीकार करने के लिए उनके दिमाग की कण्डीशनिंग की प्रक्रिया की उग्र लेकिन एकांगी तथा अनैतिहासिक आलोचना की गई थी। इस दौर में ऐसी कई किताबों ने मध्यम वर्ग की नारी चेतना को जाग्रत किया।

उस समय पूरी पश्चिमी दुंनिया आर्थिक सामाजिक संकट और उथल-पुथल के दौर से गुजर रही थी। लगभग सभी तबके के लोग सड़कों पर उतर आये थे। वियतनाम, क्यूबा जैसे छोटे-छोटे देशों की क्रान्ति या संघर्ष ने पश्चिम के युवाओं को काफी प्रभावित किया था। इन सब संघर्षों में महिला की भागीदारी भी पहली बार इतने बड़े पैमाने पर हो रही थी। सामाजिक राजनीतिक सक्रियता के दायरे में बढ़ी हुई इस भागीदारी ने महिला को दोयम दर्जे की नागरिकता के खिलाफ विद्रोह के लिए प्रेरित किया।

इस महिला शक्ति के उभार ने भी महिला समस्या की कोई स्पष्ट तस्वीर प्रस्तुत नहीं की अपितु अराजकतावादी ढंग से सामाजिक-पारिवारिक संस्थाओं के अस्तित्व को ही चुनौती दी। विवाह, एकल यौन सम्बन्ध तथा परिवार को एकदम नकारा तथा पूरी लड़ाई को पुरुष सत्ता के विरुद्ध केन्द्रित किया गया। बिना यह जाने कि इसका ऐतिहासिक, सामाजिक आधार क्या है ? आखिर ऐसे आन्दोलन की परिणति ब्रा-बर्न्स सोसाइटी (ब्रा जलाओ समिति) बनाने और 'नो योर बॉडी नो योर सेल्फ' (अपने शरीर को जानो, खुद को जानो) जैसी पुस्तकें लिखने तक सिमट कर रह गई और इसी यौन-भेद में सारी असमानताओं का कारण ढूँढ़ती रही। उस दौर में नारीवादी विचारकों ने जो भी साहित्य लिखा उसमें किसी ने भी नारी शोषण-उत्पीड़न के इतिहास, परम्परा एवं सामाजिक ढाँचे को जानने की या विश्लेषण करने की कोशिश नहीं की। इस आन्दोलन का असर औरत की अपनी स्वतंत्र पहचान और स्वतंत्र संघर्ष के रूप में जरूर हुआ जिसके बाद दुनिया भर में नारेवादी छोटे-छोटे स्वतंत्र संगठन खड़े हुए। गर्भपात, बलात्कार, तलाक जैसे मुद्दों के कई संघर्ष भी इनके हक में जाते हैं। पर आम लोगों से जुड़ाव के मामले में यह काफी कमजोर रहा। आज ऐसे संगठनों का जुड़ाव मात्र मध्यम वर्ग की महिला तक ही सीमित है।

वर्ष 1975 संयुक्त राष्ट्र संघ ने महिला वर्ष के रूप में घोषित किया गया। आगे 1975 से 1985 तक महिला दशक के रूप में भी मनाया गया। इस दौरान सम्पूर्ण विश्व में महिला आन्दोलन काफी ताकतवर रूप से उभरा तथा बीच में परस्पर एकजुटता भी बनी। इसी के आस-पास अन्तर्राष्ट्रीय महिला-सम्मेलन की संयुक्त राष्ट्र संघ के नेतृत्व में शुरुआत हुई जो 1995 में चीन में हुए चौथे महिला सम्मेलन तक जाती है। महिला-सम्मेलन और महिला ताकत के इस उभार ने वर्तमान दुनिया में उभर रहे नये-नये महिला मुद्दों को अपने संघर्ष में शामिल किया। 1979 में औरत के विरुद्ध सभी प्रकार के भेदभाव को तत्काल समाप्त करने की माँग के साथ संयुक्त राष्ट्र संघ ने एक विशेष प्रस्ताव पारित किया।

आज विकसित औद्योगिक राष्ट्र की महिलाओं के एजेन्डे में वैज्ञानिक और तकनीकी प्रबन्धन की बात है अथवा इन उपलब्धियों के साथ 21वीं शताब्दी में जाने की सोच। वहाँ अब स्त्री के साथ यौन आधार पर कायम सामाजिक असमानता और भेदभाव मुख्य प्रश्न है। नारी की अस्मिता का सवाल वहाँ आज भी जिन्दा है। वहाँ नारी का आन्दोलन आज उपभोक्ता संस्कृति की विकृतियों के विरुद्ध संघर्षरत है। जबकि भारत जैसे पिछड़े या अति पिछड़े देशों की महिलाओं की लड़ाई आज भी 18वीं अथवा 19वीं शताब्दी के मुद्दों पर ठहरी हुई है। ऐसे अधिकतर देशों में आज भी अर्द्धसामंती, अर्द्ध औपनिवेशक तन्त्र किसी न किसी रूप में कायम है। भारत जैसे देशों में समाज विकास की मंथर गति तथा जनवादी क्रान्तियों या जनवादी मूल्यों के अभाव में सामंती ढाँचा आज भी कायम है। यहाँ के मूल्य-मान्यताओं में इसका रूप साफ दिखाई देता है। इसके साथ ही सामाजिक संदर्भों की अनदेखी करके जिस ताबड़-तोड़ तरीके से खुले बाजार की नीतियाँ अपनाई जा रही हैं उसका सबसे बुरा प्रभाव भी इन्हीं महिलाओं पर पड़ने वाला है। उधर आज दुनियाभर में महिला संघर्ष का चित्र भी काफी कमजोर और बदला हुआ है। जिस तीव्रता से यह दुनिया भर में उभरा था उतनी ही जल्दी यह कमजोर भी हुआ है। अमेरिका में रेंगना मिक्स के दौर में स्थापित हुए परम्परागत मूल्यों के कारण परिवार की इकाई को फिर से महत्त्व मिलने लगा है। महिला की पुरानी भूमिका को स्थापित किया जा रहा है। यूरोपीय-संस्कृति के केन्द्र ब्रिटेन में भी नारीवादी आन्दोलन अत्यन्त कमजोर हो गया। सोवियत संघ अथवा पूर्वी यूरोप में तो साम्यवादी व्यवस्था के न रहने के बाद महिला जागरूकता कहीं दिखती भी नहीं। कुल मिलाकर पूँजीवाद ने अपने लिए नुकसानदेह मानकर नारी समाज को उत्पादन के क्षेत्र में अलग कर दिया है। पुरुष की छाँव से भी चिढ़ने वाला नारीवाद इसमें बहुत आसानी से फँस गया है।

महिला उत्पीड़न और संघर्ष के इतिहास में 8 मार्च का अपना महत्व है। आठ मार्च पूरी दुनिया में महिला दिवस के रूप में मनाया जाता है। 1857 में वह आठ मार्च ही था जब अमरीका के शिकागो और न्यूयार्क शहर में कपड़ा मिल में काम करने वाली महिला मजदूरों ने काम के घंटे 16 की जगह 10 रखने की माँग के साथ सड़क पर प्रदर्शन किया जिसे पुलिस ने बेदर्दी से दबा दिया।

इसमें कई महिलाएँ शहीद हुईं, ढेरों घायल भी हुईं। आखिर किसी ट्रेड यूनियन का समर्थन न होने के कारण महिलाओं को अपनी इस पहली लड़ाई में सफलता नहीं मिल सकी। दुनिया में महिला के संगठित संघर्ष का यह पहला मुकाम था। बाद में 1912,

1915, 1917 में भी पूँजीवादी मुल्कों में महिला अधिकार और बराबरी के लिए कई संघर्ष हुए।

आठ मार्च के इस ऐतिहासिक महत्त्व को देखते हुए 8 मार्च, 1910 में महिलाओं के एक सम्मेलन में प्रसिद्ध मजदूर नेत्री एवं वामपंथी विचारक क्लाराजेटकिन ने इस दिन को महिला वर्ष के रूप में मनाने का प्रस्ताव रखा जिसे स्वीकार किया गया। बाद में संयुक्त राष्ट्र संघ जैसे दुनिया भर के संगठनों ने इस दिन को स्वीकार किया। महिला दिवस के रूप में इस सौ, डेढ़ सौ साल के इतिहास में ढेरों संघर्ष, अधिकार और उपलब्धियाँ महिला के नाम से जुड़ी हैं। हमारे देश में महिलाएँ जगह-जगह राष्ट्रीय और धार्मिक त्यौहार के समान इस दिन को मनाती हैं, याद करती हैं।

मनु महाराज ने मनुस्मृति में नारी का विवेचन करते हुए स्पष्ट लिखा है कि ''यत्र नार्यस्तु पूज्यंते, रमंते तत्र देवताः।'' अर्थात् जहाँ नारियों की पूजा होती है, वहाँ देवता निवास करते हैं। निश्चित ही प्राचीनकाल में नारियों का व्यक्तित्व सुरक्षित था, वे अपना जीवनसाथी स्वयं चुनती थीं। सीता हो, कुन्ती हो अथवा कोई अन्य सुकन्या, सभी को स्वयंवर का अधिकार रहा है। प्राचीनकाल में नारियों की स्थिति इतनी अच्छी होने के बावजूद अचानक भारत की परतंत्रता के साथ-साथ नारियों की परतंत्रता का भी श्रीगणेश हुआ।

नारी शनैः-शनैः समय और विचारधाराओं में परिवर्तन से, ज्ञात और अज्ञात कारणों से घर की ऊँची-ऊँची चारदीवारी में बन्द होकर अविधान एवं अज्ञान के अन्धकार में डुबकियाँ लगाने लगी, उसका पग-पग पर अपमान होता रहा तथा लगातार ठुकराए जाने के बावजूद भी वह जीवन की अन्तिम श्वास तक सामाजिक यातनाओं को चुपचाप सहन करती रही। बाल विवाह, पर्दा प्रथा, विधवाओं की दीन-हीन दशा, सती-प्रथा, कन्या पक्ष का नीचा समझा जाना, नारी की उच्च शिक्षा का बहिष्कार, उत्तराधिकार से वंचित होना और आर्थिक परतंत्रता जैसी सामाजिक कुरीतियों ने पराधीन भारत को इतना निम्न बना दिया कि वह नारी की पीड़ा को समझ न सका और आज स्वतंत्रता के साठ वर्षों बाद भी बार-बार सचेत किए जाने पर भी भारत में पूर्णरूपेण नारी जागृति नहीं हो पाई है।

21वीं सदी में कदम रखने वाले भारतीय समाज में नारी को आज भी वह दर्जा प्राप्त नहीं हुआ है जो उसको बहुत पहले मिल जाना चाहिए था। वधू दहन आज भी निर्भयतापूर्वक होता है, तलाक नारी के लिए कलंक है व पुरुष के लिए आजादी है, जहाँ बालिका भ्रूण हत्या एक लैटेस्ट फैशन है, एक ऐसे अमानवीय पतनशील समाज में स्त्री

फिर भी जीवित है, यह क्या किसी आश्चर्य से कम है? नारी ने पूरी शिद्दत के साथ विपरीत और विषमतर परिस्थितियों में भी अपनी पहचान और महत्ता को सिद्ध किया है। नारी शक्ति, शौर्य और सामर्थ्य का दूसरा नाम है।

प्रारम्भ में नारी व पुरुष के कार्यों में कोई भेद नहीं था। ज्यों-ज्यों मानव विकास की ओर बढ़ता चला गया, उसके कार्यों में विभाजन भी होता गया। इन कार्यों में विशेषीकरण आया तथा स्त्री-पुरुष में श्रम विभाजन हुआ, संसार का प्रत्येक समाज मातृसत्तात्मक परिवार होने से सम्पत्ति पर, परिवार के नाम पर, वंश, गोत्र इत्यादि पर नारी का अधिकार होता था जिससे उसकी स्थिति उच्च हुआ करती थी। धीरे-धीरे इस व्यवस्था में परिवर्तन हुआ, परिवार पितृसत्तात्मक हुए, उससे हर मामले में पुरुष ने अपना आधिपत्य स्थापित कर लिया और वह नारी को तुच्छ समझने लगा। उत्पादकता का आश्रय लेकर पुरुष ने नारी को घर की वस्तु बना दिया और स्वयं उसका मालिक बन बैठा।

हिन्दू दर्शन के अनुसार चार युग हुए—सतयुग, त्रेतायुग, द्वापर युग और कलियुग। वैदिकयुगीन सभ्यता में भारतवर्ष में आर्यों का राज्य था। आर्यों ने ही वेदों की रचना की, उनका जीवन सुखमय था, विवाह संस्कार माना जाता था। नारियों को समाज में आदर-सम्मान की दृष्टि से देखा जाता था।

वैदिकोत्तर कालीन समय में विवाह प्रतियोगिता के आधार पर होता था। आर्य समाज में समय बीतने के साथ-साथ नारियों की स्थिति में अपेक्षाकृत अन्तर आया। निम्न तथा उच्च जाति की नारियों में भेदभाव शुरू हुआ और ज्यों-ज्यों समय बीतता गया, नारी की स्थिति भी नीचे खिसकती गई। हिन्दुस्तान में नारियों के चरित्र के साथ अनेक सवाल जोड़कर उसे लाजवन्ती या छुई-मुई बना दिया गया।

रामायणकालीन समय में नारी को नैतिकता का आदर्श मान लिया गया था। वह पुरुष की दासी के समान हो गई। नारी का कर्त्तव्य पति सेवा तथा अन्ध-आज्ञा का पालन हो गया। द्वापर वह युग था जब नारी को बराबर का दर्जा हासिल था। उसे योनि शुचिता के आवरण से मुक्ति दिलाने के लिए श्रीकृष्ण ने पहला कदम उठाया था। यही नहीं, उन्होंने नारियों के साथ राधा, गोपियों आदि के साथ मित्रवत् सम्बन्ध स्थापित किया। नारी यदि कहीं नर के साथ बराबर हुई है तो वह केवल ब्रज में, और कहीं नहीं।

बौद्ध काल में नारियों की दशा अत्यन्त शोचनीय थी। जिस प्रकार नदी, पथ, मदिरालय आदि सबके उपभोग की वस्तुएँ थीं उसी प्रकार नारियों को भी सबके उपभोग की वस्तुएँ माना गया।

मौर्यकाल में चाणक्य जैसे महान् अर्थशास्त्री ने नारियों की दशा सुधारने का प्रयत्न किया। दास-दासी प्रथा भी उन्हीं के प्रयासों से समाप्त हुई।

सम्राट अशोक के समय प्रारम्भ में नारियों पर काफी अत्याचार हुए किन्तु बाद में कुछ सुधार भी आए। मुगलकाल में नारियाँ पूर्ण रूप से पर्दे की कैद में चली गईं।

ब्रिटिश काल में पश्चिमीकरण का विशेष प्रभाव नारियों पर नहीं हो सका। बाल-विवाह, सती-प्रथा, कन्या वध आदि आन्दोलन केवल ऊपरी सतह तक ही नारियों की दयनीय स्थिति पर प्रहार कर पाए। इस अंतराल में यदि कुछ नारियों ने घर से बाहर कदम बढ़ाने की कोशिशें भी की तो उन्हें समाज की विरोधी नजरों को सहना पड़ा।

स्वतंत्रता संघर्ष के समय जरूर कुछ नारियों ने अपनी दृढ़ हिम्मत के बलबूते आगे आने का प्रयास किया जिसमें महारानी लक्ष्मीबाई का नाम सर्वोपरि है, जिन्होंने नारी जाति के मानस पटल पर स्वर्णिम तिलक अंग्रेजों से युद्ध करके अंकित किया।

राजा राममोहनराय तथा महात्मा गाँधी जैसे हमारे भारत के युगपुरुषों ने भी क्रमशः नारियों के लिए बनाई गई कुछ कुरीतियाँ जैसे सती प्रथा, बाल-विवाह, विधवाओं के साथ दुर्व्यवहार जैसी सामाजिक बुराइयों का नाश करने का भरसक प्रयास किया तथा स्वतंत्रता आन्दोलन में कमला नेहरू, सरोजिनी नायडू आदि को आगे लाने का प्रयत्न किया। भारतीय परम्पराओं के अनुरूप वैदिक काल से ही उर्मिला, गार्गी, मैत्रेयी, लीलावती, अनुसूइया सदृश नारियों का अस्तित्व इस बात का प्रत्यक्ष प्रमाण है कि साहित्य और विशेष रूप से कविता में नारी का गुणगान होता रहा है किन्तु उसके साथ व्यवहार में कुछ और ही होता रहा है। उसे तो सिर्फ भोग की वस्तु एवं नौकरानी माना जाता रहा है। जब छोटी हो तो पिता की, विवाह के बाद पति की और बूढ़ी होने पर पुत्रों की आज्ञा का पालन करना ही उसका कर्त्तव्य माना गया है। वह पुत्र प्राप्ति का मशीन रूपी साधन मानी जाती रही है।

जब नारी को एक मनुष्य के रूप में देखने-पहचानने की शुरुआत हुई तब भी लगा कि नारी जैसे पहले गुलाम थी, उसी प्रकार तमाम आबोहवाओं-तमाम संस्कृतियों, सामाजिक व्यवस्थाओं, युद्ध या शान्ति में, हर जगह गुलामी की जंजीर में जकड़ी आक्रमित शोषित-पीड़ित ही एक वस्तु है। भारतीय नारी का विकास काफी धीमा है। आधुनिक भारत में नारियों की शिक्षा का पर्याप्त विकास हो गया है किन्तु इस पुरुष प्रधान समाज में आज भी नारी को बराबरी का दर्जा देने में सुगबुगाहट है। यही नहीं, समाज की रूढ़िवादी परम्परावादी एवं कम पढ़ी- लिखी नारियों के विचारों में कुछ विशेष परिवर्तन

आज भी नजर नहीं आता है। नारियों के केवल एक तबके में आया परिवर्तन पूर्ण समाज की नारियों का परिवर्तन कहना महज अतिशयोक्ति ही है।

वैवाहिक जीवन में आज भी पुरुष ही अपने फैसले करते हैं और नारी उस पर अमल करती है। यह सब अब धीरे-धीरे समाप्त हो जाना चाहिए। आज भी नारियों का जीवन यह प्रकट करता है कि अधिकांशत: वैधानिक अधिकार संविधान के पन्नों में धरे के धरे रह गए हैं। आज भी कानून में कुछ ऐसे उदाहरण हैं जो स्त्री को उन मौलिक अधिकारों से वंचित रखते हैं जहाँ पर उनका अधिकार होना चाहिए था।

नारियों की अभी भी बहुत बड़ी संख्या ऐसी है जो मुश्किल से पेट पालने की स्थिति में है, गरीब है, निरुपाय-सी है, रीति-रिवाजों के जालों में उलझी हुई है। इन स्त्रियों का जीवन सुलभ और गौरवपूर्ण बन सके इसके लिए प्रयत्न करना उच्च एवं मध्यम वर्ग की प्रत्येक नारी की जिम्मेदारी है। कई अध्ययनों ने यह प्रमाणित किया है कि गरीब तबके में पुरुषों की अपेक्षा रोजी कमाने वाली नारियों की संख्या ही बढ़ी है।

देश में नारियों की 26 करोड़ की आबादी में से 21 करोड़ स्त्रियाँ तो गाँवों में बसती हैं और कुछ गरीबी रेखा के नीचे ही जी रही हैं। लगभग तमाम गरीब नारियाँ आर्थिक गतिविधियाँ चलाकर कुछ न कुछ तो फिर भी कमा लेती हैं।

हमारे देश में पीढ़ी दर पीढ़ी चले आने वाले कार्यों में नारियों का महत्वपूर्ण योगदान रहा है। अन्न बोना, लुनाई करना, सिलाई करना, सुपे टोकरे, झाडू बनाना, नमक बनाना, बुनकर गिरी करना, पापड़-अचार बनाना, छोटी-मोटी पैदावार की बाजार में बिक्री करना, पानी भरना, खाना पकाना, घर का काम करना, किफायत करके थोड़ी-थोड़ी बचत करना आदि कार्य जो राष्ट्र संपदा को बढ़ाने वाले बुनियादी किस्म के हैं, गाँवों व शहरों की श्रमजीवी नारी जनता करती आई है। नारियाँ अर्थोपार्जन के क्षेत्र में सख्त मेहनत का कार्य करती हैं, राष्ट्र के हित में कार्य करती हैं, इसके अतिरिक्त भी आज का पुरुष प्रधान समाज तथा कुछ रूढ़िवादी नारियाँ उन्हें आगे बढ़ने से रोकती हैं, उसके साथ छलावा करती हैं। इसीलिए कविवर रामधारी सिंह दिनकर का हृदय पुकार उठता है–

"मुक्त करो नारी को मानव, चिरवंदिनी नारी को।
युग-युग की निर्मम कारा से, जननी, सखी प्यारी को।"

कई युगपुरुष हुए हैं जो नारी के किसी भी रूप चाहे वह माँ, बहन, पत्नी या भाभी हो, से प्रभावित होकर ही महान् हुए अत: हम कह सकते हैं कि आज महिलाओं के विकास पर ही संसार की तरक्की निर्भर है। पुरातन भारत में नारियों को उच्च स्थान प्राप्त

था। वे केवल संतान जन्मदात्री या भोजनालय की प्रबन्धकारिणी ही नहीं थीं, उस समय उन्हें भी पुरुषों के समान सामाजिक एवं राजनीतिक, धार्मिक कार्यों में भाग लेने का अधिकार था। मनु महाराज ने मनुस्मृति में स्त्रियों का विवेचन करते हुए स्पष्ट लिखा है कि जहाँ स्त्रियों की पूजा होती है वहाँ देवता निवास करते हैं। जहाँ स्त्रियों की प्रतिष्ठा नहीं होती वहाँ सब क्रियाएँ निष्फल हो जाती हैं। निश्चित ही प्राचीनकाल में नारियों का व्यक्तित्व सुरक्षित था, वे अपना जीवनसाथी स्वयं चुनती थीं। प्राचीनकाल में स्त्रियों की स्थिति इतनी अच्छी होने के पश्चात् भी अचानक भारत की परतंत्रता के साथ-साथ स्त्रियों की परतंत्रता का भी श्रीगणेश हुआ।

स्त्री शनैः-शनैः समय और विचारधाराओं के परिवर्तन से, ज्ञात और अज्ञात कारणों से घर की ऊँची-ऊँची चारदीवारी में बन्द होकर अविधान व अज्ञान के अन्धकार में डुबकियाँ लगाने लगी। उसका पग-पग पर अपमान होता और लगातार ठुकराए जाने के पश्चात् भी जीवन की अंतिम साँस तक इन सामाजिक असाध्य यातनाओं को चुपचाप सहती रही है। बाल-विवाह, पर्दा प्रथा, विधवाओं की दीन-हीन दशा, सती प्रथा, कन्या पक्ष का नीचा समझा जाना, उच्च शिक्षा का बहिष्कार, उत्तराधिकार से वंचित होना तथा आर्थिक परतंत्रता जैसी सामाजिक कुरीतियों ने पराधीन भारत को इतना निम्न बना दिया था कि वह नारी की पीड़ा को समझ न सके और आज स्वतंत्रता के साठ वर्षों के पश्चात् भी बार-बार सचेत किए जाने पर भी महिलाएँ पूर्ण रूप से जाग्रत नहीं हो सकी हैं।

इक्कीसवीं सदी में कदम रखने वाले भारतीय समाज में स्त्री को आज भी वह दर्जा प्राप्त नहीं हुआ जो कि उसे बहुत पहले मिल जाना चाहिए था, वधू-दहन आज भी निर्भयतापूर्वक होता है, तलाक स्त्री के लिए कलंक व पुरुष के लिए आजादी है, जहाँ बालिका भ्रूण हत्या एक लेटेस्ट फैशन है, ऐसे अमानवीय, पतनशील समाज में स्त्री फिर भी जीवित है, यह क्या किसी आश्चर्य से कम है? स्त्री ने पूरी शिद्दत के साथ विपरीत विषमतर परिस्थितियों में अपनी पहचान और महत्ता को सिद्ध किया है। स्त्री शक्ति, शौर्य और सामर्थ्य का दूसरा नाम है।

पृथ्वी पर अनेक प्राणी हैं, उनमें से मानव भी एक है। लिंग के आधार पर मानव दो वर्गों में विभाजित है—

1. स्त्री 2. पुरुष

पृथ्वी की सृष्टि के सम्बन्ध में भिन्न-भिन्न मत प्रचलित हैं। बाइबिल में पृथ्वी और प्राणियों की उत्पत्ति के सम्बन्ध में वर्णित है कि परमेश्वर ने इनकी रचना की और जैसा

कि बाइबिल में लिखा है कि परमेश्वर ने आकाश और पृथ्वी की रचना की। परमेश्वर ने दिन–रात, साँझ–सकारे, जल और सब कुछ बनाया। तब परमेश्वर ने आदम (प्रथम मानव) की रचना की तत्पश्चात् यहोबा परमेश्वर ने कहा कि आदम का अकेला रहना अच्छा नहीं है। उसने उसे गहरी नींद में डाल दिया और उसकी पसुली निकालकर स्त्री बनायी और आदम ने कहा कि अब यह मेरी हड्डियों में की हड्डी, मेरे माँस में का माँस है सो इसका नाम नारी होगा, क्योंकि यह नर में से निकाली है।

जब पृथ्वी पर बुराई बढ़ गई तब परमेश्वर ने सोचा कि मैंने जिसकी सृष्टि की है, उसे पृथ्वी पर से मिटा दूँगा। परन्तु परमेश्वर का अनुग्रह नूह पर बना क्योंकि यह धर्मी था तथा परमेश्वर के साथ–साथ चलता था। उसके लिए जीवित प्राणियों की एक–एक जाति के जोड़े रखने को कहा फिर 40 दिन तक लगातार जल वृष्टि हुई जिससे सम्पूर्ण पृथ्वी जलमग्न हो गई तदुपरान्त इन्हीं प्राणियों से फिर संचार हुआ।

बाइबिल के इस तथ्य को मानवशास्त्री नहीं स्वीकारते वरन् वे मानव की उत्पत्ति, उद्विकास की धारणा से मानते हैं। उद्विकास डार्विन का सिद्धान्त है। डार्विन के अनुसार प्राणियों का विकास सरल से जटिल यानि एककोशीय से बहुकोशीय प्रा[illegible] हुआ। इस प्रकार छोटे–छोटे निम्न प्राणियों से बड़े प्राणियों का विकास हुआ। गोरिल्ला, चिम्पाजी, ओरोग–उठान, टारसियर, लीमर उच्चान्तर के प्राणियों के खुदाई के दौरान अनेक अवशेष प्राप्त हुए जिनसे भिन्न–भिन्न मानव प्रजातियों का उद्भव माना जाता है।

प्रारम्भ में जब मानव का उद्भव हुआ था, स्त्री–पुरुष के कार्यों में कोई भेद नहीं था। ज्यों–ज्यों मानव विकास की ओर बढ़ता चला गया तो उसके कार्यों में विभाजन भी होता चला गया, इन कार्यों में विशेषीकरण आया तथा स्त्री–पुरुष में श्रम–विभाजन हुआ। संसार का प्रत्येक समाज मातृसत्तात्मक समाज में परिवर्तित हुआ। प्रारम्भ में मातृसत्तात्मक परिवार होने के कारण सम्पत्ति पर, परिवार के नाम पर, वंश, गोत्र इत्यादि पर स्त्री का अधिकार होता था जिससे उसकी स्थिति उच्च हुआ करती थी। लेकिन धीरे–धीरे इस व्यवस्था में परिवर्तन हुआ और इसने पितृसत्तात्मक रूप ग्रहण किया। प्रत्येक मामले में पुरुष ने अपना आधिपत्य जमाना प्रारम्भ कर दिया और वह स्त्री को तुच्छ समझने लगा। उत्पादकता का सम्पूर्ण आश्रय लेकर पुरुष ने स्त्री को घर की वस्तु बना दिया और स्वयं उसका मालिक बन बैठा।

हिन्दू दर्शन के अनुसार चार युगों का वर्णन किया गया है—

1. सतयुग 2. त्रेता युग 3. द्वापर युग 4. कलियुग

वैदिक युग की सभ्यता इनके पूर्व हो चुकी थी क्योंकि इन सभी में वेदों की शिक्षा दी जाती थी। वैदिक युगीन-सभ्यता में भारत में आर्यों का राज्य था। आर्यों ने ही वेदों की रचना की। उनका जीवन सुखमय था। विवाह को संस्कार माना जाता था। स्त्रियों का समाज में आदर किया जाता था।

वैदिकोत्तर कालीन समय में शादियाँ प्रतियोगिता के आधार पर होती थीं। आर्य समाज में समय बीतने के साथ स्त्रियों की स्थिति में अपेक्षाकृत अंतर आया। निम्न व उच्च जाति की स्त्रियों में भेदभाव शुरू हुआ और ज्यों-ज्यों समय बीतता गया स्त्री की स्थिति भी नीचे सिसकती रही। हिन्दुस्तान में स्त्रियों के चरित्र के साथ सवाल जोड़कर उसे लाजवन्ती या छुई-मुई बना दिया गया।

रामायण कालीन समय में स्त्री को नैतिकता का आदर्श मान लिया गया। वह पुरुषों की दासी के समान हो गई। स्त्री का कर्त्तव्य पति सेवा तथा अंध आज्ञा का पालन हो गया।

द्वापर वह युग था जब नारी को बराबरी का दर्जा प्राप्त था। उसे योनि-शुचिता के आवरण से मुक्ति दिलाने के लिए कृष्ण ने पहला कदम उठाया। कृष्ण ने उन सोलह हजार नारियों से विवाह किया जो राक्षस की कैद में थीं।

यह कृष्ण की उदारता एवं योनि आधार के विरुद्ध क्रान्ति थी। यही नहीं उन्होंने औरत के साथ मित्र का-सा सम्बन्ध स्थापित किया और जैसा कि इस सम्बन्ध में कहा गया है कि सारे संसार के इतिहास, साहित्य, वाड्मय, किंवदंती में कृष्ण-द्रौपदी जैसा सखा-सखी सम्बन्ध नहीं मिलेगा। इसमें सभी तरह के सम्बन्धों का समावेश है, वह दुनिया को एक बनाने वाला सम्बन्ध है। नारी यदि कहीं नर के बराबर हुई है तो वह केवल बृज में, और कहीं नहीं। इस युग में द्रौपदी ही एक ऐसी औरत थी जिसने अपनी स्थिति को समझा, उसके खिलाफ आवाज उठाई। सच्चे मायने में द्रौपदी को ही हिन्दुस्तान की आदर्श नारी का प्रतीक होना चाहिए।

बौद्ध काल में स्त्रियों की दशा अत्यन्त हीन व शोचनीय थी। जैसे नदी, पथ, शराबखाने आदि सबसे उपभोग की वस्तुएँ हैं वैसे ही स्त्रियाँ भी सबके उपभोग की वस्तुएँ हैं ऐसा जातक कथाओं के अध्ययन से ज्ञात होता है। तब दासी प्रथा भी जोरों पर थी। स्त्रियों को सामान्य रूप से रहने का अधिकार समाप्तप्राय था, उनकी विशेष जगह एवं उपयोग निश्चित कर दिए गए थे। यह पुरुष की हृदयहीनता एवं संकीर्ण मानसिकता का परिचायक है। चाणक्य महान् अर्थशास्त्री माने जाते हैं। मौर्यकाल में उन्होंने स्त्री की दशा

सुधारने तथा दास प्रथा समाप्त करने का प्रयास किया। सम्राट अशोक के समय प्रारम्भ में स्त्रियों पर काफी अत्याचार हुए किन्तु बाद में सुधार भी आए। सिकन्दर महान् को भी पंजाब में एक ऐसे राज्य का सामना करना पड़ा जहाँ एक स्त्री राज्य करती थी। मुगलकालीन औरतें पर्दे की कैद में चली गईं और शिक्षा, राजनीति, धर्म, सामाजिक व आर्थिक क्षेत्रों से ऐसे अलग कर दी गईं जैसे दूध में से मक्खी।

ब्रिटिश काल में औरतों के मामले में पश्चिमीकरण विशेष प्रभावी न हो सका। बाल विवाह, सती प्रथा, कन्या वध आदि आन्दोलन औरत की दयनीय स्थिति की ऊपरी सतह पर आघात पहुँचा सके। ब्रिटिश काल में आधुनिक शिक्षा का प्रचार हुआ। कुछ स्त्रियों ने घर के बाहर कदम रखे किन्तु उन्हें समाजविरोधी नजरों को सहन करना पड़ा था। स्वतंत्रता संघर्ष के दौरान एक महिला महारानी लक्ष्मीबाई हुई जो देश की स्वतन्त्रता के लिए अंग्रजों से टकराई।

इसे भी हिन्दुस्तान के मर्दों ने तोड़-मरोड़ कर इसका स्वरूप ही बदल दिया। झाँसी और पूना में जो पुतले झाँसी की रानी के बने हैं उनमें एक समान दोष है, वह है उसकी पीठ पर बँधा हुआ बच्चा। हिन्दुस्तान के मर्द का मन रानी को बच्चे के साथ देखना चाहता है। झाँसी के पुतले पर जो लेख है वह तो और भी असभ्य है "भारतीय नारी का गौरव बढ़ाया है।"

राजा राममोहन राय ने सती प्रथा, बाल विवाह के विरुद्ध अत्यधिक प्रयास किया। महात्मा गाँधी ने भी स्वतन्त्रता आन्दोलन के नेतृत्व में औरत का सवाल उठाया था।

भारतीय परम्पराओं के अनुरूप वैदिक युग में आज तक हमारे साहित्य और विशेष रूप से कविता में स्त्री का गुणगान होता रहा है किन्तु उसके साथ व्यवहार में कुछ और ही होता रहा है। उसे तो सिर्फ भोग की वस्तु एवं नौकरानी माना जाता रहा है।

इतिहास, पुराणों में विवाह संस्था के चौखटे में स्त्री को मजबूती से बिठा लिया गया है। स्त्री-पुरुष का सम्बन्ध शाश्वत माना जाने लगा। मिल्कियत के अधिकार तथा विरासती अधिकार को मरणोत्तर किया कि धार्मिक विधि के साथ जोड़ दिया जिससे पुरुष बालक की महिमा बढ़ी। नारी को तो सिर्फ संतान प्राप्ति के साथ जोड़ा जाता। जब छोटी हो तब पिता की, विवाह के बाद पति की, बूढ़ी होने पर पुत्रों की आज्ञा का पालन करे। स्त्री को बेटा पैदा करने का एक साधन मात्र बना दिया गया। इसी सन्दर्भ में यह कथन महत्वपूर्ण है कि पुत्र ही पिता को नरक की खाई से बचा सकता है। इस आशय की दृढ़ धार्मिक मान्यता के चलते आर्थिक तथा आध्यात्मिक दृष्टि से पुत्र की महत्ता बढ़ गई।

इसीलिए तो स्त्रियाँ पुत्र प्राप्ति के लिए, पुत्र की रक्षा के लिए मनौतियाँ मानतीं, व्रत-उपवास रखतीं, जितने पत्थर उतने देवता पूजती हैं। आज भी पुत्र जन्म पर खुशियाँ मनाई जाती हैं।

जाति में ही शादी करने का रिवाज, शादी की पवित्रता एवं पतिव्रता तथा दत्तक प्रथा के रिवाजों से स्त्रियों की परतंत्रता के दस्तखत होते चले गए। सावधानी के तौर पर स्त्रियों की रक्षा पिता, पति, पुत्र, भाई आदि के द्वारा करना तय हुआ जिससे स्त्री का जीवन पुरुष के आधिपत्य में चला गया। परिणामस्वरूप स्त्रियों को गुलामी तथा समाज में पुरुषों का आधिपत्य दोनों ही समाज व्यवस्था के अनिवार्य अंग बन गये। स्त्री आज भी धर्म की रूढ़ियों और पतनशील सामाजिक परम्पराओं और पुरुष के पाखण्ड की ताकत पर षड्यंत्र का शिकार है।

जब स्त्री को एक मनुष्य के रूप में देखने-पहचानने की शुरुआत हुई तब आँख खुली कि स्त्री तो गुलाम की गुलाम रही है तमाम आबहवाओं में, तमाम संस्कृतियों समाज व्यवस्थाओं में, युद्ध में या शान्ति में, हर जगह स्त्री आक्रमित-शोषित-पीड़ित ही मालूम हुई। एक दशक पूर्व सबसे प्रमुख समस्या थी स्त्री को मनुष्य व्यक्ति के रूप में स्वीकार करने की। भारत के संविधान में निश्चित ही यह स्वीकार्य दर्जा है, लेकिन व्यवहार में क्या है? घर में, परिवार में, आस-पड़ौस में, गाँव, नगर में, खेत में, बाजार में, बैंकों में, साहित्य पत्रिका में क्या स्थिति थी, जहाँ-जहाँ खोजा वहाँ-वहाँ से अस्वीकार की ही बू उठी। दूसरी समस्या थी अदृश्यता की, स्त्री को नजरअन्दाज करने की। स्त्री के घर के काम को श्रम माना जाये या नहीं? उसकी कोई कीमत है भी या नहीं? अगर पत्नीत्व या मातृत्व सामाजिक तथा सांस्कृतिक जिम्मेदारी है तो समाज तथा सरकार स्त्री को इस जिम्मेदारी को निभाने में सुरक्षा तथा सहूलियत सुलभ नहीं करा सकता? यदि स्त्री खेतों में, जंगलों में, खदानों में, चुनाई के कामों में, घरों में गारे मिट्टी में मजदूरी कर रही है तो अधिक से अधिक उसे रोजी ही चुकाई जाएगी। इससे अधिक उसका कोई अधिकार नहीं है? अकाल, बाढ़, भूकम्प, आग, तूफान, दंगा, लड़ाई, युद्ध, गरीबी, बेकारी, कुपोषण, बीमारी इन सबमें अंततः स्त्री को ही सब कुछ झेलना पड़ता है। स्त्री की सजगता, सहृदयता तथा जागृति और उसमें से पैदा होने वाली शक्ति सत्ता अपने महाप्रवाह में किसी को बाहर नहीं रखती, समेट लेती है, समा लेती है, उसी का नाम है स्त्री।

स्त्री से प्रजीवन शक्ति, संतुलन शक्ति है। वह केवल आबादी बढ़ाने वाला उपकरण मात्र नहीं है। स्त्री तो स्वयं प्रकृति है लेकिन यह दुख की बात है कि प्रकृति के

विनाश का पहला शिकार स्त्री ही होती है। स्त्री-पुरुष एक-दूसरे के सृजन के साथी हैं, इनमें से एक के भी बिना सृजन असंभव है, जैसे सृष्टि सूरज से ही संभव है उसी तरह जीवन भी स्त्री के होने से ही संभव है, वह जीवन की ऊष्मा का ही दूसरा रूप है। समाज ने स्त्री के लिए जितनी भी जीवनद्रोही स्थितियाँ निमित्त की हों पर कुदरत ने उसे अपनी सृजन क्षमता, अपना होने का वरदान भेजा है। स्त्री को अपनी क्षमता एवं इस वरदान को पहचानना होगा।

महात्मा गाँधी के अनुसार—''हमारे समाज में कोई सबसे अधिक हताश हुआ है तो वे स्त्रियाँ ही हैं और इस वजह से हमारा अध:पतन भी हुआ है। स्त्री-पुरुष के बीच जो फर्क प्रकृति के पहले है और जिसे खुली आँखों से देखा जा सकता है, उसके अलावा मैं किसी किस्म के फर्क को नहीं मानता।'' गाँधीजी ने स्त्रियों को देश की लड़ाई के साथ जोड़कर साथ ही आश्रम में उनको समान हक व स्वतंत्रता प्रदान कर समाज में स्त्रियों का दर्जा कैसा होना चाहिए, इसकी अच्छी मिसाल कायम की है। दरअसल हमें समाज में ऐसा वातावरण निर्मित करना चाहिए कि जिस प्रकार स्त्री घर के कामकाज को आत्म-विश्वास तथा उत्साहपूर्वक करती है उसी तरह समाज के कामकाज में भी साझेदारी करने लगे और स्त्री-पुरुष दोनों स्वाभाविक सह जीवन का आनन्द उठा सकें। मनुष्य के रूप में यदि स्त्री का मूल्य प्रतिष्ठित नहीं होता तो स्त्री की प्रकृति संभव नहीं है।

''स्त्रियों के मूल्य को लेकर जबरदस्त अज्ञान व्यास है। केवल पुरुष वर्ग में ही नहीं अपितु स्त्रियों में भी। स्त्रियों के क्या-क्या कर्त्तव्य हैं, उनका क्या योगदान है? समानताएँ व विभिन्नताएँ क्या हैं? इन सबका हिसाब लगाया जाना चाहिए? देश में कौमें, धर्म, जातियाँ हैं, उनके रीति-रिवाज हैं, किन्तु किसी भी समाज में स्त्री अनुकूल जीवन जी रही है ऐसा देखने में नहीं आया। सब कहीं जैसे स्त्री हताश हो, ऐसा ही लगता है।

स्त्रियों की परिस्थिति के सम्बन्ध में मैं अवश्य कुछ कहना चाहूँगा कि स्त्रियों को जिस दृष्टि से समाज द्वारा देखा जाता है और लिंग में अन्तर करके उन्हें पुरुषों के समकक्ष न समझना इस विकसित समाज की एक बड़ी विडम्बना है। देखने व सुनने में स्त्रियों की स्थिति स्पष्टत: पुरुष वर्ग के पीछे है। यह सत्य है कि वर्तमान में स्त्रियों ने पढ़- लिखकर कुछ विशेष स्थानों तथा पदों पर पुरुषों की बराबरी कर ली है किन्तु इनका प्रतिशत बहुत कम है। स्त्री को किसी खास पेशे में नहीं बाँधना चाहिए, उन्हें हर पेशे व व्यवसाय की विभिन्न भूमिकाओं में देखना चाहिए। किसी भी काम का अधिकार लिंग नहीं होना चाहिए। स्त्री-पुरुष दोनों को विमान-चालक, इंजीनियर, अंतरिक्ष यात्री, मिस्त्री, कारीगर

आदि भूमिकाएँ भी देनी चाहिए। ठीक इसी तरह से पुरुषों को नर्स, सेक्रेटरी, बच्चों को सँभालने वाला कार्य करना चाहिए।

स्त्री का वर्णन पुरुष के साथ और साझीदार के रूप में हो, मिल्कियत के रूप में नहीं। पुरुष की तुलना में स्त्री का दर्जा नीचा तो दुनिया भर में है। समानता तो किसी भी देश में नहीं है, फिर भारत में ही स्त्रियों के लिए इतने सारे बंधन क्यों? पतिपरायणता, त्याग, धर्मपालन का इतना सारा बोझ स्त्रियों पर ही क्यों है? ऐसा कैसा है हमारा समाज कि आज भी पाँच साल की बेटी को ब्याह दिया जाता है, नौ साल की विधवा को उम्र भर वैधव्य का जीवन जीना पड़ता है। कोख से बेटा पैदा न होने पर ससुराल वाले घर से निकाल देते हैं। कुँआरी माँ को आत्महत्या करनी पड़ती है। विश्वविद्यालय में गोल्ड मैडल प्राप्त करने वाली छात्रा शादी के बाद ससुराल वालों की इजाजत के बिना नौकरी नहीं कर सकती है। जैसा कि भारत में एक सर्वेक्षण में पाया गया कि हर 52वें मिनट में एक महिला के साथ बलात्कार, प्रति 26वें मिनट में किसी एक स्त्री पर शारीरिक हमला, प्रति 43वें मिनट में किसी महिला का अपहरण, प्रति 102वें मिनट में दहेज के कारण हत्या होती है। हमारे देश में दहेज के कारण 1000 स्त्रियाँ हर साल मारी जाती हैं। भारत में स्त्रियों की साक्षरता की स्थिति भी अच्छी नहीं है। यहाँ प्रत्येक 100 पुरुषों के पीछे 44 स्त्रियाँ ही साक्षर हैं। राजनीतिक एवं प्रशासनिक स्तर पर भी यहाँ महिलाओं का प्रतिनिधित्व बहुत ही न्यून है। दुनिया में सांसदों तथा प्रबन्धकीय पदों पर क्रमशः 11 एवं 12 प्रतिशत तथा भारत में यह प्रतिनिधित्व क्रमशः 7 एवं 2 प्रतिशत बताया गया है।

स्त्री अपनी परिस्थितियों के कारण मानती है कि वह पुरुष के उपभोग व तारीफ की वस्तु है। कोई आश्चर्य की बात नहीं कि विज्ञापनों और सिनेमा में स्त्री का निर्दयता से शोषण किया जाता है। लोक संचार माध्यमों में, मुख्यत: अखबार में, स्त्री का जो स्वरूप उभरकर सामने आता है वह गृहिणी एवं पत्नी के रूप तक ही सीमित है। इसके अलावा आम पाठक वर्ग का ध्यान देश की स्त्रियों की गंभीर समस्याओं जैसे असमानता, बेकारी निरक्षता आदि की ओर आकर्षित करने या उनका हल खोजने में नजर नहीं आता। यहाँ पर यह भी उल्लेखनीय है कि पत्र-पत्रिकाओं के विषयानुसार विश्लेषण में ऐसा एक निष्कर्ष निकलता है कि 1950-60 के दौरान विधवा विवाह विरासती हिन्दू कोड बिल जैसी समस्याओं पर काफी चर्चाएँ एवं विचार-विमर्श देखने को मिले किन्तु 1960 के पश्चात् तो इनका कहीं अता-पता नहीं था। स्वतंत्रता आन्दोलन के दौरान स्त्रियों में जागृति लाकर उन्हें स्वराज्य की लड़ाई में सक्रिय बनाने के ध्येय को भारत के पत्रकारों ने स्वीकारा था

किन्तु स्वतंत्रता प्राप्ति के पश्चात् यह उत्साह शनैः-शनैः ठंडा होता गया और उसकी जगह ले ली व्यावसायिक पत्रकारिता ने। पत्र-पत्रिकाओं में जीवन के प्रति नजरिया गुणात्मक हो सके ऐसी सामग्री क्यों नहीं दी जाती? मनुष्य के रूप में अपनी शक्ति को विकसित करने में ये स्त्री की किसी प्रकार सहायता नहीं करते। लोक संचार माध्यमों में फिल्म भी एक प्रमुख माध्यम है। फिरोज रंगूनवाला के अध्ययन के निष्कर्ष के अनुसार हिन्दी-फिल्मों में स्त्री का निरूपण रूढ़िगत ढंग से ही किया गया है। उसे थोड़ा-भी स्वतन्त्र, प्रगतिशील, अपने अधिकारों के प्रति सजग शायद ही कहीं चित्रित किया गया हो। समाज भी स्त्री को गृहिणी तथा पुरुषनिष्ठ पात्र के अलावा किसी दूसरे रूप में सह नहीं पाता।

अन्ततः उसे समाज के नियमों के अनुसार "Second Citizen" में ही बिठाया गया है। भारतीय फिल्मों ने भारत में स्त्रियों के दर्जे के सन्दर्भ में लोकतंत्र, समानता तथा सामाजिक न्याय पर निर्मित समाज को गढ़ने में, उपकारक मूल्यों को विकसित करने में, नकारात्मक भूमिका निभायी है। मनोरंजन के इस शक्तिशाली माध्यम ने स्त्री को एक यौन वस्तु बना देने में कोई कमी नहीं छोड़ी। स्त्री के वास्तविक स्वरूप को, उसकी समग्र प्रतिभा को पहचानने से साफ इंकार कर करके फिल्म उद्योग ने समाज की बड़ी कु-सेवा की है तो कहा जा सकता है कि औद्योगिक समाज में अपना माल बेचने के लिए, स्त्रियों के शरीर का, स्त्रियों के पत्नीत्व तथा मातृत्व की भावनाओं का जितना दुरुपयोग विज्ञापनों ने किया है उतना किसी और ने नहीं किया।

शिक्षा जगत में भी चाहे वे हिन्दी पाठ्यपुस्तकें हों या अंग्रेजी, स्त्रियों को दबा हुआ, अनपढ़, दुर्बल तथा मूर्ख सा दिखाया गया है। दूसरी ओर पुरुषों को स्वतंत्र वर्चस्व वाला तथा स्त्रियों से बढ़कर दिखाया गया है। भारत की पाठ्यपुस्तकों की प्रमुख समस्या स्त्री-पुरुष अलगाववाद की है। इन पुस्तकों को पढ़ने वाले किशोर लड़के-लड़कियाँ स्वाभाविक ही मान लेंगे कि स्त्री पुरुष वर्ग की तुलना में निम्न स्तर की है। बाल कथाओं में दिए उदाहरणों से पता पड़ता है कि स्त्री शिक्षा नहीं देती, बदलाव नहीं लाती, किसी किस्म का जोखिम नहीं उठाती, स्त्री घर का काम करती है जिसमें वह पुरुषों की सहायता लेती है। पुरुष स्वतंत्र रूप से कार्य करता है, हर काम में निर्णयकर्ता पुरुष होता है।

भारतीय नारी का विकास आज भी काफी धीमा है। इसका कारण हमारे पूर्वजों द्वारा स्त्री को किसी प्रकार की स्वतंत्रता देने का विरोधी होना है। दहेज जैसी घिनौनी प्रथा दकियानूसी लोगों की देन रही होगी। दहेज व्यवस्था करने वाले लोलुप रूढ़िवादियों ने ही विधवा विवाह पर रोक लगा दी थी। दहेज के कारण पति-पत्नी का चुनाव अनुचित

तथा प्रतिकूल हो जाता है। इसका समाधान एक तरीके से हो सकता है कि युवक-युवतियों का सान्निध्य प्राप्त हो। दहेज प्रथा दूर न होने के कारण हमारे देश के युवक भी दहेज के आधार पर अपना जीवनसाथी चुनते हैं न कि गुणों के आधार पर। जो राष्ट्र के माथे पर एक कलंक का टीका है।

आधुनिक भारत में स्त्रियों में शिक्षा का पर्याप्त विकास हो गया है किन्तु शिक्षा प्राप्त करके भो लोगों के यहाँ तक कि स्वयं स्त्रियों के विचारों में भी विशेष परिवर्तन नहीं आया है। मनोवैज्ञानिकों का मानना है कि पुरुष लोग व्यवस्थाबद्ध ढाँचे में विश्वास रखते हैं जबकि स्त्रियाँ परिणामलक्षी होने की वजह से तात्कालिक परिस्थिति को सुधारने पर जोर देती हैं। स्त्री के ढाँचे में मानव सम्बन्धों का स्थान नीति-नियमों की अपेक्षा कहीं अधिक महत्त्व रखता है। स्त्रियों को चाहिए कि वे पुरुष के वर्चस्व रूपी विचार से स्वयं मुक्त होकर न्याय व समानता के तत्त्व पर अपना दृष्टिकोण विकसित करें, और ऐसे भी देखा जाए तो स्त्रियों की संख्या अल्पमत में नहीं है, पर स्त्रियों की विडम्बना तो यह है कि उनकी हालत अल्पमत वालों से भी बुरी है। आर्थिक कमजोरी, सामाजिक रूप से निम्न वर्ग और फिर स्त्री, स्वयं तीनों इकट्ठा हो तो फिर राजनीतिक ताकत नहीं के बराबर ही हो सकती है न?

गाँधी के कथनानुसार, ''स्त्रियों को मताधिकार तो होना ही चाहिए। उन्हें कानून के तहत समान दर्जा भी मिलना चाहिए।'' संविधान की कलम 15 के तहत ''स्त्री-पुरुष के बीच किसी भी मामले में भेदभाव नहीं बरता जा सकेगा।'' अमेरिका और ब्रिटेन में स्त्रियों को मताधिकार पहले विश्व युद्ध के बाद जाकर मिला। जापान में भी 1946 के करीब, फ्रान्स में 1945 और स्वतन्त्रता की सबसे अधिक गुहार लगाने वाले स्विट्जरलैण्ड में तो 1971 में जाकर मिला। जबकि भारत में तो आजादी मिलने के प्रथम पल से ही स्त्री को समानाधिकार प्राप्त है। आजादी का आन्दोलन व गाँधीजी का नेतृत्व—इन दो शक्तियों ने भारत की स्त्रियों को राजनीतिक रूप में समान दर्जा दिया है। राष्ट्र के सर्वोच्च स्थान से अप्रैल, 1976 को लोकसभा में बोलते हुए **इंदिराजी** ने कहा था—''यहाँ मैं प्रधानमंत्री की हैसियत से नहीं बल्कि संसार के सबसे बड़े अल्पसंख्यकों के प्रतिनिधि की हैसियत से बोल रही हूँ। किसी भी वर्ग में स्त्रियाँ सबसे अधिक शोषित हैं। स्त्रियों के सम्पूर्ण विकास में कई तरह की बाधाएँ आती हैं, इसकी सबसे बड़ी वजह है मानसिक गतिरोध। पुरुषों का मानसिक रवैया जो समाज ने उसके मन में बैठा दिया है, वह बाधक बनाता है स्त्रियों को चाहे वे किसी भी तबके की हों, उन्हें जरूरत है अपने अधिकारों के प्रति जाग्रत

होने की। अन्ततः तो स्त्रियों का राजनीतिक दर्जा उन्हें अपने समाज में कितनी समानता तथा स्वायत्तता प्राप्त है इसी बात पर निर्भर करता है।

भारत की लगभग आधी आबादी महिला मतदाताओं की है। संविधान के मुताबिक मतदाताओं को सजग रहकर अपने अधिकारों का उपयोग करना पड़ता है। हमारे संविधान ने यह अधिकार स्त्रियों को भी दिया है। मगर इस अधिकार का वैसा प्रभावी अमल नहीं होता। स्त्रियों के कितने प्रश्न बीच अधर में लटके हुए हैं, जिनका कोई निराकरण नहीं होता। भारत की आजादी को 60 वर्ष से अधिक समय व्यतीत हो चुका है, संविधान में समान अवसर तथा हिफाजत का आश्वासन भी दिया है, कानूनी अधिकारों में भी सुधार किया गया है, व्यापक स्तर पर अक्षर ज्ञान देने के लिए राष्ट्रीय नीति बनाई गई है। इन सबके बावजूद हमारे समाज में स्त्रियों का मूल्य एवं स्थान उस स्तर तक नहीं उठ पाया जितना उठना चाहिए था। आज स्त्रियाँ कुछ जाग्रत तो हुई हैं किन्तु उनमें निराशा व्याप्त है। आजादी से पहले एवं बाद में भी स्त्रियों ने पर्याप्त सामाजिक कार्य किए हैं, वे कल्याण के काम भी करती रहीं किन्तु वे अपनी नारी शक्ति का निर्माण नहीं कर पायीं। संगठित नारी शक्ति या राजनीतिक शक्ति हो तो स्त्रियों के काम भी हो सकते हैं, फिर भीख माँगने की जरूरत नहीं पड़ती। लेकिन फिलहाल हमारे पास ऐसी कोई ताकत नहीं है। ताकत पैदा करने के लिए ठोस स्पष्ट कल्पना होनी चाहिए कि किस तरह के समाज की रचना करनी चाहिए। बड़ी दुखद स्थिति है कि आज राजनीतिक तख्ता कुछ इस तरह जमाया गया है जिससे कि स्त्रियों की आवाज उसके चलते सुनाई नहीं देती। वर्तमान भारतीय समाज व्यवस्था पुरुष प्रधान है, इसमें कोई दो मत नहीं। सभी धर्मों के पारिवारिक कायदों ने भी स्त्रियों के न्याय एवं समानता का अधिकार नकार दिया है। समानता के आदर्श की बातें जोर-शोर से करने वाले लोग राजनीतिक दल, लोकसभा, विधानसभा, स्थानीय स्वराज संस्थाओं या ग्राम पंचायतों में स्त्रियों को लेते ही नहीं जो एक अत्यन्त शोचनीय बात है। राष्ट्रीय आयोजनाओं के निर्माण में तथा उससे सम्बन्धित कार्यक्रमों को कार्यान्वित करने में जब स्त्री को भी साझेदार बनाया जाएगा तभी सही अर्थों में लोकशाही स्थापित हो सकेगी।

वैसे तो आज लगता है कि स्त्री–पुरुष में बराबरी स्थापित हो गई है परन्तु यह छलावा मात्र है। पुरुष प्रधान समाज में औरत का स्थान गुलाम जैसा है, वैवाहिक जीवन में पुरुष ही फैसला करता है और औरत उस पर अमल करती है। यह सब समाप्त होना चाहिए। आज भी नारियों का जीवन यह प्रकट करता है कि अधिकांशतः वैधानिक अधिकार

संविधान के पन्नों में धरे के धरे रह गये हैं। भारतीय कानून में अनेक ऐसे उदाहरण हैं जो स्त्री को उन मौलिक अधिकारों से वंचित रखते हैं जहाँ पर उनका अधिकार होना चाहिए था। स्त्रियाँ भी चाहें तो अपने आँचल के दूध व आँखों के पानी को इस लायक बना सकती हैं कि जागरूकता का सतत् प्रवाह बन सके। परन्तु सफलता के लिए स्वाभिमान को जगाने की आवश्यकता है। यदि स्वाभिमान व आत्मस्वतन्त्रता जाग्रत नहीं होगी तो नारी समानता की कल्पना हमेशा सपना बनकर रह जाएगी। पंडित नेहरू ने कुछ प्रसंगों में कहा कि विधानसभाएँ, नगर पालिकाएँ, जिला परिषद, संसद आदि के प्रतिनिधियों में औरतों की संख्या 50 फीसदी होनी चाहिए। बर्नार्ड शॉ का कथन है कि महत्त्वपूर्ण जगहों पर एक पुरुष एक स्त्री दोनों की नियुक्ति हो, उन दोनों द्वारा दिए गए निर्णय उचित व दूरगामी होंगे।

स्त्रियों की अभी भी बहुत बड़ी संख्या ऐसी है जो मुश्किल से पेट पालने की स्थिति में हैं, गरीब है, निरुपाय सी है, रीति-रिवाजों के जालों में उलझी हुई है। इन्हें गौरवपूर्ण जीवन सुलभ हो सके, इसके लिए प्रयत्न करना उच्च एवं मध्य वर्ग की स्त्रियों की जिम्मेदारी है। गरीब तबकों में पुरुषों की अपेक्षा रोजी कमाने वाली स्त्रियों की संख्या ही बड़ी है। इतना ही नहीं गरीब परिवारों में एकमात्र कमाऊ व्यक्ति स्त्री ही होती है। ऐसे गरीब परिवार 20-25 प्रतिशत होंगे। गरीब परिवारों में ही स्त्रियाँ एवं कन्या अधिक कठिन एवं उपेक्षित जिन्दगी जीती हैं। सामान्यत: परिवार की यह भ्रामक कल्पना है कि पति नौकरी करने जाए और पत्नी घर संभाले, कढ़ाई, बिनाई करे और शाम को जब पति नौकरी से लौटकर आए तो गर्म चाय पिलाए। ताजी रोटियाँ बनाकर खिलाए। घर में शान्ति फैलाए। हमारी स्त्रियाँ घर की रानियाँ हैं। घर की देवियाँ है, वे ही तो पर्दे के पीछे घर चलाती हैं। उन्हीं के पास तो सारी सत्ता है, ये तो सिर्फ उच्च वर्ग की फैंटेसी है। जहाँ पेट भरने के लिए स्त्री, बच्चे, पुरुष सभी परिश्रम कर रहे हों वहाँ शाम को तीनों घर में बैठकर खाना खाएँगे, विचारों का आदान-प्रदान करेंगे, ऐसा मान लेना भी एक भ्रामक सत्य है। परिवार तो एक विश्व अणु इकाई है। गरीबी और लाचारी की वजह से हमारे देश में आदमी का जीवन कितना सस्ता हो गया है कि इन्सान में स्त्री की देह तो एक माँ की देह है। नई पीढ़ी को जन्म देने वाली के मातृत्व की रक्षा हो यह किसी भी समाज के लिए अत्यन्त आवश्यक है। यदि देश के किसी छोटे-छोटे एवं सिरे पर जीने वाले मनुष्य की परिस्थिति में किसी प्रकार की राहत नहीं पहुँचेगी तो देश कैसे आगे बढ़ पायेगा?

देश में स्त्रियों की 26 करोड़ की आबादी में से 21 करोड़ स्त्रियाँ तो गाँवों में बसती हैं और गरीबी रेखा के नीचे ही जी रही हैं। लगभग तमाम गरीब स्त्रियाँ आर्थिक गतिविधियाँ चलाकर कुछ न कुछ कमाई तो करती हैं। हमारे देश में पीढ़ी दर पीढ़ी चले आने वाले कामों में स्त्रियों का महत्त्वपूर्ण योगदान रहा है। अन्न बोना, लुनाई करना, बीजों का संग्रहण करना, खेत में निराई करना, हिफाजत करना, पशुपालन करना, सिलाई, मटके, सुपे, टोकरे, झाडू बनाना, नमक पकाना, कताई बुनकर गिरी करना, पापड़ अचार बनाना, छोटी–मोटी पैदावार की बाजार में बिक्री करना, पानी भरना, खाना पकाना, घर का काम करना, बच्चों का लालन–पालन करना, बीमार की देखभाल करना, किफायत करके, छोटी–मोटी बचत करना आदि कार्य जो राष्ट्र की सम्पदा को बढ़ाने वाले बुनियादी किस्म के हैं गाँवों तथा शहरों की श्रमजीवी जनता करती आई है। भारत की जनता का सचमुच का आर्थिक योगदान सरकारी बही में आज तक भी दर्ज नहीं हुआ। चूँकि विद्वान अर्थशास्त्री सवेतन रोजगारी को ही आर्थिक गतिविधि मानते हैं। स्त्रियाँ अर्थोपार्जन के क्षेत्र में सख्त मेहनत का काम करती हैं। राष्ट्र के लिए बुनियादी किस्म की सेवाएँ करती हैं। इसके बावजूद समाज या राष्ट्र उनके बच्चों की हिफाजत नहीं करता। छोटे गरीब बच्चों के लिए आँगनबाड़ी, पोषक आहार खेलकूद आदि की सुविधाएँ पर्याप्त मात्रा में प्राप्त हों यह आवश्यक है। बेटे व बेटी की एक सी परवरिश हो, बेटा हो या बेटी वे हमारी संतान हैं, वारिस हैं, उन्हें एक समान मानकर एकसा महत्व दिया जाना चाहिए।

सम्पूर्ण विश्व में समाज दो प्रकार से विभक्त है। एक प्रकार का विभाजन वर्गीकृत है और दूसरी तरह समाज संस्तरीकृत व्यवस्था में विभक्त है। मूल रूप से समाज को कार्ल मार्क्स ने आर्थिक वर्गों के आधार पर वर्गीकृत किया गया है। मार्क्स के अनुसार दुनिया का आज का इतिहास वर्ग संघर्ष का इतिहास है। मार्क्सवादी दृष्टिकोण से समाज पूँजीवाद ही व्यवस्था में श्रमिक और पूँजीपति दो वर्गों में विभक्त हुआ है।

कार्ल मार्क्स का सम्पूर्ण जीवन जर्मनी या इंग्लैण्ड जैसे देशों में बीता है। इसलिए उनके चिन्तन में इन्हीं देशों की पूँजीवादी व्यवस्था परिलक्षित होती है। यदि कार्ल मार्क्स ने भारतीय समाज को अपनी आँखों से देखा होता तो उन्हें दुनिया के एक अन्य वर्गीकरण का अहसास भी पूरी गंभीरता से होता, और यह वर्गीकरण है पुरुष और स्त्री की असमानता का। डॉ. राममनोहर लोहिया ने पूरी दुनिया में सात क्रान्तियों का उल्लेख किया है। उनके कथनानुसार, ''यदि हमें विश्व को खूबसूरत बनाना है तो हमें सात क्रान्तियों को लाने का प्रयास करना होगा उनके द्वारा प्रस्तावित क्रान्तियाँ इस प्रकार हैं—

पहली रंग भेद, दूसरी वर्ण भेद, तीसरी जाति भेद, चौथी नर-नारी असमानता, पाँचवीं वर्ग भेद, छठवीं हथियार भेद तथा सातवीं भाषा भेद।

लोहिया का चिन्तन सामाजिक असमानता के संदर्भ में सही हो सकता है किन्तु उन्होंने सामाजिक असमानताओं के एक महत्वपूर्ण पक्ष को प्रमुखता प्रदान नहीं की, और वह सामाजिक पक्ष है नर-नारी असमानता का। पूरी दुनिया में लगभग आधी-आबादी स्त्रियों की है और दुनिया के प्रत्येक समाज में वे उपेक्षित रही हैं। मार्क्स एवं लोहिया के चिन्तन में दो बातें उभर कर आती हैं। मार्क्स के मतानुसार पूरी दुनिया दो वर्गों में विभाजित है—मालिक और मजदूर जबकि लोहिया के अनुसार पूरी दुनिया नर-नारी में विभक्त है।

नर-नारी असमानता की प्रक्रिया आज के औद्योगिक युग और मुक्त समाज में भी परिवर्तित नहीं हो सकी। वैज्ञानिक आविष्कारों के उपरान्त भी आज तक समाज में वैज्ञानिक चिन्तन का उद्‌भव नहीं हुआ। औद्योगीकरण को प्रमुख रूप से आर्थिक प्रगति एवं उच्च जीवन स्तर की कुंजी के रूप में स्वीकार किया गया है। यदि आर्थिक प्रगति का केवल उत्पादन की दर से सम्बन्ध स्थापित किया जाए तो औद्योगीकरण की वर्तमान अवस्था को निर्विवाद रूप से स्वीकारा जा सकता है किन्तु वर्तमान औद्योगीकरण को सामाजिक सन्दर्भों में देखा जाए तो कहना होगा कि घरेलू उद्योगों की अवस्था में जिस शोषण का प्रारम्भ हुआ था वह शोषण वर्तमान उन्नत अवस्था में आज भी जीवित है। विशेषतः पूँजीवादी समाज में जहां पूँजी पर पूँजीपतियों का स्वामित्व है वहाँ श्रमिकों का आज भी शोषण हो रहा है। भारतीय समाज में औद्योगीकरण की अंतिम अवस्था का प्रारम्भ पूँजीपतियों के माध्यम से ही हुआ है।

उद्योगों ने विशेषतः विशाल उद्योगों ने जिनका चरमोत्कर्ष 20वीं सदी से ही प्रारम्भ हो चुका था और चारों ओर के वातावरण को प्रदूषित करना प्रारम्भ कर दिया था। शक्कर, मिल, कपड़ा उद्योग, लोहा, चमड़ा, कोयला उद्योग, तेल शोधक एवं अन्य उद्योगों ने न केवल वायु को बल्कि नगरीय क्षेत्रों के जलाशयों नदियों आदि को भी प्रदूषित किया। साथ ही 20वीं शताब्दी के आधुनिक उद्योगों ने सामाजिक प्रदूषण को भी जन्म दिया। नगरों में अनियोजित औद्योगीकरण एवं नगरीय अभियोजन के आधार पर गन्दी बस्तियों का विस्तार, दरिद्रता, व्यापारिकता, मनोरंजन, औद्योगिक थकान, शोर, मानसिक चिन्ता, स्त्री-पुरुषों के वृहद आनुपातिक भेद, आदि समस्याओं का जन्म केवल औद्योगिक एवं नगरीय जनसंख्या प्रक्षेपण के आधार पर हुआ।

आर्थिक जीवन के औद्योगीकरण ने विशेष विकासशील देशों में जहाँ जनसंख्या अधिक थी वहाँ उद्योगों के मशीनीकरण ने मानवीय श्रम के महत्व को कम किया जिसके परिणामस्वरूप समाज में एक दरिद्रता एवं बेरोजगारी विकसित हुई तथा दूसरी ओर पूँजीवादी स्थितियों को प्रश्रय मिलता चला गया। पूँजीवादी स्थितियों का जन्म किसी भी समाज के लिए मार्क्सवादी धरातल पर विकास की अवस्था हो सकता है किन्तु पूँजीवादी अपने विशिष्ट गुणों के आधार पर व्यक्तियों में वस्तुओं के आकर्षण उपयोग की भावना को जन्म देता है जिसके परिणामस्वरूप सम्पूर्ण समाज विलासित की ओर अग्रसर होता है। दरिद्रता पारिवारिक व सामाजिक विघटन का एक महत्त्वपूर्ण कारक है किन्तु पूँजीवादी चिन्तन दरिद्रता के सकारात्मक पक्ष की चर्चा करता है। जैसा कि गन्स लिखता है कि "दरिद्र व्यक्ति सम्पूर्ण समाज को स्वच्छ एवं निरोग रखने हेतु सकारात्मक योगदान देते हैं दरिद्रता पारिवारिक व सामाजिक विघटन का एक महत्वपूर्ण कारण है किन्तु पूँजीवादी चिन्तन दरिद्रता के सकारात्मक पक्ष की चर्चा करता है" जैसा कि गन्स ने लिखा है कि "दरिद्र व्यक्ति सम्पूर्ण समाज को स्वच्छ एवं निरोग रखने हेतु सकारात्मक योगदान देते हैं।" इस प्रकार यह कहा जा सकता है कि औद्योगीकरण की प्रक्रिया ने सामाजिक एवं आर्थिक जीवन को प्रभावित किया है जिसका प्रभाव प्रत्येक समाज के सांस्कृतिक, सामाजिक एवं धार्मिक जीवन पर परिलक्षित होता है।

दूसरा दर्जा राष्ट्रीय अभ्यास समिति द्वारा निकाले गए निष्कर्ष के अनुसार है। कुल कामकाजी स्त्रियों में से 94 प्रतिशत असंगठित क्षेत्र में हैं। रोजगार के साथ ही शिक्षा, स्वास्थ्य, राजनीतिक अवसर एवं पारिवारिक व्यवहार में भी स्त्रियों को दूसरा दर्जा प्राप्त है। असंगठित क्षेत्र की जानलेवा स्थिति, कम वेतन एवं पोषण के सभी प्रकार की परेशानियाँ स्त्रियों के हिस्से में आई हैं। बेरोजगारी की बलि बनी ग्रामीण क्षेत्र की महिलाओं की संख्या 60 प्रतिशत एवं सम्पूर्ण देश का आँकड़ा 56 प्रतिशत है।

देश के कुल उत्पादन में 55–60 प्रतिशत योगदान जिन श्रमजीवी स्त्रियों का है, वे अब भी काफी सीमा तक अदृश्य हैं। उन्हें दृश्यमान बनाना, अर्थतंत्र में उनके लिए जगह पैदा करना, समाज में आत्मगौरव के साथ जी सकने के लिए न्यायपूर्ण स्थितियाँ निर्मित करना, फिर उनकी, उनके बच्चों की शिक्षा, स्वास्थ्य, पोषण, आहार, घर अर्थात् उनके सम्पूर्ण विकास की दिशा में प्रयत्न करना होगा। ऐसा अनुभव होता है कि स्त्रियों को अपनी योग्यता के उचित मूल्याँकन की जरूरत है। एक गृहिणी के रूप में किए जाने वाले उसके कार्यों को भी ऊँचा माना जाना चाहिए। देश की लगभग आधी आबादी स्त्रियों की है। देश के विकास में स्त्रियाँ पूरी तरह योगदान दे सके।

ईश्वर यदि स्त्री–पुरुष की भूमिकाएँ इत्तफाक से बदल दे तो तय मानना चाहिए कि पुरुष दूसरे दिन ही ईश्वर के सामने गिड़गिड़ा उठेगा। कोई भी पुरुष स्त्री के जीवन को एक दिन तो क्या एक क्षण भी नहीं जीना चाहेगा, क्योंकि स्त्री बनकर उसे झुकना पड़ेगा, सृजन की पीड़ा को सहना पड़ेगा और सबसे बड़ी बात उसे समझौते करने होंगे। सच तो यह है कि पुरुष हर तरह से स्त्री पर निर्भर होकर भी उसकी भूमिका और महत्व को स्वीकार नहीं कर पाता है।

दरअसल स्त्री उसके लिए एक आदत है, अस्तित्व नहीं। यदि स्त्री का अस्तित्व होगा तो उसकी उपस्थिति होगी। पर यह पुरुष नहीं चाहता कि उसके अलावा उससे अलग भी कुछ हो। अब भी स्त्री बँटी हुई है, कई स्तरों पर वह खंडित है, कई कोणों से। सचमुच स्त्री कोई भी हो उसे उसके दोहरे दायित्वों से निजात नहीं है।

उसे घर–गृहस्थी चलानी है, पति व परिवार के सारे दायित्वों को निभाना है, बदलते परिवेश में उससे बराबर आर्थिक सहयोग की उम्मीद भी की जाती है फिर भी उसे निर्णय लेने का हक नहीं है। जन्म देने का नैसर्गिक अधिकार रखने वाली स्त्री यह तय नहीं कर सकती है कि बच्चे कब हों और कितने हों? आखिर क्यों स्त्री के ही हिस्से में आती है सारी जिम्मेदारी? कहते हैं स्त्री और पुरुष गाड़ी के दो पहिए हैं फिर इन पहियों में कहीं संतुलन नजर क्यों नहीं आता? इस गाड़ी में तो सिर्फ स्त्री ही जुती है, वही खींच रही है। घर देखे, बच्चों को देखे, नौकरी करे, सामाजिक बंधन माने, रिश्ते, त्यौहार और परम्पराएँ निभाए, और जिसके लिए वह यह सब करती है उसकी नजर में इन कामों का क्या मोल है? अधिकांश पुरुष इन्हें स्त्री का फर्ज मान लेते हैं।

स्त्री कई स्तरों पर व्यस्त है और पुरुष एक ही आसन पर विश्राम कर रहा है। यह अक्सर दिखता और चुभता अन्याय है, पर न्याय कौन करेगा जरा सोचिए? आधुनिक परिवेश में नारी को जहाँ अधिक स्वतंत्रता प्राप्त हुई है वहीं वह अनेक समस्याओं से घिर भी गई है। आज की नारी की जिम्मेदारियाँ बहुत हद तक बढ़ गई हैं? समाज में महत्त्वपूर्ण स्थान पा लेने के पश्चात् उसके उत्तरदायित्वों में वृद्धि हो गई है। वह आर्थिक समस्याओं को सुलझाने के लिए निरन्तर संघर्ष कर रही है।

नौकरी जीविका का साधन है। नौकरी आर्थिक समस्याओं का एक समाधान है। नौकरी स्वावलम्बन के प्रश्न का उत्तर है। नारी सौन्दर्य–बोध का मूर्तरूप है। वह मातृत्व और करुणा की सजीव मूर्ति है, उसके नयन। कोर उज्ज्वल चाँदनी की बौछार हैं। इन सबके बावजूद वह नौकरी करने के लिए विवश हुई। वह पुरुष के समान दफ्तर जाती है

या कोई व्यवसाय चलाती है क्योंकि इसका एकमात्र उत्तर आर्थिक दबाव और विषमता तो है ही, पर इसके साथ-साथ युगों-युगों के बंधनों से मुक्ति की चिर कामना भी है।

नारी को नौकरी क्यों करनी पड़ती है? इस प्रश्न के कई उत्तर हैं। एक तो यह है कि इस प्रकार वह घर-परिवार की आर्थिक स्थिति सुधारने में सहायक होती है। दूसरे, अनेक प्रकार की विषम आर्थिक स्थितियों में उसे नौकरी करने को विवश होना पड़ता है। तीसरे, स्वतंत्र आर्थिक स्थिति का प्रलोभन उसे नौकरी की ओर आकर्षित करता है। चौथे, पुरुष पर उसकी आर्थिक निर्भरता मिटती है। इस निर्भरता के कारण उसे अनेक बार शारीरिक और मानसिक यंत्रणा झेलना पड़ती है। आर्थिक आश्रय देकर पुरुष वर्ग ने नारी को गुड़िया या मन बहलाव का खिलौना समझ लिया है, अत: नारी उसके चंगुल से मुक्ति-कामनावश नौकरी की राह पर चल रही है। नारी के नौकरी की ओर आकर्षित होने ने अनेक समस्याओं को भी जन्म दिया है। परिवार की सुख-सुविधा का मुख्य दायित्व नारी पर ही है, पर नौकरी के चक्कर में घर की स्थिति होटल सी हो गई है। कार्य की अधिकता ने नारीसुलभ कोमलता को छीन लिया है और वह नीरस होती जा रही है। नौकरी करने वाली स्त्री मातृत्व का दायित्व भी कुशलतापूर्वक नहीं निभा पाती है। ममता और वात्सल्य के अभाव में बच्चों का जीवन पूर्णत: विकसित नहीं हो पाता। परिणामत: नई पौध बौनी होती जा रही है। नारी के नौकरी करने से पुरुषों के लिए नौकरी के अवसर कम रह गए हैं। इन सब समस्याओं को दृष्टिगत रखते हुए इसके लिए उनका स्वयं का विकास होना अत्यन्त आवश्यक है। नारी का नौकरी करना इस दृष्टि से उचित कहा जाएगा कि नौकरी की बदौलत ही उसे समाज में उचित सम्मान मिल रहा है।

दहेज जैसी विकराल समस्या का एकमात्र समाधान नारी की नौकरी ही है। आर्थिक दृष्टि से परतंत्र नारी आत्महत्या की ओर दौड़ती है, क्योंकि उसे अपना जीवन भार स्वरूप प्रतीत होने लगता है। नौकरी करने पर उसे आर्थिक सुरक्षा मिलती है जिससे वह पुरुष के अत्याचार को सहन करने से इन्कार कर सकती है। स्त्री गृहिणी है। कामकाजी है। माँ है। अफसर है। स्त्री को उसके एक फ्रेम में तो रखना होगा इसलिए पुरुष ने स्त्री के कई टुकड़े कर डाले। उसे सब करना होगा। पर खण्डों में बँटी स्त्री की अपनी मर्जी है ही कहाँ...।

यदि हमें परिवार की समस्याओं को भी ध्यान में रखना है तो कुछ विशाल कार्यक्षेत्रों को नारी के लिए सुरक्षित करना होगा। शिक्षा, चिकित्सा, शिशु संरक्षण, कुटीर उद्योग आदि में कार्य करने से उसे घर के लिए भी पर्याप्त समय मिल सकेगा। अंशकालीन कार्य (Part time job) उसे धन भी दे सकेगा तथा समाज का सामंजस्य बना सकेगा।

नौकरी उसमें आत्मविश्वास का संचार करती है। नारी को घर-परिवार का भी ध्यान रखना होगा। नारी को अपने सम्मान की रक्षा के लिए भी संघर्ष करना पड़ रहा है। अस्मिता का प्रश्न उसके सामने खड़ा है। वह दहेज प्रथा से भी जूझ रही है।

नारी सदैव अबला नहीं रही और न ही आज के समान पराधीन रही। फिर क्या हुआ कि समाज तथा दुनिया के विकास के साथ-साथ यह पुरुष शिकंजे में लगातार कसती ही चली गई? संभवतः परतंत्रता के इस गूढ़ रहस्य को जानने के लिए हमें थोड़ा नहीं काफी पीछे जाना होगा। वहाँ जहाँ से सृष्टि की उत्पत्ति हुई अथवा दुनिया बनी। सामान्यतः इस सम्बन्ध में दो अभिमत हैं— एक धार्मिक दूसरा वैज्ञानिक।

कैसे बनी दुनिया

धार्मिक अभिमत मानने वाले कहते हैं कि नारी को गॉड, अल्लाह अथवा भगवान ने बनाया है तथा हमें भी उसी ने बनाया है किन्तु वैज्ञानिकों का मानना है कि पृथ्वी की आयु लगभग चार अरब पचास करोड़ वर्ष है। सौर परिवार के अन्य सदस्यों की भाँति यह भी आग का एक गोला थी जो कालान्तर में टूट कर अलग हो गई। वास्तव में सौर-मण्डल के सभी ग्रह-उपग्रह गुरुत्वाकर्षण शक्ति भी रखते हैं एवं सदैव घूमते भी रहते हैं, इसी प्रक्रिया में कभी एक शक्तिशाली तारा सूर्य के समीप से गुजरा। उसने सूर्य को अपनी ओर आकर्षित करना चाहा किन्तु उसकी गति इतनी तेज थी कि सूर्य का एक हिस्सा ही अलग हो गया परन्तु वह भी तारे तक नहीं पहुँच सका। हजारों-लाखों साल में ठंडा होकर आग का गोला सूरज का यह टुकड़ा ही पृथ्वी बना।

प्राकृतिक कारणों से पृथ्वी की भीतरी तथा ऊपरी सतह पर हजारों वर्षों में भारी परिवर्तन हुए जिससे जलवायु पर प्रभाव पड़ा। आज भी धरती सूर्य के चारों ओर चक्कर काटती है जिससे मौसम बदलते रहते हैं। बदलती जलवायु एवं मौसम ने भी जीवन की उत्पत्ति और विकास पर असर डाला। अनुकूल परिस्थिति होने पर पेड़-पौधों, जीव-जन्तुओं का जन्म होता है किन्तु जलवायु परिवर्तन होने पर जीवन के विपरीत मौसम होने पर अधिकांश जीव-जन्तु मर जाते हैं व पेड़-पौधे नष्ट हो जाते हैं।

अत्यधिक जिजीविषा तथा शारीरिक क्षमता के कारण गाय, बैल, शेर, हाथी जैसे जानवर तथा वानर, वनमानुष जिन्दा रहने में सफल हो पाये। अनेक प्रकार के पेड़-पौधों के कारण जंगल ही जंगल उत्पन्न हो गए। नदियों में मछलियाँ तथा आकाश में पक्षी दिखाई देने लगे। इन सब जीव-जन्तुओं के अस्तित्व में आने में भी सैकड़ों वर्षों का समय लगा। हाथ एवं मस्तिष्क के इस्तेमाल के कारण वनमानुष ने पैरों पर खड़े होकर चलना

सीखा, पहले वह भी जानवरों की भाँति चला करता था। आज भी बच्चा अपनी चलने की शुरुआत घुटनों के बल करता है और फिर खड़ा होता है।

अपने जीवन की रक्षा के लिए उसने प्रकृति की कठिनाइयों से लड़ने के लिए पेड़ों पर और गुफाओं में रहना शुरू किया, ठंड से बचने के लिए पत्ते लपेटे और जंगली जानवरों से अपनी रक्षा के लिए उसके शुरुआती हथियार पेड़ों की टहनियाँ और पत्थर हुआ करते थे। मनुष्य के पास अपनी भाषा भी नहीं थी। वह संकेतों तथा जानवरों की भाँति मुँह से आवाज निकालकर ही काम चलाया करता था। इस प्रकार अपने आत्मविश्वास से मनुष्य प्रकृति के साथ सम्बन्धों में जैसे-जैसे बदलाव लाता गया वैसे-वैसे वह अपने जीवन का स्वामी बनता चला गया। इसी विकासक्रम में जहाँ पुरुष ताकतवर बनता गया वहीं नारी कमजोर और परतंत्र।

मानव सभ्यता का विकासक्रम एवं नारी

1. मातृसत्तात्मक समाज में नारी।
2. कबीलाई समाज में नारी।
3. पितृसत्तात्मक समाज में नारी।
4. दास युग में नारी।
5. सामंती समाज में नारी।
6. पूँजीवादी व्यवस्था में नारी।
7. समाजवाद में नारी।

धर्मशास्त्र, सामाजिक विकास को सतयुग, त्रेतायुग, द्वापर और कलियुग के रूप में विवेचना करता है और अर्थशास्त्र में इसकी आखेट युग, चरागाह युग, कृषि युग तथा औद्योगिक युग के माध्यम से व्याख्या की गई है। जबकि मार्क्सवादी अवधारणा इसे आदिम साम्यवाद, दास प्रथा, सामंतवाद, पूँजीवाद, समाजवाद एवं साम्यवाद के रूप में स्वीकार करती है।

मातृसत्तात्मक समाज में नारी

मातृसत्तात्मक समाज से पूर्व मानव समाज के प्रारम्भ में आदमी एकदम जंगली अवस्था में अन्य जंगली जानवरों की तरह रहता था। मनुष्य पूरी तरह प्रकृति पर निर्भर था। फल-फूल खा लेना, पेड़ के नीचे-ऊपर या गुफा-कंदराओं में सो जाना, नदी या झरनों से पानी पी लेना, फल-फूल से पेट न भरने पर जानवरों को मारकर खा लेना अथवा हिंसक जंगली जानवरों द्वारा खा लिया जाना ही उसकी नियति थी। तब नारी न अबला

मानी जाती थी और न ही हेय दृष्टि से देखी जाती थी। सभी मनुष्य एक समान थे तथा जानवरों की भाँति ही उनमें प्रजनन हेतु बिना किसी रोक-टोक एवं बंधन के शारीरिक संबंध स्थापित हो जाया करते थे।

सामूहिक रूप से शिकार को जाना और शिकार मिलने पर उसका सामूहिक रूप से उपभोग, शिकार मिलने पर साझी खुशी और न मिलने पर साझा दु:ख-दर्द, न कोई सम्पत्ति न कोई परिवार, न कोई रिश्ता न कोई नाता। बस मानव समूह और जरूरत महसूस होने पर समूह के स्त्री-पुरुष के बीच शारीरिक सम्बन्ध। उस समय तक मनुष्य में विवाह तथा परिवार की परम्परा का निर्माण नहीं हुआ था। अत: बच्चों की पहचान माँ के नाम पर ही होती थी। नई पीढ़ी पिता को नहीं पहचानती थी। उस मातृप्रधान समाज में कबीले की पहचान भी कबीले की मुखिया स्त्री द्वारा ही होती थी। स्त्री भी पुरुष की भाँति सारे काम करती थी, जैसे—शिकार पर जाना, फल तोड़ना, हथियार बनाना, युद्ध करना तथा जीवन के लिए आवश्यक वस्तुएँ जुटाना आदि।

किसी भी मनुष्य से यौन सम्बन्ध बनाने के लिए वह स्वतंत्र थी। जितना ऊँचा स्थान एवं सम्मान स्त्रियों को इस युग में मिला फिर दोबारा वह सम्मान उसे आज तक प्राप्त नहीं हो सका। यही धर्मयुग (सतयुग) था, जहाँ सब बराबर थे। पुरुष स्त्री की पूजा करता था।

कबीलाई समाज में नारी

इसकी स्थापना धीरे-धीरे हुई। प्राकृतिक विपदाओं तथा जंगली जानवरों के भय से समूह बढ़ने लगे। इधर-उधर बिखरे छोटे-छोटे समूह निकट आने लगे तथा अपनी घनिष्ठता को बढ़ाने के लिए एक कबीला दूसरे कबीले से पूरे समूह में वैवाहिक गठबन्धन कर लेता था। इस प्रकार एक समूह के स्त्री-पुरुष दूसरे समूह के स्त्री-पुरुषों से भी शारीरिक सम्बन्ध स्थापित कर लेते थे। शिकार के लिए एक कबीले की दूसरे कबीले से लड़ाई भी होती थी। इस काल में भी सभी उपलब्ध वस्तुएँ पूरे समूह की होती थीं जिन्हें सामूहिकता में ही खाते-पीते-बाँटते थे। मातृसत्तात्मक समाज से पितृसत्तात्मक समाज की स्थापना इसी काल में हुई क्योंकि प्रकृति से हजारों साल के सम्पर्क-संघर्ष से आदमी ने आग की खोज कर ली थी।

पितृसत्तात्मक समाज में नारी

आग को जिलाये रखने के साथ-साथ नारी घर का आवश्यक कार्य भी करने लगी। धीरे-धीरे जब पुरुष जंगलों से बाहर आकर खेती करना सीख गया तो उसमें संग्रह की

प्रवृत्ति बढ़ने लगी। चूँकि सम्पत्ति को पुरुष अर्जित करता था अत: उस पर वह अपना निजी अधिकार समझने लगा। जैसे-जैसे उसकी सम्पत्ति बढ़ती गई, नारी के अधिकार छिनते गए। पति के लिए उसका महत्त्व सिर्फ उसके उत्तराधिकारियों को पैदा करना, उसके घर की देखभाल करना तथा उसकी सम्पत्ति के साथ-साथ उन दासियों पर भी निगाह रखना था जिनको वह जब चाहे अपनी रखैल या उप-पत्नी बना सकता था। दास-दासियाँ-पत्नियाँ पूरी तरह पुरुष की सम्पत्ति होती थीं। अत: विवाह पर शुरू से ही यह छाप लग गयी कि विवाह स्त्री के लिए एकनिष्ठ है, पुरुष के लिए नहीं। परिवार का यह पहला रूप प्राकृतिक, व्यक्तिगत, यौन, प्रेम का परिणाम न होकर आर्थिक कारणों पर आधारित था।

इतिहास में ऐसे उदाहरण मिलते हैं जब मानव समाज स्त्री और पुरुष समूहों में विभाजित हुआ है। इन समूहों में संघर्ष भी होते थे, कभी पुरुष-स्त्री समूह की सदस्य को उठा लाते थे और उसे बंधक बनाकर उसके साथ गुलाम जैसा आचरण करते थे। भले ही कम सही लेकिन कुछ उदाहरण स्त्री समूह द्वारा किसी पुरुष को बंदी बनाने के भी मिलते हैं। केरल, आसाम एवं उत्तरांचल के कुछ पहाड़ी इलाकों में आज भी मातृसत्तात्मक परिवार के चिह्न मिल जायेंगे।

नारी ने आखेट युग की अपनी समानता, सम्मान एवं अस्मिता की रक्षा के लिए लम्बे अरसे तक खूब संघर्ष किया। लेकिन कबीले की टूटन-बिखराव, व्यक्तिगत सम्पत्ति के प्रादुर्भाव, परिवार की स्थापना के रूप में बदली हुई आर्थिक सामाजिक परिस्थितियों ने धीरे-धीरे उसे घर की बेजान दीवारों में जिन्दा दफन कर दिया।

हिन्दू-विवाह पद्धति में आज भी नारी के अपहरण और उसे बन्दी बनाकर रखने के सम्पूर्ण लक्षण मिलते हैं। दूल्हा कटार लटकाये घोड़े पर चढ़कर दल-बल सहित आता है, पराजित कन्या पक्ष से दहेज के रूप में हर्जाना वसूलता है, हँसता, खुशियाँ मनाता गाजे-बाजे के साथ कन्या को ले जाता है और लुटा-पिटा कन्या पक्ष रोता-बिसूरता रह जाता है।

दास युग में नारी

कबीलाई समाज के सामूहिक जीवन के खत्म हो जाने पर कबीले में जो प्रबन्ध और रक्षा का काम करते थे, वे स्वामी बन गए और शेष लोग सम्पत्ति के अभाव में गुलामों में बदल गए। अब ये गुलाम स्वामी की सम्पत्ति होते थे जो उनका अपने मनमाफिक इस्तेमाल कर सकता था।

कबीलों के आपसी संघर्ष में हारे हुए कबीले के लोगों को गुलाम बनाने एवं उनकी सम्पत्ति को लूट लेने का भी आम रिवाज था। दास पुरुषों की तरह उनकी औरतें भी स्वामी की दासी होती थीं। शायद यही समय था जब नारी को गुलाम बनाने की शुरुआत हुई। जैसे-जैसे उत्पादन के साधन और वितरण पर पुरुष का अधिकार होता गया, औरत को उसके हिस्से और नियंत्रण से अलग कर दिया गया। इस तरह व्यक्तिगत सम्पत्ति ने महिला को भी एक सम्पत्ति में बदल दिया। पुरुष नेतृत्व में पितृसत्तात्मक परिवार की शुरुआत हुई।

सामंती समाज में नारी

जब हल द्वारा बड़े पैमाने पर खेती होने लगी और दास विद्रोहों ने दास युग के खात्मे को जरूरी बना दिया तो भूपति राजा और उसके अधीनस्थ जागीरदारों, जमींदारों ने सामंती समाज में किसान जनता को खेतों और गाँवों की जागीरों से बाँध दिया। अब जमीन का मालिक भले ही जमींदार हो और वह सभी स्त्रियों का यौन शोषण भी करने की स्थिति में हो लेकिन नारी का असली स्वामी पुरुष बन गया। अब नारी पूरी तरह पुरुष के अधीन थी जो बचपन में पिता, युवावस्था में पति और पति के मरने पर वैधव्य की स्थिति में पुत्र के रूप में उसका रक्षक था।

अब हमारे देश की तरह सारी दुनिया के धर्मग्रन्थ तथा विधि-विधान नारी के विरुद्ध पुरुष के पक्ष में घोषणाएँ करने लगे। पुरुष कई विवाह कर सकता है, एक साथ कई पत्नियाँ रख सकता है लेकिन स्त्री जीवन में सिर्फ एक बार ही विवाह कर सकती है, और अपने पति के प्रति एकनिष्ठ पतिव्रता धर्म का पालन करेगी। स्त्री वेश्या या देवदासी या नगर-वधू के रूप में पुरुष के भोग-विलास की सामग्री जुटाएगी, उसके मनोविनोद के लिए शृंगार करेगी। यदि पति मर जायेगा तो शेष जीवन में सुख के सभी साधन से वंचित संन्यासिनी जैसा आचरण करेंगी। समाज चाहेगा तो उस विधवा को पति के शव के साथ चिता की आग में जलकर मर जाना होगा। युद्ध में राजा के हारने या मरने पर सभी स्त्रियाँ जौहर करेगी ताकि कहीं वे सम्पत्ति पर स्वामित्व का अधिकार न कर बैठें। राजा-जमींदार-सामन्त अपने घरों में हरमों में सैकड़ों रूपसियों को भरता रहा। जन्म से लेकर मृत्युपर्यंत नारी पुरुष के संरक्षण में रहेगी, न उसका कोई सपना होगा, न आशा-आकांक्षा होगी, बस पुरुष की सेवा, उसकी इच्छा के अनुरूप आचरण और उसे सुख-संतोष देना ही उसका धर्म है।

आधुनिक युग अथवा पूँजीवादी व्यवस्था में नारी

ज्ञान-विज्ञान का विकास हुआ। मशीन बनी, मशीन से बड़े-बड़े कारखाने लगे, उत्पादन की शक्तियाँ बढ़ीं और जब पुराने सामंती रिश्ते समाज के विकास को रोकने लगे तो समानता, स्वतंत्रता, भाईचारे के नये विचारों ने समाज में नई चेतना उत्पन्न करके राजशाही के लिए मौत का फरमान जारी कर दिया। राजाओं-सामंतों की सत्ता का अवसान हुआ और स्वतन्त्र स्त्री-पुरुषों, श्रमिकों, कर्मचारियों को लेकर उद्योग और व्यापार का सिलसिला शुरू हुआ। अब महिलाएँ भी आत्म-निर्भर होकर पुरुष की अधीनता से उसके दमन-उत्पीड़न से मुक्त हो सकती हैं। लेकिन पुराने संस्कार तथा मान्यताएँ नई अर्थव्यवस्था आने के साथ ही खत्म नहीं हो जाते, वे लम्बे अरसे तक चलते रहते हैं। विज्ञान ने काफी उन्नति कर ली है, राजतंत्र की जगह जनतंत्र की भी स्थापना हो गई है। समानता-स्वतंत्रता की विजय पताकाएँ भी लहरा रही हैं। लेकिन स्त्री के मामले में उसकी वही पुरानी धारणा आज भी बनी हुई है। आज भी पूरी दुनिया में स्त्री की स्थिति दोयम दर्जे की ही है। स्त्रियों पर कितने अत्याचार हो रहे हैं। आज भी मर्द चाहे गरीब हो या अमीर, विद्वान हो या मूर्ख, रूढ़िवादी हो अथवा प्रगतिशील, समाजसेवक हो या राजनेता अथवा एकदम शान्त प्रकृति का सीधा-सादा आदमी, वह स्त्री को अपने पैर की जूती ही समझता है।

आज तो लड़की को पैदा होने से पहले ही मार दिया जाता है। गर्भ में ही टेस्ट कराकर देख लिया जाता है कि लड़की है या लड़का। रिपोर्ट के अनुसार 1978 से 1993 के दौरान भ्रूण परीक्षण के पश्चात् 1 लाख 78 हजार बालिकाओं का भ्रूण नष्ट कराया गया। अर्थात् आधुनिक युग में महिला की परतन्त्रता का रूप भी आधुनिक और नया है।

समाजवादी व्यवस्था में नारी

रूसी क्रान्ति के पश्चात् पहली बार किसी राजसत्ता ने महिला को बराबरी का अधिकार दिया। इस व्यवस्था में बराबरी का मतलब समान काम का समान वेतन, विवाह और तलाक में बराबरी का अधिकार, समान शिक्षा, हर काम और क्षेत्र में आगे बढ़ने की स्वतन्त्रता, लिंग भेद की समाप्ति आदि था। क्रान्ति के पश्चात् उसी समाज ने उत्पादन, सामाजिक मोर्चे, सामाजिक समस्याओं तथा बौद्धिक क्षेत्र में औरतों को बराबर का स्थान देकर आगे बढ़ाया। इसका परिणाम क्रान्ति के तीन-चार दशक बाद ही दिखाई देने लगा था। जबकि पूँजीवादी अमेरिका या यूरोप में आज भी महिला की हालत खराब है। बहुत बाद में स्वतन्त्र हुए चीन अथवा पूर्वी यूरोप के समाजवादी राष्ट्रों ने भी महिला को एक

हद तक बराबरी और स्वतन्त्रता तक पहुँचा दिया। इसके पीछे एक समग्र सोच थी जिसमें महिला स्वतन्त्रता का मतलब सम्पूर्ण समाज के आर्थिक, सामाजिक, सांस्कृतिक और ऐतिहासिक ढाँचे पर प्रश्न करना, उसे बदलना और उस आधार पर महिला के मुद्दे को देखना था। समाजवाद भी नारी समस्या का अन्तिम समाधान नहीं बल्कि समाधान की शुरुआत है। समाजवाद एक स्थायी सामाजिक, आर्थिक व्यवस्था नहीं है, यह पूँजीवाद और वर्गहीन (समाजवादी) समाज के बीच का एक संक्रमण काल है जिसमें बचे-खुचे पूँजीवादी सोच, संघर्ष, गैरबराबरी तथा शोषण-चिह्न रहते हैं। इनसे लड़ते हुए ही किसी भी तरह की गैरबराबरी स्वतंत्रता और समानता की ओर बढ़ा जा सकता है एवं वही महिला के हक में सच्ची स्वतंत्रता या मुक्ति है। इसलिए महिला बराबरी के लिए जरूरी है महिला संगठनों की साम्यवादी सोच और दिशा।

❑❑❑

4

विश्व मंच पर नारी: एक परिदृश्य

उन्नीसवीं शताब्दी के प्रारम्भ में सामंती सत्ता की ईश्वरीय स्वीकृति को रद्द करते हुए क्रान्तिकारी पूँजीवाद अथवा औद्योगिक क्रान्ति ने पहली बार मानवीय अस्मिता की बात की। इस तरह मानव केन्द्रित समाज के तहत स्वतन्त्रता, समानता एवं बन्धुत्व की सोच विकसित हुई। इसी पृष्ठभूमि पर यूरोप तथा अमेरिका में फेमिनिस्ट आन्दोलन अथवा नारीवादी आन्दोलन विकसित हुआ। उसकी प्रारम्भिक माँग मताधिकार और काम करने की अनुकूल तथा समान परिस्थितियाँ रही। धीरे-धीरे विवाह, तलाक एवं पुरुषों के बराबर अधिकार की बात जुड़ती गई। उस दौर के आर्थिक, सामाजिक हांलातों ने महिला आन्दोलन पर अत्यन्त प्रभाव डाला। यही कारण है कि उग्र परिवर्तनवादी (रेडिकल) पूँजीवादी विचारों से लेकर यूरोपियन समाजवादी, सुधारवादी, दार्शनिक, सामाजिक विचारों के अलग-अलग महिला संगठन अस्तित्व में आए। सम्पूर्णता में इन सबकी सोच प्रगतिशील थी।

उस समय नारी आन्दोलन के पास नारी शोषण के इतिहास, सामाजिक, आर्थिक, सुधार एवं इसकी पूर्ण समाप्ति की कोई स्पष्ट सोच नहीं थी। इस दिशा में सोच के स्तर पर पहला प्रयास मार्क्सवाद द्वारा किया गया किन्तु अनेक महिलावादी क्षेत्रों में इतिहास की इस सच्चाई को नकारा जाता है। मार्क्स ने गुलामी तथा शोषण के इतिहास तथा वर्तमान की व्याख्या की। स्त्री-पुरुष समानता के लिए उन्होंने पूँजीवाद को समाप्त करने का आह्वान किया। हालाँकि मार्क्स ने महिला स्वतंत्रता एवं समानता के सम्बन्ध में अपना अभिमत व्यक्त नहीं किया, पृथक संगठन पर चर्चा नहीं की। परन्तु उसी विचार को आगे बढ़ाते हुए विश्व कम्युनिस्ट आन्दोलन में प्रथम बार महिला संगठन की सोच लेनिन ने आरम्भ की और अलग से महिला संगठन खड़ा किया। क्लाराजेटकिन, अनेसा आरमाँ, रोजा लक्जेमबर्ग, अलेक्सांद्रा कोलोताई-क्रुप्सकाया जैसी नारीवादी महिलाओं से लेनिन का

महिला मुद्दे पर लगातार पत्र-व्यवहार होता था। उसमें पुरुषवादी सत्ता, नैतिकता, बराबरी, मुक्ति आदि महिला से जुड़े सवालों पर मार्क्सवादी विचार में जवाब दिए गए। इस सब के पश्चात् भी लेनिन के दौर में अलग से नारी आन्दोलन की सोच विकसित नहीं हो पाई, इस समय तक यह केवल श्रमजीवी महिलाओं का संगठन बनाने तक सीमित रही। उसी दौर में रोजा लक्जेमबर्ग के नेतृत्व में अन्तर्राष्ट्रीय महिला कामगार संघ की स्थापना हुई जिसमें प्रायः यूरोप और रूस की कम्युनिस्ट महिला मजदूर आदि थीं। इस संगठन का निश्चित ही महिला आन्दोलन को बड़ा लाभ प्राप्त हुआ। किन्तु वर्गीय दृष्टि से देखने के कारण मध्यम वर्ग की महिला का इसमें कोई महत्व नहीं था। इस सबके पश्चात् भी सोवियत संघ, चीन या पूर्वी यूरोप के समाजवादी देशों में महिला के हित में जो काम हुए तथा उससे महिला की स्थिति में जो अन्तर आया वह आज तक दुनिया के किसी और देश में संभव नहीं हो सका।

स्त्री समाजवादियों के पहले और दूसरे अन्तर्राष्ट्रीय सम्मेलन (स्टूटगार्ट 1907 और कोपेनहेगेन 1910) श्रम-जीवी नारी आन्दोलन की विकास यात्रा के महत्वपूर्ण पड़ाव थे। इन सम्मेलनों ने जहाँ महिला को मताधिकार का प्रस्ताव किया, वहीं अन्तर्राष्ट्रीय महिला सचिवालय बनाने और महिला पत्रिका निकालने का भी तय किया। इसी सम्मेलन ने 8 मार्च को महिला दिवस घोषित किया। 1920 तक सर्वहारा विचारधारा पर आधारित नारी आन्दोलन में एक व्यवस्थित रूप प्राप्त कर लिया था। इस दौर में (1920-1926) महिला कम्युनिस्टों के चार अन्तर्राष्ट्रीय सम्मेलन हुए। चौथे दशक में फासिज्म के उभार और साम्राज्यवादी युद्ध विरोधी संयुक्त लड़ाई में अन्य तबकों के साथ मध्यम वर्ग की महिलाएँ भी सक्रिय थीं। इससे ही निकलकर 'जनवादी फासिज्म विरोधी नारी आन्दोलन' का सूत्रपात हुआ। 1934 में पेरिस में ऐसे कई देशों के नारी संगठनों की पहल पर पहली 'फासिज्म विरोधी विश्व महिला कांग्रेस' हुई। बाद में ऐसे और भी सम्मेलन हुए जिसने युद्ध और फासिज्म के खिलाफ लड़ने के अलावा महिलाओं को आपस में अपनी समस्याओं को देखने, समझने तथा सोचने का अवसर दिया। चीनी क्रान्ति के अलावा एशिया, अफ्रीका और लातिन अमेरिका के राष्ट्रीय संघर्षों ने भी महिला संगठन और महिला मुद्दे को समझने का मौका दिया।

1888 में ही अमेरिका में नारीवादियों की पहल पर 'अन्तर्राष्ट्रीय नारी परिषद' की स्थापना जैसी सक्रियता दिखने लगी थी। इसी समय स्त्री चेतना के दबाव में डरकर धार्मिक और सुधारवादियों ने भी भाँति-भाँति के महिला संगठनों की स्थापना की थी।

इस तरह एक लम्बे समय तक छुटपुट सक्रियता बनाए रखने के पश्चात् 1960 के दशक में अमेरिका और पूरी पश्चिमी दुनिया में एक नया नारीवादी आन्दोलन विस्फोट के रूप में फूट पड़ा जो वास्तव में यौन उत्पीड़न के विरुद्ध एक बगावती अन्धा विद्रोह था जिसकी कई शाखाएँ आगे चलकर फली-फूलीं तथा एक सीमा तक दुनिया भर की उच्च अथवा मध्यमवर्गीय महिलाओं को इसने प्रभावित भी किया। उनके पास नारी-समस्या के सभी बिन्दुओं की इतिहाससंगत, तर्कपूर्ण व्याख्या नहीं थी और न ही इस संघर्ष को आगे ले जाने का कोई ठोस कार्यक्रम। यह एक तरह से पश्चिमी उपभोक्ता संस्कृति के खिलाफ बगावत थी। वैसे नारीवाद के सिद्धान्त का पहला मील का पत्थर 1946 में फ्रांसीसी में और 1953 में अंग्रेजी में प्रकाशित 'सिमोन द वोउवा' की चर्चित पुस्तक 'द सेकेण्ड सेक्स' थी। कुछ वर्ष पहले स्त्री उपेक्षिता के नाम से हिन्दी में भी यह प्रकाशित हो चुकी है। अपनी लाख कमियों के पश्चात् भी यह पुस्तक नारीवादी आन्दोलन-कर्मियों के लिए आज भी गीता, बाइबिल के समान पवित्र है। व्यापक ऐतिहासिक परिप्रेक्ष्य, नारी आन्दोलन की दिशा तथा सामाजिक आर्थिक विश्लेषण के अभाव के पश्चात् भी साठ के दशक में नारी आन्दोलन की चेतना इससे काफी प्रभावित हुई। इसी तरह अमेरिका में 1966 में राष्ट्रीय नारी संगठन का गठन करने वाली 'वेट्टी फ्रीडन' की पुस्तक 'द फेमिनिन मिस्टिक' भी काफी चर्चित हुई जिसमें स्त्रियों की घरेलू दासता और पुरुष-स्वामित्व को स्वीकार करने के लिए उनके दिमाग की कण्डीशनिंग की प्रक्रिया की उग्र लेकिन एकांगी तथा अनैतिहासिक आलोचना की गई थी। इस दौर में ऐसी कई किताबों ने मध्यम वर्ग की नारी चेतना को जाग्रत किया।

उस समय पूरी पश्चिमी दुनिया आर्थिक सामाजिक संकट और उथल-पुथल के दौर से गुजर रही थी। लगभग सभी तबके के लोग सड़कों पर उतर आये थे। वियतनाम, क्यूबा जैसे छोटे-छोटे देशों की क्रान्ति या संघर्ष ने पश्चिम के युवाओं को काफी प्रभावित किया था। इन सब संघर्षों में महिला की भागीदारी भी पहली बार इतने बड़े पैमाने पर हो रही थी। सामाजिक राजनीतिक सक्रियता के दायरे में बढ़ी हुई इस भागीदारी ने महिला को दोयम दर्जे की नागरिकता के खिलाफ विद्रोह के लिए प्रेरित किया।

इस महिला शक्ति के उभार ने भी महिला समस्या की कोई स्पष्ट तस्वीर प्रस्तुत नहीं की अपितु अराजकतावादी ढंग से सामाजिक-पारिवारिक संस्थाओं के अस्तित्व को ही चुनौती दी। विवाह, एकल यौन सम्बन्ध तथा परिवार को एकदम नकारा तथा पूरी लड़ाई को पुरुष सत्ता के विरुद्ध केन्द्रित किया गया। बिना यह जाने कि इसका ऐतिहासिक,

सामाजिक आधार क्या है ? आखिर ऐसे आन्दोलन की परिणति ब्रा-बर्न्स सोसाइटी (ब्रा जलाओ समिति) बनाने और 'नो योर बॉडी नो योर सेल्फ' (अपने शरीर को जानो, खुद को जानो) जैसी पुस्तकें लिखने तक सिमट कर रह गई और इसी यौन-भेद में सारी असमानताओं का कारण ढूँढ़ती रही। उस दौर में नारीवादी विचारकों ने जो भी साहित्य लिखा उसमें किसी ने भी नारी शोषण-उत्पीड़न के इतिहास, परम्परा एवं सामाजिक ढाँचे को जानने की या विश्लेषण करने की कोशिश नहीं की। इस आन्दोलन का असर औरत की अपनी स्वतंत्र पहचान और स्वतंत्र संघर्ष के रूप में जरूर हुआ जिसके बाद दुनिया भर में नारेवादी छोटे-छोटे स्वतंत्र संगठन खड़े हुए। गर्भपात, बलात्कार, तलाक जैसे मुद्दों के कई संघर्ष भी इनके हक में जाते हैं। पर आम लोगों से जुड़ाव के मामले में यह काफी कमजोर रहा। आज ऐसे संगठनों का जुड़ाव मात्र मध्यम वर्ग की महिला तक ही सीमित है।

वर्ष 1975 संयुक्त राष्ट्र संघ ने महिला वर्ष के रूप में घोषित किया गया। आगे 1975 से 1985 तक महिला दशक के रूप में भी मनाया गया। इस दौरान सम्पूर्ण विश्व में महिला आन्दोलन काफी ताकतवर रूप से उभरा तथा बीच में परस्पर एकजुटता भी बनी। इसी के आस-पास अन्तर्राष्ट्रीय महिला-सम्मेलन की संयुक्त राष्ट्र संघ के नेतृत्व में शुरुआत हुई जो 1995 में चीन में हुए चौथे महिला सम्मेलन तक जाती है। महिला-सम्मेलन और महिला ताकत के इस उभार ने वर्तमान दुनिया में उभर रहे नये-नये महिला मुद्दों को अपने संघर्ष में शामिल किया। 1979 में औरत के विरुद्ध सभी प्रकार के भेदभाव को तत्काल समाप्त करने की माँग के साथ संयुक्त राष्ट्र संघ ने एक विशेष प्रस्ताव पारित किया।

आज विकसित औद्योगिक राष्ट्र की महिलाओं के एजेन्डे में वैज्ञानिक और तकनीकी प्रबन्धन की बात है अथवा इन उपलब्धियों के साथ 21वीं शताब्दी में जाने की सोच। वहाँ अब स्त्री के साथ यौन आधार पर कायम सामाजिक असमानता और भेदभाव मुख्य प्रश्न है। नारी की अस्मिता का सवाल वहाँ आज भी जिन्दा है। वहाँ नारी का आन्दोलन आज उपभोक्ता संस्कृति की विकृतियों के विरुद्ध संघर्षरत है। जबकि भारत जैसे पिछड़े या अति पिछड़े देशों की महिलाओं की लड़ाई आज भी 18वीं अथवा 19वीं शताब्दी के मुद्दों पर ठहरी हुई है। ऐसे अधिकतर देशों में आज भी अर्द्धसामंती, अर्द्ध औपनिवेशक तन्त्र किसी न किसी रूप में कायम है। भारत जैसे देशों में समाज विकास की मंथर गति तथा जनवादी क्रान्तियों या जनवादी मूल्यों के अभाव में सामंती ढाँचा आज भी कायम

है। यहाँ के मूल्य-मान्यताओं में इसका रूप साफ दिखाई देता है। इसके साथ ही सामाजिक संदर्भों की अनदेखी करके जिस ताबड़-तोड़ तरीके से खुले बाजार की नीतियाँ अपनाई जा रही हैं उसका सबसे बुरा प्रभाव भी इन्हीं महिलाओं पर पड़ने वाला है। उधर आज दुनियाभर में महिला संघर्ष का चित्र भी काफी कमजोर और बदला हुआ है। जिस तीव्रता से यह दुनिया भर में उभरा था उतनी ही जल्दी यह कमजोर भी हुआ है। अमेरिका में रेंगना मिक्स के दौर में स्थापित हुए परम्परागत मूल्यों के कारण परिवार की इकाई को फिर से महत्त्व मिलने लगा है। महिला की पुरानी भूमिका को स्थापित किया जा रहा है। यूरोपीय-संस्कृति के केन्द्र ब्रिटेन में भी नारीवादी आन्दोलन अत्यन्त कमजोर हो गया। सोवियत संघ अथवा पूर्वी यूरोप में तो साम्यवादी व्यवस्था के न रहने के बाद महिला जागरूकता कहीं दिखती भी नहीं। कुल मिलाकर पूँजीवाद ने अपने लिए नुकसानदेह मानकर नारी समाज को उत्पादन के क्षेत्र में अलग कर दिया है। पुरुष की छाँव से भी चिढ़ने वाला नारीवाद इसमें बहुत आसानी से फँस गया है।

महिला उत्पीड़न और संघर्ष के इतिहास में 8 मार्च का अपना महत्व है। आठ मार्च पूरी दुनिया में महिला दिवस के रूप में मनाया जाता है। 1857 में वह आठ मार्च ही था जब अमरीका के शिकागो और न्यूयार्क शहर में कपड़ा मिल में काम करने वाली महिला मजदूरों ने काम के घंटे 16 की जगह 10 रखने की माँग के साथ सड़क पर प्रदर्शन किया जिसे पुलिस ने बेदर्दी से दबा दिया।

इसमें कई महिलाएँ शहीद हुईं, ढेरों घायल भी हुईं। आखिर किसी ट्रेड यूनियन का समर्थन न होने के कारण महिलाओं को अपनी इस पहली लड़ाई में सफलता नहीं मिल सकी। दुनिया में महिला के संगठित संघर्ष का यह पहला मुकाम था। बाद में 1912, 1915, 1917 में भी पूँजीवादी मुल्कों में महिला अधिकार और बराबरी के लिए कई संघर्ष हुए।

आठ मार्च के इस ऐतिहासिक महत्त्व को देखते हुए 8 मार्च, 1910 में महिलाओं के एक सम्मेलन में प्रसिद्ध मजदूर नेत्री एवं वामपंथी विचारक क्लाराजेटकिन ने इस दिन को महिला वर्ष के रूप में मनाने का प्रस्ताव रखा जिसे स्वीकार किया गया। बाद में संयुक्त राष्ट्र संघ जैसे दुनिया भर के संगठनों ने इस दिन को स्वीकार किया। महिला दिवस के रूप में इस सौ, डेढ़ सौ साल के इतिहास में ढेरों संघर्ष, अधिकार और उपलब्धियाँ महिला के नाम से जुड़ी हैं। हमारे देश में महिलाएँ जगह-जगह राष्ट्रीय और धार्मिक त्यौहार के समान इस दिन को मनाती हैं, याद करती हैं।

भारतीय मंच पर नारी : एक परिदृश्य

कुछ समाजशास्त्रियों के अनुसार भारत में महिला आन्दोलन की शुरुआत 19वीं शताब्दी के मध्य से मानी जाती है जब देश के कुछ महापुरुषों ने उन प्राचीन वैदिक परम्पराओं का सहारा लिया जिसमें महिलाओं को पुरुषों के बराबर का दर्जा दिया गया था। आर्य समाज ने इसी मार्ग को अपनाया। इन लोगों एवं संगठनों ने उस समय बाल-विवाह तथा सती प्रथा पर रोक लगवा कर स्त्री शिक्षा और विधवा विवाह को आरम्भ करवाकर महिला आन्दोलन के पक्ष में भूमिका तैयार की थी। विदेशी सत्ता के उस दौर में भी वे महिला के हक में कुछ कानून बनवा पाये थे। बाद में बीसवीं शताब्दी के दूसरे एवं तीसरे दशक में कई शिक्षित बुद्धिजीवी महिलाओं ने स्वाधीनता आन्दोलन में सक्रिय भाग लिया। सिर्फ पढ़ी-लिखी ही नहीं बल्कि गाँव-गाँव की किसान-मजदूर-महिलाओं ने भी स्वत: स्फूर्त पुरुषों के साथ कंधे से कंधा मिलाकर संघर्ष में भाग लिया था। बीसवीं शताब्दी का मध्य भाग बंगाल के तेभागा और आन्ध्र के तेलंगाना जैसे प्रसिद्ध किसान विद्रोह में महिलाओं की भूमिका की याद दिलाता है। इसके अलावा वामपंथी, समाजवादी विचार से जुड़कर ढेरों महिलाओं ने मजदूर-किसान संगठन में शिरकत की। साथ ही महिला की स्वतन्त्र पहचान और बराबर के मुद्दे को भी उठाया। एक दौर में गाँधी विचार का भी महिला आन्दोलन पर काफी असर पड़ा। गाँधी ने व्यवहार में राजनैतिक, सामाजिक कार्यों में महिला को बराबरी का स्थान उस समय भी दिलाया। यह कितना आश्चर्यजनक है कि दबी हुई महिला के पक्ष में आवाज उठाने वाले या उसके हक में कानून बनवाने वाले अधिकांश पुरुष ही थे। राजा राममोहन राय, अगारकर, रानाडे, नटराजन, महात्मा फुले, हरविलास शारदा, महात्मा गाँधी, पेरियार, विवेकानन्द, ईश्वर चन्द्र विद्यासागर, दयानन्द सरस्वती, डॉ. अम्बेडकर जैसे कई महापुरुषों का योगदान महिलाओं को ऊपर उठाने के लिए आज भी याद किया जाता है। आज की नारीवादियों का एक हिस्सा पुरुष नाम की वस्तु से ही मुक्ति चाहता है।

1947 में देश की स्वतन्त्रता के पश्चात् बने संविधान में महिलाओं को पुरुषों के बराबर शिक्षा, विवाह, तलाक, नौकरी, सम्पत्ति, वोट आदि के अधिकार प्रदान किए गए जिसके पीछे निश्चित ही महिला संगठन का दबाव और ताकत थी। बाद के दौर में जैसे-जैसे अलग-अलग मुद्दों के संघर्ष तेज होते गए वैसे-वैसे नए कानून और नियम बनाए गए। भोथरे (बेकार) पड़ गए कानूनों को और ज्यादा पैना और सजग बनाया गया। महिला संगठनों की तादाद भी राजनैतिक और गैर राजनैतिक स्तर पर लगातार बढ़ती गई।

महिलाएँ जागरूक भी हुईं, आर्थिक, प्रशासनिक, वैज्ञानिक, सामाजिक और राजनैतिक रूप में आगे भी बढ़ीं। उसमें कहीं ज्यादा अत्याचार, दमन, हिंसा, गैरबराबरी, बलात्कार, भ्रूणहत्या, दहेज, बाल-विवाह और शोषण भी बढ़ा। सामंती समाज से ज्यादा बुरी हालत आज के आधुनिक, वैज्ञानिक शिक्षित समाज में है। कहीं इसका कारण तथाकथित शिक्षा और जागरूकता ही तो नहीं। वैसे स्त्री सम्बन्धी कानून तो कई बने परन्तु न्यायालयों ने उन प्रश्नों पर अपना पारम्परिक सोच अभी भी नहीं बदला है। उनके निर्णयों में प्राय: संभ्रांत वर्गों, पुरुषों के हित संरक्षण की झलक साफ दिखाई देती है। मथुरा, माया, त्यागी, भँवरी, बलात्कारी कांड और देवराला सती का मुद्दा इसका साफ उदाहरण है। संविधान के सम्बन्ध में भी आजकल महिला संगठन साफ कहने लगे हैं कि यह स्त्री को पारिवारिक इकाई से हटकर एक स्वतन्त्र व्यक्तित्व नहीं मानता।

संविधान की मूल प्रकृति पितृसत्तात्मक है। पितृसत्ता को स्त्री समानता की राह में रोड़ा न मानकर उसे एक प्राकृतिक संस्था के रूप में संविधान मानता है। संविधान के समानता और धार्मिक स्वतन्त्रता के अधिकार में भी अन्तर्विरोध है। इसके सम्बन्ध में राजकुमारी अमृता कौर ने 31 मार्च, 1947 के अपने पत्र में स्पष्ट कहा है कि पर्दा-प्रथा, देवदासी, सती प्रथा, बाल विवाह, अंतर्जातीय-विवाह का विरोध सम्पत्ति के उत्तराधिकार की जड़ें, धर्म में ही निहित हैं तथा धार्मिक स्वतन्त्रता का मूल अधिकार हमारे संविधान में है तथापि इन बुराइयों को हटाया जा सकता है।

प्रौद्योगिक क्रान्ति के इस दौर में कुछ नवीन खतरे महिलाओं के सामने उभर रहे हैं। यह अत्यन्त दु:खदायी है कि आधुनिकता की चकाचौंध में स्वयं महिला ही इसमें फँसती जा रही है। उपभोक्ता वस्तुओं के विज्ञापन और विक्रय के लिए प्रारम्भ हुई सौन्दर्य प्रतियोगिता, डिपो प्रोवेरा जैसे परिवार नियोजन के नये-नये खतरनाक साधन पैदा हो रहे हैं। बड़ी-बड़ी डिग्रियाँ तथा पद के बाद युवकों की बढ़ती दहेज की माँग, अति आधुनिक जीवन जीने की लालसा, इलेक्ट्रॉनिक और प्रिन्ट मीडिया में उभरती महिला की शर्मनाक तस्वीर, गर्भजल परीक्षण जैसी पद्धति के पश्चात् बढ़ती हुई महिला भ्रूण हत्या आदि के कारण आज की महिलाएँ कहीं अधिक बुरी स्थिति में हैं। सबसे अधिक चिन्तनीय विषय यह है कि आज के शिक्षित समाज में सोच, समझ, संवेदना तथा मानवीयता समाप्त होती जा रही है। इसके कारण महिलाओं पर अत्याचार एवं अपमान के मामले लगातार बढ़ते जा रहे हैं। एक तथ्य यह भी सामने आ रहा है कि शिक्षित, उच्चवर्गीय, सवर्ण समाज के द्वारा ही महिलाओं पर अत्याचार किए जा रहे हैं। जबकि सबसे अधिक नैतिकता की

बात भी वही करते हैं। कुल मिलाकर आज के आधुनिक पूँजीवादी समाज में नारी निकृष्ट कोटि की मजदूर, पूँजी बाजार में बिकने वाली वस्तु अथवा सजावटी गुड़िया बनकर रह गई है जो सामंती समाज के पुरुष-स्वामित्व अथवा यौन-शोषण से भी अधिक खतरनाक है।

महिला राजनैतिक संगठन

''सर्वहारा-वर्ग तब तक स्वतन्त्रता प्राप्त नहीं कर सकता है जब तक कि महिलाओं के लिए पूर्ण स्वतन्त्रता प्राप्त नहीं कर ले। यदि महिलाओं को राजनीति में, सार्वजनिक कामों में सम्मिलित नहीं किया जाता, उन्हें रसोई की घुटन से बाहर नहीं निकाला जाता, उन्हें बराबर का दर्जा प्राप्त नहीं होता, तब तक वास्तविक स्वतन्त्रता की बात करना असंभव होगा, जनवाद की स्थापना करना भी असंभव होगा, समाजवाद की बात तो दूर। ''

—लेनिन

अपनी इसी सोच के कारण लेनिन ने सबसे पहले किसान-मजदूरों के प्रत्यक्ष संगठनों से अलग नारी संगठन बनाने की बात कही थी। उनके नेतृत्व में रूस की बोल्शेविक पार्टी में स्वतन्त्र महिला समूह का निर्माण हुआ था। यही दौर था जब विश्व कम्युनिस्ट आन्दोलन में भी प्रथम बार महिला-मुद्दों पर एक स्वतन्त्र ढाँचे के तहत लड़ने की शुरुआत हुई। लेनिन ने नारी आन्दोलन में मौजूद कई अवैज्ञानिक धारणाओं का भी विरोध किया। उन्होंने कहा कि स्वतंत्रता का आशय स्वच्छन्दता (अराजकता) और पुरुष से मुक्ति का अर्थ यौन मुक्ति नहीं होता। इसे उन्होंने कम्युनिस्ट नैतिकता और विज्ञान के विरुद्ध बताया।

उन्नीसवीं शताब्दी के पहले नारी-मुक्ति की लड़ाई सामाजिक आन्दोलनात्मक स्तर पर नारी समुदाय की लड़ाई के रूप में कभी नहीं लड़ी गई, और न ही इसका कोई दार्शनिक, वैचारिक आधार ही था। इस प्रकार औरत की अपनी स्वतन्त्र लड़ाई का वस्तुगत आधार पहली बार पूँजीवादी युग में ही पैदा हुआ। सोच के इसी धरातल पर भारत में भी कम्युनिस्ट पार्टी ने महिलाओं के संघर्ष के लिए स्वतंत्र महिला-संगठन की स्थापना की जिससे महिलाओं में आत्मविश्वास, नेतृत्व की क्षमता और स्वतन्त्र सोच विकसित हो तथा वे अपने अधिकारों को प्राप्त करने के आत्म-निर्भर बन सकें। हमारे यहाँ यह पहली शुरुआत थी जिसने महिला मुद्दे को एक स्वतन्त्र महिला संगठन के तहत उठाया। आजादी के आन्दोलन की बात हो या अन्य समस्या, कम्युनिस्ट पार्टी के महिला संगठन अखिल भारतीय महिला फैडरेशन ने पूरे जोर-शोर से उसे उठाया और लड़ा। इस लड़ाई में अन्य समान विचार वाले संगठनों का सहयोग भी रहा।

महिला फैडरेशन का आधार गाँव, देहात और निचले तबके की महिलाएँ ही रहीं। उस दौर के प्रसिद्ध तेलगांना और तेभागा विद्रोह में महिलाओं की बड़ी भूमिका थी। इसमें लाल झंडे के तले महिलाओं ने 'नारीवाहिनी' बनाकर तथा हथियारों को लेकर गाँव की सुरक्षा का काम भी किया। इसके अलावा शोषित, पीड़ित तबके के अन्य कई आन्दोलनों में भी महिलाओं की भागीदारी हमेशा रही। इन लड़ाइयों के साथ-साथ स्वयं महिला अत्याचार और शोषण से सम्बन्धित मुद्दों को भी इन्होंने बड़ी सक्रियता से उठाया। बलात्कार, दहेज, बाल-विवाह, विधवा-विवाह, सती प्रथा, समान काम समान वेतन, वेश्यावृत्ति जैसे महत्त्वपूर्ण मुद्दों पर लगातार संघर्ष का ही परिणाम था कि इन सब बुराइयों के खिलाफ कानून बने। महिला-संगठन की ताकत का ही परिणाम था कि अंग्रेज सरकार को भी कई कानून बनाने पड़े। 1935 में ही महिलाओं को हमारे यहाँ मतदान का अधिकार मिल गया, जबकि कई सारे विकसित देशों में यह अधिकार बाद में मिला।

महिला-फैडरेशन से शुरू हुई महिला-संगठन की यह धारा आगे चलकर जनवादी महिला समिति, प्रगतिशील मंच से होकर कई सारे नक्सलवादी वामपंथी महिला संगठनों तक जाती है। इनके नेतृत्व में भी कई आन्दोलन हुए। 1917 का श्री काकूलम का गैर-आदिवासियों से जमीन छुड़ाने का संघर्ष हो जिसमें महिलाओं ने हाथ में मिर्च पाउडर लेकर छापामार लड़ाई लड़ी थी अथवा 1970 का लाल निशान पार्टी के नेतृत्व में महाराष्ट्र में खेतिहर महिला मजदूर का संघर्ष हो अथवा करीम नगर (आन्ध्र) चामवासा (बिहार) या मथुरा बलात्कार कांड जिसमें देश भर की महिलाएँ बलात्कार तथा पुरुष सत्ता के खिलाफ सड़क पर उतर आई थीं, आज भी महिलाओं के कारण ही जाने जाते हैं। अरुणा आसफ अली, विमला फारूकी, रेणु चक्रवर्ती, अहिल्या रंगणेकर, सुशीला गोपालन, पूर्णिमा बनर्जी, कमला देवी चटोपाध्याय, उषा मेहता, दुर्गा भाभी, विमला रणदिवे, डॉ सरोजिनी नायडू, मृणाल गोरे, तारा रेड्डी जैसे कई जाने-माने नाम उस समय के महिला-संगठन और संघर्ष के लिए याद किए जाते हैं। 1918 में एनीबेसेंट की अध्यक्षता में कांग्रेस समर्थित ऑल इण्डिया वीमेंस कौन्सिल का जन्म हुआ। यह संगठन मुख्य रूप से कानूनी सुधारों, शिक्षा और राजनीति में भागीदारी का पक्षधर था जिस कारण केवल मध्यमवर्गीय महिलाओं की भागीदारी ही इनके साथ हो सकी जो पारम्परिक ढाँचे की हिमायत थीं। इन पर महात्मा गाँधी का प्रभाव भी था जो सीता को आदर्श मानते थे। गाँधी की सोच तथा व्यावहारिक दृष्टि के कारण स्वतन्त्रता संघर्ष में हजारों महिलाओं ने भाग लिया। परन्तु महिला की स्वतंत्र अस्मिता तथा बराबरी की सोच इस लड़ाई में नहीं उभर सकी। 1927

में राष्ट्रीय स्तर पर ऑल इण्डिया वीमेंस कांफ्रेंस बनी, जिसकी सोच प्रगतिशील थी। इस संगठन ने जिसका नेतृत्व पूर्णरूप से महिलाओं के हाथ में ही था शिक्षा, बराबरी का अधिकार, बाल-विवाह, वृहद विवाह और विवाह-विच्छेद रोकने का अभियान चलाया। 1930 में नमक सत्याग्रह, 1932 में सविनय अवज्ञा आन्दोलन, 1942 में भारत छोड़ो आन्दोलन जैसे महत्त्वपूर्ण संघर्षों में भी हजारों महिलाओं ने घर-बार छोड़कर भाग लिया। 1941 में करीब 5 हजार महिलाओं ने पर्दा-प्रथा के खिलाफ एक सम्मेलन का आयोजन किया। 1905 में बंगाल विभाजन विरोधी आन्दोलन में महिलाओं ने 'राखी बाँधने' और 'रसोई बनाने' के बहिष्कार का नारा दिया जो तत्कालीन समाज के हिसाब से क्रान्तिकारी था। स्वतन्त्रता प्राप्ति के पश्चात् धीरे-धीरे राजनैतिक पार्टियों की महिला शाखा का प्रचलन बढ़ता गया और लगभग उनकी भूमिका पार्टी और उनके पुरुष साथियों की ताकत बढ़ाना ही रहा। इस कारण वे महिला मुद्दे पर भी एक साथ नहीं आ सकीं। बल्कि एक-दूसरे पर सोशलिस्ट, नारीवादी, वामपंथी, नारीवादी या भाजपाई नारीवादी जैसे आरोप लगाए जाने लगे। राजनैतिक ताकतें नारी-आन्दोलन का दोहन करने लगीं। इसका उभरा हुआ रूप आज महिला आरक्षण के मुद्दे पर स्पष्ट दिखाई देता है। कितने आश्चर्य की बात है कि कई पार्टियों के नेतृत्व में महिला सबसे ऊपर रही पर महिला हित के लिए उसने कुछ काम नहीं किया। आज भी पार्टियों से जुड़े महिला-संगठनों की अपनी छुट-पुट ताकत है पर एक साथ आने की कमी और आपसी दुश्मनी से उसका अहसास नहीं हो पाता। चूँकि धुर दक्षिण और धुर वाम के बीच एकता न तो संभव है और न होनी चाहिए पर वामपंथ के भी तो कई खेमे हैं ? पुरुषवादी वर्चस्व की स्थिति वामपंथी पार्टियों में भी आज उभर आयी है, तभी तो उनके नेतृत्व की पहली पायदान पर आज एक भी महिला नहीं दिखती। उनके महिला-संगठन भी अब शोभा की सुपारी बन कर रह गए हैं। राजनैतिक महिला-शक्ति की इस निष्क्रियता और ठहराव के पश्चात् पिछले दो-ढाई दशक से स्वायत्त अथवा स्वतंत्र महिला-संगठनों की सक्रियता बढ़ी है।

स्वायत्त महिला समूह

1975 का साल पूरी दुनिया के समान भारत की महिलाओं के लिए भी मील का पत्थर सिद्ध हुआ है। यह वह साल था जब भारत में स्वतंत्र महिला-संगठनों की शुरुआत हुई। इन संगठनों का पहला महिला मुक्ति सम्मेलन पूना में इसी वर्ष आयोजित हुआ। 1975 में ही संयुक्त राष्ट्र संघ के आग्रह पर भारत में बने महिला आयोग की रपट भी प्रकाशित हुई जिसने सम्पूर्ण भारतवर्ष में काफी हलचल मचा दी। इसी साल को महिला

वर्ष के रूप में भी पहचाना गया। इसी समय मैमिनिष्ट नेटवर्क और मानुषी जैसी महिला पत्रिका भी प्रारम्भ हुई। आगे 1975 से 1985 का दशक्क महिला दशक भी घोषित हुआ। निश्चित ही इन दो-ढाई दशकों (1975 से 1999) में गैर राजनैतिक महिला समूहों ने अपनी पहचान बनाई है और अपनी उपस्थिति दर्ज कराई है। इस दौर के कई सारे संघर्ष उनके हक में जाते हैं। देवराला सती की बात हो, मथुरा या भँवरीबाई के साथ हुए बलात्कार का मुद्दा हो, गर्भजल परीक्षण के खिलाफ संगठित संघर्ष हो अथवा परिवार-नियोजन के खतरनाक साधनों के खिलाफ उठी आवाज या अभी ताजा-ताजा महिला आरक्षण का मुद्दा हो, सभी के संघर्ष में इन स्वतंत्र महिला-संगठनों की भूमिका महत्वपूर्ण रही। दहेज कानून, विवाह कानून, बलात्कार कानून, अपराध कानून, सम्पत्ति कानून और समान वेतन अधिनियम में संशोधन, पारिवारिक अदालतों की स्थापना, महिला थाने की शुरुआत आदि इसी संघर्ष के दौरान हुई। उत्तराखण्ड में गौरा देवी के नेतृत्व में पर्यावरण के खिलाफ चला 'चिपको आन्दोलन' जिसमें 90 प्रतिशत महिलाओं की भूमिका थी या एक हद-तक बड़े बाँधों के विरोध में चला 'नर्मदा बचाओ आन्दोलन' भी महिला, संगठित संघर्ष की याद दिलाता है। ये आन्दोलन राजनैतिक न होते हुए भी राजनै सोच के आन्दोलन थे। और इन्होंने राजनैतिक पार्टी तथा गैर सरकारी संगठन दोनों से हटकर अपनी स्वतन्त्र और स्वायत्त सोच विकसित की। इनका मानना है कि हम अपनी परेशानी, कष्ट को सही तरह से समझें, आपस में एकता बनाएँ और इस पुरुषवादी सत्ता के खिलाफ लड़ें। व्यक्तिगत समस्या को अपनी लड़ाई का हथियार बनाएँ। जबकि राजनैतिक पार्टी से जुड़े महिला संगठनों के लिए महिला का मुद्दा भी एक समग्र परिवर्तन की लड़ाई का मुद्दा है। यह व्यवस्था परिवर्तन की सोच तक जाती है।

1975 का साल इसलिए भी महत्त्वपूर्ण था कि भारत में पहली बार महिलाओं के हर पहलू का जायजा लेने वाली रपट प्रकाशित हुई जिसने आजादी के उपरान्त (और संभवतः उससे भी पूर्व) देश में महिला के सामाजिक, आर्थिक, शैक्षणिक, राजनैतिक, सांस्कृतिक, स्वास्थ्य आदि पहलुओं की विस्तृत व्याख्या की। इसके बाद महिला मुद्दों को राजनैतिक, आर्थिक अथवा सामाजिक नजरिये से देखने की शुरुआत भी हुई। पहले महिला बराबरी या मुद्दों का मतलब मात्र दहेज या बाल-विवाह का विरोध ही था। इस रपट ने जहाँ देशभर में महिला की खराब हालत को उजागर किया वहीं उन्हें सक्रिय होने के लिए प्रेरित भी किया। वहीं भारत सरकार के आँख, कान खोलने में भी यह रपट महत्वपूर्ण रही। कहते हैं सबसे ज्यादा महिला-समूह संस्थाएँ इसी दौरान बनीं। परन्तु ये प्रायः महनगरों, नगरों तक ही सीमित रहीं और उनका नेतृत्व भी मध्यम, उच्च मध्यमवर्गीय

महिलाओं के हाथ ही रहा। दिल्ली जैसे महानगरों में इस दौरान महिला-संगठनों की बाढ़-सी आ गई। यूनेस्को द्वारा घोषित महिला दशक के विराट कोष और विश्वस्तरीय आयोजनों में भाग लेने की सुविधा ने ऐसे ढेरों संगठनों को जन्म दिया। इन महिला-समूहों पर काफी हद तक पश्चिम के नारीवाद का प्रभाव था। यही कारण है कि ब्रा-बर्न्स सोसाइटी (चोली जलाओ समूह) से लेकर पुरुषों के समान सिगरेट एवं दारू (जो कि किसी के लिए भी सही नहीं है) पीने को स्वतंत्रता माना गया। सेक्स के मुद्दे को भी बहुत ही अराजक तरीके से प्रस्तुत किया गया और उसे महिला स्वतंत्रता कहा गया।

वास्तव में भारतवर्ष के नारीवादी (स्वायत्त) आन्दोलन ने अपने देश, समाज की जमीन को नकार कर जिस पश्चिम की नकल की वहाँ का समाज ऐतिहासिक विकास-यात्रा के परिणामस्वरूप काफी आगे निकल चुका था। वहाँ के समाज में पुरुष के स्वामित्व और वर्चस्व के रूप सूक्ष्म थे। पूँजीवादी जनतांत्रिक मूल्य होने के कारण वहाँ स्त्री शोषण का नग्न रूप दिखाई नहीं देता था। वहाँ प्रश्न नारी की अस्मिता का था, उपभोक्ता समाज की विकृतियों का था, सत्ता में भागीदारी का था, तथा इन सबके खिलाफ जनमानस तैयार करने का था। उसके एकदम विपरीत हमारे समाज में मध्ययुगीन नारी शोषण का घिनौना रूप कायम था जहाँ आज भी बहुएँ दहेज के लिए जलाई जा रही थीं, पति के साथ महिला को सती होने के लिए उकसाया जा रहा था, जहाँ बलात्कार और हिंसा की संख्या बढ़ रही थी, जहाँ डायन कह कर उसे मारा जा रहा था, और जहाँ आज भी महिला की भूमिका माँ, बेटी या बहिन की ही थी। समाज में विकास की गति धीमी थी। झूठे मूल्य, मान्यताएँ तथा नैतिकता पुरुष ने ही महिला के लिए बनाई थीं जिसे बाद में पूँजीवाद ने भी अपना लिया। समाज के अधिकांश क्रिया-कलापों में नारी की कोई भूमिका नहीं थी। ऐसी सब सच्चाइयों को नकार कर या अनजाने में ही खड़ा हुआ नारी आन्दोलन आखिर कितने दिन जिन्दा रहता ? गाँवों, कस्बों अथवा शोषित, पीड़ित, उपेक्षित तबके की महिला से कटे जाने के कारण भी इस आन्दोलन की सोच जिस जमीन से पैदा हुई थी वह मुट्ठी भर थी और वहीं तक सिमट कर रह गई। यह भी कहा जाता है कि यह महिलाओं की वास्तविकता को नहीं जान पाया। यह पूरा आन्दोलन आधी आबादी के आर्थिक शोषण, यौन शोषण, उत्पीड़न, पुरुष की गुलामी परम्परा और मूल्यों की दिमागी गुलामी, अलगाव आदि को ठीक से अनुभव नहीं कर पाया। आज भी अधिकांश नारी-संगठन शहरों की मध्यमवर्गीय, शिक्षित औरत तक सिमट कर रह गए हैं। अभी भी किसान मजदूर औरत की व्यापक आबादी इनसे कोसों दूर है। आम मध्यम वर्ग की औरत भी ऐसे महिला-संगठनों को नहीं जानती है। शायद यही सब कारण है कि पर्यास समय

के उपरान्त भी स्वायत्त महिला आन्दोलन लगभग ठंडा पड़ने लगा है (जिसकी स्वीकृति कभी-कभी यत्र-तत्र सुनाई भी देती है) अथवा सेमीनारों, भाषणों या संगोष्ठियों में सिमट कर रह गया है। अपने समाज को ठोस परिस्थितियों, जातीय परम्पराओं अथवा लड़ने वाले या पीड़ित समुदाय के व्यापकतम हिस्से के कटाव से खड़े हुए किसी भी आन्दोलन का शायद यह अनिवार्य परिणाम है। इसके अभाव में कोई भी संगठन या आन्दोलन जिन्दा नहीं रह सकता। आन्दोलन की कमजोरी का ही परिणाम है कि आज नारी के प्रताड़ित होने का घिनौना रूप पुनः उभर रहा है। सरे आम महिला को नंगा करने की बात हो, हर क्षण होने वाली बलात्कार की घटना हो, भ्रूण हत्या का मुद्दा हो, दहेज हत्या की बढ़ती संख्या हो या विज्ञापन में नंगे करने की बात, नारी लगातार पूँजीवादी पुरुष सत्तात्मक ढाँचे की शिकार होती जा रही है और उनको संगठित करने अथवा उनके साथ खड़ा- होने वाला कोई नहीं।

नारी मुक्ति सम्मेलन द्वारा जारी घोषणा पत्र

'स्वायत्त महिला-समूहों का छठवाँ सम्मेलन दिसम्बर, 1997 में राँची में सम्पन्न हुआ। इस सम्मेलन में छोटे-छोटे महिला समूह-संगठन और व्यक्तियों के अतिरिक्त कई नक्सलवादी महिला संगठनों ने भी भाग लिया। इस सम्मेलन में पारित घोषणा पत्र की कुछ प्रमुख बातें निम्न हैं-'

यह घोषणा पत्र हमारे विचारों, राजनीति और महिला आन्दोलन के प्रति हमारी वचनबद्धता की अभिव्यक्ति है। हम अलग-अलग महिला-समूहों व संस्थाओं से भी हैं व व्यक्तिगत रूप में भी इस सम्मेलन में सम्मिलित हुईं। हम अलग-अलग राज्यों, नगरों और गाँवों की विभिन्न राजनैतिक धारणाएँ लिए हुए अलग-अलग धर्म और संस्कृति को मानने वाली, अलग-अलग वर्ग, जाति और भाषाएँ बोलने वाली औरतें हैं। हम सभी समाज के अत्याचारी ढाँचे को चुनौती देने के लिए कार्यरत हैं। हम एक-दूसरे से जुड़ने की, अपने संघर्षों पर चर्चा करने की और हमारी एकता को अभिव्यक्त करने की आवश्यकता अनुभव करते हैं।

हम कहना चाहेंगी कि औरतें पुरुषों से निम्न या कमजोर नहीं होतीं। समाज ने जैविक अन्तर का इस्तेमाल स्त्री/पुरुष के बीच एक क्रमबद्ध और अत्याचारी सम्बन्ध बनाने के लिए किया है। औरत होने के नाते हम सब एक प्रबल वर्ग, जाति और पितृसत्तात्मक ढाँचे के शोषण और दमन की शिकार हैं। घर और बाहर लिंग आधारित काम के बँटवारे से हमारे श्रम पर नियंत्रण किया गया है।

इसके अलावा हमारे शरीर को बाजारू व एक उपभोग की वस्तु बना दिया गया है। परिवार, बाजार, मीडिया, शिक्षा, धर्म तथा कानूनी संस्थाएँ इस उत्पीड़न को मजबूत करने में सहायता करती हैं।

हम वर्षों से महिलाओं संबंधी विशेष विषयों, जैसे—बलात्कार, दहेज हत्या, लिंग-जाँच-पड़ताल, मादा भ्रूणों का गर्भपात, परिवार-नियोजन कार्यक्रम की जबरदस्ती, अश्लील साहित्य आदि को संबोधित करते आ रहे हैं। इस आन्दोलन ने पर्यावरण, आवास आदि मुद्दों को भी उठाया है। हमारा विश्वास है कि ये सब मुद्दे महिलाओं से सम्बन्ध रखते है और हर विषय को औरतों के दृष्टिकोण से देखना चाहिए। बहुत सी औरतें आदिवासियों और किसानों के अधिकारों, भूमि अधिकारों, पर्यावरण और श्रमिक-वर्ग के संघर्षों में भाग ले रही हैं जिससे इन संघर्षों को ताकत मिल रही है। विभिन्न संघर्षों के बीच सम्बन्ध बनाना जरूरी है, इससे हम एक-दूसरे की ताकत बढ़ा पाएँगे।

हमें मौजूदा विकास मॉडल पर मूल रूप से आपत्ति है क्योंकि इसमें केवल प्रभावी वर्ग/जाति का निहित स्वार्थ सिद्ध होता आया है। इसके फलस्वरूप श्रमिक-वर्ग का एक बड़ा भाग कंगाल होता चला गया है व एक भयंकर संकट खड़ा हो गया है। महिलाओं, आदिवासियों, दलितों और निर्धन किसानों का सबसे अधिक शोषण किया गया है। विकास की विकृति की यह अवस्था है कि औरतों के विकास के लिए बने कार्यक्रमों तक में औरतों के श्रम का शोषण हो रहा है।

नई आर्थिक नीति तथा वर्तमान सुधार नीतियाँ इस सिद्धान्त पर आधारित हैं कि पूँजी को अधिकतम मुनाफा बनाने की हर सुविधा की जानी चाहिए क्योंकि इससे घरेलू और विदेशी पूँजी क्षेत्रों से अधिक पूँजी निवेश होगा। फलत: विकास की दर में वृद्धि होगी।

हम असहमत हैं कि पूँजी के लिए अधिकतम मुनाफे का रास्ता ही आर्थिक विकास का सबसे अच्छा मार्ग है। इस तर्क की वजह से खास नीतिगत बदलाव किये गए जो औरतों और मजदूरों के सदियों के योगदान को नकारते हैं। परिणामत: अमीर और भी अमीर हो रहे हैं जबकि गरीब और भी ज्यादा गरीब। यही नहीं, आज बाजार की महत्ता के फलस्वरूप बढ़ते उपभेक्तावाद व दृश्य संचार माध्यमों के व्यापक फैलाव ने मिलकर औरतों के अश्लील प्रदर्शन व वस्तुकरण को प्रोत्साहन दिया है। कई औरतें अनौपचारिक रूप से कम तनख्वाह पर असुरक्षित काम कर रही हैं।

वार्षिक बजट में स्वास्थ्य और शिक्षा जैसी सुविधाओं पर खर्च लगातार कम किया जा रहा है, हम इस नीति के खिलाफ हैं। नई आर्थिक-नीति और विकास नीतियों का

औरतों के वैतनिक और अवैतनिक श्रम पर गहरा प्रभाव पड़ेगा। औरतों का घरेलू श्रम अदृश्य होता है, हम उन सब आर्थिक नीतियों के खिलाफ हैं जो औरतों पर बोझ बढ़ाती हैं और उन पर उल्टा असर डालती हैं।

हम एक ऐसे आर्थिक ढाँचे के प्रति वचनबद्ध हैं जो लोगों को रोजगार की गारंटी दे, आबादी के हर वर्ग की आर्थिक गतिविधियों में भागीदारी सुनिश्चित करे और इसके फायदे के सभी भागीदार हों।

औरतें अपने शरीर और स्वास्थ्य पर नियंत्रण पाने की दिशा में संघर्ष कर रही हैं, क्योंकि वे जान गई हैं कि स्वस्थ होने का अर्थ केवल रोग की गैर मौजूदगी या शरीर का ठीक से काम करना नहीं है। इसमें व्यक्ति की सामाजिक-सांस्कृतिक और आर्थिक बेहतरी भी सम्मिलित है। हम सक्रिय रूप से अभियान चला रहे हैं—उन भेदभावों के खिलाफ, जिनसे औरतों का स्वास्थ्य स्तर गिर रहा है, हानिकारक प्रजनन तकनीकों द्वारा किए गए नुकसान व शारीरिक अत्याचार और दिन-प्रतिदिन घटती स्वास्थ्य सेवाओं के खिलाफ। औरतों के स्वास्थ्य को सिर्फ उनके प्रजनन-तंत्र के स्वास्थ्य तक सीमित करना हमें मान्य नहीं व यही संघर्ष का केन्द्र-बिन्दु है जो औरतों पर जबरदस्ती अपने लक्ष्य प्राप्त करने की कोशिश करता है। स्वास्थ्य-शिक्षा, आत्मसहायता, सुरक्षित गर्भ-निरोधक, स्वास्थ्य सुविधाओं की पहुँच और वैकल्पिक इलाज के तरीकों का समर्थन और मूल्याँकन हमारे वैकल्पिक स्वस्थ्य दृष्टिकोण का अहम हिस्सा हैं।

लिंग, जाति, देश, वर्ग, धर्म व यौनिकता, गहरी जड़ें पकड़ी हुई हैं जो प्रत्येक व्यक्ति में अभिव्यक्त होती है। इतिहास के प्रत्येक क्षण में व्यक्ति की कौन-सी पहचान उसे कब शक्ति देगी, यह सामाजिक सम्बन्ध निधारित करते हैं। हमारा संघर्ष ऐसी किसी भी पहचान के दावे के विरुद्ध है जो औरों की पहचान और अस्तित्व पर आक्रमण करे। जैसे कि हम कट्टरपंथी हिन्दुत्व के विरुद्ध हैं जिनका दम कुछ औरतें और मर्द भर रहे हैं। औरत होने की पहचान को मजबूत करना महिला आन्दोलन का अभिमुख बिन्दु रहा है। हम उन औरतों के सशक्तिकरण का समर्थन करते हैं जो पहचान के कुछ और कमजोर पहलुओं, जैसे—आदिवासी, दलित, निर्धन, श्रमिक, समलैंगिक या द्विलैंगिक आदि होने के कारण हाशिए पर धकेल दी गई हैं।

हम अपने जीवन, शरीर, लैंगिकता और आत्मीय सम्बन्धों के सम्बन्ध में चुनाव कर पाने के अधिकार की माँग करती हैं। हम में से कुछ एकल हैं, कुछ विवाहित हैं, कुछ औरतों के साथ भावनात्मक लैंगिक-शारीरिक-आंतरिक सम्बन्ध हैं, कुछ के मर्दों से और

कुछ औरतों के दोनों से सम्बन्ध हैं। हमारे बीच ऐसी भी औरतें हैं जो किसी के साथ भी यौन सम्बन्ध नहीं रखतीं। हमें महसूस होता है कि हमें कुछ हिमायती ढाँचे विकसित करने होंगे जो हमारी इन भावनाओं को अर्थपूर्ण सच्चाई बनाने में मददगार हों।

औरतों के खिलाफ हिंसा का मुद्दा भी हमारी चिन्ता का विशेष क्षेत्र है। हमें विश्वास है कि औरतें हिंसा का शिकार इसलिए बनती हैं क्योंकि वे मर्दों के अधीन हैं। हिंसा का एक और व्यापक रूप अब दिखाई दे रहा है वह है यौन उत्पीड़न और आक्रमणशील पौरुष, जो आगे बढ़कर औरतों, बच्चियों और किशोरियों से बलात्कार और हत्या में परिवर्तित होता है।

हमें ऐसे संघर्षों को मजबूत बनाना है जो पीड़ित औरतों को लगातार मदद करते हैं। हमें देखना है कि कानूनों में परिवर्तन हो तथा उन्हें लागू किया जाए। इसी तरह पुलिस और न्यायविदों के पूर्वाग्रहों को दूर करने के लिए भी संघर्ष करना है।

हम स्त्रियों और पुरुषों पर राजसत्ता द्वारा की गई हिंसा की निन्दा करते हैं। दोनों ही पुलिस, अर्द्ध-सैनिक बलों और सेना के हाथों कष्ट झेलते हैं विशेषत: अल्पसंख्यक, जैसे—आदिवासी, दलित, मुस्लिम और पंजाब, कश्मीर एवं उत्तरपूर्वी क्षेत्रों में निवास करने वाले लोग। सामूहिक बलात्कार को शासन और शक्तिशाली वर्ग दबाने के लिए एक हथियार की तरह इस्तेमाल करते हैं। जैसे-जैसे आर्थिक संकट आदि का दबाव बढ़ता जाता है वैसे-वैसे समस्याओं का हल खोजने की बजाय राजसत्ता जन संघर्षों को दबाने के लिए अधिक हिंसा पर उतर आती है।

महिला-आन्दोलनों की बढ़ती शक्ति को देखते हुए राजसत्ता ने महिलाओं के लिए स्थानीय सरकारों में आरक्षण कर प्रजातांत्रिक अधिकारों को औरतों तक पहुँचाया है तथा महिलाओं के लिए विशेष विकास कार्यक्रम भी प्रारम्भ किए हैं। राजसत्ता वैधता पाने के लिए हमारे विचारों और कार्यक्रमों को सहयोजित करती है।

हमें इसे चुनौती देना है तथा हर मुद्दे व हर आपत्तिजनक कार्यक्रम के खिलाफ संघर्ष करना है।

❑❑❑

5

भारतीय समाज और शिक्षा

समाज, संस्कृति और शिक्षा का घनिष्ठ सम्बन्ध है। व्यक्ति अथवा मानव एक सामाजिक प्राणी है समाज व्यक्तियों के उस समूह को कहते हैं जिनके सदस्यों के उद्देश्यों में एकता हो तथा जो परस्पर निष्ठा, सहयोग एवं कर्त्तव्य भावना से बँधे हुए हों। संस्कृति का आशय उन व्यवहारिक आदर्शों से है जो सामाजिक विरासत के रूप में पूर्वजों से प्राप्त होते हैं। टेलर के अनुसार, ''संस्कृति समाज के सदस्यों में व्याप्त आदतों, ज्ञान, विश्वास, कला, नैतिकता, विधि, रीति-रिवाज और अन्य क्षमताओं की सूचक है।'' शिक्षा का कार्य समाज की संस्कृति का संरक्षण, हस्तान्तरण, परिशोधन एवं सृजन करना है। भारत में प्राचीन काल से ही समाज,संस्कृति एवं शिक्षा के इस अन्योन्याश्रित सम्बन्ध एवं सामाजिक प्रगति हेतु शिक्षा के महत्त्व को समझा जाता रहा है। बी.एन. लूनिया के अनुसार-''शिक्षा वैयक्तिक, सामाजिक और राष्ट्रीय प्रगति के लिए ही नहीं, अपितु सभ्यता एवं संस्कृति के विकास के लिए भी अनिवार्य है। भारतीयों ने शिक्षा की सुन्दर व्यवस्था की गई थी।'' प्रस्तुत अध्याय में भारतीय समाज एवं शिक्षा के इस सम्बन्ध का ऐतिहासिक परिप्रेक्ष्य में विवेचन करते हुए भावी समाज के निर्माण में शिक्षा की भूमिका को स्पष्ट किया जा रहा है। इसलिए राष्ट्रीय नीति, 1986 में कहा गया है कि-''प्रत्येक देश अपनी सामाजिक सांस्कृतिक अस्मिता को अभिव्यक्ति देने एवं पनपने के लिए और साथ ही समय की चुनौतीयों का सामना करने के लिए अपनी विशिष्ट प्रणाली विकसित करता है, लेकिन देश के इतिहास में कभी-कभी ऐसा समय आता है जब मुद्दतों से चले आ रहे इस सिलसिले को एक नई दिशा देने की नितांत जरूरत हो जाती है। आज वही समय है।''

भारतीय समाज का वर्तमान स्वरूप एवं शिक्षा

विश्व में भारतीय संस्कृति प्राचीनतम एवं सर्वोत्कृष्ट मानी जाती है। भारतीय संस्कृति का मूल स्रोत वैदिक संस्कृति है जिसका प्रभाव शिक्षा पर निरन्तर पड़ता रहा है तथा शिक्षा ने भी बदलती हुईं परिस्थितियों के अनुकूल भारतीय समाज एवं संस्कृति में आवश्यक परिवर्तन परिवर्धन एवं संशोधन किये हैं। भारतीय संस्कृति में समन्वय की परम्परा प्राचीन काल से चली आ रही है। प्राचीन भारतीय समाज में वर्णाश्रम व्यवस्था की तथा धर्म अथवा आध्यात्मिकता पर विशेष बल दिया जाता था। इसलिए शिक्षा को एक प्रकाश के समान माना गया था जिसका कार्य व्यक्ति को अंधकार (अज्ञान) से प्रकाश (ज्ञान) की ओर ले जाना था '**तमसो मा ज्योतिर्गमय**', '**ज्ञानं तृतीय मनुतजस्य नेत्रं**' '**नास्ति विद्यासमं चक्षुर्नास्ति सत्यसमं तपः**', '**सा विद्या या विमुक्तये**' आदि शास्त्रोक्त कथनों से शिक्षा की यही संकल्पना प्रकट होती है। भारतीय संस्कृति और शिक्षा के संदर्भ में डॉ. अनन्त सदाशिव अल्तेकर का यह मत उल्लेखनीय है कि–'प्राचीन भारत में शिक्षा अन्तर्ज्योति और शक्ति का स्रोत मानी जाती थी जो शारीरिक, मानसिक, बौद्धिक और आर्थिक शक्तियों के संतुलन विकास से हमारे स्वभाव में परिवर्तन लाती थी तथा उसे श्रेष्ठ बनाती थी। इस प्रकार शिक्षा हमें इस योग्य बनाती थी कि हम समाज के एक विनीत और उपयोगी नागरिक के रूप में रह सकें। यह अप्रत्यक्ष रूप में हमे इहलोक दोनों में आत्मिक विकास में सहायता देती थी।'

शिक्षा की व्यवस्था समाज एवं संस्कृति के विकास में सहायक थी। प्राचीनकाल में 'गुरूकुल' एवं 'आश्रम' में रहकर विद्यार्थी शिक्षा ग्रहण करते थे तथा वे ब्रह्मचर्य, इन्द्रियनिग्रह, सादा जीवन उच्च विचार, समता, त्याग व शील जीवन व्यतीत करते थे। गुरु एवं शिष्यों को मुक्त हस्त से दान करने एवं आदर करने में अग्रणी था। आश्रम व्यवस्था के अनुसार ब्रह्मचर्याश्रम शिक्षा–प्राप्त करने की अवधि निश्चित थी। पाठ्यचर्चा के विषय भी तत्कालीन आवश्यकता के अनुसार समाजोपयोगी एवं बालक के सर्वांगीण विकास में सहायक होते थे। शनैः शनैः गुरुकुल एवं आश्रम व्यवस्था के साथ–साथ बौद्ध काल में तक्षशिला, नालन्दा, पाटलीपुत्र, बल्लभी एवं विक्रमशिला जैसे विश्वविद्यालयों की स्थापना हुईं जिसमें विद्याध्ययन हेतु विदेशों से भी विद्यार्थी आया करते थे। बी.एन. लूनिया के अनुसार, "भारतीय शिक्षण–पद्धति ऐसी सुसम्पन्न थी कि उससे भारतीयों की शारीरिक और

मानसिक प्रवृत्तियों का ऐसा उच्चतम विकास हुआ कि ज्ञान–विज्ञान के सभी क्षेत्रों में प्राचीन युग में भारतीय विश्व का नेतृत्व कर रहे थे, परन्तु धर्मोन्मत्त मुसलमान आक्रमणकारियों ने इस शिक्षण–प्रणाली को तहस–नहस कर दिया।"

मध्यकालीन भारतीय समाज का स्वरूप एवं शिक्षा:

मध्यकालीन भारत में मुस्लिम आक्रमणकारियों ने प्राचीन शिक्षण–संस्थाएँ तहस–नहस कर दीं, किन्तु जब शान्ति व व्यवस्था स्थापित हुईं तो दिल्ली के सुल्तानों ने शिक्षा की ओर कुछ ध्यान दिया। यद्यपि शिक्षा की कोई सुव्यवस्थित नीति मुस्लिम शासकों ने निर्धारित नहीं की तथापि कई स्थानों पर मस्जिद में मकतब प्राथमिक शिक्षा की संस्थाएँ थी तथा मदरसे उच्च शिक्षा के केन्द्र थे। पंडित व ब्राह्मण अपने घरों में या मंदिरों में हिन्दू बालकों को प्राचीन पद्धति से शिक्षा देते थे। मुसलमानों में पर्दा–प्रथा होने से महिला–शिक्षा उपेक्षित रही। मुगल शासकों के समय शिक्षा पर अधिक ध्यान दिया जाने लगा। उर्दू व फारसी प्रशासन व न्याय की भाषा होने के कारण इनके अध्ययन की ओर लोगों का ध्यान अधिक जाने लगा ताकि उन्हें सरकारी नौकरियाँ मिलने लगें।

जैसा कि पूर्व में कहा जा चुका है भारतीय संस्कृति सदैव से समन्वयकारी रही है। जितने भी विदेशी आक्रमणकारी–शक, हूण, कुशाण, मुसलमान आदि भारत में आकर बस गये, भारतीय संस्कृति का विलय हो गया। भारतीय समाज विदेशी प्रभावों के कारण परिवर्तित होते हुए भी अपनी प्राचीन सांस्कृतिक परम्परा को अक्षुण्य बनाये रख सका तथा परस्पर सांस्कृतिक आदान–प्रदान द्वारा नवीन सामाजिक मूल्यों का सृजन एवं विकास करता रहा। इसीलिए डॉ. आशीर्वादीलाल श्रीवास्तव का यह कथन सत्य है कि–"आधुनिक भारतीय संस्कृति किसी एक जाति अथवा सम्प्रदाय की देन नहीं है। यह मिश्रित संस्कृति है जिसमें हिन्दू, बौद्ध, मुस्लिम, ईसाई तथा अंग्रेजों का योगदान है।" मध्यकालीन भारतीय समाज में जो समन्वयकारी परिवर्तन व परिवर्धन हुए वे मुस्लिम शासकों की शिक्षा–नीति से प्रेरित थे। तत्कालीन सभ्यता एवं संस्कृति के विकास में शिक्षा का महत्त्वपूर्ण योगदान रहा। सामाजिक परिवर्तन में शिक्षा ने अपनी भूमिका निभाई।

भारतीय समाज का वर्तमान स्वरूप एवं शिक्षा:

आधुनिक काल में वर्तमान पद्धति का विकास हुआ। मुगल साम्राज्य के पतन के बाद भारत में अंग्रेजी शासन आरम्भ हुआ। अंग्रेजों ने ईस्ट इण्डिया कम्पनी भारत

में व्यापार के रूप में आई, किन्तु शनै:-शनै: उसने देश के राजनीतिक मामलों में हस्तक्षेप कर अपनी सत्ता स्थापित कर ली। आरम्भ में अंग्रेजों ने देश में शिक्षा-प्रसार के प्रति उदासीनता दिखलाई, किन्तु बाद में आने शासन को सुदृढ़ करने हैतु उन्होंने ऐसी शिक्षा-पद्धति की नींव डाली जो भारतीयों को अंग्रेजी भाषा के माध्यम से शिक्षित कर क्लर्क तैयार कर सकें। 1835 में गर्वनर जनरल की कौंसिल के कानूनी एवं शिक्षा-समिति के अध्यक्ष लार्ड मेकॉले (Macawley)ने अंग्रेजी शिक्षा और माध्यम का समर्थन करते हुए कहा-"हमें अपनी समस्त शक्ति लगाकर ऐसा प्रयत्न करना चाहिए कि हम भारतवासियों की एक ऐसी श्रेणी बना सकें जिसमें व्यक्ति जाति और रंग में तो भारतीय ही रहें, परन्तु रुचि, विचार और भाषा में पूर्ण अंग्रेज हों।" अंग्रेजों द्वारा अपनाये गये 'निस्यन्दन-सिद्धान्त' के अनुसार शिक्षा व्यवस्था केवल उच्च वर्ग विशेष के लिए की गई। कालान्तर में अंग्रेजी पद्धति के प्रचार व प्रसार द्वारा भारतीयों में अपनी संस्कृति के प्रति घृणा उत्पन्न हो गई। बी. एन. लूनिया के अनुसार, "भारतीय युवकों में अंग्रेजी की मानसिकता दासता भरने लगी। भाषा, वेशभूषा और भावों में वे अपने आपको 'अंग्रेजो का मानस पुत्र' कहने लगे। भारतीयों की मौलिकता, विचार-स्वातन्त्र्य और कार्यक्षमता कुण्ठित होने लगी। भारतीय पाश्चात्य सभ्यता में रंगे जाने लगे और अंग्रेजों का अन्धानुकरण करने लगे। इससे अराष्ट्रीयता की प्रवृत्तियाँ जाग्रत हुईं और भारतीय संस्कृति का भारी आधात लगा।"

यद्यपि अंग्रेजी शासन के विरुद्ध भारतीय स्वाधीनता आन्दोलन की अवधि में कुछ भारतीय शिक्षाविदों एवं राष्ट्र चिन्तकों ने राष्ट्रीय-पद्धति को अपनाने पर बल दिया जिनमें स्वामी विवेकानन्द, स्वामी दयानन्द, श्री अरविन्द, महात्मा गाँधी आदि प्रमुख हैं तथापि 1947 में देश की स्वतंत्रता प्राप्ति के बाद भी परम्परागत अंग्रेजी शिक्षा-पद्धति ही जारी रही। फलत: वर्तमान भारतीय समाज के परिवर्तन में शिक्षा अपनी विधायक भूमिका नहीं निभा सकी। स्वातन्त्रोत्तर काल में देश की शिक्षा-पद्धति को राष्ट्रीय हितों के अनुकूल विकसित करने हैतु अनेक शिक्षा आयोगों ने अपनी संस्तुतियाँ प्रस्तुत की हैं तथा 1968 में राष्ट्रीय शिक्षा नीति भी घोषित हो चुकी है, किन्तु अभी तक ऐसी राष्ट्रीय शिक्षा पद्धति का निर्धारण नहीं हो पाया है जिससे कि देशवासियों की आशाओं एवं आकॉक्षाओं के अनुकूल वर्तमान भारतीया समाज में शिक्षा अपनी क्रांतिकारी भूमिका निभाकर, भावी भारतीय समाज का नव-निर्माण कर सकें।

भावी समाज की संकल्पना

कोठारी शिक्षा आयोग, 1966 ने सर्वप्रथम शिक्षा को सामाजिक परिवर्तन का मुख्य साधन मानते हुए कहा कि–"शिक्षा में क्रांतिकारी आवश्यकता है जिसकें परिणामस्वरूप हमारे द्वारा अत्यन्त वांछित सामाजिक, आर्थिक और सांस्कृतिक क्राति होगी। हमारी इस रिपोर्ट का उद्देश्य उन महत्त्वपूर्ण कार्यक्रमों को सामने लाना है जो वह शैक्षिक क्रांति कर सकते हैं, जिसकें कि तीन मुख्य पहलू हैं–

1. आन्तरिक रूपान्तरण ताकि शिक्षा का सम्बन्ध राष्ट्र्ट्र के जीवन, उसकी आवश्यकताओं तथा आकाँक्षाओं से जुड़ सकें।

2. गुणात्मक सुधार, ताकि प्राप्त मानक समुचित हों, वे सदा बढ़ते रहैं तथा कम से कम कुछ क्षेत्रों में तो अन्तर्राष्ट्रीय तुलना की जा सकें; और

3. शिक्षा सम्बन्धी सुविधाओं का विस्तार जिसका आधार मोटे तौर पर जनशक्ति सम्बन्धी आवश्यकताएँ हों तथा शिक्षा सम्बन्धी अवसरों को सबके लिए समान बनाने पर जोर देना हो।

राष्ट्रीय शैक्षिक अनुसंधान एवं प्रशिक्षण परिषद् द्वारा प्रस्तुत 10+2 शिक्षा की प्रस्तावित योजना के अन्तर्गत 10 वर्षीय स्कूल के शिक्षाक्रम में कोठारी शिक्षा आयोग की उपर्युक्त अनुशंसानुसार, भारतीय संविधान में व्यक्त भारत की आवश्यकताओं एवं आकाँक्षाओं के अनुरूप शिक्षा पद्धति अपनाकर नवीन भावी समाज की स्थापना पर बल देते हुए कहा कि–"किसी देश का शिक्षाक्रम उस देश के संविधान की शांति उस देश के जातीय संस्कार तथा उसकी आवश्यकताओं एवं आकाँक्षाओं को प्रतिबिम्बित करता है। राष्ट्रीय नेताओं ने बारम्बार इस तथ्य को प्रकट किया है कि लिपिक तैयार करने वाली औपनिवेशिक–सामन्तवादी परम्परागत शिक्षा–पद्धति के अवशेषों को उखाड़ कर दूर फैंक दिया जायें तथा उसकें स्थान पर एक ऐसी शिक्षा–पद्धति विकसित की जायें जो आधुनिकीकरणोन्मुख समतावादी समाज की आवश्यकताओं, आकाँक्षाओं, एवं चुनौतीयों के अनुकूल हो। हमारे संविधान में निहित मूल्य एक समव्यवहार बाहुल्य मुक्त समाज एवं धर्म निरपेक्ष लोकतांत्रिक एवं समाजवादी राष्ट्र के विकास हैतु निर्देश देते हैं। विद्यालय पाठ्यक्रम की संरचना, विषय–वस्तु, शिक्षण–विधि तथा इसकें सम्पूर्ण आकल्प में इन लक्ष्यों एवं मूल्यों को प्रतिबिम्बित होना चाहिए। राष्ट्रीय शिक्षा नीति, 1986 के अनुसार–शिक्षा

हमारे संविधान में प्रतिष्ठित समाजवाद, धर्म निरपेक्षता और लोकतंत्र के लक्ष्यों की प्राप्ति में अग्रसर होने में हमारी सहायता करती है। शिक्षा द्वारा निर्माणाधीन भावी समाज की संकल्पना संविधान में निहित आधारभूत मूल्यों के विवेचन द्वारा स्पष्ट हो सकेंगी।

संविधान में निहित आधार

भावी समाज का निर्णाण संविधान में निहित आधारों अथवा मूल्यों के अनुसार किया जाना अपेक्षित है। संविधान की प्रस्तावना के निम्नांकित तथ्य उल्लेखनीय हैं– ''हम, भारत के लोग, भारत को एक सम्पूर्ण प्रभुत्व सम्पन्न लोकतंत्रात्मक गणराज्य बनाने के लिए उसकें समस्त नागरिकों को सामाजिक, आर्थिक और राजनैतिक न्याय, विचार, अभिव्यक्ति, विश्वास, धर्म और उपासना की स्वतंत्रता, प्रतिष्ठा ओर अवसर की समता प्राप्त कराने के लिए तथा उन सब में व्यक्ति की गरिमा और राष्ट्र की एकता सुनिश्चित करने वाली बन्धुता बढ़ाने के लिए दृढ़ संकल्प होकर अपनी इस संविधान सभा में आज तारीख 26 नवम्बर, 1949 ई. को एतद् द्वारा इस संविधान को अंगीकृत, अधिनियमित और आत्मार्पित करते है।''

उपर्युक्त प्रस्तावना के साथ भारतीय संविधान 26 जनवरी, 1950 को स्वीकृत किया गया। यह पुनीत वर्ष प्रति वर्ष गणतंत्र दिवस के रूप में हमें स्मरण दिलाता है कि संविधान में निहित इसकी प्रस्तावना के उपर्युक्त अंकित मूल्यों के प्रति हम निष्ठा बनाये रखें तथा शैक्षिक निहितार्थ हमें ऐसी शिक्षा पद्धति को विकसित करने की प्रेरणा देते हैं जो हमारी आकाँक्षाओं के अनुरूप भावी समाज के निर्माण में सहायक हों। उपर्युक्त संवैधानिक मूल्यों में से हम निम्नांकित प्रमुख चार आधारभूत मूल्यों की संक्षिप्त चर्चा करेंगे।

जनतंत्र–लोकतंत्र का अर्थ है ऐसा शासन जिसमें सभी लोगों का सहभागित्व हो। लोकतंत्रात्मक सरकार लोगों कें चुने हुए प्रतिनिधियों द्वार चलाई जाती है। भारत में हर पाँचवे साल चुनाव होते हैं और लोग अपनी सरकार चुनते हैं। राजतंत्र में राज्य का मुखिया राजा होता है। राजा को जनता नहीं चुनती, किन्तु वह वंश परम्परागत होता है। इसकें विपरीत भारत में राज्य का मुखिया निर्वाचित राष्ट्रपति होता है। इस प्रकार की पद्धति गणतंत्र कही जाती है। भारत एक लोकतांत्रिक गणतंत्र है।

लोकतन्त्र एक राजनैतिक व्यवस्था ही नहीं है बल्कि यह एक जीवन शैली है। जीवन के प्रत्येक क्षेत्र में लोकतान्त्रिक व्यवहार करना अपेक्षित है। आज के विद्यार्थी देश के भावी नागरिक हैं, अत: उन्हें सुयोग्य नागरिक बनाना शिक्षा का कार्य है। जनतंत्र में जनता के लिए शिक्षा कैसी हो इसका विस्तार से विवेचन आगे किया जायेंगा। जनतन्त्र में नागरिकता की शिक्षा का महत्त्व मुदालियर शिक्षा आयोग ने इस प्रकार प्रकट किया है–"जनतन्त्र में नागरिक की शिक्षा एक अत्यन्त दुष्कर तथा चुनौतीपूर्ण उत्तरदायित्व है जिसकें लिए प्रत्येक नागरिक को सावधानी से प्रशिक्षित करने की आवश्यकता है।"

समाजवाद–हमारे देश में अधिकांश लोग निर्धन हैं जो गरीबी की रेखा के नीचे जीवनयापन कर रहे हैं जबकि दूसरी ओर देश में ऐसे लोग भी हैं जिनकी मासिक आय लाखों में है। इसे आर्थिक विषमता कहा जाता है, जिससे लोगों में असन्तोष की भावना उत्पन्न होती है और देश उन्नति नहीं कर सकता। इसी प्रकार हमारे यहाँ जाति, वर्ग, सम्प्रदाय, प्रवृत्ति एवं असन्तोष पैदा होता है और देश कमजोर बनता है। इसीलिए देश में आर्थिक और सामाजिक समानता लाना आवश्यक है। आर्थिक और सामाजिहक समानता पर आधारित आत्मनिर्भरता आवश्यक है। राष्ट्रीय शिक्षा नीति, 1986 के अनुसार, "शिक्षा के द्वारा ही आर्थिक व्यवस्था के विभिन्न स्तरों के लिए जरूरत के अनुसार जनशक्ति का विकास होता है। शिक्षा के आधार पर ही अनुसंधान और विकास को सम्बल मिलता है जो राष्ट्रीय आत्म-निर्भरता की आधारशिला है।" अत: हमने समाजवाद का आदर्श अपने संविधान में अपनाया है। संविधान के नीति निर्देशक तत्त्वों में समानता व सामाजिक न्याय के सिद्धान्तों को सरकार द्वारा क्रियान्वित करने का निर्देश दिया गया है। हमारी शिक्षा-पद्धति ऐसी होनी चाहिए जो भावी नागरिकों में समाजवाद के प्रति निष्ठा उत्पन्न करे।

धर्म–निरपेक्षता–हमारे संविधान में तीसरा प्रमुख मूल्य धर्म निरपेक्षता का है। धर्म–निरपेक्षता का अर्थ सभी धर्मों के प्रति आदर भाव रखना है।

भारत में विभिन्न धर्मों–हिन्दू, इस्लाम, ईसाई, सिख, बौद्ध, जैन आदि धर्मों के अनुयायी रहते हैं। सभी धर्मों के मूल सिद्धान्त जैसे–प्रेम, त्याग, सेवा, सहिष्णुता, सहयोग, अहिंसा, सत्य, मानवता आदि समान हैं। संविधान के प्रत्येक व्यक्ति को धर्म के पालन एवं पूजा और धर्म प्रचार की स्वतन्त्रता प्रदान की है, किन्तु किसी भी

धर्म को राज्य–धर्म घोषित नहीं किया है। धर्म के नाम पर देश में कोई भेदभाव नहीं होना चाहिए। इसका यह अर्थ कदापि नहीं है कि–''भारत धर्मविरोधी राज्य है। सुप्रसिद्ध दार्शनिक सर्वपल्ली डॉ. राधाकृष्णन् का कथन है कि–''भारत को धर्म निरपेक्ष प्रजातन्त्रात्मक राज्य घोषित किये जाने के सन्दर्भ में धर्मनिरपेक्ष होने का अभिप्राय न तो धर्म विरुद्ध होना है और न ही धार्मिक दृष्टि से संकुचित होना वरन् पूर्णतः आध्यात्मिक होना है। इन सबसे ताप्तर्य केवल यही है कि भारत सभी व्यक्यिों की धार्मिक निष्ठा का आदर करता है एवं उस मार्ग को भी सुरक्षित करता है जिसकें द्वारा व्यक्ति अपने सर्वोच्च एवं अन्तिम ध्येय तक पहुँच सकता है। हम नास्तिक नहीं हैं।''

अतः शिक्षा संविधान सम्मत राष्ट्रीय मूल्यों के विकास में सहायक होनी चाहिए। राष्ट्रीय शिक्षा नीति, 1986 में यह अपेक्षा की गई है कि–''राष्ट्रीय मूल्यों में ये बातें शामिल हैं हमारी समान सांस्कृतिक धरोहर, लोकतन्त्र, धर्म निरपेक्षता, स्त्री–पुरुषों के बीच समानता, पर्यावरण का संरक्षण, सामाजिक समानता, सीमित परिवार का महत्त्व और वैज्ञानिक तरीके के अमल की जरूरत। यह सुनिश्चित किया जायेंगा कि सभी शैक्षिक कार्यक्रम धर्म निरपेक्षता के मूल्यों के अनुरूप ही आयोजित हों।'' धर्म निरपेक्षता की इसी भावना का विकास करना शिक्षा का दायित्व है जिससे कि भावी भारतीय समाज का नव–निर्माण हो सकें।

लोक कल्याणकारी समाज–भावी भारतीय समाज की संकल्पना का चौथा प्रमुख घटक जिसे हमारे संविधान में स्वीकार किया गया है, वह लोक कल्याणकारी समाज की स्थापना। लोक कल्याण अथवा समाज कल्याण का अर्थ है सरकार द्वारा सभी व्यक्तियों को बिना किसी भेदभाव के उनके मूल अधिकारों के उपभोग की सुविधाओं की व्यवस्था करना। महात्मा गाँधी के अनुसार लोककल्याण की भावना का लक्ष्य राजराज्य या सर्वोदयी समाज की स्थापना होनी चाहिए जिसमें सबका उदय अर्थात् कल्याण होना आवश्यक है तथा किसी का शोषण या उत्पीड़न नहीं होना चाहिए। शिक्षा के माध्यम से भावी नागरिकों को इस शोषण या उत्पीड़न नहीं होना चाहिए। शिक्षा के माध्यम से भावी नागरिकों को इस प्रकार तैयार कना है कि वे सेवा एवं त्याग की भावना से लोक कल्याणकारी कार्यों में स्वेच्छा से भाग लें।

संविधान में निहित उपर्युक्त मूल्यों में सर्वाधिक महत्त्व जनतन्त्रात्मक जीवनशैली का है। अतः जनतन्त्र के मूल आधारों से अवगत हो जाना वांछनीय है।

जनतंत्र के मूल आधार

जनतंत्र के मूल आधार निम्नांकित हैं–

(1) स्वतन्त्रता, (2) समानता एवं (3) भातृत्व

जनतन्त्र के उपर्युक्त आधारों का मूल व्यक्ति के व्यक्तित्त्व को महत्त्व देना है। अत: व्यक्तित्त्व के प्रति निष्ठा को भी जनतन्त्र के आधारों में सम्मिलित किया जाना वांछनीय है। इन आधारों को अभिव्यक्ति के व्यक्तित्त्व का महत्त्व, समानता, स्वतंत्रता तथा भ्रातृत्व-भाव के क्रम में प्राथमिकता देते हुए इनका आशय समझाने एवं इनके शैक्षिक निहितार्थों का विवेचन जनतन्त्र में जनतन्त्र के लिए शिक्षा शीर्षक के अन्तर्गत किया गया है।

जनतन्त्र में जनतन्त्र के लिये शिक्षा

कोठारी शिक्षा आयोग ने यह स्वीकार किया था कि देश की स्वाधीनता के समय विरासत में मिली अंग्रेजी शिक्षा पद्धति के लिए सर्वथा अनुपयुक्त है। उस के अनुसार-"हमें उस वर्तमान शिक्षा प्रणाली में, जो कि सामन्ती और परम्परागत समाज की सीमाओं से आबद्ध साम्राज्यवादी प्रशासन की आवश्यकताओं की पूर्ति के लिये गठित की गई थी, लक्ष्यों, विषय-वस्तु, शिक्षा के तरीकों, कार्यक्रमों, विद्यार्थी वर्ग की संख्या में आमूलचूल परिवर्तन करने होंगे।" शिक्षा में आमूलचूल परिवर्तन कर उसे जनतन्त्र के अनुकूल बनने की आवश्यकता पर बल देते हुए आयोग ने कहा है-"सबसे पहले तो हमें लोकतन्त्र को मजबूत बनाना है। सभी कठिनाइयों के होते हुए भी भारतीय लोकतन्त्र ने अपनी क्षमता का काफी अच्छा परिचय दिया है, किन्तु वह तब तक स्थायी रूप से जीवित नहीं रह सकेंगा जब तक कि शिक्षित मतदाताओं और त्यागपूर्ण तथा सूक्ष्म नेतृत्व को तैयार कर तथा आत्म-नियन्त्रण, सहनशीलता, पारस्परिक सद्भाव और दूसरों के प्रति आदर जैसे आवश्यक मूल्यों जो कि लोकतन्त्र को न केवल शासन का ऐ प्रकार बनातें हैं बल्कि एक जीवन शैली भी निर्मित करते हैं कि निर्मिति द्वारा उसकी जड़ें गहरी नहीं बना दी जायें।"

इस प्रकार जनतन्त्र के लिए शिक्षा की आवश्यकता न केवल राजनैतिक दृष्टि से अपेक्षित है बल्कि लोकतान्त्रक जीवन शैली निर्मित करने के लिए भी महत्त्वपूर्ण है।

जनतन्त्र में शिक्षा के मूल आधार

लोकतन्त्र, धर्मनिरपेक्षता तथा समाजवाद भावी भारतीय समाज की पुनर्रचना के आधार स्तंभ हैं। इन मूल्यों की संकल्पना का विकास यद्यपि मानव इतिहास भारत में इन मूल्यों की संकल्पना आधुनिक काल में विदेशी दासता से मुक्त होने के लिए किये गये स्वाधीनता में इन मूल्यों को प्रतिष्ठित किया गया। ये मूल्य वस्तुतः लोकतन्त्र के लिये शिक्षा हैं।

व्यक्ति के व्यक्तित्त्व का महत्त्व–जनतांत्रिक व्यवस्था की प्रथम अपरिहार्य आवश्यकता है–जाति, धर्म, भाषा, लिंग, रंग, वंश आदि के भेदभाव से रहित प्रत्येक व्यक्ति को महत्त्व दिया जाना। व्यक्ति समाज व राज्य की आधारभूत इकाई या घटक है। अत: उसकें व्यक्तित्त्व के विकास हैतु उसे पूर्ण व समान अवसर दिया जाना चाहिए तथा विचारों एवं भावनाओं का आदर किया जाना चाहिए। इससे समाज एवं राज्य दोनों को लाभ है। जनतन्त्र के लिए शिक्षा में इस आदर्श को समाविष्ट किया जाना चाहिए। मुदालियर शिक्षा आयोग के अनुसार–"लोकतन्त्र का आधार प्रत्येक व्यक्ति की मानव के रूप में प्रतिष्ठा एवं उपयोगिता में आस्था रखना है। लोकतांत्रिक शिक्षा का उद्देश्य प्रत्येक व्यक्ति के व्यक्तित्व का पूर्ण सर्वांगीण विकास करना है।"

समानता–जनतांत्रिक जीवन शैली एवं प्रशासनिक व्यवस्था तथा उसकें लिए शिक्षा का दूसरा आधार समानता है। सभी नागरिकों एवं उनके बच्चों को शिक्षा के अवसर उपलब्ध कराने में समानता का व्यवहार किया जाना वांछनीय है। कोठारी शिक्षा आयोग ने इसलिए बालिकाओं व समाज के पिछड़े वर्ग के बच्चों को शिक्षा के समान अवसर देने हैतु "पड़ौसी पाठशालाओं" की अभिशंसा की है। आयोग के अनुसार, "प्रत्येक पड़ौसी स्कूल में अलगाव की स्थिति बिल्कुल न रहे।" राष्ट्रीय शिक्षा नीति, 1986 के अनुसार–"समानता के उद्देश्य को साकार बनाने के लिए सभी को शिक्षा का अवसर उपलब्ध करवाना ही पर्याप्त नहीं होगा, ऐसी व्यवस्था होना भी जरूरी है जिससे सभी को शिक्षा में सफलता प्राप्त करने का समान अवसर मिले। इसकें अतिरिक्त, समानता की अनुभूति केन्द्रित शिक्षाक्रम के द्वारा कराई जायेंगी। वास्तव में राष्ट्रीय शिक्षा व्यवस्था का उद्देश्य है कि सामाजिक माहौल और जन्म के संयोग से उत्पन्न पूर्वाग्रह और कुठाएँ दूर हों।"

व्यक्तिगत स्वतन्त्रता–जनतन्त्र के लिए शिक्षा का तीसरा आधर है प्रत्येक व्यक्ति को संविधान अपने अधिकारों का विवेकपूर्ण ढंग से उपभोग करने की पूर्व स्वतन्त्रता प्रदान करना। मुदालियर आयोग का कथन है–"किन्तु लोकतन्त्र में, यदि इसमें विचार शून्य मतदान के अतिरिक्त कुछ महत्त्वपूर्ण है तो वह है व्यक्ति को सभी प्रकार से सामाजिक, आर्थिक तथा राजनैतिक समस्याओं पर स्वयं स्वतन्त्र निर्णय लेना तथा स्वयं की कार्य–दिशा निश्चित करना चाहिए।" इसकें लिए इस आयोग ने स्पष्ट विचार करने, बिना किसी पूर्वाग्रह एवं दबाव के सत्य की खोज करने, खुले मस्तिष्क से नवीन विचारों को ग्रहण करने तथा अपने विचारों को मौखिक एवं लिखित रूप में स्पष्टत: अभिव्यक्ति करने की आवश्यकता पर बल दिया है ताकि लोकतन्त्र में व्यक्ति स्वस्थ लोकमत के निर्माण में अपना योगदान कर सकें। जनतन्त्र के लिये शिक्षा को इन क्षमताओं का विकास कर बच्चों को उपयोगी भावी नागरिक बनाना चाहिये।

भ्रातृत्व–भाव–जनतान्त्रिक शिक्षा का चौथा आधार बच्चों में परस्पर भ्रातृत्व भाव विकसित करना होना चाहिए ताकि उन्हें समूह में रहकर सहयोग सद्भावना, सेवा–भावना, सहानुभूति व अनुशासन से अपने कार्य को दक्षता से करने की अभिवृत्ति के विकास का अवसर मिले। यही भ्रातृत्व भाव राष्ट्रीय भावना एवं अन्तर्राष्ट्रीय सद्भाव के विकास में सहायक होता है। भावी नागरिकों के निर्माण हेतु जनतन्त्र के लिए शिक्षा में इन अभिवृत्तियों का विकास आवश्यक है।

राष्ट्रीय शिक्षा नीति, 1986 के अनुसार, "भारत ने विभिन्न देशों में शांति और आपसी भाई चारे के लिये सदा प्रयत्न किया है और वसुधँव कुटुम्बकम् के आदर्शों को संजोया है। इस परम्परा के अनुसार शिक्षा–व्यवस्था का प्रयास यह होगा कि नई पीढ़ी में विश्वव्यापी दृष्टिकोण सुदृढ़ हो तथा अन्तर्राष्ट्रीय सहयोग और शांतिपूर्ण सहअस्तित्व की भावना बढ़े। शिक्षा के इस पहलू की उपेक्षा नहीं की जा सकती।"

जनतन्त्र के लिए शिक्षा का स्वरूप एवं उसकी विशेषताएँ:

स्वरूप–अब्राहम लिंकन के अनुसार, "जनतांत्रिक शासन लोगों का, लोगों के लिये तथा लोगों के द्वारा" होता है। जनता में व्यक्ति का विशेष महत्त्व होता है तथा लोकतांत्रिक मूल्यों पर उसकी दृढ़ आस्था पर बल दिया जाता है। कोठारी शिक्षा आयोग ने कहा है कि, "ऐसे मूल्यों के विकास पर, जैसे मन की वैज्ञानिक प्रवृत्ति, सहनशीलता, अन्य राष्ट्रीय समूहों की संस्कृति के प्रति आदर आदि पर

विशेष रूप से जोर दिया जाना चाहिए ताकि हम लोकतन्त्र को न केवल शासन के प्रकार के रूप में अपितु एक जीवन-शैली के रूप में भी अपना सकेंगे।'' जनतंत्र के लिए शिक्षा का स्वरूप भी लोकतंत्र की जीवन-शैली के रूप में विकसित करने से निर्मित होता है।

विशेषताएँ—उपर्युक्त विवेचन के आधार पर जनतन्त्र के लिए शिक्षा की निम्नांकित विशेषताएँ होनी चाहिए-

1. सभी बालक-बालिकाओं को बिना किसी भेदभाव के शिक्षा के समान अवसर उपलब्ध कराना।
2. न्यूनतम 6-14 वर्ष की आयु-वर्ग के सभी बच्चों को निःशुल्क अनिवार्य शिक्षा का प्रावधान करना ताकि शिक्षित, योग्य भावी नागरिकों का निर्माण हो सकें।
3. लोकतांत्रिक अभिवृत्तियों एवं कुशलताओं के विकास हेतु तद्नुकूल शिक्षा के उद्देश्य, पाठ्यक्रम, शिक्षण विधियाँ तथा मूल्यांकन पद्धति का समावेश किया जायें।
4. शिक्षण-संस्थाओं का प्रशासन, परिवीक्षण एवं मार्गदर्शन लोकतांत्रिक विधि से किया जायें।
5. विद्यार्थियों एवं शिक्षकों को शाला-कार्यक्रम के नियोजन, क्रियान्वयन एवं मूल्यांकन में सक्रिय भागीदारी बनाया जायें।
6. पाठ्येत्तर क्रियाकलापों के नियोजन एवं क्रियान्वयन में लोकतांत्रिक भावना से विद्यार्थियों एवं शिक्षकों को स्वतंत्रता देकर उन्हें उत्तरदायित्व सौंपा जायें।
7. शिक्षण-संस्थाओं व स्थानीय समुदाय का परस्पर सम्पर्क घनिष्ठ बनाया जायें ताकि शालाएँ ''सामुदायिक केन्द्र'' बन सकें।
8. धर्मनिरपेक्षता की भावना का विकास किया जायें।
9. राष्ट्रीय भावनात्मक एकता के विकास हेतु छात्रों में संकीर्ण निष्ठाओं का राष्ट्र के प्रति निष्ठा में उन्नयन किया जायें तथा विविधता में एकता पर बल दिया जायें।
10. संकीर्ण राष्ट्रीय भावना के स्थान पर अन्तर्राष्ट्रीय सद्भाव का विकास किया जायें।

11. विद्यार्थियों में लोकतांत्रिक मूल्यों के अनुसार आदतों का निर्माण किया जायें ताकि वे योग्य भावी नागरिक बनकर लोकतांत्रिक संस्थाओं में सक्रिय भाग ले कर अपना योगदान कर सकें।

12. छात्रों के चरित्र एवं व्यक्तिगत का सर्वांगीण विकास किया जायें।

उपर्युक्त विशेषताओं के अतिरिक्त अन्य कई ऐसे आयाम हो सकते हैं जिनके समावेश से शिक्षा जनतन्त्र के उपयुक्त बन सकती है। जैसे कार्यनुभव द्वारा शिक्षा को उत्पादिता से सम्बन्धित करना, विज्ञान एवं आध्यात्मिकता का समन्वय,सामाजिक व राष्ट्रीय सेवा को शिक्षा का अभिन्न अंग बनाना, आधुनिकीकरण का समावेश आदि। कोठारी शिक्षा आयोग ने भी इन विशेषताओं पर भी बल दिया है।

जनतांत्रिक दृष्टिकोण के विकास हेतु शैक्षिक प्रयास

विद्यार्थियों में जनतांत्रिक दृष्टिकोण अथवा भावना या अभिवृत्ति के विकास हेतु मुख्यतः अग्रांकित शैक्षिक प्रयास किये जाने चाहिए।

शैक्षिक प्रशासन एवं विद्यालय व्यवस्था का जनतांत्रीकरण–परम्परागत शैक्षिक प्रशासन एवं विद्यालय व्यवस्था की प्रक्रिया दोषपूर्ण है। उसमें अधिनायकवादी, पक्षतापूर्ण, पूर्वाग्रह, अफसरशाही, लालफीताशाही,कठोर नियन्त्रण आदि की भावना से शैक्षिक प्रशासक व प्रधानाध्यापक ग्रस्त रहते हैं जो अप्रजातांत्रिक हैं। इसकें स्थान पर उदारवादी, सहकारिता, सद्भाव, निष्पक्षता, सहानुभूति एवं सहयोग का दृष्टिकोण अपनाया जायें ताकि शिक्षक एवं विद्यार्थियों में शैक्षिक प्रशासन एवं विद्यालय व्यवस्था में उनके उचित सहभागित्व से शिक्षा संस्था के प्रति अपनत्व की भावना जाग्रत हो और जनतांत्रिक विधि से उनमें उत्तरदायित्व की भावना विकसित हो। ऐसा तब ही संभव हो सकेंगा जबकि शैक्षिक प्रशासक एवं प्रधानाध्यापक द्वारा शिक्षा–नीति के निर्धारण, शैक्षिक कार्यक्रमों के नियोजन, क्रियान्वयन एवं मूल्याँकन में शिक्षक एवं विद्यार्थियों का पूर्ण सहयोग लिया जावे।

शिक्षण–प्रक्रिया का जनतांत्रीकरण–कक्षागत शिक्षण के समय अध्यापक कक्षा का वातावरण जनतांत्रिक बनाने का प्रयास करे। नवीन धारणा के अनुसार अब शिक्षण–प्रक्रिया में बालक को केन्द्र बिन्दु मानकर, उसकी क्षमताओं,अभिरुचियों एवं वैयक्तिक विभिन्नताओं का ध्यान रख, उपर्युक्त शिक्षण–विधियों से बालकों का अधिगम प्रभावी बनाना अपेक्षित है। शिक्षण–अधिगम स्थितियों का जनतांत्रिक विधि से निर्माण किया जाना वांछनीय है।

पाठ्यक्रम सहभागी क्रियाकलापों का उपयुक्त चयन एवं क्रियान्वयन– पाठ्यक्रम सहभागी क्रियाकलापों के चयन एवं क्रियान्वयन की दृष्टि से जनतांत्रिक भावना के विकास हेतु सर्वप्रथम उपयुक्त क्रियाकलापों का चयन किया जायें। विद्यालय छात्र परिषद् (संसद), विद्यालय व्यवस्था सम्बन्धी छात्र–समितियाँ, सहकारी स्टोर या बैंक, राष्ट्रीय एवं अन्तर्राष्ट्रीय महत्त्व में पर्व एवं जयन्तियों का आयोजन, श्रमदान समाज सेवा के कार्य,अनुशासन हेतु छात्र न्याय–पंचायत का गठन आदि ऐसे क्रियाकलाप हो सकते हैं जिनसे छात्रों में जनतांत्रिक भावना का विकास सम्भव है। चयन के अतिरिक्त इन क्रियाकलापों के क्रियान्वयन मे भी शिक्षक के मार्गदर्शन में विद्यार्थियों को ही इनकी व्यवस्था हेतु निर्वाचित कर उन्हें उत्तरदायित्व सौंपना चाहिये। इसकें अतिरिक्त विद्यालय के सभी छात्रों को उनकी रुचि के अनुकूल इनमें से किसी न किसी क्रियाकलाप में सक्रिय भाग लेने का प्रावधान किया जाना चाहिए। तथा उसकें लिए साधन–सुविधाएँ उपलब्ध की जानी चाहिए।

इस प्रकार विद्यालय की प्रत्येक गतिविधि में विद्याथियों को जनतांत्रिक आदर्शों एवं मूल्यों का सैद्धान्तिक ज्ञान एवं उनका व्यवहारिक अभ्यास दिये जाने का प्रयास किया जाना चाहिए। अभिभावक एवं बालक दोनों के लिए विद्यालय का वातावरण जनतांत्रिक दृष्टिकोण अपनाते हुए आकर्षक बनाया जायें। ''दस वर्षीय विद्यालयीय शिक्षा के शिक्षाक्रम'' में भी कहा गया है कि,''विद्यालय का सामाजिक एवं सांसकृतिक वातावरण महत्त्वपूर्ण होता है। यह बालक एवं अभिभावक के लिए आकर्षक होना चाहिए। इससे सभी सम्बद्ध व्यक्तियों में विद्यालय के प्रति अपनत्व की भावना का विकास हो सकेंगा।''

शिक्षा शब्द संस्कृति भाषा के शिक्ष् धातु से बना है। शिक्ष् धातु में अ प्रत्यय लगा देने से शिक्षा शब्द का निर्माण हुआ है। शिक्ष् का अर्थ होता है– सीखना और सिखाना अत: शिक्षा शब्द का अर्थ होता है– सीखने–सिखाने की प्रक्रिया। शिक्षा शब्द अंग्रेजी के ''एजुकेटम'' का हिन्दी रूपान्तरण है। ''एजुकेटम'' शब्द लैटिन भाषा के (E) तथा (Duco) दो शब्दों के मेल है। ए का अर्थ होता है आंतिरिक एवं 'ड्यूको' का अर्थ है आगे बढ़ाना। अत: बालक की आन्तरिक शक्तियों का प्रकटीकरण एजुकेशन कहलाता है।

शिक्षा शब्द का प्रयोग हम दो रुपों में करते हैं– एक प्रक्रिया और दूसरा प्रक्रिया का परिणाम। शिक्षा का सुचारू रूप से चलना शिक्षा शब्द का प्रयोग प्रक्रिया

के रूप में है और अब हम शिक्षा शब्द का प्रयोग ग्रहण करने के रूप में करते हैं तो शिक्षा शब्द का प्रयोग परिणाम के रूप में होता है। वास्तव में आधुनिक शिक्षा शास्त्री शिक्षा शब्द का प्रयोग परिणाम के रूप में नहीं करते हैं, शिक्षा शब्द को प्रक्रिया के रूप में ही स्वीकार किया जाता है क्योंकि किसी भी प्रक्रिया में परिणाम अवश्य निहित रहता है। शिक्षा प्रक्रिया के परिणाम को हम ज्ञान, कौशल एवं परिवर्तन के रूप में अभिव्यक्त कर सकते हैं।

विभिन्न दार्शनिकों, समाजशास्त्रियों, अर्थशास्त्रियों, मनोवैज्ञानिकों एवं वैज्ञानिकों ने शिक्षा प्रक्रिया की व्याख्या करने में मूल भूमिका अदा की है। सबने अपने-अपने दृष्टिकोण से शिक्षा को देखा है और परिभाषित किया है। हम भी यहाँ शिक्षा के विभिन्न स्वरूपों का अध्ययन करने का प्रयास करेंगे।

शिक्षा का दार्शनिक आधार

मनुष्य दर्शन का केन्द्र होता है। दार्शनिक मनुष्य के व्यवहारों, उसकें वास्तविक स्वरूप को जानने का प्रयास करते हैं और मनुष्य के जीवन का लक्ष्य तय करते हैं। दार्शनिक मनुष्य के जीवन के अंतिम लक्ष्य की प्राप्ति का साधन भी तय करते हैं और इन सभी बातों के ज्ञान एवं प्रशिक्षण के लिए वे शिक्षा को अत्यावश्यक बताते हैं। अत: हम यह भी कह सकते हैं कि दार्शनिकों की दृष्टि से शिक्षा मनुष्य के जीवन में अन्तिम उद्देश्य की प्राप्ति का साधन है। विभिन्न दर्शन मनुष्य के जीवन का उद्देश्य भिन्न-भिन्न मानते हैं। अत: विभिन्न दार्शनिक विचारधारकों ने शिक्षा को अलग-अलग ढंग से परिभाषित किया है।

आध्यात्मवादी मनुष्य के लौकिक जीवन से ज्यादा उसकें परलौकिक जीवन को ज्यादा महत्त्वपूर्ण मानते हैं। वेदांती लौकिक जीवन से सदा के लिए छुटकारा पाने का प्रयत्न करते हैं और इसे मुक्ति नाम देते हैं। शंकराचार्य ने कहा भी है, **''शिक्षा वह है जो मुक्ति दिलाये।''**

स्वामी विवेकानन्द के शब्दों में, ''मनुष्य की अन्तर्निहित पूर्णता को अभिव्यक्त करना शिक्षा है।''

महात्मा गाँधी शरीर, मन एवं आत्मा इन तीनों के विकास पर समान बल देते थे, महात्मा गाँधी के शब्दों, ''शिक्षा से मेरा अभिप्राय बालक एवं मनुष्य के शरीर, मन तथा आत्मा के सर्वांगीण एवं सर्वोत्कृष्ट विकास से है।''

प्लेटो भी शरीर और आत्म दोनों के महत्त्व को स्वीकार करते हैं। उनके अनुसार, ''शिक्षा का कार्य शरीर और आत्मा को वह पूर्णता प्रदान करना है जिसकें की वे योग्य हैं।''

अरस्तु ने शारीरिक एवं मानसिक विकास पर बल दिया है। उनके अनुसार मनुष्य का उचित शारीरिक एवं मानसिक विकास ही उसे आत्मा की अनुभूति करा सकता है शिक्षा के विषय में अरस्तु ने कहा है, ''स्वस्थ शरीर में स्वस्थ मन का निर्माण ही शिक्षा है।''

भौतिकवादी मनुष्य के लौकि जीवन को ही सत्य मानते हैं। भौतिकवादियों के अनुसार सुखपूर्वक जीना ही मनुष्य के जीवन का अन्तिम उद्देश्य है। इनके अनुसार सुखपूर्वक जीने के लिए यह आवश्यक है कि मनुष्य शरीर एवं मन स्वस्थ हो और साधन सुविधा सम्पन्न हो। भौतिकवादी दृष्टि में शिक्षा, ''शिक्षा वह है जा मनुष्य को सुखपूर्वक जीवन व्यतीत करने योग्य बनाती है।''

पाश्चात्य प्रकृतिवादी दार्शनिक शिक्षा को भौतिक सुखों की प्राप्ति का साधन मानते हैं वे मनुष्य को अपने अंतः करण एवं बाहरी पर्यावरण से समन्वय स्थापित करने पर बल देते हैं। **स्पेन्सर** कहते हैं, ''शिक्षा का अर्थ अन्तः शक्तियों का बाह्य जीवन में समन्वय स्थापित करना ही शिक्षा है।''

कुछ पाश्चात्य दार्शनिक मनुष्य को मनुष्य के वास्तविक रूप में देखते हैं। प्रयोजनवादी मनुष्य को एक सामाजिक प्राणी कहते हैं और उनका मानना है कि मनुष्य में वर्तमान समाज में अनुकूलन करने और भविष्य के समाज का निर्माण ही शिक्षा का कार्य है। प्रयोजनवादी जॉन डीवी ने कहा है–''शिक्षा व्यक्ति की उन सभी योगयताओं का विकास है जो उसमें अपने पर्यावरण पर नियंत्रण रखने तथा अपनी सम्भावनाओं को पूर्ण करने की सामर्थ्य प्रदान करे।''

शिक्षा का समाजशास्त्रीय आधार

समाजशास्त्रीय समाज को केन्द्र मानकर विचार करते हैं ये व्यक्ति को समाज के परिप्रेक्ष्य में ही देखते हैं। शिक्षा को ये व्यक्ति और समाज को विकास का साधन कहते हैं। समाजशास्त्रियों के विचार में शिक्षा के विषय में निम्नलिखित बातें कहीं है–

शिक्षा एक अनवरत प्रक्रिया है–समाजशास्त्रियों का मानना है कि शिक्षा समाज में सदैव चलती रहती है। मनुष्य के जन्म के कुछ दिनों बाद से ही शिक्षा प्रारम्भ हो जाती है और मनुष्य के जीवन के समाप्त होने तक शिक्षा की प्रक्रिया

अनवरत चलती रहती है। उनका मानना है कि मनुष्य तो आते-जाते रहते हैं लेकिन शिक्षा प्रक्रिया तो पीढ़ी-दर-पीढ़ी चलती रहती है वह रुकती नहीं है। अतः शिक्षा एक निरन्तर चलने वाली प्रक्रिया है।

शिक्षा एक सामाजिक प्रक्रिया है–समाजशास्त्रियों का मानना है कि शिक्षा एक सामाजिक प्रक्रिया है, क्योंकि मनुष्य समाज में एक-दूसरे के सम्पर्क में आकर ही एक दूसरे की भाषा विचार और आचरण से प्रभावित होते हैं, इसी प्रक्रिया को हम सीखना कहते हैं और सोद्देश्य सीखने की प्रक्रिया ही शिक्षा कहलाती है। मनुष्य में कुछ सामान्य शक्तियाँ ऐसी होती हैं जो वह जन्म के साथ ही लेकर आता है, प्राकृतिक एवं सामाजिक परिवेश में वह इन शक्तियों का विकास करता है और मनुष्य के व्यवहार में परिवर्तन होते रहते हैं। बोलने की शक्ति तो मनुष्य में जन्म से ही रहती है। लेकिन भाषा का विकास उसकें अपने समाज से ही हो पाता है जिससे वह अपने विचारों को प्रकट करता है। मनुष्य में सभ्यता और संस्कृति का विकास समाज से ही होता है। समाज के अभाव में मनुष्य में भाषा शक्ति एवं विचार शक्ति का विकास नहीं हो पाता है। उसकी शिक्षा होती है। शिक्षा का सम्बन्ध समाज के भूत, भविष्य और वर्तमान तीनों से होता है। शिक्षा के स्थानांतरण के लिए समाज विद्यालय का सहारा लेता है। एक विशेष काल की विद्यालययी शिक्षा के उद्देश्य, पाठ्यचर्चा एवं शिक्षण विधियाँ सब निश्चित होते हैं। समाज में परिवर्तन के साथ ये सभी कारक बदलते रहते हैं। आवश्यकता के अनुसार समाज शिक्षण विधियों, पाठ्यचर्चा एवं शिक्षा के उद्देश्यों में परिवर्तन होता रहता है। यदि शिक्षा गतिशील नहीं होती तो हम आज इतना विकास नहीं कर पाते।

शिक्षा एक द्विध्रुवीय प्रक्रिया है–समाजशास्त्रियों के अनुसार शिक्षा में एक पक्ष के प्रभावित होने पर दूसरा पक्ष भी प्रभावित होता है। अतः हम कह सकते हैं कि शिक्षा प्रक्रिया के दो ध्रुव है। एक पक्ष प्रभावित करता है और दूसरा पक्ष प्रभावित होता है। जान डीवी ने भी शिक्षा के मनोवैज्ञानिक एवं सामाजिक दो ध्रुव माने हैं। सामाजिक अंग का अर्थ सामाजिक वातावरण है एवं मनोवैज्ञानिक अंग का अर्थ उसकें सीखने की रुचि एवं रुझान से है। केवल सामाजिक वातावरण ही नहीं बल्कि प्राकृतिक वातारण भी शिक्षा प्रक्रिया को प्रभावित करता है। नियोजित शिक्षा में शिक्षक, शिक्षण के उद्देश्य, पाठ्चचर्या आदि शिक्षा को प्रभावित करते हैं। ये सीखने-सिखाने की परिस्थितियाँ कहीं जाती हैं। अतः हम कह सकते हैं कि शिक्षा की प्रक्रिया सीखने वाले और सिखाने की परिस्थितियाँ के बीच चलती रहती है।

विकास की प्रक्रिया है शिक्षा

मनुष्य जब जन्म लेता है तो उसका व्यवहार पशु की भांति होता है। शिक्षा के द्वारा मनुष्य के व्यवहार में परिवर्तन किया जाता है। विस्तृत दृष्टिकोण से देखा जाए तो मनुष्य अपने अनुभवों को भाषा के आधार पर सुरक्षित रखता है और इनको आने वाली पीढ़ी को सौंप देता है। आने वाली पीढ़ी इस ज्ञान को और आगे बढाती है और अपने विचार और ज्ञान तथा अनुभव को भी उसमें जोड़ देती है। इसी तरह किसी भी समाज की सभ्यता एवं संस्कृति का विकास एवं निर्माण होता है जो शिक्षा के बगैर सम्भव नहीं है। अतः हम कह सकते हैं कि शिक्षा विकास की एक प्रक्रिया है। संसार का प्रत्येक व्यक्ति अपनी जाति के लोगों के बीच रहकर अनुकरण के द्वारा उनके अनुसार चलना, खाना और अन्य बातें सीखता है। पशुओं के जीवन पर विचार करने पर हम पाते हैं कि ये जन्म के कुछ दिन बाद ही अपनी जाति के पशुओं की भाँति सभी तरीके सीख जाते हैं लेकिन यह प्रक्रिया केवल जीवनयापन एवं आत्मरक्षा के कार्यों तक सीमित रहती है। जबकि मनुष्य केवल परिस्थितियों में समायोजन ही नहीं सीखता है, अपितु वह अपने आपमें अनुकूलन करने की क्षमता का विकास भी करता है। शिक्षा मनुष्य के खाने-पीने रहने, चलने-बोलने तथा जीवन को सुखमय बनाने में सहयोग करती है और इसी का दूसरा नाम विकास भी है। अतः शिक्षा मनुष्य के विकास का आधार है।

शिक्षा का राजनैतिक आधार

राजनीतिशास्त्री राज्य और राज्य के शासनतंत्र को आधार बनाकर कार्य करते हैं। वे व्यक्ति एवं समाज दोनों को राज्य और उसकें शासनतंत्र के परिपेक्ष्य में देखते हैं। राजनीतिशास्त्री शिक्षा को राष्ट्र निर्माण का साधन मानते हैं। अच्छे राष्ट्र का निर्माण अच्छे नागरिकों से होता है और नागरिक शिक्षा के द्वारा ही अच्छा नागरिक बन सकता है। राजनीतिशास्त्रियों के अनुसार, ''वास्तविक शिक्षा वही है जो अच्छे नागरिकों का निर्माण करती है।''

शिक्षा का वैज्ञानिक अर्थ

भौतिक जगत एवं भौतिक वस्तुएँ वैज्ञानिकों के विचार का केन्द्र होती है। वैज्ञानिक किसी भी वस्तु एवं क्रिया को वस्तुनिष्ठ ढंग से देखते हैं। वैज्ञानिक मनुष्य की जन्मजात शक्तियाँ के प्रश्न पर तो मनोवैज्ञानिकों से सहमत होते हैं लेकिन बात

जब व्यवहार की होती है तब ये समाजशास्त्रियों का समर्थन करते हैं। वैज्ञानिक, शिक्षा को मनुष्य की बाह्य परिस्थितियों से अनुकूलन एवं विकास के साधन के रूप में स्वीकार करते हैं। इनके अनुसार, "शिक्षा का अर्थ आन्तरिक शक्तियों का बाहरी जीवन में समन्वय स्थापित करना है।"

शिक्षा का आर्थिक अर्थ

समाज का आर्थिक श्रोत एवं तंत्र अर्थशास्त्रियों के विचार का केन्द्र होता है। ये मनुष्य एवं समाज की सभी क्रियाओं को आर्थिक आधार पर देखते हैं। अर्थशास्त्री शिक्षा को एक उत्पादक क्रिया मानते हैं। शिक्षा उत्पादन का कारक एवं उपयोग की वस्तु मानी जाती है। शोध प्रमाणित कर चुके हैं कि शिक्षित मनुष्य की उत्पादक क्षमता अशिक्षित व्यक्तियों की तुलना में अच्छी और गुणवत्तावाली होती है और यह अंतर इतना ज्यादा होता है कि उससे होने वाला अतिरिक्त लाभ उसकी शिक्षा पर किये गये व्यय से अधिक होता है। अर्थशास्त्री शिक्षा में किये गये निवेश को अच्छा आर्थिक निवेश मानते है। इसकें अनुसार–शिक्षा एक आर्थिक निवेश है जिसकें द्वारा व्यक्ति में उत्पादन एवं संगठन के कौशलों का विकास किया जाता है और इस प्रकार व्यक्ति, समाज राष्ट्र की उत्पादन क्षमता बढ़ाई जाती है और उनका आर्थिक विकास किया जाता है।

मनोवैज्ञानिक आधार पर शिक्षा

भारतीय मनोवैज्ञानिक के विचार का केन्द्र बिन्दु मनुष्य का बाह्‌य स्वरूप और उसका अन्तःकरण दोनों होते हैं। बाह्‌य स्वरूप में वह उसकी कमेन्द्रियों एवं ज्ञानेन्द्रियों और अन्तः करण में मन, बुद्धि आदि का अध्ययन करता है। उनकी दृष्टि में शिक्षा–शिक्षा मनुष्य के अन्तःकरण एवं बाह्य इन्द्रियों का प्रशिक्षण है।

पाश्चात्य मनोवैज्ञानिकों का विचार केन्द्र मनुष्य का शरीर, मस्तिष्क एवं व्यवहार होता है। वे अन्तः करण के मूल तत्त्व मन, बुद्‌ध और अहंकार की खोज नहीं कर सकते हैं। वे मनुष्य को एक मनोशारीरिक प्राणी मानते हैं जिसकें पास जन्म से ही कुछ शक्तियाँ होती है और वह इन शक्तियों का ही विकास करता है। इन शक्तियों का विकास बहुत आवश्यक होता है। पेस्तालॉजी ने इस विषय पर विचार किया कि इन जन्मजात शक्तियों का विकास किस दिशा में और कितना किया जायें और कहा कि यह विकास स्वभाविक सम और प्रगतिशील होना चाहिए उन्होंने कहा, "शिक्षा मनुष्य की जन्मजात शक्तियों का स्वाभाविक समरस और प्रगतिशील विकास है।"

शिक्षा का वास्तविक अर्थ

शिक्षा के विषय में सभी लोगों की दृष्टिकोण भिन्न–भिन्न हैं। ध्यान से देखने पर सभी दृष्टिकोण एक क्षेत्र विशेष पर सीमिति नजर आते हैं। शिक्षा के वास्तविक अर्थ को समझने के लिए हमें सभी तथ्यों पर ध्यान डालना होगा। सभी दृष्टिकोणों को देखने पर शिक्षा की प्रकृति के विषय में ये तथ्य उजागर होते हैं कि शिक्षा का सोद्देश्य, गतिशील एवं विकास की प्रक्रिया है। शिक्षा के कार्यों पर विचार करने से यह स्पष्ट होता है कि शिक्षा के द्वारा मनुष्य की जन्मजात शक्तियों का विकास, ज्ञान एवं कलाकौशल में वृद्धि तथा विचार एवं व्यवहार में परिवर्तन किया जाता है और इस प्रकार उन्हें सभ्य, सुसंस्कृत एवं योग्य नागरिक बनाया जाता है।

अभी तक हमने शिक्षा की परिभाषाओं का अध्ययन किया है इनमें दोष 1.उनसे शिक्षा प्रक्रिया की प्रकृति का स्पष्ट बोध नही होता है। 2. ये परिभाषाएं शिक्षा के किसी विशेष उददेश्य पर जोर देती है। शिक्षा की सर्वोत्कृष्ट परिभाषा तो वह होगी जिसमें शिक्षा प्रक्रिया की प्रकृति एवं कार्य दोनों का स्पष्ट बोध हो सकें। हम शिक्षा को कुछ इस प्रकार परिभाषित कर सकते हैं–

शिक्षा सोद्देश्य सदैव चलने वाली वह प्रक्रिया है जिसकें द्वारा मनुष्य की जन्मजात शक्तियों का विकास, उसकें ज्ञान एवं कौशल में वृद्धि तथा व्यवहार में परिर्वतन किया जाता है और इस प्रकार उसे सभ्य, सुसंस्कृत एवं योग्य नागरिक बनाया जाता है इसकें द्वारा व्यक्ति एवं समाज दोनों निरंतर विकास करते हैं।

शिक्षा की इस परिभाषा को पूर्ण माना जा सकता है। इस परिभाषा से शिक्षा प्रक्रिया की प्रवृत्ति और इसकें कार्यों दोनों का स्पष्ट बोध हो जाता है। मनुष्य को सभ्य, सुसंस्कृत एवं अच्छा नागरिक बनाने में समाज की शिक्षा के सभी उद्देश्य ण्वं कार्य समाहित है।

शिक्षा का व्यापक अर्थ एवं संकुचित अर्थ

किसी भी समाज में किसी बालक की शिक्षा उसकें परिवार छोटे–बड़े विभिन्न समूहों सामुदायिक केन्द्रो और विभिन्न प्रकार के विद्यालयों, महाविद्यालयों और विश्वविद्यालयों में चलती है लेकिन कुछ लोग विद्यालयों एवं महाविद्यालयों में चलने वाली शिक्षा को ही शिक्षा कहते हैं। अतः शिक्षा शब्द का प्रयोग दो अर्थों में होता है। 1. व्यापक अर्थ में 2. संकुचित अर्थ में।

शिक्षा का व्यापक अर्थ

प्रत्येक प्राणी अपनी ही जाति में जन्म लेता है और उसकें बीच रहकर अपनी जाति के लोगों की तरह चलना, बोलना, खाना, पीना, सुनना–बोलना और अन्य क्रियाएँ करना सीखता है। पैदा होते वह बहुत असहाय होता है लेकिन जन्म से कुछ दिन बाद ही वह अपनी जाति के सदस्यों का अनुकरण करने लगता है और धीरे–धीरे अन्य क्रियाएँ भी सीख लेता है। बालक अपना पहला पाठ मां की गोद में पढ़ता है फिर अपने आसपास के वातावरण से सीखता है और फिर अब अन्य लोगों के सम्पर्क में आता है तो उनसे भी कुछ न कुछ सीखता है। सभ्य समाज बालकों के उचित विकास के लिए विद्यालयों की स्थापना करता है। विद्यालय के बाहर भी बालक कुछ कुछ सीखता रहता है। इस शिक्षण व्यवस्था के उद्देश्य पाठ्यक्रम आदि व्यापक होते हैं लेकिन इसकें बावजूद भी विद्यालय छोड़ने के बाद भी शिक्षा की प्रक्रिया चलती रहती है। व्यापक अर्थ में शिक्षा जीवन भर चलती रहने वाली प्रक्रिया है। मैकेन्जी ने शिक्षा के व्यापक अर्थ को परिभाषित करते हुए कहा है, ''व्यापक दृष्टि से शिक्षा जीवनपर्यन्त चलने वाली प्रक्रिया है और जीवन के प्रत्येक अनुभव के द्वारा इसका विकास होता है।''

ज्यादातर विद्वान् इस परिभाषा से सहमत हैं लेकिन इस परिभाषा से शिक्षा प्रक्रिया के स्वरूप एवं उसकें परिणाम का ज्ञान नहीं होता है। हम व्यापक अर्थ में शिक्षा की परिभाषा इस प्रकार दे सकते हैं–

व्यापाक अर्थ में शिक्षा किसी समाज में सदैव चलने वाली वह सोद्देश्य सामाजिक प्रक्रिया है जिसकें द्वारा मनुश्य की जन्मजात शक्तियों का विकास, उसकें ज्ञान एवं कला कौशल में वृद्धि एवं व्यवहार में परिवर्तन किया जाता है और उसे एक योग्य नागरिक बनाया जाता है। इसकें द्वारा व्यक्ति एवं समाज दोनों विकास करते हैं।

शिक्षा का संकुचित अर्थ

साधारणतया स्कूलों में चलने वाली शिक्षा को ही शिक्षा कहते हैं। यही शिक्षा का संकुचि अर्थ है। प्रत्येक समाज की अपनी जीवन शैली एवं आकांक्षाएँ होती है और समाज के वयस्क आने वाली पीढ़ी को इस जीवन शैली से प्रशिक्षित करने एवं अपनी आकांक्षाओं की पूर्ति के लिए शिक्षा की व्यवस्था करते हैं। इस शिक्षा व्यवस्था के उद्देश्य, पाठ्यक्रम एवं शिक्षण विधियाँ निश्चित होते हैं। यह शिक्षा

बालक की निश्चित आयु में प्रारम्भ होती है और निश्चित आयु में समाप्त हो जाता है। यह शिक्षा निश्चित समय में निश्चित स्थान पर निश्चित व्यक्तियों द्वारा दी जाती है। इस शिक्षा की व्यवस्था समाज या राज्य करता है। इस शिक्षा का उद्देश्य राज्य के उद्देश्यों की प्राप्ति का साधन होनी स्वाभाविक है। राष्ट्र की उन्नति इस शिक्षा पर निर्भर करती है। संकुचि अर्थ में शिक्षा विद्यालय जाने के पहले और विद्यालय छोड़ने के बाद नहीं चलती है। मैकेन्जी ने संकुचित अर्थ में शिक्षा को परिभाषित करते हुए कहा है, ''संकुचित दृष्टि में शिक्षा का अर्थ अपनी शक्तियों के विकास और सुधार के लिए किए गये किन्हीं भी चेतनापूर्ण प्रयासों से लिया जा सकता है।''

मैकेन्जी ने संकुचित अर्थ में शिक्षा की परिभाषा तो ठीक-ठीक दी है लेकिन इस परिभाषा से भी शिक्षा के स्वरूप एवं परिणाम का स्पष्ट ज्ञान नहीं हो पाता है। हम संकुचित अर्थ में शिक्षा की परिभाषा इस प्रकार दे सकते हैं।

''संकुचित अर्थ में शिक्षा किसी समाज में एक निश्चित समय तथा निश्चित स्थानों में सुनियोजित ढंग से चलने वाली सोद्देश्य सामाजिक प्रक्रिया है जिसकें द्वारा मनुष्य की जन्मजात शक्तियों का विकास उसकें ज्ञान एवं कलाकौशल में वृद्धि एवं व्यवहार में परिवर्तन किया जाता है और इस प्रकार उसे सभ्य सुसंस्कृत एवं योग्य नागरिक बनाया जाता है। इसकें द्वारा व्यक्ति एवं समाज दोनों विकास करते हैं।

व्यापक एवं संकुचित शिक्षा में अंतर

हमने देखा कि व्यापक अर्थ में शिक्षा मनुष्य के जन्म से मृत्यु तक चलती है और इसमें संकुचित अर्थ वाली शिक्षा भी शामिल रहती है। लेकिन इसकें समतय पाठ्यक्रम उद्देश्य एवं शिक्षण विधियों में अंतर है और हम व्यापक एवं सुंकुचित अर्थ में शिक्षा में अंतर कुछ इस प्रकार कर सकते हैं-

1. व्यापक शिक्षा

1. व्यापक अर्थ में शिक्षा जीवन भर चलती है इसमें संकुचित अर्थ वाली शिक्षा भी सम्मिलित रहती है।
2. इसकें अंतर्गत नियोजित एवं अनियोजन दोनों प्रकार की शिक्षा आती है।
3. इस शिक्षा के उद्देश्य बहुत व्यापक होते हैं, उन्हें सीमा में नहीं बांधा जा सकता है।

4. इसमें पाठ्यक्रम व्यापक होता है और किसी सीमा में उसे नहीं बांधा जा सकता है।
5. इस शिक्षा की शिक्षण विधियाँ विविध होती हैं उनका वर्णन सम्भव नहीं है।

2. संकुचित शिक्षा

1. संकुचित अर्थ में शिक्षा मनुष्य के जीवन में एक निश्चित काल तक ही चलती है। इसकें अंतर्गत केवल विद्यालयीय शिक्षा ही आती है।
2. इसमें केवल नियोजित शिक्षा ही आती है।
3. इस शिक्षा के उद्देश्य सुनिश्चित एवं विकासोन्मुख होते हैं उनकी अपनी सीमा भी निश्चित होती है।
4. इस शिक्षा का पाठ्यक्रम निश्चित होता है उसकी अपनी सीमा नहीं होता है।
5. इस शिक्षा के लिए कुछ शिक्षण विधियों का विधान किया जाता है, उनका वर्णन किया जा सकता है।

शिक्षा की प्रकृति

विभिन्न दृष्टिकोण से विस्तार करने पर शिक्षा की प्रकृति के विषय में निम्नलिखित तथ्य उजागर होते हैं–

1. शिक्षा एक सामाजिक प्रक्रिया है जिसकें तीन मुख्य अंग है– सिखाने वाला, सीखने वाला और प्रयुक्त होने वाली सामग्री या क्रिया। यह आवश्यक नहीं है कि सिखाने वाला सीखने वालों के सामने प्रत्यक्ष रुप में उपस्थित रहता है वह पर्दे के पीछे छुपा हुआ भी रह सकता है।
2. समाज में शिक्षा व्यापक एवं सामजिक दोनों अर्थों में चलती रहती है लेकिन हमें उसको व्यापक रूप में ही लेना चाहिए। अतः शिक्षा को हम एक अविरत प्रक्रिया भी कह सकते हैं।
3. शिक्षा प्रक्रिया के कुछ उद्देश्य होते हैं जो समाज के द्वारा निश्चित होते हैं और विकासोन्मुख होते हैं। अतः शिक्षा को हम विकास की प्रक्रिया कह सकते हैं।
4. शिक्षा की विषय सामग्री को किसी सीमा में बांधा जा सकता है व्यापक अर्थ में यह बहुत व्यापक होती है लेकिन संकुचित अर्थ में शिक्षा की

सामग्री पाठ्यक्रम तक ही सीमिति रहती है लेकिन दोनों ही अर्थों में शिक्षा समाज का विकास करती है।

5. व्यापक अर्थ में शिक्षा की विधियाँ बहुत व्यापक होती है लेकिन प्राय: संकुचित अर्थ में सीमित ही होती है।
6. शिक्षा का स्वरूप समाज में धर्म, दर्शन, संस्कृति, समाज की संरचना, अर्थतंत्र एवं प्रगति पर निर्भर करता है।
7. किसी भी समाज के धर्म–दर्शन, शासन तंत्र अर्थतंत्र एवं वैज्ञानिक परिवर्तनों के साथ–साथ उसकी शिक्षा के स्वरूप में भी परिवर्तन होता रहता है। अत: हम कह सकते हैं कि शिक्षा की प्रकृति गतिशील होती है।

शिक्षा के विभिन्न अंग

शिक्षा के अंगों के विषय में शिक्षाशास्त्रियों में मतभेद हैं। जॉन एडम ने शिक्षा के दो ही अंग माने हैं– पहले शिक्षार्थी एवं दूसरा शिक्षक। जॉन डीवी भी शिक्षा के दो ही अंग मानते हैं लेकिन दो अंग एडम से भिन्न है उनके अनुसार शिक्षा के दो अंग हैं।

पहला **मनोवैज्ञानिक** (सीखने वाले की मानसिक स्थिति) दूसरा **सामाजिक** (सीखने वाले का सामाजिक पर्यावरण) रायबर्न के अनुसार, ''शिक्षा के तीन अंग है– शिक्षार्थी, शिक्षक एवं पाठ्यक्रम।'' लेकिन पिछले कुछ वर्षों में शिक्षा तकनीकी के विकास से इस क्षेत्र में क्रान्ति आ गई है। शैक्षिक तकनीकी विशेषज्ञ शिक्षा के तीन अंगों को स्वीकार करते हैं– शिक्षार्थी, शिक्षक और सीखने–सिखाने की परिस्थितियाँ जिसमें शिक्षा की विधियाँ, पाठ्यक्रम एवं शिक्षण के साधन, प्रकृति पर्यावरण, सामाजिक परिवेश एवं मूल्यांकन की विधियाँ आती है। आधुनिक शिक्षाशास्त्री इन्हीं को शिक्षा के अंग मानते हैं। हम इन सभी की चर्चा यहाँ कर रहे हैं।

शिक्षार्थी–शिक्षार्थी का अर्थ होता है सीखने वाला। शिक्षार्थी शिक्षा प्रक्रिया का सबसे महत्त्वपूर्ण अंग माना जाता है। शिक्षार्थी के बिना शिक्षा प्रक्रिया के चलने का प्रश्न ही नहीं उठाता है। यह बात भी अक्षरा: सत्य है कि शिक्षार्थी अपनी रुचि, रूझान एवं योग्यता के आधार पर ही सीखता है। उदाहरण के लिए यदि बालक के सामने अध्यात्म की बात की जाए वो बेचारे कुछ भी समझ नहीं पायेंगे। सीखने का प्रश्न ही नहीं उठता है। अत: शिक्षा की प्रक्रिया बालक की रुचि, रूझान और योग्यता को ध्यान में रखकर ही चलाई जानी चाहिए। बच्चों की रुचि, रूझान और

उनकी योग्यता उनकी आनुवंशिकता एवं पर्यावरण पर निर्भर करती है, अत: शिक्षक को बालक की आनुवंशिकता एवं वातावरण का ध्यान शिक्षा प्रक्रिया में अवश्य ही रखना चाहिए।

शिक्षार्थी कुछ बातें सीखते हैं और कुछ बातें नहीं सीखते हैं। ऐसा क्यों होता है? इस विषय में कई प्रकार के अध्ययन हुए हैं और निष्कर्ष यही निकला है कि सीखने की क्रिया शिक्षार्थी के शारीरिक स्वास्थ्य, मानसिक स्वास्थ्य, अभिवृद्धि, विकास एवं परिपक्वता, बालक की सीखने की इच्छा उसकें पूर्व अनुभव एवं ज्ञान, नैतिक गुण, चरित्र, उत्साह एवं थकान और इसकी अध्ययनशीलता पर निर्भर करता है। शिक्षक बालक को सीखने में सहायता करता है। इसी कारण से शिक्षार्थी को शिक्षा का केन्द्र माना जाता है और शिक्षा की समस्त योजनाएँ बालक या शिक्षार्थी को ध्यान में रखकर बनाई जाती हैं। यह बात भी सर्वमान्य है कि अंतत: हम समाज या राष्ट्र के आदर्श के अनुकूल बनाने का प्रयास करते हैं।

पाठयक्रम– नियोजित शिक्षा के उद्देश्य निश्चित होते हैं। इन निश्चित उद्देश्यों की प्राप्ति के लिए बालकों को विभिन्न विषयों का ज्ञान कराया जाता है। उनसे कई प्रकार की क्रियाएं कराई जाती हैं। इन्हें ही अमान्यत: पाठ्यक्रम कहा जाता है लेकिन अपने वास्तविक अर्थ में पाठ्यक्रम बहुत अधिक व्यापक होता है। उसकें अंतर्गत विषयों के ज्ञान एवं क्रियाओं के प्रशिक्षण के साथ–साथ पूरा का पूरा सामाजिक वातावरण आता है जिसकें द्वारा निश्चित किये गये उद्देश्यों को प्राप्त किया जाता है। पाठ्यक्रम शिक्षक एवं बालक के बीच एक कड़ी का काम करता है। शिक्षक को पाठ्यक्रम से यह पता चल जाता है कि उसे क्या सीखना है और शिक्षार्थी भी यह जानता रहता है कि उसे क्या सीखना है।

पाठ्यक्रम शिक्षक एवं शिक्षार्थी पर शासन करता है। चाहै वह राज्य द्वारा तय हो या समाज द्वारा। साम्यवादी एवं राजतंत्र वाले राज्यों में शिक्षा पूर्णतया राज्य के द्वारा चलाई जाती है। वैसे राज्यों में शिक्षक को अपने दर्शन को अभिव्यक्त करने का अधिकार नहीं होता है। शिक्षार्थी भी अपनी योग्यता एवं रुचि के अनुसार शिक्षा ग्रहण नहीं कर पाता है। वहाँ सभी को राष्ट्र के विचारधारा के अनुसार चलना पड़ता है। लोकतंत्र इस विषय में छूट देता है। लोकतंत्र में यद्यपि पाठ्यक्रम तो राज्य के द्वारा ही निश्चित होता है लेकिन उनमें विकल्प मौजूद रहते हैं और बालक अपनी रुचि,रूझान,के अनुसार विकास करने का अवसर पाता है। जो लोग मानव की प्रकृति का आदर करते हैं वे लोग ऐसी ही शिक्षा का समर्थन करते है। ऐसा नहीं होने पर संसार एक कारागार बन जाएगा और उसकी प्रगति अवरूद्ध हो जायेंगी हमें

एक बात पर जरूर गौर करना चाहिए की पाठ्यक्रम स्वयं में साध्य नहीं है यह तो राज्य द्वारा निश्चित किये गये उद्देश्यों की प्राप्ति का साधन होती है।अत: पाठ्यक्रम को साधन में रूप में ही लेना चाहिए। हमारे देश में आज पाठ्यक्रम को ही साध्य माना जाता है और शिक्षक अपनी शक्ति पाठ्यक्रम का ज्ञान कराने में ही लगा देते हैं और बालक को परीक्षा में पास कराकर पीठ थपथपाते हैं। अत:बच्चो को पढ़ाने समय पाठ्यचर्चा नहीं अपितु उसकें द्वारा प्राप्त होने वाले उद्देश्य की प्राप्ति के लिए प्रयत्नशील होना चाहिए।

शिक्षक– शिक्षक के व्यापक अर्थ में रोज एक दूसरे से सीखते है। इसलिए हम सभी शिक्षार्थी एवं शिक्षक दोनों है लेकिन शिक्षा के संकुचित अर्थ में कुछ विशेष व्यक्ति जो जानबूझकर दूसरों को प्रभावित करते हैं और उनके आचार विचार में परिर्वन करते हैं वे शिक्षक कहे जाते है। पुराने जमाने में शिक्षक को बहुत ऊंचा स्थान प्राप्त था। लोग मानते थे कि गुरू के चरण में बैठकर कोई भी व्यक्ति ज्ञानी बन सकता है। लेकिन मनोवैज्ञानिक अध्ययन इस बात को साबित कर चुके हैं कि बालक का विकास उसकें शिक्षक से ज्यादा बालक के ऊपर ही निर्भर करता है। प्रत्येक व्यक्ति में कुछ जन्मजात शक्तियों के आधार पर उनके विकास में सहायता करता है। लेकिन शिक्षक के अभाव में नियोजित शिक्षा की कल्पना आज भी नहीं की जा सकती है। शिक्षक वर्ग में व्यक्ति के रूप में भी उपस्थित रहता है या लेखक के रूप में उपस्थित होता है। शिक्षक कम्प्यूटर या शिक्षण कम्प्यूटर या शिक्षण मशील के रूप में भी उपस्थित हो सकता है। शिक्षक की सहायता इस बात पर निर्भर करती है या शिक्षक अपने दायित्व का निर्वहन तभी का सकता है जब उनमें निनलिखित गुण हों। उत्तम शारीरिक एवं मानसिक, स्वास्थ, उच्चसामाजिक, उच्च सांस्कृतिक दृष्टिकोण, स्पष्ट जीवन दर्शन, नैतिकता एवं चरित्र बल, विषय का ज्ञान, विभिन्न विषयों का सामान्य ज्ञान, शिक्षण कौशल एवं संगठन शक्ति। इन गुणों के साथ-साथ शिक्षक को अध्ययनशील एवं प्रगतिशील भी होना चाहिए शिक्षक को गम्भीर एवं विनोदी भी होना चाहिए।

शिक्षण विधियाँ एवं उपकरण

शिक्षण क्रिया द्वारा शिक्षक शिक्षार्थियों को ज्ञान प्राप्त करने एवं क्रियाओं में दक्षता के लिए तैयार करता है, उसका मार्गदर्शन करता है, सीखने में सहायता पहुँचाता है और अपनी ओर से कुछ बताकर बालक के ज्ञान में वृद्धि करता है और प्रशिक्षण करता है। यह सरल कार्य नहीं है। शिक्षण कार्य के लिए शिक्षक को अपने शिक्षार्थी को तैयार करना पड़ता है। जिससे की वह सीखने में रुचि ले।

वैसे तो शिक्षण विधियों पर विचार आदिकाल से होता रहता है। लेकिन गत शताब्दी में इस क्षेत्र में संतोषजनक कार्य हुआ है। विभिन्न प्रयोगों के आधार पर हमने उनके शिक्षण सिद्धान्त, शिक्षण सूत्र, शिक्षण यंत्रों का निर्माण किया है। इन प्रयोग एवं आविष्कारों के कारण अब शिक्षा प्रक्रिया बहुत बदल गई है और यदि कारण है कि अब ज्यादा से ज्यादा लोग विभिन्न शिक्षण विधियाँ एवं शिक्षण के उपकरण अपना रहे हैं।

प्राकृतिक वातावरण–शिक्षा जिस समय जिस स्थान पर चलती है उस समय एवं उस स्थान का प्राकृतिक वातावरण शिक्षण एवं शिक्षार्थी का प्राकृतिक वातावरण कहलाता है। यदि वातावरण दूषित होता है तो बालक जल्दी ठीक हो जाता है। अत्यधिक गर्मी एवं अत्यधिक सर्दी भी सीखने–सिखाने में बाधक बन जाती है। इसलिए शिक्षक एवं शिक्षार्थी दोनों के प्राकृतिक वातावरण का ध्यान रखना आवश्यक है और प्राकृतिक वातावरण को भी शिक्षा के अंग के रूप में स्वीकार किया गया है।

प्राचीन काल में बालक गुरूकुलों में रहते थे। गुरूकुल नगरों से दूर प्राकृतिक वातावरण में बनाए जाते थे। वहाँ का वातानवरण शुद्ध होता था लेकिन आज जब जनसंख्या बहुत ज्यादा बढ़ गई है और गुरूकुल या आश्रम प्रणाली सम्भव नहीं है, लेकिन विद्यालय प्रांगण को शुद्ध रखा जा सकता है। प्रांगण में फल–फूल के वृक्ष लगाये जा सकते हैं। बालक की पढ़ाई का समय जलवायु के अनुसार निश्चित होना चाहिए।

सामाजिक वातावरण–हम जिन लोगों के बीच रहते हैं, जिनसे बात करते हैं, वे और उनकी भाषा, विचार, सभ्यता एवं संस्कृति ही हमारा सामाजिक पर्यावरण होता है। यह देखा गया है कि बच्चे के सामाजिक पर्यावरण का पूरा–पूरा प्रभाव बालक की शिक्षा और विकास पर पड़ता है। इसी कारण से आज सामाजिक पर्यावरण को भी शिक्षा का अंग माना जाता है।

प्राचीन गुरु आश्रमों जो नगरों से दूर सूरम्य प्राकृतिक वातावरण में होते थे, गुरू शिष्य के सम्बन्ध, शिक्षकों के आपसी सम्बन्ध, गुरूआश्रमों की व्यवस्था और गुरू आश्रमों की आचरण प्रणाली शिक्षक एवं शिक्षार्थियों का सामाजिक वातावरण होता था इस कारण बच्चों में उच्च संस्कार आ जाते थे। आज की शिक्षा में भिन्नता है आज तो शिक्षार्थी कुछ समय परिवार में, कुछ समय अपने पड़ोस में तथा कुछ समय अन्य सामाजिक स्थानों पर रहते हैं और इनका प्रभाव बालक पर पूरा–पूरा पड़ता है। वे

समाज की धार्मिक, राजनैतिक और आर्थिक स्थिति से प्रभावित होते हैं और प्रभावित करते हैं। अत: बच्चों को सुसंस्कृत एवं सामाजिक बनने के लिए यह आवश्यक है कि घर, समाज या विद्यालय सभी जगह बच्चों के साथ प्रेम, सहानुभूति और सहयोग पूर्ण व्यवहार हो।

मूल्यांकन–शैक्षिक प्रक्रिया के तीन महत्त्वपूर्ण अंग हैं, शैक्षिक लक्ष्य सीखने-सिखाने की परिस्थितियाँ एवं मूल्यांकन या मापन। ये तीनों एक-दूसरे पर निर्भर करते हैं। बालकों की रुचि, बुद्धि, अभिरुचि अभिवृत्ति एवं व्यक्तित्व का मापन कर उन्हें शैक्षिक एवं व्यावसायिक निर्देश दिया जाता है तथा बालकों की कठिनाईयों का पता लगाया जाता है। शिक्षक के व्यवहार के गुण एवं दोष देखे जाते हैं। शिक्षण विधियों का मूल्यांकन कर उनमें भी सुधार किया जाता है और छात्रों का मार्गदर्शन किया जाता है। यही कारण है कि आज मूल्यांकन को शिक्षा का अंग माना जाता है।

शिक्षा एक त्रिधुवीय प्रक्रिया है

शिक्षा के ध्रुवों के विषय में शिक्षाशास्त्रियों में मतांतर है। जॉन एड इसे त्रिध्रुवीय प्रक्रिया मानते हैं। उनके अनुसार शिक्षा के केवल दो ध्रुव हैं इसे हम इस प्रकार व्यक्त कर सकते हैं।

जॉन डीवी ने इसे द्विध्रुवीय प्रक्रिया माना है। उनके अनुसार शिक्षा प्रक्रिया के दो ध्रुव हैं। मनोवैज्ञानिक एवं सामाजिक, जिसे इस प्रकार प्रकट किया जा सकता है।

रायबर्न के अनुसार- ''शिक्षा एक त्रिध्रुवीय प्रक्रिया है। शिक्षा के तीन ध्रुव हैं। शिक्षार्थी शिक्षक एवं पाठ्यक्रम। शैक्षिक तकनीकी के विकास के पूर्व तक शिक्षा के यहाँ तीन अंग अथवा ध्रुव माने जाते हैं। इसे हम इस प्रकार प्रकट कर सकते हैं।''

शैक्षिक मूल्यांकन के विशेषज्ञों ने शैक्षिक प्रक्रिया को तीन भागों में विभाजित किया है। वे तीन अंग हैं। उनके अनुसार शिक्षा की प्रक्रिया इन तीनों के बीच ही चलती है। इसे हम निम्नलिखित रूप से प्रकट कर सकते हैं।

शिक्षा के लिए हम इस युग में सबसे ज्यादा काम तकनीशियनों ने किया है। शिक्षा तकनीशियन भी शिक्षा के तीन अंग या ध्रुव मानते हैं। उनके अनुसार शिक्षा के तीन ध्रुव हैं। शिक्षक, शिक्षार्थी तथा सीखने-सिखाने की परिस्थितियाँ। इसे हम इस प्रकार प्रकट कर सकते हैं।

सबसे अच्छी दृष्टि में शिक्षा के इन्हीं तीनो ध्रवुों को देखना समझना अच्छा होगा। जहाँ शिक्षा होगी सीखने वाला होगा ही साथ ही कोई सिखाने वाला भी होगा। सीखने वाला व्यक्ति हो सकता है या सिखाने के लिए वस्तु या प्राकृतिक पर्यावरण या सामाजिक पर्यावरण। बालक जो सीख रहा है पाठ्यचर्या कहलाता है। वह जैसे सीख रहा है उसे शिक्षण विधियाँ जिन उपकराणों का प्रयोग हो रहा है उन्हें शिक्षोपकरण और सीखने वाला जिस प्राकृतिक वातावरण में है उसे उसका प्राकृतिक पर्यावरण कहते हैं।

शिक्षा–शिक्षण और सीखना

भूलवश लोग शिक्षा, शिक्षण एवं सीखना तीनों का एक ही अर्थ निकालते हैं। जिसका मुख्य कारण है कि ये तीनों सोद्देश्य प्रक्रियाएँ हैं और मनुष्य के व्यवहार से सम्बन्धित हैं लेकिन तीनों अलग–अलग है। इनकी भिन्नता को समझने के लिए इन तीनों के अर्थ को अलग–अलग समझना होगा। शिक्षा को सामान्यतः हम ज्ञान एवं कौशल के रूप में देखा जाता है लेकिन वास्तव में यह एक प्रक्रिया है और ज्ञान एवं उसकें प्रक्रिया के परिणाम है विद्वानों ने इस प्रक्रिया की व्याख्या भिन्न रूपों में की है और इसे परिभाषित भी भिन्न रूपों में किया है। शिक्षा की विभिन्न परिभाषाओं एवं उन सबकी व्याख्याओं के आधार पर हम इस निष्कर्ष पर पहुँचते हैं कि–

शिक्षा किसी समाज में लगातार चलने वाली वह सामाजिक प्रक्रिया है जिसकें द्वारा मनुष्य की जन्मजात शक्तियों का विकास उसकें ज्ञान एवं कौशल में वृद्धि एवं व्यवहार में परितर्वन किया जाता है और इस तरह उसे सभ्य सुसंस्कृत एवं योग्य नागरिक बनाया जाता है। इसकें द्वारा व्यक्ति तथा समाज दोनों निरन्तर विकास करते हैं।

शिक्षण को ज्ञान एवं कौशल के सम्प्रेषण के रूप में देखा जाता है। लेकिन यह एक ऐसी प्रक्रिया है जिसमें सिखाने वाला सीखने वाले को प्रभावित करता है और सीखने में उसकी सहायता करता है। विद्वानों में शिक्षण को भिन्न–भिन्न रूप में परिभाषित किया है और विभिन्न व्याख्याएँ की हैं। हम शिक्षण के वास्तविक कार्य एवं रूप को ध्यान में रखकर हम शिक्षण का अर्थ कुछ इस प्रकार बता सकते हैं–

शिक्षण वह प्रक्रिया है जिसमें सिखाने वाले, सीखने वालों के लिए विभिन्न विधियों युक्तियों एवं साधनों द्वारा सीखने की परिस्थितियों का निर्माण करते हैं और सीखने वाले इसकी सहायता से सीखते हैं। शिक्षण का तब क कोई अर्थ नहीं जब तक सीखने वाले सीख नहीं जाते, उनके व्यवहार में वांछित परिवर्तन नहीं हो जाता है।

सीखने का अर्थ सामान्यत: ज्ञान एवं कौशल के अर्जन के रूप में लिया जाता है। विद्वानों ने इसकी विभिन्न परिभाषाएँ दी हैं और व्याख्याएँ भी भिन्न-भिन्न की हैं। सीखने की विभिन्न व्याख्याओं एवं परिभाषाओं से हम निम्न निष्कर्ष पर पहुँचते हैं-

सीखने का अर्थ अनुभव, शिक्षण, प्रशिक्षण या अध्ययन द्वारा भिन्न-भिन्न तथ्यों को जानना और नई-नई क्रियाओं को करना तथा इन्हें बहुत समय तक धारण करना और आवश्यकता होने पर इनका प्रयोग करना है। सीखने का तब तक कोई अर्थ नहीं होता है जब तक कि उससे सीखने वालों को व्यवहार में इस प्रकार परिवर्तन नहीं हो जाता है।

शिक्षा, शिक्षण एवं सीखने में अंतर

1. शिक्षा का उद्देश्य समाज निश्चित करता है ये उद्देश्य व्यक्तिगत एवं सामाजिक दोनों तरह के विकास के सम्बन्धित होते हैं। लेकिन शिक्षण एवं सीखने के उद्देश्यों उसकें अनुसार भी हो सकते हैं और उसकें प्रतिकूल भी। हम कह सकते हैं कि शिक्षा विकासोन्मुख होती है लेकिन शिक्षण एवं सीखना विकासोन्मुख भी हो सकते हैं और प्रतिकूल भी।

2. शिक्षा द्वारा सदैव विकास ही होता है। लेकिन शिक्षण एवं सीखना विकास में बाधक भी हो सकतेहैं और सहायक भी। समाज के सदस्यों को यदि हित की बातें सिखाते हैं तो वह विकास में सहायक हैं और यदि प्रतिकूल बातें सिखाते हैं तो वह उनके विकास में बाधक भी हैं।

3. वृहत अर्थ में शिक्षा के तीन पक्ष हैं-सिद्धान्त, क्रिया एवं परिणाम। अत: हम कह सकते हैं कि शिक्षण शिक्षा का क्रियात्मक पक्ष है और सीखना परिचयात्मक।

4. शिक्षा की प्रक्रिया में शिक्षण और सीखना निहित होते हैं लेकिन यह आवश्यक नहीं है कि जहाँ शिक्षण एवं सीखने की प्रक्रियाएँ हो वहाँ शिक्षा भी हो। समाज में लोग उन क्रियाओं को भी सीखते-सिखाते हैं वहाँ शिक्षण शासन तंत्र पर आधारित होता है।

अनुदेशन एवं प्रशिक्षण में अंतर

अनुदेशन सामान्य रूप में शिक्षक द्वारा शिक्षार्थियों के सम्मुख तथ्यों को सीधे प्रस्तुत करने की क्रिया से लिया जाता है जिसका अर्थ है, शिक्षक-शिक्षार्थी के बीच

अंत:क्रिया का नहीं होना, प्रश्नोत्तर नहीं होना एवं शंका का समाधान नहीं होना एवं तर्क-वितर्क का अभाव। लेकिन अनुदेशन के लिए यह आवश्यक नहीं है कि सिखाने वाला सिखाने वाले के सामने उपस्थित हो ही। अब यह कार्य शिक्षण सामग्री, शिक्षण मशीनों, टेपरिकार्डरों, कम्प्यूटर आदि के द्वारा किया जाता है। अनुदेशन द्वारा अब तथ्यों का ज्ञान नहीं कराया जाता है अपितु क्रियाओं का भी ज्ञान कराया जाता है। अभिक्रमित अनुदेशन में सीखने वाले और सिखाने वाले में कोई सामाजिक अंत:क्रिया नहीं होती है इसलिए इन सभी को अभिक्रमित अनुदेशन कहा जाता है। अनुदेशन की परिभाषा कुछ इस प्रकार से दी जा सकती है। अनुदेशन शिक्षण की ऐसी प्रक्रिया है जिसमे सीखने वाले एवं सिखाने वाले को तथ्यों अथवा क्रियाओं का ज्ञान स्वयं अथवा किसी अन्य माध्यम से सीधे कराते हैं और सीखने वाले इन क्रियाओं को अपनी शक्ति के अनुसार सीखते हैं। सिखाने एवं सीखने वाले के बीच बहुत कम अत: क्रिया होती है।

प्रशिक्षण का अर्थ

सामान्यत: कौशलों के विकास की प्रक्रिया को प्रशिक्षण कहा जाता है। इसलिए विद्वान् अनुदेशन को बुद्धिपरक और प्रशिक्षण को क्रियापरक कहते हैं। आज कला, कौशल एक व्यवसाय के क्षेत्र में इतना विकास हो चुका है कि उसकें सिद्धान्त पक्ष को समझने बिना उसमें दक्षता प्राप्त नहीं की जा सकती है। प्रशिक्षण कार्यक्रम में सिद्धान्त एवं क्रिया दोनों पक्ष रहते हैं और सिद्धान्त पक्ष का ज्ञान बुद्धिपरक विधियों की सहायता से विकसित किया जाता है एवं उनका अनुप्रयोग अभ्यास के द्वारा सिखाया जाता है। हम कह सकते हैं किसी भी कला-कौशल अथवा व्यवसाय के सिद्धान्त पक्ष के ज्ञान के बाद उसकें सम्पादन में दक्ष करने की विधि को प्रशिक्षण कहते हैं। प्रशिक्षण की परिभाषा कुछ इस प्रकार दी जा सकती है-

"प्रशिक्षण का अर्थ है सीखने वालों को किसी कला, कौशल अथवा व्यवसाय में अभ्यास के द्वारा निपुण बनाना।"

शिक्षा एवं अनुदेशन में अंतर

लोग अनुदेशन को ही शिक्षा मान लेते हैं लेकिन दोनों भिन्न हैं। कला के अंदर शिक्षक द्वारा छात्र तक विषय के ज्ञान को पहुँचाने की क्रिया अनुदेशन कहलाती है। छात्र अनुदेशन की सहायता से ज्ञानार्जन करता है। यह आवश्यक नहीं है कि

अनुदेशन से छात्र शिक्षित ही हो जाए। एक ही अनुदेश का अलग–अलग छात्रों पर अलग–अलग प्रभाव पड़ता है। अत: अनुदेशन एवं शिक्षा दोनों अगल–अलग हैं। अनुदेशन एक कृत्रिम एवं सीमिति क्रिया है शिक्षा एक स्वाभाविक एवं व्यापक प्रक्रिया है। शिक्षा एक आजीवन चलने वाली प्रक्रिया है जबकि अनुदेशन सीमित समय के अंतर्गत एक निश्चित उद्देश्य से किया जाता है। अनुदेश में शिक्षक का लेकिन शिक्षा में शिक्षार्थी का स्थान महत्त्वपूर्ण होता है। राबर्टसन ने ठीक कहा है, ''अनुदेशन कक्षा के अंदर समाप्त हो जाता है लेकिन शिक्षा जीवन के साथ समाप्त होती है।''

शिक्षाशास्त्र का अर्थ–

आज के वैज्ञानिक युगमें शिक्षा प्रक्रिया के स्वरूप एवं कार्यों की व्याख्या करने एवं विभिन्न समस्याओं का समाधान करने के लिए विभिन्न दर्शनशास्त्रियों, समाजशास्त्रियों, राजनीतिशास्त्रियों, मनोवैज्ञानिकों ने बहुत काम किया है। इन सभी प्रयत्नों ने एक नये अनुशासन को जन्म दिया जिसे शिक्षाशास्त्र कहते हैं। शिक्षाशास्त्र के अंतर्गत शिक्षा का प्रभावित करने वाले प्रयोग एवं विचारों की व्याख्या की जाती है। बदलते हुए समाज में शिक्षा के उद्देश्य, पाठ्यचर्या और शिक्षण विधियों का स्वरूप क्या होना चाहिए इन सभी बातों का अध्ययन शिक्षाशास्त्र में किया जाता है। शिक्षाशास्त्र में शिक्षा की समस्त समस्याओं पर विचार किया जाता है और उनके समाधान ढूंढे जाते हैं।

शिक्षाशास्त्र का अपना अलग अध्ययन क्षेत्र है एवं अपनी अध्ययन एवं शोध की विधियाँ हैं। शिक्षाशास्त्र की परिभाषा कुछ ऐसे दी जा सकती है–

शिक्षाशास्त्र ज्ञान की वह शाखा है जिसमें शिक्षा के स्वरुप एवं उसकें विभिन्न अंगों एवं समस्याओं का दार्शनिक, समाजशास्त्रीय, राजनैतिक आर्थिक मनोवैज्ञानिक एवं वैज्ञानिक दृष्टिकोणों से अध्ययन किया जाता है।

शिक्षाशास्त्र का अध्ययन क्षेत्र एवं विषयवस्तु

प्राय: किसी भी विषय के अध्ययन क्षेत्र में और उसकी विषय वस्तु में अंतन नहीं माना जाता है लेकिन दोनों में थोड़ा अतंर है। अध्ययन क्षेत्र का अर्थ उस सीमा से होता है जिस सीमा तक उस विषय का अध्ययन किया जाता है और विषय–वस्तु का अर्थ उस सीमा से है जिस सीमा तक विषय का अध्ययन पूरा किया जा चुका है।

शिक्षाशास्त्र का अध्ययन क्षेत्र बहुत व्यापक है। लेकिन आज तक हम लोगों ने शिक्षाशास्त्र के विषय में जो अध्ययन कर लिया है वह उसकी विषय-वस्तु है। शिक्षाशास्त्र के अध्ययन क्षेत्र एवं विषय-वस्तु को निम्न भागों में बांटा जा सकता है।

शैक्षिक समाजशास्त्र—मानव सामाजिक प्राणी होने के कारण जो भी बात सीखता है समाज से ही सीखता है। मनुष्य के आचार-विचार को समाज एवं विभिन्न सामाजिक संगठन प्रभावित करते हैं। शिक्षा समाज को नियंत्रित करती है और उसका विकास करती है। शिक्षाशास्त्र के अंतर्गत समाज के सवयय, समाज का शिक्षा से सम्बन्ध एवं शिक्षा की प्रक्रिया में विभिन्न सामाजिक संगठनों के कार्यों, समाज के विद्यालय से सम्बन्ध तथा शिक्षा तथा सामाजिक परिवर्तन के आपसी सम्बन्ध आदि का अध्ययन किया जाता है इस तरह के अध्ययन क्षेत्र को शैक्षिक समाजशास्त्र कहा जाता है।

शिक्षा मनोविज्ञान—आज की शिक्षा में बालक को बहुत महत्त्वपूर्ण स्थान प्राप्त है, बालक के शारीरिक, मानसिक, संवेगात्मक एवं सामाजिक विकास के आधार पर ही उसकी शिक्षा की व्यवस्था की जाती है। इन बातों को समझने एवं तय करने के लिए हमें मनोविज्ञान का सहारा लेना पड़ता है। मनोविज्ञान की वह शाखा जिसमें बालक के विकास, सीखने की प्रक्रिया और अन्य समस्याओं का अध्ययन होता है शिक्षा मनोविज्ञान कहते हैं। शिक्षा मनोविज्ञान के अंतर्गत बालक की प्रकृति, उनकी योग्यता, रुचियों एवं अभिरुचियों तथा स्मृति, विस्मृति चिन्तन एवं कल्पना आदि का अध्ययन होता है। शिक्षा मनोविज्ञान में बच्चों की रुचियाँ बुद्धि एवं व्यक्तित्व के विकास की विधियों एवं उनको मापने की विधियों एवं दशाओं का व्यापक अध्ययन किया जाता है।

शिक्षा दर्शन—मानव का जीवन बहुत रहस्यमय है जब तक हम मानव जीवन के रहस्य को नहीं समझते हैं। तब तक यह तय नहीं हो सकता है कि हमें क्या सीखना है और क्या सिखाना है। इसलिए शिक्षाशास्त्र के अंतर्गत जीवन के विभिन्न दर्शनों के आधार इनके आधार पर शिक्षा के स्वरूप, शिक्षा के उद्देश्य और शिक्षा की पाठ्यचर्या आदि का अध्ययन किया जाता है। शिक्षाशास्त्र का यह भाग शिक्षादर्शन कहलाता है।

तुलनात्मक शिक्षा—आज का मानव केवल अपने आसपास के लोगों से नहीं सीखता है अपितु दूसरे देश के लोगों के अनुभवों का भी लाभ उठाता है। शिक्षाशास्त्र

विषय के अंतर्गत भी विभिन्न देशों की शिक्षा प्रणालियों का तुलनात्मक अध्ययन किया जाता है और उनके गुण-दोषों की विवेचना की जाती है। इस प्रकार हम अपनी परिस्थितियों में अपने उपयोग की शिक्षा व्यवस्था का निर्माण करने में सफल होते हैं।

शिक्षा का इतिहास—वर्तमान की सुन्दर रचना अतीत के सुन्दर नींव पर ही होती है। शिक्षाशास्त्र के अंतर्गत हम शिक्षा के इतिहास का अध्ययन इसी दृष्टि से करते हैं। जब तक हम अतीत की शिक्षा के स्वरूप, प्राचीन शिक्षा व्यवस्था तथा उनके परिणामों का अध्ययन नहीं करते हैं तब तक हम अपने लिए अच्छी शिक्षा व्यवस्था की स्थापना नहीं कर सकते हैं।

शैक्षिक समस्याएँ—इसकें अंतर्गत देश की वर्तमान शिक्षा समस्याओं पर विचार किया जाता है और उसकें समाधान तरीके ढूँढे जाते हैं। शैक्षिक समस्याओं में शामिल हैं, सभी क्षेत्रों में शिक्षा समान सुविधाएँ उपलब्ध कराना, शिक्षा को व्यावसायिक स्वरूप देना, धर्मनिरपेक्ष राज्य में धार्मिक शिक्षा की व्यवस्था तथा शिक्षा का राष्ट्रीयकरण करना।

शैक्षिक प्रशासन एवं संगठन—शिक्षाशास्त्र के अंतर्गत विद्यालयों के संगठन एवं संचालन की विधियों का अध्ययन किया जाता है। कुछ मुख्य बातें जिनका अध्ययन शिक्षाशास्त्र के अंतर्गत किया जाता है। शिक्षा का संचालन किसकें हाथ में है, राज्य का शिक्षा में क्या सहयोग है, समाज का सहयोग क्या है। इन सभी बातों के अध्ययन से हमें शिक्षा प्रक्रिया को सुचारू रूप से चलाने के लिए इन बातों की आवश्यकता है।

शिक्षण तकनीकी—शिक्षण में सीखना और सिखाना दोनों क्रियाएँ आती हैं सीखने की विधियाँ, उत्तम सीखना कब सम्भव है इन प्रश्नों का उत्तर हमें मनोविज्ञान से मिलाता है। नियोजित शिक्षा की व्यवस्था करने कि लिए शिक्षण तकनीकी एवं शिक्षण कलाओं का ज्ञान आवश्यक है।

शिक्षा के सामान्य कार्य

शिक्षा सामाजिक प्रक्रिया है। व्यापक अर्थ में शिक्षा अनेक स्थान एवं प्रत्येक समय पर चलती है और इसकें विभिन्न रूप भी है। शिक्षा के विभिन्न रूपों का वर्णन हम आगे कर रहे हैं।

व्यवस्था की दृष्टि से शिक्षा के तीन रूप होते हैं–

1. औपचारिक 2. औपचारिकेत्तर 3. अनौपचारिक

औपचारिक शिक्षा

विभिन्न विद्यालयों, महाविद्यालयों और विश्वविद्यालयों में चलने वाली शिक्षा को औपचारिक शिक्षा कहते हैं। औपचारिक शिक्षा के उद्देश्य, पाठ्यक्रम एवं शिक्षण विधियाँ निश्चित होती हैं। औपचारिक शिक्षा योजनाबद्ध होती है ओर इसकी योजना बहुत कठोर होती है। सीखने वालों को विद्यालय महाविद्यालय अथवा विश्वविद्यालय को समय सारणी के अनुसार कार्य करना पड़ता है। औपचारिक शिक्षा व्यवस्था में परीक्षा लेने एवं प्रमाणपत्र देने की व्यवस्था होती है।

औपचारिक शिक्षा की यह विशेषता है कि व्यक्ति, समाज एवं राष्ट्र की आवश्यकताओं की पूर्ति करती है। यह व्याक्ति के ज्ञान का विकास करते हुए उसकें आचरण को उचित आधार प्रदान करती है और व्याक्ति को किसी व्यावसाय या उद्योग के योग्य बनाती है। औपचारिक शिक्षा समाज की दार्शनिक, सामाजिक, आर्थिक मांगों की पूर्ति में सहायक होती है अैार उसकें लिए विशेषण तैयार करती है। समाज इसकें द्वारा उन्नति करता है। औपचारिक शिक्षा के माध्यम से ही अध्यापक, वकील, वैद्य, हकीम, डाक्टर, इन्जीनियर, वैज्ञानिक एवं तकनीशियन तैयार किये जाते हैं। औपचारिक शिक्षा के अभाव में इन सबका निर्माण नहीं होगा और जिस समाज में इनका निर्माण नहीं हैाता है वह समाज उन्नति नहीं कर सकता है। औपचारिक शिक्षा एक प्रकार से व्यवस्था होती है। औपचारिक शिक्षा के व्यवस्थापकों को अधिक धन एवं समय खर्च करना पड़ता है और औपचारिक शिक्षा प्राप्त करने वालों को भी अधिक धन एवं समय व्यय करना पड़ता हैं। बहुतेरे छात्रों को अपनी शिक्षा बीच में ही छोड़ देनी पड़ती है। और इस प्रकार इस शिक्षा में अपव्यय एवं अवरोध होता है यह शिक्षा कई स्तरों पर व्यवस्थित होती है सभी स्तरों पर परीक्षा होती है। और प्रमाण पत्र दिये जाते है। प्रमाणपत्रों के आधार या गैर सरकारी नौकरियां प्राप्त होती है। औपचारिक शिक्षा प्राय: परीक्षा प्रधान होती है। पढ़ने वाले छात्र ज्ञान एवं कौशल में वृष्टि करने की अपेक्षा अच्छें पान एवं प्रमाणपत्र प्राप्त करने की ओर प्रवृत्त होते हैं। औपचारिक शिक्षा में स्थान, समय एवं पाठ्यक्रम के बहुत ज्यादा बन्धन होते हैं जिसके कारण सभी बालक इसका लाभ नहीं उठा पातें हैं। भारत जैसे देश में तो यह सुविधा सबको सुलभ नहीं है।

औपचारिकेत्तर शिक्षा

जैसे कि नाम से ही स्पष्ट है औपचरिकेत्तर शिक्षा औपचारिक शिक्षा की भांति विद्यालय एवं महाविद्यालय की सीमा में नहीं बांधी जाती है और न ही अनौपचारिक शिक्षा की भांति आकस्मिक रूप से चलती है। औपचारिकेत्तर शिक्षा के उद्देश्य, पाठ्यक्रम एवं शिक्षण विधियाँ प्रात: निश्चित् होते हैं लेकिन ये औपचारिक शिक्षा कठोर नहीं होते हैं। औपचारिकेत्तर शिक्षा की योजना बहुत लचीली होती हैं। इस शिक्षा का उद्देश्य सामान्य शिक्षा का प्रसार और उसकें लिए सतत व्यवस्था करना है। इसका पाठ्यक्रम सीखने वालों की आवश्यकता को ध्यान में रखकर तैयार किया जाता है। शिक्षण विधियाँ भी बहुत सरल होती है। औपचारिकेत्तर शिक्षा का आयोजन भी सीखने वालो की सुविधा के अनुसार विद्यालय भवनों, मन्दिर, मस्जिद, गिरजाघर एवं गुरूद्वारों, धर्मशालाओं एवं अन्य सामाजिक स्थलों, खेत खलिहानों एवं कारखानों में किया जाता है। समय भी सीखने वालों की सुविधा को ध्यान में रखकर तय किया जाता है। औपचारिकेत्तर शिक्षा में परीक्षा देना एवं प्रमाण पत्र पाना आवश्यक नहीं होता है। कुछ योजनाओं में परीक्षा ली जाती है ओर प्रमाण पत्र दिये जाते हैं। कुछ योजिनाओं में निरीक्षण के आधार पर प्रमाणपत्र दिये जाते है। तो कुछ योजनाओं में ऐसा कुछ नही होता है। विद्यालय के बाहर की प्राथमिक शिक्षा, माध्यमिक स्तर एवं उच्च स्तर की खुली शिक्षा एवं प्रौढ़ शिक्षा सभी औपचारिकेत्तर शिक्षा के समानांतर चलाई जाने वाली शिक्षा व्यवस्था को ही औपचरिकेत्तर शिक्षा कहा जाता है। इस शिक्षा में जनसंचार के साधनों का भी बहुत प्रयोग होता है।

औपचारिकेत्तर शिक्षा की यह बहुत बडी विशेषता है कि इसकें द्वारा उन बच्चों को शिक्षित किया जाता है जो विद्यालय की शिक्षा प्राप्त नहीं कर पाते हैं। वे प्रौढ़ शिक्षित किये जाते है। जो बचपन में पढ़ नहीं पाते हैं। जो बचपन में पढ़ नहीं पाते हैं। या जो प्राथमिक शिक्षा को ही किसी स्तर पर छोड़कर किसी अन्य कार्य में लग जाते है। व्यक्ति की शिक्षा को निरंतरता इस शिक्षा से प्राप्त हो जाती है। तत्कालीन आवश्यकताओं की पूर्ति के लिए प्रशिक्षित किया जाता है। औपचारिकेत्तर शिक्षा इस प्रकार समाज की सामाजिक एवं राजनैतिक आवश्यकताओं की पूर्ति करती है। भारत जैसे गरीब एवं बड़े देश के लिए तो औपचारिकेत्तर शिक्षा बहुत ही लाभकारी है। कम खर्च करके इस शिक्षा द्वारा ज्यादा से ज्यादा लाभ उठाया जा सकता है।

इस शिक्षा में एक कमी है कि इस शिक्षा के द्वारा समाज के लिए विशेषज्ञ तैयार नहीं किये जा सकते हैं। डाक्टर, इन्जीनियर, वैज्ञानिक आदि बनने के लिए हमें औपचारिक शिक्षा पर निर्भर होना पड़ता है॥

अनौपचारिक शिक्षा

जिस शिक्षा का कोई उद्देश्य निश्चित नहीं हो, कोई योजना नहीं बनाई गई, न पाठ्‌क्रम हो और काई परिभाषित शिक्षण विधियाँ, जो आकस्मिक रूप से सदेव चलती है। अनौपचारिक शिक्षा कहते हैं। जन्म के बाद जिन व्यक्तियों के सम्पर्क में रहता है वह उन्हीं लोगो का अनुसरण करता है, उनकी बोलचाल की भाषा, रहन सहन खान पान की विधियाँ आदि बातें सीखता है। कुछ कार्य वह ऐसा भी सीखता है जो समाज उसे सिखाता चाहता है वे उसकी सामाजिक शिक्षा के अंग होते हैं यह शिक्षा औरपचारिकेत्तर शिक्षा के साथ-साथ तो चलती ही है उनके बाद भी चलती रहती है। परिवार समुदाय में रहकर हम जो भी सीखते हैं या समाज हमं जो भी सिखाता है उसे अनौपचारिक शिक्षा कहते हैं।

अनौपचारिक शिक्षा जीवन भर चलती है और जीवन पर सबसे ज्यादा प्रभाव डालती हैं। मनोवैज्ञानिकों का मानना है कि मनुष्य के व्यक्तित्व का 3/4 निर्माण जीवन के पहले पांच वर्षों में हो जाता है और हम जानते है कि पहले पांच वर्षों में बालक केवल अनौपचारिक शिक्षा ही पाता है। भाषा और आचरण की शिक्षा अनौपचारिक ही होती है। सभ्यता एवं संस्कृति का ज्ञान भी अनौपचारिक शिक्षा से ही होता है। इसलिए अनौपचारिक शिक्षा बहुत आवश्यक है।

लेकिन जब तक औपचारिक एवं औपचारिकेत्तर शिक्षा द्वारा व्याक्ति एवं समाज शिक्षित नहीं होतें तब तक हम अनौपचारिक शिक्षा के लिए वातावरण तैयार नहीं कर सकतें हैं। बिना शिक्षित किए दी गई अनौपचारिक शिक्षा बहुत ही अव्यवस्थित होती है। व्यक्ति की भाषा एवं आचरण को किसी दिशा देने, अनुभवों को व्यवस्थित करने, उसकी रुचि, रूझान एवं उसकी योग्यतानुसार किसी विशेष कार्य के लिए प्रशिक्षित करने तथा जन शिक्षा के प्रचार एवं प्रसार के लिए औपचारिक एवं अनौपचारिक शिक्षा की व्यवस्था करना आवश्यक है।

औपचारिक, औपचारिकेत्तर एवं अनौपचारिक शिक्षा का महत्त्व

समाज एवं व्यक्ति के विकास के लिए औपचारिक, औपचारिकेत्तर एवं अनौपचारिक शिक्षा का अपना अपना महत्त्व है। शिक्षा का प्रारम्भ औपचारिक शिक्षा से होता है और अनौपचारिक शिक्षा के ही शिक्षा समाप्त होती है। बच्चों के प्रारम्भिक जीवन में जो संस्कार पड़ते हैं। वे बड़े ही स्थायी होते हैं। और प्रायः अनोपचारिक शिक्षा के परिणाम होते हैं। इसलिए अनौपचारिक शिक्षा को व्यक्ति के

निर्माण की आधारशिला ही कहते है। लेकिन अनौपचारिक शिक्षा के लिए वातारवरण का निर्माण औपचारिक एवं औपचारिकेत्तर शिक्षा के द्वारा ही किया जाता है इसलिए इनको अधिक महत्त्व दिया जाता है। बगैर उचित औपचारिक शिक्षा की व्यवस्था किये कोई भी समाज विशेषज्ञों का निर्माण नहीं कर सकता है और इसकें अभाव में उसकी उन्नति नही हो सकती है। बचपन में जो शिक्षा प्राप्त नहीं करते थे उन लोगों को शिक्षित करने के लिए, प्रौढ़ों को शिक्षित करने के लिए और शिक्षित व्यक्तियों को शिक्षा की निरंतरता प्रदान करने के लिए औपचारिक शिक्षा की व्यवस्था की जाती है। शिक्षा के प्रसार में इसका अपना अलग महत्त्व है। यह कई देशों में औपचारिक शिक्षा के समांतर चलती है। अत: सभी लोग इन तीनों कें अलग–अलग महत्त्व को स्वीकार करते है। क्योंकि तीनों एक दूसरे की पूरक हैं। कुछ लोग औपचारिकेत्तर शिक्षा को ही अनौपचारिक शिक्षा कहते हैं। भारत सरकार ने भी उसे अनौपचारिक शिक्षा की ही संज्ञा दी है।

सामान्य एवं विशिष्ट शिक्षा

शिक्षा का एक और वर्गीकरण हैं जिसमें पढ़ाया जाने वाला विषय आधार होता है एवं बालक के भावी जीवन की विशिष्टताओं को भी आधार बनाया जाता है। प्रश्न उठता है कि हम बालक को जीवन के लिए शिक्षा दे रहे हैं। यह जानना महत्त्वपूर्ण है कि बालक को क्या सामान्य शिक्षा दी जा रही है तो उसे सामान्य जीवन के लिए तैयार किया जा रहा है, और यदि उसे कोई विशेष या तकनीकी शिक्षा दी जा रही है तो उसे किसी विशिष्ट क्षेत्र में पारंगत किया जा रहा है।

सामान्य शिक्षा– सामान्य शिक्षा को उदार शिक्षा भी कहते हैं। इस शिक्षा के द्वारा बालक को सामान्य जीवन के लिए तैयार किया जाता है। इसकें लिए बालक की सामान्य बुद्धि को प्रशिक्षित किया जाता है। इस प्रकार की शिक्षा का उद्देश्य सीमित होता है। सामान्य शिक्षा का उद्देश्य बालक का सर्वागीण विकास करना होता है। उस शिक्षा का उद्देश्य बालक का सामान्य विकास है। प्राथमिक से लेकर पूर्व माध्यमिक शिक्षा तक की शिक्षा का सामान्य शिक्षा की श्रेणी में रखा जा सकता है। क्योंकि मिडिल तक की शिक्षा और कहीं–कहीं मैट्रिक तक की शिक्षा प्रकृति भी सामान्य होती है जिसकें अंतर्गत विभिन्न विषयों की शिक्षा के माध्यम से बालक को सामान्य जीवन के लिए तैयार किया जाता है। इस शिक्षा में सामान्य व्यवहारिक ज्ञान दिया जाता है। सामान्य शिक्षा की प्रवृत्ति सामान्य होती है इसलिए यह शिक्षा दुनिया मे होने वाले परिवर्तनों से ज्यादा प्रभावित नहीं होती है।

विशिष्ट शिक्षा– जैसे–जैसे शिक्षा का स्तर बढता जाता है शिक्षा भी विशिष्ट होती जाती है। माध्यमिक शिक्षा के बाद ऐच्छिक विषयों के रूप मे यह विशिष्टीकरण प्रारम्भ होता है तथा स्नातकोत्तर स्तर तक जाते–जाते शिक्षा का विशिष्टीकरण हो जाता है। विशिष्ट शिक्षा से सामान्यत: विभिन्न व्यावसायिक विषयों का बोध होता है। इस प्रकार इंजीनियर, मेडिकल, चित्रकला, संगीत आदि स्पष्ट रूप से विशिष्ट प्रतीत होते है। विशिष्ट शिक्षा के लिए बालक की रुचि एवं क्षमता का ध्यान रखना आवश्यक होता है जिससे बालक में विशिष्ट दक्षता उत्पन्न होती है। किसी शिक्षा को विशिष्ट शिक्षा तभी कहा जा सकता है जब बालक को किसी विशेष क्षेत्र के लिए तैयार करें। भारत की नयी शिक्षा नीति में भी शिक्षा के विशिष्टीकरण को महत्त्व दिया गया है और उसे व्यवसाय से जोड़ने पर बल दिया गया है।

सामान्य एवं विशिष्ट शिक्षा का महत्त्व

दोनों प्रकार की शिक्षा का अपना–अपना महत्त्व है। मनुष्य को मनुष्य एवं सामाजिक प्राणी बनाने के लिए सामान्य अर्थात उदार शिक्षा की आवश्यकता होती है और भौतिक आवश्यकताओं की पूर्ति के लिए एवं आवश्यक वस्तुओं एवं धन के उपार्जन के लिए विशिष्ट शिक्षा की आवश्यकता होती है। पहली के अभाव मे मनुष्य नहीं बन पाता है और दूसरी के अभाव में समाज उन्नति नहीं कर सकता है।

वैयक्तिक एवं सामूहिक शिक्षा

शिक्षा प्राप्त करने वालो लोगो की संख्या के आधार पर यदि शिक्षा का वर्गीकरण किया जाता है तो शिक्षा दो प्रकार की होगी। 1. वैयक्तिक एवं 2. सामूहिक।

1. वैयक्तिक शिक्षा– जैसा कि नाम से ही स्पष्ट है, वैयक्तिक शिक्षा का अर्थ है केवल एक विद्यार्थी द्वारा एक समय मे शिक्षा प्राप्त करना। इस शिक्षा में बालकों की प्राकृतिक विभिन्नताओं, शारीरिक एवं मानसिक शक्तियों, रुचियों, अभिक्षताओं को ध्यान मे रखकर शिक्षा प्रक्रिया का निर्धारण होता है। अत: वैयक्तिक शिक्षा में वैयक्तिक भिन्नताओं के अनुकूल ही पाठ्यक्रम, शिक्षण विधि और उद्देश्यों को अपनाया जाता है। इस शिक्षा में बालक की सीखने की गति का ध्यान रखना पड़ता है। जैसे–जैसे बालक ज्ञान प्राप्त करता जाता है। वैसे–वैसे शिक्षा आगे बढती जाती है। यह शिक्षा का आदर्श रूप तो है लेकिन ज्यादा खर्चीली है क्योकि इस प्रकार की शिक्षा में बालक एवं शिक्षक का अनुपात 1:1 का होता है। इतने बड़े देश में

वैयक्तिक शिक्षा को सार्वजनिक रूप नहीं दिया जा सकता है क्योंकि इतनी ज्यादा संख्या में प्रशिक्षित अध्यापक, पठन सामग्री और वेतन की व्यवस्था असम्भव है।

2. सामूहिक शिक्षा–

इस प्रकार की शिक्षा में एक साथ कई विद्यार्थी अध्ययन करते हैं। हमारे विद्यालय की कक्षाओं में इसी प्रकार की शिक्षा दी जाती है। यहाँ विभिन्न प्रकार की योग्यता एवं अभिक्षमता के बालक एक साथ शिक्षा ग्रहण करते हैं और उनकी गति को शिक्षक अपनी गति से नियंत्रित करता है। यह शिक्षा सस्ती है और एक ही अध्यापक कई छात्रों को एक ही साथ देता है। कहीं–कहीं तो शिक्षक–छात्र अनुपात 1:100 या 200 तक हो जाता है। सामूहिक शिक्षा में व्यक्तिगत विभिन्नता के सिद्धान्त की अवहैलना की जाती है। इस प्रकार की शिक्षा में गुणवत्ता को बढ़ाने के लिए शिक्षण छात्र अनुपात को कम करने की सलाह दी जाती है तथा व्यक्तिगत विभिन्नताओं को मान्यता देने के लिए रेमेडियल टींचिंग, जैसी व्यवस्था करने पर बल दिया जाता है।

सकारात्मक एवं नकारात्मक शिक्षा

सकारात्मक शि.क्षा– शिक्षण विधि के आधार पर शिक्षा को सकारात्मक एवं नकारात्मक दो रूपों में विभक्त किया जा सकता है। समाज द्वारा खोजे गये तथ्यों जैसे पृथ्वी गोल है, पृथ्वी सूर्य के चारों ओर चक्कर लगाती है, चन्द्रमा पृथ्वी के चकर लगाता है, पहाड़ों पर वायु का दबाव कम होता है एवं निश्चित आदर्शो जैसे सत्य बोलो, क्रोधित मत बनो, झूठ मत बोलो आदि बातें बालक को बिना अनुभव किए बताना ही सकारात्मक शिक्षा है। सकारात्मक शिक्षा में बच्चों को निश्चित तथ्यों एवं आदर्शो को बिना किसी अनुभव अथवा तर्क के आधार पर स्वीकार करना पड़ता है। सकारात्मक शिक्षा प्राप्त करने वाले छात्र अपनी जाति के अनुभवों एवं आदर्शो से बहुत कम समय से ही परिचित हो जाते हैं।

सकारात्मक शिक्षा में बहुत बड़ा अवगुण है कि बालक अपनी जति के अनुभवों एवं आदर्शो को बिना किसी तर्क के स्वीकार करते हैं। इस प्रकार के ज्ञान को मनोवैज्ञानिक स्थायी ज्ञान नहीं मानते हैं। सकारात्मक शिक्षा का दूसरा सबसे बड़ा अवगुण यह है कि यदि हमारी जाति के अनुभव एवं आदर्शो में दोष है तो भी बालक को उसे अपनाना पड़ता है।

नकारात्मक शिक्षा–नकारात्मक शिक्षा व शिक्षा है जिसमें बालकों को स्वयं खोज करने एवं आदर्शों को स्थापित कने के अवसर दिये जाते है। अध्यापक का कार्य इस शिक्षा में केवल अवसर प्रदान करना है।

नकारात्मक शिक्षा में सीखा हुआ ज्ञान स्थायी होता है क्योंकि बालक को स्वयं करके स्वयं के अनुभव से सीखना होता है।

लेकिन क्या बालक स्वयं अपने एवं स्वयं सीखने की योग्यता रखते हैं। यदि नहीं तो वे अपने स्वयं के अनुभव पर कैसे निर्भर रह सकते हैं और सब कुछ स्वयं अनुभव करके सीखा भी नहीं जा सकता है हमें अपने पूर्वजों के अनुभवों का ज्ञान प्राप्त करना होता है।

शिक्षा के कार्य, आवश्यकता, उपयोगिता एवं महत्त्व

मानव के विकास का मूल साधन है शिक्षा। शिक्षा के द्वारा व्यक्ति, समाज एवं राष्ट्र सभी का विकास होता है। यह मनुष्य को वह सब प्राप्त करने में सहायता करती है जिसकी वह आकांक्षा करता है और उसे प्राप्त करने का प्रयास करता है। शिक्षा के कार्यों को किसी सीमा में नहीं बांधा जा सकता है। शिक्षा मनुष्य के भूत, भविष्य एवं वर्तमान तीनों से सम्बन्धित रहती है। शिक्षा व्यक्ति को भूत से परिचित करती है, भविष्य का निर्माण करने में सहयोग करती है और वर्तमान में जीना सिखाती है। दार्शनिकों का मानना है कि शिक्षा मनुष्य को अपने जीवन के उद्देश्यो को प्राप्त करने के योग्य बनाती है। शिक्षा मनुष्य का सामाजीकरण करती है, सामाजिक नियंत्रण रखती है और सामाजिक परिवर्तन करती है। शिक्षा मनुष्य को राज्य का सर्वश्रेष्ठ नागरिक बनाती है। अर्थशास्त्रियों के अनुसार शिक्षा मनुष्य में व्यावसायिक कुशलता का विकास करती है तथा राष्ट्र का भी आर्थिक विकास करने में सहयोग करती है। मनोवैज्ञानिक शिक्षा को मार्गान्तीकरण एवं उदातीकरण कासाधन मानते हैं। वैज्ञानिकों की दृष्टि में शिक्षा के द्वारा मनुष्य की अनंत शक्तियों का बाह्य जीवन से सामंजस्य स्थापित करती है।

वास्तविकता तो यह है कि शिक्षा के अपने कोई कार्य नहीं होते हैं। शिक्षा के विभिन्न उद्देश्यों की पूर्ति करना शिक्षा के कार्य हैं। शिक्षा की उपयोगिता इन कार्यों का सम्पादन करना ही है यही शिक्षा का महत्त्व है। शिक्षा के उद्देश्यों एवं कार्यों का स्वरूप देश एवं काल के अनुसार बदलता रहता है। हम शिक्षा के कार्यों को निम्नांकित बिन्दुओं पर प्रकाश डालने से समझ सकते हैं–

सामाजिकरण, सामाजिक नियंत्रण एवं सामाजिक परिवर्तन के लिए शिक्षा–मनुष्य अकेला नहीं रह सकता हैं क्योंकि यह स्वभाव से ही एक समाजिक प्राणी है। यूं तो सभी प्राणी समूह में रहना पसंद करते हैं लेकिन विकासशील प्राणी होनपे के नाते मनुष्य इन सबसे भिन्न होता है। वह समाज में समायोजन तो करता ही है उसमें परिवर्तन एवं विकास भी करता है। समाज के लिए शिक्षा मुख्य रूप से तीन कार्य करती है। पहला सामाजीकरण, दूसरा सामाजिक नियंत्रण एवं तीसरा सामाजिक परिवर्तन। समाज की भाषा चाहै जैसी हो, रहन, सहन, खानपान एवं व्यवहार चाहै जैसे हों उसकें सदस्यों को ये सभी बातें सीखनी होती हैं तभी वे समाज से समायोजन कर पाते हैं। समाजशास्त्र इस क्रिया को सामाजीकरण कहते हैं। प्रत्येक समाज अपनी सभ्यता एवं संस्कृति को अक्षुण रखना चाहता है और शिक्षा इस कार्य में उसकी सहायता करती है। शिक्षा मनुष्यों में अपनी भाषा, रहन--सहन, खान पान एवं व्यवहार की विधियों और रीति-रिवाजों में परिवर्तन एवं विकास करने में सहायता करती है इसे समाजशास्त्र की भाषा में सामाजिक परिवर्तन कहा जाता है।

शारीरिक विकास, इन्द्रिय प्रशिक्षण एवं जन्मजात शक्तियों का उदान्तीकरण– मनुष्य के शरीर का विकास उसकी नैसर्गिक गुण हैं। आवश्यक भोजन, जल एवं वायु प्राप्त होने पर यह वृद्धि स्वयं होती है लेकिन उसकें विकास के लिए शिक्षा की आवश्यकता होती है। इस क्षेत्र में शिक्षा के तीन कार्य हैं। (i) मनुष्य के शारीरिक विकास के लिए उचित आहार-विहार का ज्ञान कराना एवं उसकें अनुसार व्यवहार करने की आदत बनाना। (ii) मनुष्य की कमेन्द्रियों एवं ज्ञानेन्द्रियों का विकास एवं प्रशिक्षण एवं (iii) मनुष्य की जन्मजात शक्तियों का विकास एवं उदात्तीकरण हम जानते हैं कि शिक्षा के द्वारा मनुष्य का शारीरिक विकास किया जाता है। मनुष्य अपनी कमेन्द्रियों एवं ज्ञानेन्द्रियों के द्वारा ही विभिन्न प्रकार का ज्ञान प्राप्त करता है और विभिन्न क्रियाओं का सम्पादन करता है।

मानसिक शक्तियों का विकास एवं ज्ञानवर्धन– मनुष्य जो भी कार्य करता है अपने शरीर एवं मन से करता है। अतः मनुष्य के शारीरिक विकास के साथ-साथ उसका मानसिक विकास विकास भी आवश्यक है। शिक्षा इस कार्य में मनुष्य की सहायता करती है। मानसिक विकास एवं ज्ञानवर्धन के क्षेत्र में भी शिक्षा तीन कार्य करती है। (i) मनुष्य को भाषा का ज्ञान कराना। मानसिक विकास का सम्बन्ध

विचारों के विकास से होता है और विचारों का भाषा से। भाषा एवं विचरों का चोलीदामन का सम्बन्ध है। मानसिक विकास की शुरूआत भाषा ज्ञान से होती है। (ii) शिक्षा का दूसरा कार्य है मानसिक शक्तियों का विकास। इस शक्ति के विकास के लिए आज बच्चों को स्वयचं करके सीखने एवं स्वयं निर्णय निकालने के अवसर दिये जाते हैं। (iii) मनुष्य को विभिन्न वस्तुओं, तथ्यों एवं क्रियाओं का ज्ञान कराना भी शिक्षा का ही कार्य है। बच्चों को विभिन्न विषयों की शिक्षा दी जाती है एवं उन्हें विभिन्न क्रियाओं में प्रशिक्षित किया जाता है। बालकों को भय से मुक्त कर अभय बनाया जाता है जिससे बच्चों का मानसिक स्वास्थ्य ठीक रहता है और बालक आशावादी एवं आत्मविश्वासी बनता है।

व्यवसायिक कुशलता के विकास के लिए– मनुष्य के अलावा संसार के अन्य प्राणियों को जीने के लिए केवल भोजन एवं आवास की आवश्यकता होती है और वे उसे प्रकृति से सीधे प्राप्त कर लेते हैं। लेकिन सभ्यता के विकास के साथ-साथ मनुष्य की आवश्यकताएं बढ़ती गयीं और आज उसकी आवश्यकता असी एवं अनंत हैं। शिक्षा, मनुष्य की इन आवश्यकताओं की पूर्ति के लिए विभिन्न व्यवसायों यथा कृषि, कपड़ा, निर्माण, भवन एवं बर्तन निर्माण, रेड़ियों, टेलीविजन, कार, बस, रेलगाड़ी आदि के निर्माण में कुशलता प्रदान करती है। शिक्षा, समाज के लिए कुशल कारीगर एवं संगठनकर्ता आदि बनाती है। इस तरह एक तरफ तो मनुष्य अपनी रोजी-रोटी कमाता है दूसरी तरफ राष्ट्र एवं समाज की आवश्यकताओं की पूर्ति करता है। अत: छात्रों को जीविकोपार्जन की शिक्षा देना शिक्षा का एक महत्त्वपूर्ण काम है।

सभ्यता एवं संस्कृति का संरक्षण का विकास–संस्कृति मानव समाज की विशेषता है संस्कृति के अर्थ के सम्बन्ध में विद्वानों में मतैक्य नहीं है लेकिन हमारे देखने में किसी समाज की संस्कृति का अर्थ किसी विशेष समाज की रहन सहन एवं खान-पान की विधियों, आचार-विचार, रीति-रिवाज, कला-कौशल, संगीत नृत्य, भाषा-साहित्य, धर्म-दर्शन और मूल्यों के उस विशेष रूप से होता है जिसमें उसकी आस्था रहती है और जिसकें द्वारा उसकी पहचान होती है। समाज अपने सदस्यों को अपनी संस्कृति से परिचित कराता है और उसको उसी के अनुसार क्रिया करने एवं सोचने को बाध्य करता है और यह कार्य शिक्षा के द्वारा ही होता है और समाज की संस्कृति सुरक्षित रहती है। पहले का समाज व्यक्ति में एक पीढ़ी में केवल एक

संस्कृति का अर्थ किसी विशेष समाज की रहन सहन एवं खान–पान की विधियों, आचार–विचार, रीति–रिवाज, कला–कौशल, संगीत नृत्य, भाषा–साहित्य, धर्म–दर्शन और मूल्यों के उस विशेष रूप से होता है जिसमें उसकी आस्था रहती है और जिसकें द्वारा उसकी पहचान होती है। समाज अपने सदस्यों को अपनी संस्कृति से परिचित कराता है और उसको उसी के अनसुार क्रिया करने एवं सोचने को बाध्य करताहै और यह कार्य शिक्षा के द्वारा ही होता है और समाज की संस्कृति सुरक्षित रहती है। पहले का समाज व्यक्त में एक पीढ़ी में केवल एक संस्कृति ही हस्तांतरित कर पाता था लेकिन आज आवागमन के साधनों के विकास के कारण कई संस्कृतियों के सम्पर्क में आता है और इन सभी संस्कृतियों का प्रभाव उस पर पड़ता है। हमारा बच्चों को सांस्कृतियों सहिष्णुता का पाठ पढ़ाते हैं। अतः हम कह सकते हैं कि शिक्षा के द्वारा एक दूसरे की संस्कृति को ग्रहण एवं अपनी–अपनी संस्कृति में परिवर्तन एवं विकास करने में सहायता मिलती है।

नैतिक एवं चारित्रिक विकास– नैतिकता का अर्थ है समाज द्वारा निश्चित नियमों एवं सिद्धांतों का पालन–अलग अलग समाज में नियम एवं सिद्धांत भिन्न–भिन्न होते हैं। इसलिए समाज आधारित नैतिकता भी अलग–अलग होती है। सामाजिक परिवर्तन के साथ–साथ इस नैतिकता के स्वरूप में भी परिवर्तन होता रहता है। धर्म आधारित नैतिकता में स्थायित्व रहता है। ध्यान से देखने पर पता चलता है कि लगभग सभी धार्मे के नियम एवं सिद्धांत एक जैसे होते हैं। सभी धर्म मनुष्य को मनुष्य से प्रेम करने, सत्य बोलने एवं ईमानदारी बरतने की शिक्षा देते हैं। मेरी दृष्टि में धर्म आधारित नैतिकता ही वास्तविक नैतिकता है जब कोई आदमी इसका पालन निष्ठा से करता है और विषय परिस्थिति में भी इससे विचलित नहीं होता है चरित्रवान कहलाता है। हम कह सकते हैं कि नैतिकता एवं चरित्र एक ही सिक्के के दो पहलू हैं। यह सर्वमान्य है कि जब तक मनुष्य का नैतिक एवं चारित्रिक विकास नहीं होता है तब तक मनुष्य अपनी शरीर एवं मन की आंतरिक शक्तियों का विकास नहीं कर पाता है और न ही समाज से समायोजन कर पाता है। अतः प्रत्येक समाज शिक्षा द्वारा मनुष्य का चारित्रिक एवं मानसिक विकास करता है।

शासनतंत्र एवं नागरिकता की शिक्षा– शिक्षा समाज के हाथ में हो या व्यक्ति के हाथ में या राज्य के हाथ में उसकें द्वारा राज्य की शासन प्रणाली का ज्ञान जनता को कराया जाता रहा है। कहीं–कहीं शिक्षा को उसकें गुण–दोषों का बखान

करने की स्वतंत्रता रही तो कहीं-कहीं उसकें गुण-दोषों की विवेचना करने की स्वतंत्रता रहती है। अच्छी शिक्षा की व्यवस्था करना राज्य का कर्तव्य रहा है। संसार के विभिन्न राष्ट्रों में अलग-अलग शासन प्रणाली है और सभी राष्ट्र अपने यहां की शासन प्रणाली को सर्वश्रेष्ठ मानते हैं और अपने नागरिकों को इसकें गुणों एवं स्वरूप से परिचित कराते हैं यह कार्य शिक्षा के द्वारा कराया जाता है। हमारे यहां लोकतंत्र हैं अतः हम अपने नागरिकों को लोकतंत्र की शिक्षा देते हैं। जिस देश में राजशाही है वैसे देश में शासक के प्रति वफादारी सिखलाई जाती है। प्रत्येक राज्य अपने नागरिकों को उनके अधिकारों एवं कर्तव्यों का ज्ञान कराता है और उनसे वैसे ही आचरण की अपेक्षा करता है। अतः नागरिकता की शिक्षा देने का कार्य शिक्षा ही करती है।

राष्ट्र के लक्ष्यों की प्राप्ति के लिए शिक्षा– हम जानते हैं कि हमारा समाज परिवर्तनशील है और समाज की कुछ आकांक्षाएं भी होती हैं और इन आकांक्षाओं की पूर्ति के लिए उसे अनेक चुनौतीयों से दो चार होना पड़ता है। शिक्षा समाज या राष्ट्र की आकांक्षाओं की पूर्ति करने में सहायता करती हैं। पिछड़ापन, गरीबी, जनसंख्या वृद्धि, पर्यावरण, प्रदूषण, साम्प्रदायिकता एवं अलगाववाद की समस्याएं हैं एवं उनके समाधान के लिए हमने जन शिक्षा की व्यवस्था भी की है। यह बात सर्वमान्य है कि कोई भी समाज अपनी आकांक्षाओं और लक्ष्यों की पूर्ति शिक्षा की सहायता से ही कर सकता है।

आध्यात्मिकता का विकास– शिक्षा का सर्वोच्च कार्य है-आध्यात्मिकता का विकास। कुछ राजय आध्यात्मिक शिक्षा के महत्त्व को स्वीकार करते हैं और कुछ अस्वीकार। जो राज्य आध्यात्मिक शिक्षा के लिए प्राविधान रखे हुए हैं वे भी धर्म विशेष की शिक्षा के रूप में आध्यात्मिक शिक्षा के रूप में नहीं। आध्यात्मिक स्तर पर भेद समाप्त हो जाता है। संसार के ज्यादातर लोगों का मानना है कि मनुष्य का भौतिक विकास चाहै जितना हो जाए लेकिन जब तक वह आध्यात्मिक विकास नहीं कर लेता है उसे वास्तविक सुख एवं शांति प्राप्त नहीं हो पायेगी। बुद्ध, महावीर, ईसा आदि गुरुओं ने हमें आध्यात्मिक शिक्षा ही दी है। आज के समाज में ही आध्यात्मिक गुरूओं का अभाव नहीं है। हमारे गांवों एवं नगरों में भी आध्यात्मिक गुरू उपलब्ध है।

शिक्षा के कुछ अन्य विशेष कार्य

यह प्रश्न स्वाभाविक है कि सामाजिक जीवन में शिक्षा क्या कार्य करती है। राष्ट्रीय स्तर पर एवं अंतरराष्ट्रीय स्तर पर शिक्षा के क्या कार्य है। यहां यह स्पष्ट हो चुका हैं कि कोई भी राष्ट्र शिक्षा की व्यवस्था, व्यक्ति, समाज एवं राष्ट्र तीनों की आवश्यकताओं को ध्यान में रखकर करता है। आज का युग अंतर्राष्ट्रीयता का युग है। अतः लगभग सभी राष्ट्र शिक्षा द्वारा अंतर्राष्ट्रीयता की भावना का विकास करते है।

मानव जीवन में शिक्षा के कार्य

मनुष्य किसी न किसी समाज का सदस्य होता है, राज्य का नागरिक होता है और प्रत्येक राज्य अपने नागरिकों के लिए शिक्षा की व्यवस्था करता है और शिक्षा कार्य सम्पन्न करती है। व्यक्ति के सम्बन्ध में शिक्षा के कार्यों को हम निम्नलिखित रूप में व्यक्त कर सकते हैं–

(i) मनुष्य का शारीरिक विकास, इन्द्रियों का प्रशिक्षण, जन्मजात शक्तियों का विकास एवं उदान्तीकरण।

(ii) सामाजीकरण एवं समाज से समायोजन करना सिखाना।

(iii) मनुष्य को उसकी भाषा का ज्ञान कराना, मानसिक शक्तियों का विकास करना एवं विविध विषयों का ज्ञान कराना।

(iv) मनुष्य को उसकी संस्कृति से परिचित कराना और उसकें अनुसार आचरण करना सीखना।

(v) मनुष्य को विभिन्न व्यवसायों में निपुण करना और अपनी रोजी रोटी कमाने के योग्य बनाना।

(vi) नैतिक एवं चारित्रिक मूल्यों का निर्माण एवं विकास।

(vii) राज्य का श्रेष्ठ नागरिक बनाना एवं देश के शासनतंत्र से परिचित करना।

(viii) राज्य की आकांक्षाओं से परिचित कराना एवं उसकी प्राप्ति की ओर अग्रसर करना।

(ix) मनुष्य को उसकें धर्म एवं दर्शन से परिचित कराना एवं धार्मिक सहनशीलता एवं आध्यात्मिक चेतना का विकास।

सामाजिक जीवन के लिए शिक्षा के कार्य

समाज या राज्य शिक्षा की व्यवस्था व्यक्ति एवं समाज सभी के उत्थान के लिए करता है। सामाजिक दृष्टि से तो शिक्षा के दो ही कार्य हैं–

(1) सामाजिक नियंत्रण (2) सामाजिक परिवर्तन। इन दोनों कार्यों को करने के लिए शिक्षा को निम्न लिखित कार्य करने पड़ते हैं–

(i) समाज की भाषा का ज्ञान कराना एवं समाज से ज्ञान–विज्ञान से परिचय।

(ii) प्रत्येक व्यक्ति का शारीरिक विकास, इन्द्रिय प्रशिक्षण एवं जन्मजात शक्तियों का विकास।

(iii) व्यक्तियों का सामाजीकरण, सामाजिक नियंत्रण एवं सामाजिक परिवर्तन।

(iv) संस्कृति का संरक्षण एवं उनका विकास।

(v) सामाजिक, सांस्कृतिक मूल्यों का विकास करना एवं नैतिक एवं चारित्रिक विकास।

(vi) विभिन्न कार्यों के लिए विशेषज्ञों का निर्माण

(vii) समाज के व्यक्तियों को सामाजिक लक्ष्यों से परिचित कराना एवं उन्हें अच्छा नागरिक बनाना।

(viii) सामाजिक लक्ष्यों से परिचित कराना एवं उनकी प्राप्ति के लिए अग्रसर करना।

(ix) समाज के व्यक्तियों को धर्म का ज्ञान कराना एवं उनमें आध्यात्मिक चेतना का विकास।

राष्ट्र के स्तर पर शिक्षा के कार्य

शिक्षा मानवीय एवं सामाजिक जीवन में जो कार्य करती है। राष्ट्र उससे प्रभावित होता है। नागरिक राष्ट्र की एक इकाई है उसकें चरित्र से राष्ट्र का चरित्र प्रभावित होता है एवं उसकी योग्यता एवं क्षमता पर राष्ट्र का विकास निर्भर करता है। यदि हम राष्ट्र की दृष्टि से शिक्षा के कार्यों की विवेचना करते हैं तो उसका एकमात्र कार्य श्रेष्ठ नागरिकों का निर्माण करना हैं। श्रेष्ठ नागरिकों के निर्माण के लिए हम शिक्षा के निम्नलिखित कार्य बता सकते हैं–

(i) राष्ट्र के नागरिकों का शारीरिक विकास, उनकी इन्द्रियों का प्रशिक्षण एवं उनकी जन्मजात शक्तियों का विकास।

(ii) नागरिकों को राष्ट्र की भाषाओं का ज्ञान कराना एवं उनकी मानसिक शक्तियों का विकास करना।

(iii) राष्ट्र के सभी नागरिकों क सामाजीकरण एवं सामाजिक नियंत्रण एवं सामाजिक परिवर्तन के योग्य बनाना।

(iv) राष्ट्र की संस्कृतियों से परिचित कराना एवं राष्ट्रीय एवं भावात्मक एकता का विकास करना।

(v) राष्ट्र के नागरिकों का नैतिक एवं चारित्रिक विकास करना।

(vi) धार्मिक सहिष्णुता की भावना एवं आध्यात्मिक चेतना का विकास।

(vii) राष्ट्र के नागरिकों को राज्य की शासन प्रणाली से परिचित करना एवं उनके अधिकारों एवं कर्तव्यों का ज्ञान कराना।

(viii) राष्ट्रीय लक्ष्यों से अवगत कराना एवं उनकी प्राप्ति के लिए प्रेरित करना।

शिक्षा के कार्यों का वर्गीकरण

यह वास्तविक है कि शिक्षा का न कोई अपना उद्देश्य है और न ही कार्य। शिक्षा तो समाज विशेष के उद्देश्यों की पूर्ति का साधन मात्र है। समाज के उद्देश्यों की पूर्ति ही शिक्षा के कार्य हैं और समाज के परिर्वनीय होने के कारण समाज के उद्देश्य एवं कार्य भी परिवर्तनं हैं।

शिक्षा के सामान्य एवं विशेष कार्य

शिक्षा के वे कार्य जिनके द्वारा समाज के विशेष व्यक्तियों को सामान्य जीवन जीने की कला सिखाई जाती है। सामान्य कार्य की श्रेणी मे आते हैं। अत: व्यक्ति का शारीरिक, मानसिक, सामाजिक, सांस्कृति एवं चारित्रिक विकास शिक्षा के सामान्य कार्य की श्रेणी में आते हैं। शिक्षा के वे कार्य जिनके द्वारा समाज के व्यक्तियों को किसी विशिष्ट कार्य के लिए तैयार किया जाता है विशिष्ट कार्य कहते हैं। इस दृष्टि से व्यक्ति को कुशल कार्मिक, इंजीनियर, डाक्टर, वकील शिक्षक आदि बनाना विशिष्ट कार्य की श्रेणी में आते हैं। कुछ विद्वान सामान्य एवं विशिष्ट जीवन के आधार पर शिक्षा के सामाय एवं विशेष कार्य को परिभाषित करते हैं। कुछ

लोग देश एवं काल के अनुसार नहीं बदलने वाले कार्यों को विशेष कार्य कहते हैं। लेकिन वास्तविकता यह है कि शिक्षा के कार्यों के बीच ऐसी कोई रेखा नहीं खींची जा सकती है।

शिक्षा का पाठ्यक्रम

नियोजन शिक्षा व्यवस्था के निश्चित उद्देश्यों की प्राप्ति के लिए कुछ विषयों एवं क्रियाओं का ज्ञान एवं प्रशिक्षण आवश्यक है। समान अर्थ में इसे ही पाठ्यक्रम कहा जाता है। पाठ्यक्रम शिक्षा के उद्देश्यों की प्राग्ति का साधन है। अंग्रेजी में इसे करीकुलम कहा जाता हैं जिसका अर्थ दौड़ का मैदान होता है जैसे दौड़ के मैदान में कोई व्यक्ति अपने लक्ष्य को प्राप्त करता है उसी प्रकार पाठ्यक्रम को पूरा करने वाला विद्यार्थी निश्चित उद्देश्यों की प्राप्ति करता है। कनिंघम ने भी पाठ्यक्रम के उद्देश्यों की प्राप्ति के साधन के रूप में स्वीकार किया है उनके अनुसार, "पाठ्यक्रम अध्यापक के रूप में वह साधन है जिससे वह अपने विद्यार्थी को अपने विद्यालय में अपने उद्देश्यों के अनुसार बनाता है।"

लेकिन पाठ्यक्रम का अर्थ इससे बड़ा होता है। प्राचीन काल में पाठ्यक्रम का सम्बन्ध बौद्धिक विषयों की शिक्षा एवं विभिन्न कक्षाओं को प्रशिक्षण के लिए विद्यालय में किये जाने वाले कार्यों तक ही सीमित है। लेकिन जब इसकी सीमा में तो वे सभी अनुभव शामिल किए जाते हैं जो बच्चों को विद्यालय की कक्षाओं, पुस्तकालयों, प्रयोगशालाओं, खेल के मैदान एवं साहित्यिक एवं सांस्कृतिक मंचों पर प्राप्त होते हैं। **मुदालियर कमीशन** 1952 के अनुसार, "यह स्पष्ट रूप से समझ लेना चाहिए कि सर्वोत्तम शैक्षिक विचारधारा के अनुसार पाठ्यक्रम का अर्थ विद्यालय में पढ़ाये जाने वाले विषयों तक ही सीमित नहीं है। अपितु इसमें वे सब अनुभव समाहित हैं जो एक बालक विद्यालय में प्राप्त करता है।"

पिछले कुछ वर्षों में पाठ्यक्रम का क्षेत्र कुछ और अधिक विस्तुत हुआ है। शिक्षाविदों ने भी यह स्पष्ट किया है कि पाठ्यक्रम विद्यालय तक ही सीमित नहीं रहता है। बल्कि उसमें विद्यालय से बाहर की जाने वाली क्रियाएँ भी सम्मिलित होती हैं जिन्हें विद्यालयों में दी जाने वाली शिक्षा की प्राप्ति के लिए किया जाता है इसकी परिभाषा हम इस प्रकार दे सकते हैं– "नियोजित शिक्षा के उद्देश्यों की प्राप्ति के लिए जो भी पाठ्य विषय पढ़ाए जाते हैं या क्रियाएँ कराई जाती है वे विद्यालय के अंदर हों या बाहर सबको पाठ्यक्रम कहते हैं।"

शिक्षा की प्रक्रिया में पाठ्यक्रम का महत्त्व

प्रत्येक समाज, राज्य या राष्ट्र की अपनी कुछ मान्यताएँ होती है, विश्वास आदर्श एवं मूल्य होते हैं। इनकी पूर्ति के लिए वह शिक्षा की व्यवस्था करता है और उद्देश्य निश्चित करता है। इन उद्देश्यों की प्राप्ति के लिए जिन विषयों का ज्ञान एवं प्रशिक्षण आवश्यक होता है उन्हें पाठ्यक्रम में स्थान दिया जाता है। इस प्रकार पाठ्यक्रम शिक्षक एवं शिक्षार्थी के सामने स्पष्ट एवं निश्चित लक्ष्य रखता हैं और उनकी प्राप्ति के लिए उनके कार्य भी निश्चित करता है। नियोजित शिक्षा के लिए पाठ्यक्रम बहुत आवश्यक है इअसकें निम्नलिखित लाभ है–

शिक्षा प्रक्रिया की व्यवस्था–निश्चित पाठ्यक्रम अध्यापक एवं विद्यार्थी दोनों के कार्य को निश्चित कर देता है। पाठ्यक्रम एक ऐसा लेखा जोखा है जिसमें यह तय किया जाता है कि शिक्षा के किस स्तर पर किस पाठ्य विषय का कितना ज्ञान दिया जाए एवं किन क्रियाओं में कितनी दक्षता उपलब्ध करायी जाएगी और पाठ्यगामी सहगामी क्रियाओं को कैसे आयोजित किया जाएगा। पाठ्यक्रम के अंतर्गत विद्यालय के बाहर एवं भीतर जाने वाले कार्यों की पूरी रूपरेखा होती है अतः निश्चित पाठ्यक्रम शिक्षा की रूपरेखा को तय करता है और व्यवस्थित भी।

शक्ति एवं समय का सदुपयोग–निश्चित पाठ्यक्रम में विद्यार्थी को यह पता रहता है कि उसे विद्यार्थी को क्या सीखने में सहायता करती है और उन्हें क्या सीखने में सहायता करती है और विद्यार्थी को यह पता रहता है कि उन्हें क्या-क्या सीखना है। अध्यापक एवं विद्यार्थी किसी भी स्तर पर भटक नहीं पाते हैं। परिणाम स्वरूप शिक्षा की व्यवस्था बहुत ही सुचारू रूप से चलती है और अध्यापक एवं विद्यार्थी दोनों निश्चित समय में कार्यों का पूरा करते हैं। इस तरह समय एवं शक्ति दोनों का सदुपयोग होता रहता है।

बालकों की मनोवैज्ञानिक आवश्यकताओं की पूर्ति–मनुष्य में यह एक बड़ा गुण है कि वह सप्रयोजन क्रियाओं में रुचि लेता है और इस प्रकार के कार्य करना चाहता है जिससे उसकी वर्तमान आवश्यकताओं की पूर्ति तो होती है भावी आवश्यकताओं की पूर्ति की भी व्यवस्था होती है। पाठ्यक्रम का निर्माण इन बातों को ध्यान में रखकर किया जाता है अतः बच्चे उसे पूरा करने में रुचि लेते हैं। यह बात भी ध्यान देने की है कि यदि बालक निश्चित समय में अपना पाठ्यक्रम पूरा कर लेते हैं तो वे दूने उत्साह से आगे बढ़ते हैं।

पाठ्य पुस्तकों के निर्माण में सहयोग–किसी भी स्तर में निश्चित पाठ्यक्रम में उस स्तर पर पढ़ाए जाने वाले विषयों की सामग्री भी निश्चित होती है। इसकें आधार पर ही लेखक पाठ्य पुस्तक तैयार करते हैं और उनमें आवश्यक सामग्री को ही स्थान देते हैं। पाठ्यपुस्तकों के अभाव में शिक्षा नियंत्रित एवं व्यवस्थित हो जाती है।

समान शिक्षा स्तर के लिए–पाठ्यक्रम निश्चित होने पर पूरे समाज का शिक्षा का स्तर समान रहता है। पाठ्यक्रम स्वरूप हमें शिक्षा में सुधार की सही दिशा प्राप्त होती है। पाठ्यक्रम निश्चित नहीं होने की स्थिति में हम शिक्षा के स्तर के गिरने एवं उठने के कार्यों का पता नहीं लगा सकते हैं।

सही मूल्यांकन के लिए–विशेष स्तर के लिए विशेष पाठ्यक्रम के निश्चित होने से विशेष स्तर के विद्यार्थियों का मूल्यांकन स्तर हो जाता है। यदि विशेष स्तर के लिए विशेष पाठ्यक्रम की व्यवस्था नहीं होगी तो मूल्यांकन असम्भव हो जाएगा। अध्यापक विद्यार्थियों का मूल्यांकन पाठ्यक्रम के आधार पर ही करता है।

शिक्षा के उद्देश्य की प्राप्ति के लिए–जैसा कि हम जानते हैं कि किसी भी स्तर पर पाठ्यक्रम का निर्माण कुछ निश्चित उद्देश्यों की प्राप्ति के लिए किया जाता है। यदि हम पाठ्यक्रम को पूरा कर पाते हैं तो उद्देश्यों की प्राप्ति में सफल होते हैं वरना असफल हो जाते हैं। यदि हम देखते हैं कि किसी पाठ्यक्रम विशेष से हमारे उद्देश्यों की प्राप्ति नहीं हो रही है तो हम पाठ्यक्रम में परिवर्तन कर देते हैं। यदि हमारे पास पाठ्यक्रम नहीं रहेगा तो हम यह तय करने में असमर्थ हो जायेंगे कि किन विषयों के सहयोग एवं किन क्रियाओं को करने से हमारे उद्देश्यों की पूर्ति हो रही है और कौन विषय एवं क्रियाएँ बेकार हैं।

पाठ्यक्रम के निर्माण के आधार स्तम्भ

किसी समाज के शिक्षा के स्वरूप को निश्चित करने के लिए उस समाज के दर्शन विशेष रूप से जीवन दर्शन की विशेष भूमिका रहती है। शिक्षा दर्शन मे इन सबकी व्याख्या की जाती है। उस समाज की संरचना, सभ्यता, संस्कृति आदि का भी विशेष प्रभाव पड़ता है और इन सबका अध्ययन शैक्षिक समाजशास्त्र में किया जाता है। समाज की राजनैतिक एवं आर्थिक व्यवस्था भी शिक्षा के स्वरूप को प्रभावित करती है। मानव की अपनी प्रकृति भी उसकें शिक्षा के स्वरूप को निर्धारित

करती है। इसका अध्ययन शिक्षा मनोविज्ञान में किया जाता है। आज का युग विज्ञान का युग है। युग के प्रभाव से शिक्षा भी प्रभावित होती है। ये सभी बातें शिक्षा के स्वरूप अर्थात् उसकें उद्देश्य एवं पाठ्यक्रम निर्धारित करने के आधार होते हैं। ये शिक्षा का निम्नलिखित प्रकार से प्रभावित करते हैं।

दार्शनिक आधार–हमारे जीवन या शिक्षा के उद्देश्य मूलत: हमारे जीवन दर्शन पर आधारित होते हैं और शिक्षा का पाठ्यक्रम भी शिक्षा से प्रभावित होता है और होना भी चाहिए। आध्यात्मवादी चूंकि आध्यात्मिक मान्यताओं को महत्त्व देते हैं। इसलिए उनके पाठ्यक्रम में भाषा, साहित्य, धर्मशास्त्र आदि को अधिक महत्त्व देते हैं और अन्य विषयों एवं क्रियाओं को गौण स्थान देते हैं। भौतिकवादी भौतिक जगत को ही सत्य मानते हैं और भौतिक सुखों की प्राप्ति हेतु विज्ञान के अध्ययन पर बल देते हैं और भाषा एवं साहित्य को गौण स्थान प्रदान करते है। धर्मशास्त्र और नीतिशास्त्र को वे शिक्षा में कोई स्थान नहीं देते हैं। प्रयोजनवादी शिक्षा के उद्देश्य एवं पाठ्यक्रम को निश्चित करने का विरोध करते हैं उनके अनुसार परिस्थितियाँ बदलती रहती है और वे मनुष्य को इस योग्य बनाना चाहते हैं कि वह बदलती हुईं परिस्थितयों से समायोजन कर सकें। वे पाठ्यक्रम में सामाजिक विषयों एवं तत्कालीन उपयोगिता की दृष्टि से क्रियाओं पर ध्यान देते हैं।

पाठ्यचर्या के नियोजन के लिए उनके सिद्धान्त है (i) उपयोगिता का सिद्धान्त (ii) क्रिया एवं अनुभव का सिद्धान्त, (iii) रुचि का सिद्धान्त, (iv) एकीकरण का सिद्धान्त। इस प्रकार दर्शन पाठ्यक्रम निर्धारित करने का एक मुख्य आधार है क्योंकि समाज जिस दर्शन से प्रभावित होता है उसका पाठ्यक्रम भी उससे प्रभावित होता है।

समाजशास्त्रीय आधार–शिक्षा का पाठ्यक्रम निश्चित करने में दर्शन के बाद उस समाज की संरचना, संस्कृति, धार्मिक राजनैतिक एवं आर्थिक स्थिति का प्रभाव पड़ता है। जिस समाज में पुरुषों एवं महिलाओं का कार्यक्षेत्र अलग–अलग होता है उस समाज में स्त्रियों एवं पुरुषों के लिए अलग–अलग पाठ्यक्रम निर्धारित किये जाते हैं। लेकिन जहाँ स्त्री एवं पुरुष का कार्यक्षेत्र एक ही होता है वहाँ एक ही पाठ्यक्रम होता है। हर समाज की संस्कृति, रहन–सहन, खान–पान की अपनी अलग विधियाँ होती है। अलग रीति–रिवाज होते हैं, भाषा–साहित्य, कला–कौशल, संगीत–नृत्य, धर्म दर्शन आदि अलग–अलग होते हैं। इसी को समाज की

संस्कृति कहते हैं और प्रत्येक समाज अपनी संस्कृति की रक्षा के लिए शिक्षा का सहारा लेता है और अपने शिक्षा के प्रत्येक समाज अपनी संस्कृति उपलब्धियों का सहारा लेता है और उनका समावेश करता है। समाज की धार्मिक स्थिति भी उसकी शिक्षा के पाठ्यक्रम को प्रभावित करती है।

राजनैतिक आधार–शिक्षा की व्यवस्था करना वर्तमान में राज्य का कर्त्तव्य माना जाता है। अत: शिक्षा का उद्देश्य एवं छात्र के लिए पाठ्यक्रम केवल राज्य से प्रभावित होना स्वाभाविक ही है। उदाहरण के लिए हम कह सकते हैं कि साम्यवादी पाठ्यक्रम कठोर एवं लोकतांत्रिक देश के पाठ्यक्रम अपेक्षाकृत विस्तृत एवं लचीले होते हैं।

आर्थिक आधार–समाज की आर्थिक स्थिति भी शिक्षा के पाठ्यक्रम को प्रभावित करती है। विभिन्न देशों के पाठ्यक्रमों पर विचार करने पर हम पाते हैं कि आर्थिक दृष्टि से जो राज्य सुदृढ़ है उनका पाठ्यक्रम विस्तृत होता है और जिन राज्यों में आर्थिक स्थिति अच्छी नहीं है वहाँ ऐसी अच्छी व्यवस्था नहीं हो पाती है। आर्थिक स्थिति में कमजोर राज्य तो धन की व्यवस्था भी सामान्य शिक्षा या अनिवार्य शिक्षा के लिए नहीं कर पाते हैं अत: समाज की आर्थिक नीतियाँ भी शिक्षा के उद्देश्य एवं पाठ्यक्रम को प्रभावित करती हैं।

मनोवैज्ञानिक आधार–शिक्षा के किसी विशेष उद्देश्य की प्राप्ति के लिए किन विषयों का ज्ञान एवं क्रियाओं का प्रशिक्षण आवश्यक है ये तो दर्शनशास्त्री एवं समाजशास्त्री तय कर सकते हैं लेकिन किस स्तर के बच्चे उस पाठ्यक्रम को किस स्तर तक ग्रहण कर पाते हैं। यह तो मनोवैज्ञानिक ही तय कर सकते हैं। मनोविज्ञान के अंतर्गत बच्चों के मानसिक, शारीरिक एवं सामाजिक विकास का अध्ययन किया जाता है। यदि इन सभी बातों का अध्ययन नहीं किया जाएगा तो हम यह निश्चित नहीं कर सकते हैं कि किस स्तर के बालक को कौन विषय पढ़ाया जाए या उसे कैसी शिक्षा दी जाए, मनोवैज्ञानिकों का मानना है कि बालकों को जिस विषय में रुचि होती है या जिनको सीखने की बालक की शारीरिक या मानसिक क्षमता होती है। वर्तमान समय में शिक्षा का पाठ्यक्रम तय करते समय बालकों की रुचि–रूझान एवं योग्यता का ध्यान रखा जाता है और इन सबके लिए मनोविज्ञान का ज्ञान आवश्यक है। मनोविज्ञान के ज्ञान के बगैर हम सैद्धांन्तिक बातें तो बहुत कर सकते हैं लेकिन पाठ्यक्रम का निर्माण नहीं कर सकते हैं। मनोविज्ञान ही आज के पाठ्यक्रम निर्माण का मुख्य आधार है।

वैज्ञानिक आधार—आज के वैज्ञानिक युग में मनुष्य का पूरा जीवन विज्ञान से प्रभावित है। उसकें जीवन के हर क्षेत्र में विज्ञान की पकड़ है। विज्ञान ने मानव को कम काम करके अधिक उत्पादन करना सिखाया है। विज्ञान ने हमें निरीक्षण, परीक्षण एवं प्रयोग की विधियाँ बताई हैं। हम बिना प्रयोग किये आज किसी भी तथ्य को सत्य नहीं मानते हैं। हमारा पाठ्यक्रम भी विज्ञान से प्रभावित है। हम पाठ्यक्रम में आज वैसे विषयों को स्थान नहीं देते हैं। जिनको बिना किसी अनुभव के स्वीकार करना पड़े। इस तरह विज्ञान भी पाठ्यक्रम निर्माण का मुख्य आधार है।

समय की मांग—हमें पता है कि समाज परिवर्तनशील है और उसकें चिन्तन एवं स्वरूप में परिवर्तन होता रहता है। उसका शासन तंत्र एवं अर्थतंत्र भी परिवर्तित होता रहता है और मनुष्य की मांग की बदलती रहती है। समाज के सामने नयी–नयी समस्याएँ पैदा होती रहती हैं। जिनका उसे समाधान भी करना होता है जिसकें लिए उसे तदनुकूल परिवर्तन करना पड़ता है और इन सबके लिए उसे शिक्षा का सहारा लेना पड़ता है और समय की मांग के अनुसार पाठ्यक्रम भी परिवर्तित होता रहता है। भारतीय समाज में कल तक माध्यमिक चिन्तन प्रबल था आज भौतिकता की प्रधानता है।

पाठ्यक्रम निर्माण के विभिन्न सिद्धान्त

किसी भी समाज की शिक्षा का पाठ्यक्रम तय करने में दर्शन, समाज राज्य, अर्थव्यवस्था, मनोविज्ञान एवं विज्ञान का प्रभाव होता है। आज पाठ्यक्रम के निर्माण में इन सभी के प्रभाव को सिद्धान्त के रूप में बांध दिया गया है लेकिन शिक्षा के भिन्न–भिन्न स्तरों पर पाठ्यक्रम के निर्माण के सिद्धान्त भिन्न–भिन्न हैं। हमारे देश में 10+2+3 शिक्षा पद्धति लागू है। प्रथम 10 वर्ष की शिक्षा तो सबके लिए समान है। 2 में इसकें दो भाग और फिर कई विभाग हो जाते हैं। 3 और उसकें आगे की शिक्षा में विशिष्टीकरण किया गया है। हम यहाँ केवल 10 वर्षीय सामान्य शिक्षा के पाठ्यक्रम निर्माण के सिद्धान्तों की व्याख्या कर रहे हैं। इसलिए की यह सामान्य शिक्षा है और हमारा उद्देश्य माध्यमिक शिक्षकों का मार्गदर्शन ही है।

उद्देश्यों की प्राप्ति का सिद्धान्त—पाठ्यक्रम उद्देश्यों की प्राप्ति का साधन है। अत: किसी भी स्तर के पाठ्यक्रम का निर्माण करते समय हमें उस स्तर के शिक्षा के उद्देश्यों को ध्यान में रखना चाहिए जिनके ज्ञान एवं अभ्यास से बालक वैसा बन सकें जैसा कि हम उन्हें बनाना चाहते हैं। आजकल हमारी प्रथम 10 वर्ष की

सामान्य शिक्षा का उद्देश्य है। बच्चों का शारीरिक, मानसिक, सांस्कृतक एवं चारित्रिक विकास करना, सृजनशीलता को बढ़ावा देना, उन्हें लोकतंत्र की शिक्षा देना और राष्ट्रीय लक्ष्यों की प्राप्ति के लिए प्रेरित करना। उदाहरण के लिए यदि हम शारीरिक विकास के उद्देश्य को ही लें। हमें पाठ्यक्रम का निर्माण करते समय सबसे पहले यह समझना चाहिए कि शारीरिक विकास का अर्थ क्या है? उसकें बाद हमें यह समझना चाहिए कि शारीरिक विकास के लिए बालकों को किन विषयों का ज्ञान एवं किन क्रियाओं का अभ्यास लाभ पहुँच सकता है। इस तरह बालकों को शरीर विज्ञान, गृह विज्ञान एवं सामान्य विज्ञान की सामान्य शिक्षा मिलनी चाहिए इसकें साथ ही साथ दैनिक जीवन के स्वास्थ्यप्रद नियमों जैसे सुबह जल्दी उठना, स्नान करना, शरीर के विभिन्न अंगों की सफाई, व्यायाम करना, संतुलित भोजन करना और पूरी नींद लेना आदि का पालन आवश्यक होता है। इस तरह हम कह सकते हैं कि इन सबके ज्ञान एवं अभ्यास हमें विद्यालय के पाठ्यक्रम का अंग बनाना चाहिए। इसी तरह अन्य उद्देश्यों की प्राप्ति के लिए आवश्यक विषयों एवं क्रियाओं का चयन करना चाहिए एवं शिक्षा के विभिन्न स्तरों जैसे प्राथमिक, उच्च प्राथमिक एवं माध्यमिक के लिए उनका रूप एवं सीमा भी निश्चित करनी चाहिए।

उपयोगिता का सिद्धान्त—हमारी शिक्षा पद्धति में प्रथम 10 वर्ष की शिक्षा का मूल उद्देश्य बालकों को सामान्य जीवन के योग्य बनाना है। इस स्तर के पाठ्यक्रम में मनुष्य के सामान्य जीवन के लिए उपयोगी समस्त क्रियाओं एवं ज्ञान का समावेश होना चाहिए। हमें पता है कि मनुष्य को सामान्य जीवन जीने के लिए स्वस्थ शरीर की आवश्यकता होती है। आपस में संवाद के लिए उपयोगी भाषा की आवश्यकता होती है। सामाजिक जीवन के लिए सामाजिक एवं सांस्कृतिक मानदण्डों की आवश्यकता होती है। एवं गणित का ज्ञान भी आवश्यक होता है। और आज का युग विज्ञान का युग है इसलिए विज्ञान की भी शिक्षा आवश्यक है। अतः इस स्तर के पाठ्यक्रम में इन सबका समावेश होना चाहिए। इस सम्बन्ध में हम कहना चाहेंगे कि पाठ्यक्रम बच्चों के वास्तविक जीवन से सम्बन्धित होना चाहिए एवं शिक्षा ऐसी हो जो बालक को आदर्श जीवन जीने योग्य बनाये।

वरीयता का सिद्धान्त—किसी भी स्तर के शिक्षा के पाठ्यक्रम में अनेक विषयों एवं क्रियाओं का समावेश किया जाता है। पाठ्यक्रम का निर्माण करते समय यह भी ध्यान रखना आवश्यक है कि कौन–सा विषय अथवा क्रिया बच्चों के वर्तमान

एवं भविष्य की दृष्टि से कितना उपयोगी है। पाठ्यक्रम में उसे उतना ही महत्त्व देना चाहिए। उदाहरण के लिए प्रथम 10 वर्ष की शिक्षा के विषयों में सबसे ज्यादा महत्त्व आपसी संवाद के लिए आवश्यक मातृभाषा का एवं क्रियाओं में सबसे ज्यादा महत्त्व शारीरिक क्रियाओं का होता है। अत: इन्हें सबसे पहले वरीयता दी जानी चाहिए। वरीयता का अर्थ यहां समय निर्धारण से है। अत: इनके ज्ञान एवं कौशल के विकास के लिए सबसे अधिक समय निश्चित करना चाहिए।

भविष्य दर्शन का सिद्धान्त—बालकों को शिक्षा के द्वारा वर्तमान के साथ–साथ भविष्य के लिए भी तैयार करते हैं अत: किसी भी स्तर का पाठ्यक्रम निश्चित करते समय भविष्य में होने वाले परिवर्तनों का अनुमान लगाना एवं उनके अनुसार शिक्षा के पाठ्यक्रम में विभिन्न विषयों एवं क्रियाओं का समावेश करना आवश्यक होता है। उदहारण के लिए हम कम्प्यूटर के प्रयोग को लें भविष्य में कंम्प्यूटर हमारे सामान्य जीवन का अंग हो जाएग। अत: हमें अभी से ही इसे पाठ्यक्रम में स्थान देने चाहिए। हमें पता है कि प्रथम 10 वर्ष की शिक्षा के बाद मेधावी एवं परिश्रमी छात्रों को विश्वविद्यालय शिक्षा के लिए तैयार किया जाना है तब इस स्तर पर मेधावी छात्रों के लिए उनकी पहचान एवं उनके अतिरिक्त पाठ्यक्रम की पहचान करना एवं उनके विशेष शिक्षण की व्यवस्था करना आवश्यक होता है।

रुचि एवं क्षमता का सिद्धान्त—किसी भी स्तर पर शिक्षा के पाठ्यक्रम का निर्माण करते समय उस स्तर के बालकों की रुचि रुझान योग्यता आदि का ध्यान रखना आवश्यक है। उदाहरण के लिए पूर्व प्राथमिक स्तर पर 4–6 वर्ष बालक पढ़ते हैं। उच्च प्रथमिक स्तर पर 6–10 वर्ष के बालक पढ़ते हैं। और माध्यमिक स्तर पर किशोरावस्था के बालक पढ़ते हैं। इनकी योग्यता, रुचि एवं क्षमताएँ अलग–अलग होती हैं। क्षमता का अर्थ बालकों की शारीरिक एवं मानसिक दोनो प्रकार की क्षमताओं से होता है। हमें इस स्तर के बालकों के लिए पाठ्य सामग्री एवं क्रियाओं का चयन करते समय इनकी रुचियों एवं क्षमताओं का विशेष ध्यान रखना चाहिए। बालक उनमें रुचि तभी लेंगे और विकास तभी सम्भव हो पायेगा।

सृजनात्मकता का सिद्धान्त—मनोवैज्ञानिक ने यह स्पष्ट किया है कि शिशुकाल में व्यक्तित्व निर्माण की आधारशिला रखी जाती है। बाल्यकाल एवं किशोरावस्था उसकें सुदृढ़ीकरण के काल हैं। मनोवैज्ञानिक यह भी मानते हैं कि

इस आयुवर्ग के बच्चे क्रियाशील होते हैं। उन्होंने यह भी स्पष्ट किया कि क्रिया एवं स्वतंत्र अवसर देने से बच्चों में सृजनात्मक शक्ति का विकास किया जा सकता है। उनका मानना है कि क्रिया द्वारा किया गया कार्य स्पष्ट एवं स्थायी होता है। अतः आज यह आवश्यक है कि प्रथम 10 वर्षीय शिक्षा की पाठ्यक्रम में ऐसी पाठ्य सामग्री हो कि बालक क्रियाओं द्वारा उनको सीख सकें एवं विद्यालयों का पर्यावरण ऐसा हो परिस्थितियां ऐसी हों कि बालक उन्हें सीख सकें, क्रियाएँ कर सकें।

स्तर के अनुसार पाठ्यक्रम का सिद्धान्त—मनोवैज्ञानिकों का कहना है कि पूर्व बाल्यकाल, उत्तर बाल्यकाल एवं किशोर काल में बच्चों के शारीरिक, मानसिक, संवेगात्मक और सामाजिक विकास में भिन्नता होती है। यही कारण है कि आज सभी स्तरों के लिए पाठ्य विषयों का विस्तार एवं क्रियाओं का चयन तथा स्तर के बच्चों के शारीरिक मानसिक, संवेगात्मक एवं सामाजिक विकास के आधार पर करने पर जोर दिया जाता है।

सम्बद्धता का सिद्धान्त—पाठ्यक्रम के सन्दर्भ में सुसम्बद्धता का अर्थ है कि शिक्षा के किसी भी स्तर की पाठ्यचर्चा का सम्बन्ध उस स्तर के बच्चों के वास्तविक जीवन से होना चाहिए और जो भी क्रियाएँ कराई जाएँ उनका भी सम्बन्ध आपस में सम्बन्ध होना चाहिए यही नियम पाठ्य विषयों के सम्बन्ध में अपनाया जाना चाहिए। पाठ्यसामग्री एवं क्रियाओं में सुसम्बद्धता का अर्थ है कि उन्हें एक इकाई के रूप में विकसित किया जा सकें और वे एक–दूसरे से जुड़ी हों। हमारे यहाँ प्रथम दस वर्ष की शिक्षा तीन स्तरों में बंटी हुईं है। प्राथमिक, उच्च एवं माध्यमिक। हमने इन तीनों स्तरों के लिए बच्चों के शारीरिक मानसिक, संवेगात्मक एवं सामाजिक आधार पर भिन्न–भिन्न पाठ्यक्रम के निर्माण की बात कही है। ऐसा करते समय इस पाठ्यक्रम के आधार पर विकसित हो और आगे वाले पाठ्यक्रम के आधार के रूप में कार्य करे। ये विभिन्न शैक्षिक स्तर शिक्षा की प्रक्रिया के भिन्न–भिन्न सोपान होते हैं ये एक दूसरे में इतने सम्बन्धित हैं कि इनकी तुलना एक सीढ़ी से की जा सकती है। इस स्थिति में ही हम अपने निर्दिष्ट उद्देश्यों की प्राप्ति में सफल हो सकते हैं।

सामान्यीयकरण एवं कौतूहल का सिद्धान्त—इस सिद्धान्त का प्रतिवादन सर ब्हाइट हैड ने विद्यालय की शिक्षा के पाठ्यक्रम के सम्बन्ध में किया है। उनका कहना है कि पाठ्यक्रम का निर्माण करते समय हमें इस बात का ध्यान रखना चाहिए

कि वह बच्चों में कौतूहल जागृत करे जिससे बच्चे ज्ञान को प्राप्त करने के लिए तथा क्रियाओं का प्रशिक्षा प्राप्त करने के लिए स्वयं प्रेरित हों। पवित्रता का उनका अर्थ पाठ्यक्रम में उन्हीं विषयों के समावेश से है जो बच्चों को सद्गुण सिखाती है। सीखे गये ज्ञान का प्रयोग एवं क्रियाओं का किया जाना ही सामान्यीकरण है। इस सिद्धान्त का अर्थ है कि पाठ्यक्रम ऐसा होना चाहिए जो बच्चों को अपनी ओर आकर्षित करे और जिसको पूरा करने के बाद सामान्य जीवन जी सकें।

आधुनिक शिक्षा: राजा राममोहन राय

राजा राममोहन राय की शिक्षा के प्रति गहरी रुचि थी। वे स्वयं बंगला, फारसी तथा अरबी, हिन्दी, संस्कृत और अंग्रेजी इन छ: भाषाओं के पण्डित थे, उन्होंने इन भाषाओं में अनेक बार भाषण दिए, निबन्ध एवं पुस्तकें लिखीं और लोगों के शास्त्रार्थ भी किए। शिक्षाविद् के रूप में उन्होंने परम्परावादी पण्डितों और निहित स्वार्थों के हितायतियों के विरोध में आधुनिक पाश्चात्य शिक्षा पद्धति को अपना समर्थन प्रदान किया। राम मोहन के शिक्षा सम्बन्धी विचार रचनात्मक थे। वे यह भाँप चुके थे कि भारत में पाश्चात्य शिक्षा प्रणाली प्रवर्तित होने से ही जागरण और राष्ट्रीय एकता का प्रसार होगा। उनका कहना था कि "भारत में शिक्षा विस्तार की सबसे अधिक आवश्यकता है और शिक्षा विस्तार का काम समाज के निम्न स्तर से शुरू होना चाहिए जिस प्रकार जब आग पर कोई चीज पकाई जाती है तब आग बरतन के नीचे ही जलाई जाती है।" जब ईस्ट इण्डिया कम्पनी ने यह निश्चय किया कि भारत में शिक्षा विस्तार के लिए स्वीकृत सम्पूर्ण राशि संस्कृत शिक्षा प्रतिष्ठानों की उन्नति के लिए खर्च की जाएगी तो राजा राममोहन राय को यह विचार पसन्द नहीं आया और उन्होंने 1863 में गर्वनर जनरल लार्ड एम्हर्ट को एक पत्र लिखा–

"इंग्लैण्ड में बेकन के प्रभाव से लोगों को पुराने जीवनदर्श के साथ शिक्षाविधि बदलने की आवश्यकता हुई थी। यदि शिक्षाविधि को बदलकर वेकन की नीति को न अपनाया जाता तो पुरानी पद्धति से लोगों शिक्षा विस्तार करना संभव नहीं होता। वे सदा के लिए अज्ञानी रह जाते। यदि ब्रिटिश व्यवस्था का उद्देश्य भारतीयों को सदा अज्ञान के अंधकार में रखना हो फिर संस्कृत प्रणाली ही अच्छी है। परन्तु जब सरकार भारतीय जनता की प्रगति चाहती है, तब शास्त्र, शरीर विज्ञान एवं अन्य उपयोगी वैज्ञानिक विषयों की शिक्षा भी दी जानी चाहिए। निर्धारित धनराशि से यूरोप में सुशिक्षित, प्रतिभावान भारतीय विद्वानों को शिक्षक नियुक्त किया जाय। एक महाविद्यालय की स्थापना हो जिसके लिए आवश्यक पुस्तकें खरीदी जायँ।"

उपरोक्त पत्र से राजा राममोहन राय की दूरदर्शिता के बारे में सोचने पर मजबूर होना पड़ता है। इसलिए तो आप एक होते हुए कई नामों से विभूषित होते रहे। जैसे- एन.एन.रायॅ ने "ए ह्यूमनिस्ट राममोहन" ; वी.एन. शंखधर ने "एपास्टले ऑफ इण्डिया एवेकनिंग", एस.आर. बक्शी ने इन्हें "ए पायनियर इन सोशल एण्ड पोलिटिकल रीजनेशन ऑफ इण्डिया"; टैगोर ने "इनआग्यूरेटर ऑफ मार्डर्न ऐज", नेहरू ने इन्हें "ए रिफारमर एव आल", डॉ. राधाकृष्णनन् ने "ए फिलॉसफिक मार्डर्नस्टि", रूचि राम साहनी ने "आर्किटेक्ट ऑफ मार्डर्न इण्डिया", सरोजनी नायडू ने "मेकर ऑफ मार्डर्न इण्डिया", एवं वी. ग्रोवर ने इस महापुरुष को "दि फर्स्ट लीडर ऑफ मार्डर्न इण्डिया" के नाम से विभूषित किया। यह ध्यान देने की बात है "बुद्ध को मात्र "भगवान" बुद्ध कहा गया परन्तु राजाराम को उपरोक्त कई विद्वानों ने अलग-अलग नामों एवं विशेषणों से विभूषित किया तथा अन्य व्यक्ति के लिए कोई भी विशेषण नहीं छोड़ा गया। ध्यान देने योग्य बात है कि एक आदमी ने देश की तस्वीर बदल डाली। जहाँ इसी देश के अनेक लोग इस देश को ही खाने में लग गए हैं।

नि:सन्देह भारत का भावी इतिहास राम मोहन के दूरदर्शिता को ही प्र... करता है। राजा राममोहन की यह विशेषता रही है कि ज्ञान प्राप्ति के मार्ग में उन्होंने अपने मस्तिष्क पर किन्हीं पूर्वाग्रहों को हावी नहीं होने दिया। स्वतंत्र रूप से ही उन्होंने बहुमुखी चिन्तन किया और चुन-चुनकर ज्ञान के मोती समेटे। अंग्रेजी भाषा और पश्चिमी शिक्षा को उन्होंने भारत के लिए लाभकारी बताया। प्राचीन भारतीय दर्शन और धर्म में निहित ज्ञान के अमरकोष के प्रति उनकी श्रद्धा कम नहीं थी, इसलिए उन्होंने वेदों और उपनिषदों का बंगाली और अंग्रेजी भाषा में अनुवाद करने का कठिन कार्य अपने हाथों में ले लिया। लेकिन उनका विश्वास था कि जनसाधारण के लिए शिक्षा व्यवहारिक और उपयोगी होनी चाहिए और चिन्तर से ही भारत आगे बढ़ सकता है। अत: उन्होंने पाश्चात्य शिक्षा और विज्ञान का अधिकाधिक समर्थन किया और इस बात पर बल दिया कि प्रगति के पथ पर आगे बढ़ने के लिए भारत को मध्ययुगीन और विद्वतावादी प्रद्धति का परित्याग करके अपनी शिक्षा पद्धति आधुनिक विज्ञान के अनुकूल बनानी चाहिए।

अपनी उपयुक्त मान्यताओं और शिक्षाओं द्वारा राममोहन राय पूर्व और आधुनिक पश्चिम की दीवार को गिराने और सुवर्ण हिन्दुओं के बीच यूरोपीय विचारों और मानदण्डों को लाने का प्रयास किया। इस कार्य में उन्होंने काफी सफलता भी प्राप्त की। 1816-17 में उन्होंने कलकत्ता में एक अंग्रेजी स्कूल की स्थापना की और उनकी प्रेरणा से ही 1822-

23 में हिन्दू कॉलेज की स्थापना हुयी। वे ईसाई मिशनरी को भी भारतीय शिक्षा क्षेत्र में लाए। रेवरण्ड डफ के स्कूल को चलाने के सम्बन्ध में उन्होंने घर-घर जाकर लोगों को समझाया कि ईसाई द्वारा चलाए जाने वाले विद्यालय में पढ़ने से कोई ईसाई नहीं बन जाता। इसी प्रकार इन्होंने इस आपत्ति का निराकरण किया कि ईसाई विद्यालय में बाइबिल पढ़ाए जाने से जाति भ्रष्ट होने का डर है उन्होंने लोगों को समझाया-

"किसी भी धर्म का ग्रन्थ पढ़ने से जाति-भ्रष्ट होने का प्रश्न नहीं उठता है। सभी धर्मों के विषय में जानना अच्छा है। मैंने खूब बहुत बार बाइबिल पढ़ी है, कुरान-शरीफ भी पढ़ी है, परन्तु में न तो ईसाई बना हूँ, न मुसलमान। बहुतेरे यूरोपीय गीता एवं रामायण आदि ग्रन्थों को अध्ययन करते हैं, लेकिन वो लोग हिन्दू नहीं हो गए हैं।"

राजा राम मोहन राय, पाश्चात्य शिक्षा पद्धति के पक्षपाती होने पर भी, भारतीय संस्कृति और गौरव ग्रंथों के अध्ययन-अध्यापन के प्रति पूर्ण सजग थे और इसी उद्देश्य से उन्होंने एक वेदान्त कॉलेज की भी स्थापना की। अंग्रेजी शिक्षा पर बल देते हुए भी उन्होंने संस्कृत की आवश्यकता का तिरस्कार नहीं किया। उनका विचार था कि देश की वास्तविक उन्नति के लिए विश्व से सम्बन्ध स्थापित करके कदम से कदम मिलाकर चलना पड़ेगा, अतः शिक्षा के क्षेत्र में पाश्चात्य शिक्षा की अवहेलना करें और वेद, उपनिषद् आदि की चर्चा छोड़ दें। राममोहन राय चाहते थे कि भारत में प्राथमिक शिक्षा निःशुल्क और अनिवार्य हो। नारी-शिक्षा के भी वे कोई ठोस कदम न उठा सके। राय ने बंगला में धार्मिक, दार्शनिक, साहित्यिक एवं ऐतिहासिक पुस्तकें लिखीं। उन्होंने "संवाद कौमुदी" नामक एक बंगाली पुस्तिका निकालना भी शुरू कर दी। उन्होंने कुछ उपनिषदों का बंगला में अनुवाद किया और धार्मिक वाद-विवाद को भी इसी भाषा में द्वारा चलाया।

राजा राममोहन राय के जन्म के समय अराजक राजनैतिक और सामाजिक परिस्थिति कैसी रही होगी, इसकी कल्पना करना बड़ा ही आसान है। उस समय शिक्षा एक सीमित वर्ग के लिए ही उपलब्ध थी। गाँवों में कुछ ही पाठशाला या टोल थे जहाँ संस्कृत की शिक्षा दी जाती और कुछ मस्जिदों से संलग्न मदरसों या मकतबों में अरबी-फारसी में धार्मिक शिक्षा दी जाती। संस्कृत के उच्च अध्ययन के लिए भारत में वाराणसी, उज्जैन जैसे केन्द्र थे। अरबी, फारसी के केन्द्र पटना, रामपुर, दिल्ली आदि थे। जनशिक्षा या साक्षरता का कोई भी प्रयास इस काल में होना संभव नहीं था। छापेखाने की स्थापना इसी काल में भारत में पहले पहल आरंभ हुई। फारसी उस समय की राजभाषा थी। यद्यपि भारत में अंग्रेजी शासन को पचार वर्ष हो रहे थे लेकिन प्रशासन और अदालत का काम

मुगल कालीन तौर-तरीके से चल रहा था। इसी कारण अरबी-फारसी और उर्दू शिक्षा की ओर अभिजात या सम्पन्न वर्ग का ध्यान था। इसीलिए फारसी शिक्षा के लिए राममोहन को बचपन में पटना भेजा गया था। वारेन हेस्टिंग्स के समय में यह महसूस किया गया कि इस्लाम धर्म और शास्त्रों के पठन-पाठन के लिए तथा अरबी-फारसी एवं उर्दू के उन्नयन के लिए कलकत्ता में कोई विद्यालय नहीं है। अतएव 1780 में हेस्टिंग्स ने कलकत्ता में ''मदरसा'' की स्थापना की।

संस्कृत और अरबी-फारसी की शिक्षा शताब्दियों से सीमित स्वार्थी वर्ग के लिए ही निहित था आज के युग में जिसको जनशिक्षा के नाम से पुकारा जाता है यह विचार उस समय के लोगों के ध्यान में नहीं आया था। इस समय देश में आगमन का, चाहे जो भी कारण आर्थिक या राजनैतिक रहा हो, देश की शिक्षा की ओर सबसे पहले ध्यान यूरोपीय ईसाई मिशनरियों का गया। उन्हीं लोगों ने सबसे पहले शिक्षा विस्तार के लिए स्कूल खोले, छापेखाने का प्रयोग करने और पत्र-पत्रिकाओं के प्रकाशन की ओर ध्यान दिया। यह एक सर्वभारतीय घटना थी। इसका मुख्य उद्देश्य ईसाई धर्म प्रचार ही था। विलियम केरी ने भी बंगाल में इसकी अगुवाई की थी। इस ईसाई मिशनरी भारत में आते ही सर्वप्रथम मदनवारी गाँव, जहाँ नील कास्तकारों की कोठियाँ थीं, में पहला स्कूल वहाँ के लोगों की शिक्षा के लिए खोला तथा विद्यालय के छात्रों हेतु टेस्टामेंट का अनुवाद भी किया। सन् 1800 में उन्होंने श्रीरामपुर में पहला देशी स्कूल खोला तथा शिक्षा का माध्यम बंगला भाषा ही बनाया इसके बावजूद भी उन्होंने भाषा को शुद्ध और परिष्कृत करके आधुनिक रूप देने का प्रथम प्रयास किया।

सन् 1784 में एशियाटिक सोसायटी की स्थापना की गयी थी, जिसमें कुछ यूरोपीय प्राच्य विद्वानों के साथ सर विलियम जोन्स का योग्य नेतृत्व था। तत्कालीन रेजिडेंस प्राच्यविद् जोनाथन रेजिडेंट के प्रयास से 1791 में बनारस में संस्कृत कॉलेज की स्थापना हुयी। भारत में अंग्रेजी शिक्षा के लिए पहला पहल इस्ट इण्डिया कम्पनी के एक वरिष्ठ अधिकारी चार्ल्स ग्रांट द्वारा 1792 में की गयी। इस टिप्पणी में था कि यूरोपीय विज्ञान और साहित्य भारत में अंग्रेजी माध्यम से परिवर्तित किया जाय। उनकी धारणा थी कि इस पद्धति से मानसिक दासता की जंजीरे टूटेंगी। तकनीकी ज्ञान और मशीन के प्रवर्तन से साधारण जनता की औद्योगिक अभिरुचि बढ़ेगी तथा मानसिक जड़ता से मुक्त होकर वे सक्रिय होंगे। इस तरह देश की तस्वीर ही बदल सकती है। सन् 1813 के ईस्ट इण्डिया एक्ट की धारा में पहले पहल शिक्षा सम्बन्धी जिम्मेवारी को स्वीकार किया गया और एक

लाख रुपये की राशि प्रतिवर्ष साहित्य और शिक्षित वर्ग को उत्साहित एवं वैज्ञानिक शिक्षा हेतु खर्च करने का प्रावधान किया गया। सन् 1811 में लार्ड मिन्टो के प्रशासकीय काल में विज्ञान और साहित्य की शिक्षा की बड़ी बुरी दशा थी। धार्मिक शिक्षा के अलावा किसी भी अन्या प्रकार की शिक्षा की बड़ी बुरी दशा थी। धार्मिक शिक्षा के अलावा किसी भी अन्य प्रकार की शिक्षा बन्द थी अनेक उपयोगी ग्रन्थ व्यवहार में न होने के कारण बन्द पड़े-पड़े नष्ट हो रहे थे। विद्वानों और साहित्यकारों के लिए कोई सहारा नहीं था। इसी से ज्ञान विज्ञान की चर्चाएँ धीरे-धीरे समाप्त की गयी थी। इसके अतिरिक्त अंग्रेजी शिक्षा के लिए कुछ स्कूलों की शुरूआत भी इसी काल में हुयी। इन परिस्थितियों के बावजूद अंग्रेजी भाषा और पाश्चात्य शिक्षा के प्रचार और प्रसार के बारे में काफी विरोध चल रहा था। सरकारी अधिकारी पारम्परिक शिक्षा के पक्षधर थे। वस्तुत: इस काल में दो विरोधी पक्ष आमने सामने आ गए थे। एक दल में प्रसिद्ध प्राच्यविद् संस्कृत, अरबी, फारसी शिक्षा के पक्ष में था। दूसरी ओर राम मोहनराय का दल था जो अंग्रेजी शिक्षा के पक्ष में था।

सन् 1823 में तत्कालीन सचिव सचिव होल्ट मैंकेंजी जिनके पास शिक्षा विभाग था एक प्रतिवेदन प्रस्तुत किया जिसमें उन्होंने एक आदर्श शिक्षा प्रणाली के विषय में विस्तार से लिखा था। शिक्षा के उद्देश्यों और सरकार की जिम्मेदारी के बारे में लिखते हुए कहा कि देश के लोगों की खुशहाली और नैतिक उन्नति की जिम्मेदारी सरकार की है। उन्होंने प्राच्र्य विद्या और आधुनिक ज्ञान-विज्ञान दोनों प्रकार की गयी थी जिसका उद्देश्य शिक्षा सम्बन्धी रिपोर्ट तैयार करना तथा शिक्षा की उन्नति के बारे में सुझाव देना साथ ही इस कमेटी को सारी शिक्षण संस्थाओं की देख-रेख का अधिकार भी दिया गया था।

इस कमेटी की सिफारिश पर हिन्दू धर्मशास्त्रों को पठन-पाठन प्रारंभ किया गया था। यह एक अजीब बात थी कि यूरोपीय सदस्यों की कमेटी ने यूरोपीय और अंग्रेजी शिक्षा के विरुद्ध राय दी और संस्कृत और हिन्दू-धर्मशास्त्रों के पठन-पाठन का समर्थन किया गया। इस काल में दो परस्पर विरोधी शिक्षा पद्धतियों की तुलना की गयी। एक पक्ष का मध्ययुगीन भारतीय पद्धति का और दूसरा पक्ष आधुनिक पाश्चात्य ज्ञान-विज्ञान का। उन्होंने विद्यालयों में मध्ययुगीन शिक्षा पद्धति का विरोध किया था। इसके अतिरिक्त प्राचीन पद्धति पर चलने वाले संस्कृत और अरबी फारसी की शिक्षा देने वाले संस्थाओं की देश में कमी नहीं थी। यदि कमी थी कि तो ज्ञान विज्ञान के शिक्षकों की। इंग्लैण्ड की शिक्षा व्यवस्था में लाए गए परिवर्तनों का हवाला देते हुए उन्होंने कहा था कि-

"If it had been intented to keep the British natikon in ignorance or real knowledge to Baconian Philosophy would not have been allowed to displage the system of the schoolmen, which was best calculated to perpetuate ignorance. In the same manner the Sanskrit System of Education would be best calculated to keep this country in darkness if such had been the policy of the British legislature."

उपरोक्त पंक्तियों का इशारा आधुनिक शिक्षा काल की आवश्यकता के अनुरूप शिक्षा प्रणाली की ओर है। इस पाठ्यक्रम का निर्धारण किया गया। इस पाठ्यक्रम में गणित, विज्ञान, रसायन, शरीर-विज्ञान और दूसरे उपयोगी विज्ञान को सम्मिलित करने का सुझाव दिया था। साथ ही प्रस्तावित संस्कृत विद्यालय विद्यमान हैं उनको आर्थिक सहायता देने पर यह उद्देश्य पूरा हो सकता है। राममोहन सरकार से शिक्षा के मामले पर दो प्रकार की सहायता चाहते थे-आधुनिक ज्ञान-विज्ञान की शिक्षा के नये विद्यालयों की स्थापना, एवं प्राच्य विद्या के विद्यमान केन्द्रों को आर्थिक सहायता देना। उनका विचार था कि इस प्रकार की शिक्षा प्रणाली ही देश के लिए उपयोगी हो सकती है।

राजा राममोहन राय ने यह महसूस किया कि शिक्षा-पद्धति में बिना बुनियादी सुधार के देश में रुढ़िवादिता को समाप्त नहीं किया जा सकता। सम्पूर्ण शिक्षा पद्धति की जाँच-पड़ताल जरूरी है। भारत फिर से अपना सही स्थान पा सके इसके लिए एक विवेकपूर्ण और वैज्ञानिक शिक्षा की आवश्यकता थी। जब कम्पनी सरकार ने एक ऐसा संस्कृत विद्यालय खोलने का निर्णय लिया जिसमें हिन्दू पण्डित तत्कालीन प्रचलित शिक्षा को आगे बढ़ाते, तब राम मोहन ने इस निर्णय के विरुद्ध आवाज उठाई। वे चाहते थे कि भौतिक विज्ञान-रसायन शास्त्र तथा गणित आदि की शिक्षा दी जाय। उन्होंने गवर्नर जनरल एमहर्स्ट को पत्र द्वारा सूचित किया कि सरकार एक ऐसा स्कूल खोलने जा रही है जिसमें हिन्दू पण्डित ऐसी शिक्षा देंगे जो यहाँ पहले से प्रचलित है। यह विद्यालय आज की युवा पीढ़ी को, उनके मन मस्तिष्क को केवल व्याकरण की सुन्दरता और आध्यात्मिक विशेषताओं से लाद देगा। जिनका सामाजिक जीवन में कोई खास उपयोग नहीं है। आज से दो हजार साल पूर्व का प्रचलित ज्ञान हीं यहाँ का विद्यार्थी सीख पाएगा। इसमें बढ़ोत्तरी सिर्फ इतनी होगी कि इस ज्ञान में अब तक के विचारशील व्यक्तियों द्वारा जोड़ी गयी व्यर्थ की खोखली टिप्पणियाँ और हो जायेंगी। ऐसा सारे भारवर्ष में इस समय हो रहा है। अगर इंग्लैण्ड को वास्तविक ज्ञान से अनभिज्ञ रखना होता तो ''बेकोनियन'' दर्शन को उस समय की शिक्षा पद्धति जो अज्ञान को चिरस्थाई बनाने में पूर्णतया समर्थ थी, के स्थान पर

आने की अनुमति न दी जाती। यदि ब्रितानी विधान की यही "पालिसी" है कि इस तरह की शिक्षा द्वारा इस देश को अन्धकार में रखने के लिए उत्तम रहेगी। लेकिन जैसा कि ब्रितानी विकास के लिए सरकार जनता को केन्द्र मानती है, यह बेहतर होगा कि विकसित और प्रबुद्ध शिक्षा-पद्धति को प्रश्रय दिया जाय। इसमें गणित, भौतिक विज्ञान, रसायनशास्त्र और शरीरशास्त्र तथा इसी तरह के अन्य उपयोगी विज्ञान पढ़ाये जा सकते है। यूरोपीय शिक्षा प्राप्त कुछ प्रबुद्ध व्यक्तियों को इसके लिए नियुक्त किया जा सकता है। उनके लिए एक कॉलेज खोला जा सकता है, जिसमें सभी जरूरी पुस्तकें, अन्य उपकरण तथा वैज्ञानिक यंत्रादि की व्यवस्था हो।

समय की आवश्यकता को भाँपते हुए राममोहन बहुत चाहते थे कि भारत में शिक्षा वैज्ञानिक ढंग से दी जाय, ताकि लोग अंधविश्वास और अज्ञान को दूर करें और ज्ञान के प्रकाश की ओर अग्रसर हों। ठीक उसी तरह जैसे यूरोपीय समाज में चर्च-शिक्षा पद्धति खत्म करके वैज्ञानिक शिक्षा का प्रचार-प्रसार हो रहा था। सन् 1816 में जब हिन्दू कॉलेज की स्थापना हो रही थीं उन्होंने डेविड हेयर ओर अन्य लोगों का साथ दिया। लेकिन जब कट्टर हिन्दुओं ने राम मोहन के हिन्दू कॉलेज की स्थापना में सक्रिय सहयोग का विरोध किया तो वे स्वयं रास्ते से हट गए। लेकिन निःसन्देह राम मोहन हिन्दू कॉलेज के प्रमुख जन्मदाताओं में से थे।

सुप्रिम कोर्ट के मुख्य न्यायाधीश सर ह्वाइट ईस्ट, अपने घर हिन्दू कॉलेज की स्थापना का निर्णय लेने के लिए 14 मई, 1816 को एक बैठक का आयोजन किया। इंग्लैण्ड के एक जज श्री जे. हैरिंगठन को सभा के चार दिन बाद एक पत्र लिखा जिसमें उन्होंने कहा, "हाल ही में यहाँ एक मजेदार बात हुई है। लगता है समय के साथ-साथ सब कुछ बदलता जा रहा है। 1 मई के प्रारंभ में कलकत्ता के ब्राह्मण राममोहन मुझसे मिले, इन्हें में जानता था। अपने ज्ञान और कर्मठ संघर्ष के लिए यहाँ के प्रमुख लोगों में यह काफी प्रसिद्ध हैं। इन्होंने मुझे कहा कि यूरोपीय आधुनिक संस्थाओं की तरह की एं संस्था यहाँ के प्रमुख हिन्दू स्थापित करना चाहते हैं, जहाँ उनके बच्चों को उदार रूप से शिक्षा मिल सके। राम मोहन मेरी मदद चाहते थे। उनकी इच्छा थी कि इस योजना से मैं सहमत हो जाऊँ और अपने यहाँ पर एक सभा बुलाकर उनकी सहायता करूँ .... जब वह चले गए तब मैंने गवर्नर जनरल से बात की, उन्होंने मेरे संदेशों को सुप्रिम कौंसिल के सामने रखा। सभी सदस्यों ने मेरा समर्थन किया और गर्वनर जनरल के मार्फत मुझे सूचित किया गया कि सभा अगर मेरे घर पर होती है तो इसमें उन्हें कोई आपत्ति नहीं है......" 14 मई,

1816 को सभा मरे घर हुई। इसमें पचास से ज्यादा रईस और प्रमुख हिन्दुओं, जिसने चोटी के पंडित थे-भाग लिया। लगभग पचास हजार रुपये चंदा इकट्ठा हो गया। कुछ और देने का वायदा किया गया। बाद में सभा के कुछ सदस्यों से बातचीत करने पर मुझे पता चला कि उनमें से खासतौर पर एक ऊँचे कुल के धनाढ्य ब्राह्मण राममोहन रय के विरुद्ध हैं, क्योंकि राममोहन ने हाल ही में हिन्दू मूर्ति-पूजा के खिलाफ काफी कुछ लिखा था और इस संदर्भ में इपने देशवासियों की काफी निन्दा की थी।

इस उदाहरण से यह साबित होता है कि राममोहन हिन्दू कॉलेज के जन्मदाताओं में से एक थे और जब उन्हें पता चला कि उनकी मौजूदगी से योजना खटाई में पड़ सकती है तब उन्होंने खुद को योजना के रास्ते से हटा लिया। सन् 1882 में राममोहन ने अपने खर्चे से अद्वैतवादी संस्था के तत्वाधान में एक हाई इंग्लिश स्कूल का प्रारंभ किया। उसके प्रबंधकों में डेविड हेयर और रेवरेण्ड एडम थे। महर्षि देवेन्द्र नाथ ठाकुर इस स्कूल के छात्र थे। अन्य स्कूलों में विज्ञान की शिक्षा अंग्रेजी में दी जाती थी, लेकिन इस स्कूल में विज्ञान बंगला में पढ़ाया जाता था। 1821 में दिसम्बर में राममोजहन ने बंगला साप्ताहिक "संवाद कौमुदी" का प्रकाशन किया। इसके एक अंक में उन्होंने एक लेख लिखा। एक लेख के जरिए सरकार से अपील की गयी की गरीब हिन्दू बच्चों को मुफ्त शिक्षा प्राप्त करने के लिए एक स्कूल की स्थापना की जाय। 1821-24 के दौरान उन्होंने अपने साप्ताहिक में यह वैज्ञानिक लेख छापे, जिनकी टाइटिल थी-"चुम्बक की विशेषताएँ", "मछलियों का आचार", "एक गुब्बारे का विवरण", राम मोहन ने बंगला में व्याकरण, भूगोल, रेखागणित और खगोलशास्त्र पर पाठ्य पुस्तकें लिखीं।

शिक्षा एवं राष्ट्रीय विकास

भारत में शिक्षा शास्त्र का कुछ विवेचन प्राचीन काल में भी हुआ था। तैत्तिरीय उपनिषद में शिक्षा बल्ली में शिक्षा पर विचार मिलते हैं। किन्तु वर्तमान अर्थ में शिक्षा शास्त्र का प्रारम्भ 1854 ई. के वुड डिस्पैच से माना जाना चाहिये। 1856 ईसवी में मद्रास में स्थापित राजकीय नार्मल स्कूल सन् 1886 में टीचर्स कॉलेज कहलाया और जिसमें शिक्षाशास्त्र का विधिवत शिक्षण दिया जाता था। 1906 में बम्बई में स्थापित माध्यमिक प्रशिक्षण महाविद्यालय सन् 1972 में बम्बई विश्वविद्यालय से सम्बद्ध हुआ और प्रशिक्षण का कार्य करने लगा। सैडलर कमीशन 1917-19 ने शिक्षा शास्त्र को एक विषय के रूप में इण्टर मीडिएट, बी.ए. और एम.ए. में पढ़ाने की संस्तुति की किन्तु विषय के रूप में शिक्षा शास्त्र का अध्ययन-अध्यापन बहुत

बाद में प्रारम्भ हुआ सन् 1947 में उत्तरप्रदेश में पेडागाजी विषय का पढ़ाना शुरू हुआ, जो बाद में शिक्षा शास्त्र विषय बन गया। सन् 1948 ई. में इलाहाबाद विश्वविद्यालय में बी.ए. में शिक्षाशास्त्र का पठन-पाठन प्रारम्भ हुआ और बाद में इसका अनुसरण करके अन्य विश्वविद्यालयों ने बी.ए. में शिक्षा शास्त्र को पाठ्यक्रम में स्थान दिया।

राष्ट्रीय विकास के समग्र कार्यक्रम में शिक्षा की भूमिका का हम फिर से मूल्यांकन करें। इससे यह स्पष्ट होता है कि आज शिक्षा का सम्प्रत्यय बदला है और आज शिक्षा-राष्ट्रीय विकास के लिये प्रमुख है, विशेषत: भारत जैसे विकासशील राष्ट्रों में। यही कारण है कि भारत में स्थापित शिक्षा आयोग में से अन्तिम आयोग शिक्षा आयोग 1964-66 के प्रतिवेदन का उपशीर्षक शिक्षा और राष्ट्रीय विकास है।

कोठारी कमीशन–

विश्वास एवं आस्थाहीनता के इस युग में समुचा भारत देश ही नहीं, सम्पूर्ण विश्व को दिशा-बोध नहीं हो रहा है। परिणामत: पुरानी पीढ़ी, रूढियों, रीतियों एवं परम्पराओं में नयी पीढ़ी को बांधकर रखना चाहती है। नयी पीढ़ी प्राचीनता से अलग-थलग होकर आक्रोश पूरित हो उठी है। समायोजन का मार्ग नहीं मिल रहा है। सामजस्य की कोई गुंजायश नहीं रह गई है।

स्वाधीनता प्राप्ति के पश्चात् देर से ही सही, नई पीढ़ी के आक्रोश एवं पुरानी पीढ़ी के दमन चक्र को आंखे फाड़-फाड़ कर दुनिया ने देखा है, जिन विद्यार्थियों का उपयोग स्वाधीनता प्राप्त कराने के लिये डण्डे उठाकर चलने, नारे लगाने एवं तोड़-फोड़ करने में लिया गया, वे ही छात्र दिशाहीनता के कारण उन्हीं विद्यायकों के विरुद्ध डण्डे फहरा रहे हैं। विद्यार्थियों की इस मनोवृत्ति को नाम दिया गया छात्र असन्तोष।

छात्र असन्तोष का कारण विश्लेषण हुआ। मालुम हुआ असन्तुलित एवं दलित अध्यापकों का असन्तोष भी व्यक्त हुआ अध्यापक आन्दोलन के रूप में। उन्हीं के छात्रों ने उन्हीं को गिरफ्तार किया और यों एक नये अध्याय का सूत्रपात हुआ। अध्यापकों को द्रोणाचार्य की आत्महीनता त्यागकर खुले आम अस्तित्व के लिये संघर्ष करना पड़ा है और कर रहा है।

चिन्तन की दिशा एक कदम और बढ़ती है। दिशाहीन छात्रों को एक दिशा मिली राज भाषा विधेयक की। हिन्दी, अंग्रेजी तथा क्षेत्रीय एवं मातृभाषा को सम्पर्क एवं व्यवहार की भाषा बनाने पर जोर दिया गया। सम्पर्क भाषा अंग्रेजी हो गयी।

शिक्षा के पाठ्यक्रम में अंग्रेजी बरकरार रही और छात्रों का आन्दोलन भी उसी गति से बरकरार रहा।

कहने वालों ने कहा, देखने वालो ने देखा और शासन तथा जनता के संघर्ष में पिसे छात्र तथा अध्यापक क्यों?

इसलिये कि सरकार तथा जनता दोनों के ही मध्य गलत फहमियां है, गलत ढंग है और उनका आधार व्यक्तिगत स्वार्थ है, इसीलिये कोठारी कमीशन ने पते की बात कहीं है-वह है, शिक्षा को एक सम्पूर्ण प्रक्रिया का स्वरूप दिया जाये। अध्यापकों को अस्तित्व बनाये रखने के लिये पूरे-पूरे अवसर प्रदान किये जायें। राष्ट्रीय अस्तित्व को बनाये रखने के लिये राष्ट्र विकास पर ध्यान दिया। कृषि, उद्योग तथा अन्य व्यावसायिक शिक्षा को शिक्षा का अंग बनाये जाने को कहा। यों जीवन पर्यन्त शिक्षा के सिद्धान्त को अपनाने को कहा।

आगामी बीस वर्षो की यह महान शिक्षा योजना अपने आप में बेजोड़ है। इसकी विशेषता यह है कि राष्ट्र के विकास में व्यक्ति का विकास निहित है और व्यक्ति का विकास राष्ट्र में सहायक होता है। इसलिये इस महान शिक्षा योजना में प्राचीनता के प्रति श्रद्धा है तो वर्तमान के प्रति मोह श्रद्धा और मोह का आधार विवेक है, अन्ध श्रद्धा नहीं। इसलिये शिक्षा के सभी पहलुओं पर आयोग ने अपने प्रतिवेदन में विचार किया है।

जब-जब हमारे समक्ष अस्तित्व का प्रश्न आया है कतिपय मर्यादायें प्रश्न चिह्न बनकर सामने आयी है। कोठारी कमीशन ने स्व. जवाहर लाल नेहरू के इस प्रश्न को हल खोज निकालने का प्रयत्न किया है- ''क्या हम विज्ञान तथा तकनीकी की प्रगति को मस्तिष्क एवं आत्मा की प्रगति के साथ मिला सकते हैं? हम विज्ञान के प्रति झूठे नहीं हो सकते क्योंकि वह जीवन के आधारभूत तथ्यों को हमारे समक्ष प्रस्तुत करता है। इतने पर भी क्या हम उन तथ्यों के प्रति आश्वस्त नहीं हो सकते जिनको भारत ने परम्परा से निभाया है। हमें औद्योगिक प्रगति की ओर पूरी शक्ति से कदम बढ़ाना है एवं यह भी स्मरण रखना है कि सहिष्णुता ,धैर्य एवं बुद्धि के अभाव में सभी भौतिक वस्तुयें धूल एवं राख में परिणत हो जाती हैं।''

स्पष्ट है, यह महान शिक्षा योजना मध्य-मार्गी है। इसका स्वरूप यह है कि हमारा अन्तरमन प्रकाशमान रहे और बाह्य स्वरूप सुख तथा समृद्धियुक्त हो।

कोठारी कमीशन की स्थापना और उसकी रिपोर्ट शिक्षा के इतिहास का एक अनूठा अध्याय है। तत्कालीन शिक्षा मन्त्री श्री मुहम्मद करीम छागला के शब्दों में इस आयोग द्वारा प्रस्तुत प्रतिवेदन, एक बेजोड़ कमीशन की बेजोड़ रिपोर्ट है।

ऐतिहासिक रिपोर्ट–इस समय भारत के भाग्य का निर्माण उसके अध्ययन कक्षों में हो रहा हे। विज्ञान तथा औद्योगिकी पर आधारित आज के संसार में शिक्षा ही व्यक्तियों की सम्पन्नता समृद्धि और सुरक्षा के स्तर को निर्धारित करती है। राष्ट्रीय पुन: निर्माण के कार्य की सफलता हमारे विद्यालयों एवं महाविद्यालयों से निकलने वाले छात्रों के गुणों पर निर्भर करती है। कोठारी कमीशन का ऐतिहासिक महत्त्व इसलिये है कि कमीशन शिक्षा के एक भाग लिये ही नहीं अपितु शिक्षा के सम्पूर्ण के लिये बैठाया गया है। इस कमीशन का प्रमुख उद्देश्य राष्ट्रीय हितों का विकास शिक्षा के माध्यम से करना है। इस कमीशन में देश तथा विदेश के प्रमुख शिक्षा-शास्त्रियों का योग रहा हे।

वित्त की समस्या–हमारी शिक्षा राज्य तथा केन्द्र से संचालित होती है। इसलिये शिक्षा का विकास रूक जाता है। उदाहरण के लिये कमीशन की रिपोर्ट के अनुसार नये परिवर्तनों में केन्द्र 80 प्रतिशत व्यय देने के लिये तैयार है। 20 प्रतिशत राज्य सरकारों को देना है। शर्त यह है कि पाँच वर्ष में वे आत्म-निर्भर हो जाये। राज्य सरकारें इस विषय पर मौन हैं।

शिक्षा का जीवन से सम्बन्ध–समाज को स्वयं शिक्षित करने के लिये आधुनिकीकरण का सहारा लेना पड़ता है। उसको साधारण नागरिक से शैक्षिक स्तर को ऊँचा उठाने वाले एक ऐसे शिक्षित वर्ग का निर्माण करने का प्रयास करना होगा जिससे समाज के सभी अंगों के व्यक्ति हो, जिनके विश्वासों एवं आकांक्षाओं पर भारतीयता की गहरी छाप लगी हो। प्रजातंत्र में व्यक्ति स्वयं साध्य है। इसलिए शिक्षा का प्रमुख उसे अपनी शक्तियों का पूर्ण विकास करने के अधिकाधिक अवसर प्रदान करना है। इसलिये शिक्षा जीवन से सम्बन्धित हो। यह बात कही तो जा रही है परन्तु कमीशन ने व्यावहारिक रूप से ऐसा अनुभव किया है कि शिक्षा और जीवन का आपसी तालमेल नहीं बैठ रहा है। अत: जीवन के लिए शिक्षा हो। बुनियादी शिक्षा का आधारभूत सिद्धान्त क्रियात्मकता को स्वीकार कर देश से बेरोजगारी दूर करने का संकल्प उठाना एक साहसपूर्ण कदम है।

शिक्षा का माध्यम–कमीशन ने क्षेत्रीय भाषाओं को शिक्षा का माध्यम माना है। कमीशन के अनुसार मातृभाषा शिक्षा का माध्यम होना चाहिये, स्कूलों तथा उच्च शिक्षा का माध्यम एक भाषा हो। अखिल भारतीय संस्थाओं में अंग्रेजी को शिक्षा का माध्यम माना है। उच्च शिक्षा के क्षेत्र में अंग्रेजी की बात कही है। हिन्दी की स्थिति

को स्पष्ट नहीं किया। अतः इस तथ्य पर विद्वानों में बहुत रोष है। सेठ गोविन्ददास के शब्दों में मैं नहीं समझता कि छात्रों को अंग्रेजी अनिवार्य रूप से क्यों पढानी चाहिये। मैं अँग्रेजी या अन्य किसी भाषा के लिखने के विरोध में नहीं हूँ, किन्तु इसकी सीखने की अनिवार्यता नहीं होनी चाहिये। इस आयोग ने त्रिभाषा सूत्र का इस्तेमाल किया है जिसका अर्थ निकलता है कि छात्रों के लिये हिन्दी पढ़ना अनिवार्य नहीं है। हिन्दी सांवैधानिक रूप से संघ की सरकारी भाषा है। मेरी राय में यह प्रस्तावित सूत्र राष्ट्र विरोधी एवं संविधान विरोधी है।

आकर्षक वेतन–कमीशन ने अनुभव किया कि जब तक अध्यापकों की स्थिति में सुधार नहीं होगा, उस समय तक शिक्षा का स्तर गिरा रहेगा। इसलिये नये वेतन-क्रमों की घोषणा की गई है। राज्य सरकारें अभी इस सम्बन्ध में मौन हैं।

अध्यापकों का स्तर–कमीशन ने इस बात पर भी जोर दिया है कि अध्यापकों को यात्रा-सुविधायें, भावी अध्ययन, राष्ट्रीय पुरस्कार तथा चुनाव में खड़े होने और नागरिक पदों पर कार्य करने के लिये अनुमति दी जाये। रिपोर्ट में शिक्षक के स्तर को ऊँचा उठाने के लिये सिफारिश की गयी है। श्री चागला इसे मैगना कार्टा अर्थात् महाधिकार पत्र की संज्ञा दी है। आयोग ने शिक्षक की वेतन वृद्धि को आवश्यक माना है तभी अध्यापकों की व्यावसायिक शिक्षा का ठोस कार्यक्रम अनिवार्य है। अध्यापक शिक्षा पर व्यय किये जाने वाले धन से अत्यधिक लाभ हो सकता है। क्योंकि धन तो कम व्यय होता है पर उससे लाखों व्यक्तियों की शिक्षा में गुणात्मक उन्नति होती है।

वे सभी कारक जो शिक्षा के उत्कर्ष एवं राष्ट्रीय विकास मे उसके सहयोग को प्रभावित करते हैं, वे है–अध्यापकों के गुण, क्षमता एवं चरित्र, जो निःसन्देह अत्यन्त महत्त्वपूर्ण है। इससे अधिक महत्त्वपूर्ण और कुछ भी नहीं है कि अच्छे अध्यापकों को अध्यापन व्यवसाय में लाया जाये। व्यावसायिक तैयारी एवं कार्य की संतोषजनक दशाओं की प्राप्ति हो जिनसे वे पूर्णत प्रभावित हों।

अध्यापकों की शिक्षा में लगा धन अधिक प्रदान कर सकता है क्योंकि आवश्यक वित्तीय स्त्रोत कम है एवं सामान्य जनता की शिक्षा के सन्दर्भ में मिलने वाला लाभ उसकी तुलना में अधिक है।

पाठ्यक्रम में परिवर्तन–कमीशन ने ऐसा अनुभव किया है कि सारा पाठ्यक्रम पुनर्गठित किया जाये। नया पाठ्यक्रम देश की नई परिस्थितियों के अनुकूल हो और वह राष्ट्रीय विकास का माध्यम हो। यह पाठ्यक्रम जीवन से सम्बन्धित हो।

विज्ञान, कृषि तथा तकनीकी शिक्षा–विज्ञान, कृषि तथा तकनीकी शिक्षा के विकास के बिना हमारा राष्ट्र विकसित नहीं हो सकता। अत: इन तीनों की शिक्षा की विशेष व्यवस्था कमीशन ने की है।

प्रशासन–प्रशासन के दोष दूर कर नयी शिक्षा सेवाओं का निर्माण करने का जो सुझाव दिया गया है, यह अनुकरणीय है।

प्रौढ़ शिक्षा–कमीशन ने प्रौढ़-शिक्षा का विस्तार करने का सुझाव दिया है। पार्ट टाइम, डाक द्वारा शिक्षा तथा सायंकालीन कॉलेजों के रूप में यह कार्य आगे बढ़ाया जाय।

नि:शुल्क शिक्षा–कमीशन ने 1986 तक नि:शुल्क एवं अनिवार्य सेकेण्डरी शिक्षा का जो सुझाव प्रस्तुत किया है वह सराहनीय है। ऐसा करने से देश में शिक्षा का विकास होगा।

नारी शिक्षा–नारी की शिक्षा के बारे में प्रसिद्ध है–''यदि एक लड़के को शिक्षा दी जाती है तो केवल एक लड़के को शिक्षित किया जाता है। यदि लड़की को शिक्षा दी जाती है तो इसका तात्पर्य है समूचे परिवार को शिक्षित करना।'' इसी आधार पर नारी शिक्षा की व्यवस्था की गई है।

शिक्षा सम्प्रभुता–विश्वविद्यालयों तथा कॉलेजों में अपनी सत्ता होनी चाहिये। उच्च शिक्षा में युनिवर्सिटी कोर्ट हों वे अपने विकास तथा व्यवस्था के लिये स्वयं काम करें।

प्रति व्यक्ति व्यय–1965-66 तक प्रत्येक व्यक्ति की शिक्षा पर 12 रु. व्यय होता था। यह धनराशि 1985-86 तक 54 रु. प्रति व्यक्ति हो जाये।

शिक्षा संरचना में परिवर्तन–देश में शिक्षा का स्वरूप एकसा नहीं है। अत: कमीशन का प्रयत्न रहा है कि वह शिक्षा के ढाँचे में परिवर्तन कर उसे एकरूपता प्रदान करें। प्रथम परीक्षा 10 वर्ष के बाद हो। इण्टरमीडिएट प्रणाली पुन: लागू हो।

कार्य-अनुभव पर बल–कोठारी कमीशन ने कार्य अनुभव पर बल दिया है। उत्पादन के प्रति निष्ठा पैदा करना शिक्षा का परम लक्ष्य है। इसी के द्वारा राष्ट्र विकास संभव है।

इस प्रकार हम देखते है कि कमीशन ने शिक्षा के हर पहलू पर विचार प्रकट किया है। वास्तव में इस कमीशन की सिफारिशों को समग्र रूप से सरकार मान ले

तो यह कमीशन जिस उद्देश्य के लिये बैठाया गया था, निश्चित ही पूरा होगा। टाइम्स ऑफ इण्डिया के इस मत से हम अध्ययन को समाप्त करते हैं-चाहे कितनी भी कठिनाइयाँ हो, सरकार को सद्प्रयत्न करने ही चाहिये जिससे इस रिपोर्ट का क्रियान्वयन हो सके। भारत में मानव स्त्रोत सर्वाधिक है और इनका विनियोग सामान्य व्यक्ति के लिये होना चाहिये। यह ध्यान रखना चाहिये कि लम्बे समय में कोई भी योजना सफल नहीं हो सकती यदि वह वृहद् आर्थिक एवं सामाजिक उद्देश्य के साथ जुड़ती नहीं है।

आयोग का प्रयत्न रहा है-राष्ट्रीय चेतना विद्यालय शिक्षा प्रणाली का एक महत्त्वपूर्ण उद्देश्य होना चाहिये। अपनी सांस्कृतिक विरासत के ज्ञान का विकास और पुनर्मूल्यांकन एवं उसका भविष्य में अटल विश्वास उत्पन्न करके हमें इस उद्देश्य की प्राप्ति के लिये प्रयत्नशील होना चाहिए।

महिलाओं की समानता हेतु शिक्षा

1. शिक्षा का उपयोग महिलाओं की स्थिति में बुनियादी परिवर्तन लाने के लिये एक साधन के रूप में किया जायेगा। अतीती से चली आ रही विकृतियों और विषमताओं को खत्म करने के लिये शिक्षा व्यवस्था का स्पष्ट झुकाव महिलाओं के पक्ष में होगा। राष्ट्रीय शिक्षा व्यवस्था ऐसे प्रभावी दखल करेगी जिनसे महिलाएँ जो अब तक अबला समझी जाती रही हैं, समर्थ और सशक्त हों। नये मूल्यों की स्थापना के लिये शिक्षण संस्थाओं के सक्रिय सहयोग से पाठ्यक्रमों तथा पठन पाठन सामग्री की पुनर्रचना की जायेगी तथा अध्यापकों व प्रशासकों का पुनः प्रशिक्षण किया जायेगा। इस काम को सामाजिक पुनर्रचना का अभिन्न अंग मानते हुये इसे पूर्ण कृतसंकल्प होकर किया जायेगा। महिलाओं से सम्बन्धित अध्ययन को विभिन्न पाठ्यचर्चाओं के भाग के रूप में प्रोत्साहन दिया जायेगा। और शिक्षा संस्थाओं को महिला विकास के सक्रिय कार्यक्रम शुरू करने के लिये प्रेरित किया जायेगा।

2. महिलाओं में साक्षरता प्रसार को तथा उन रूकावटों को दूर करने को जिनके कारण लड़कियां प्रारम्भिक शिक्षा से वंचित रह जाती है, सर्वोपरी प्राथमिकता दी जायेगी। इस काम के लिये विशेष व्यवस्थाएं की जायेंगी, समयबद्ध लक्ष्य निर्धारित किये जायेंगे और उनके कार्यान्वयन पर कड़ी निगाह रखी जायेगी। विभिन्न स्तरों पर तकनीकी और व्यावसायिक शिक्षा में किसी प्रकार का भेदभाव न बरतने की नीति पर पूरा जोर देकर अमल किया जायेगा ताकि तकनीकी तथा व्यावसायिक

पाठ्यक्रमों में पारम्परिक रवैयों के कारण चले जा रहे लिंगमूलक विभाजन को खत्म किया जा सके तथा गैर परम्परागत आधुनिक काम-धंधों में महिलाओं की हिस्सेदारी बढ़ सके। इसी प्रकार मौजूदा और नई प्राद्यौगिकी में भी महिलाओं की भागीदारी बढ़ाई जायेगी।

अनुसूचित जातियों की शिक्षा

1. अनुसूचित जातियों के शैक्षिक विकास पर बल दिया जायेगा जिससे की वे गैर-अनुसूचित जाति के लोगों के बराबर आ सकें। यह बराबरी सभी क्षेत्रों और सभी स्तरों पर इन चारों आयामों में होना जरूरी हैं : ग्रामीण पुरुषों में, ग्रामीण स्त्रियों में, शहरी क्षेत्रों के पुरुषों में और शहरी क्षेत्रों की स्त्रियों में।

2. इस मकसद के तहत नई नीति में ये उपाय सोचे गए हैं-

1. निर्धन परिवारों को इस प्रकार को प्रोत्साहन दिया जाये कि अपने बच्चों को 14 साल की उम्र तक नियमित रूप से स्कूल भेज सकें।

2. सफाई कार्य, पशुओं की चमड़ी उतारने तथा चर्म शोधन जैसे व्यवसायों में लगे परिवारों के बच्चों के लिये मैट्रिक-पूर्व छात्रवृत्ति योजना पहली कक्षा से शुरू की जायेगी। ऐसे परिवारों की आय पर ध्यान दिये बिना, उनके सभी बच्चों को इस योजना में शामिल किया जायेगा। तथा उनके लिये समयबद्ध कार्यक्रम शुरू किये जायेंगे।

3. ऐसी सुनियोजित व्यवस्थाएं करना और जाँच-पड़ताल की विधि स्थापित करना कि जिससे पता चलता रहे कि अनुसूचित जातियों के बच्चों के नामांकन होने, नियमित रूप से अध्ययन जारी रखने और पढ़ाई पूरी करने की प्रक्रिया में कहीं गिरावट तो नहीं आ रही है। साथ ही इन बच्चों की आगे की शिक्षा और रोजगार पाने की संभावना को बढ़ाने के उद्देश्य से उनके लिये विचारात्मक पाठ्यचर्या की व्यवस्था करना।

4. अनुसूचित जातियों के शिक्षकों की नियुक्ति पर विशेष ध्यान देना।

5. जिला केन्द्रों पर अनुसूचित जातियों के छात्रों के लिये छात्रावास की सुविधाएँ क्रमिक रूप से बढ़ाना।

6. स्कूल भवनों, बालवाड़ियों और प्रौढ़ शिक्षा केन्द्रों का स्थान चुनते समय अनुसूचित जाति के व्यक्तियों की सहूलियत पर विशेष ध्यान देना।

7. अनुसूचित जातियों के लिये शैक्षिक सुविधाओं का विस्तार करने के लिये राष्ट्रीय ग्रामीण रोजगार कार्यक्रम तथा ग्रामीण भूमिहीन रोजगार गारंटी कार्यक्रम के साधनों का उपयोग करना।

8. अनुसूचित जातियों का शिक्षा की प्रक्रिया में समावेश बढ़ाने हेतु लगातार नये तरीकों की खोज जारी रखना।

अनुसूचित जनजातियों की शिक्षा–

अनुसूचित जन जातियों को अन्य लोगों की बराबरी पर लाने के लिये निम्नलिखित कदम तत्काल उठाए जाएगे–

1. आदिवासी इलाकों में प्राथमिक शालाएं खोलेने के काम को प्राथमिकता दी जायेगी। इन क्षेत्रों में स्कूल भवनों के निर्माण का कार्य शिक्षा के बजट, राष्ट्रीय ग्रामीण रोजगार कार्यक्रम, ग्रामीण भूमिहीन रोजगार गारंटी कार्यक्रम, जनजातीय कल्याण योजनाओं आदि के अन्तर्गत प्राथमिकता के आधार पर हाथ में लिया जायेगा।

2. आदिवासियों की अपनी सांस्कृतिक एवं सामाजिक विशिष्टता होती है और बहुधा उनकी अपनी बोलचाल की भाषाएँ होती है। पाठ्यक्रम निर्माण में तथा शिक्षण सामग्री तैयार करने में यह जरूरी है कि शुरूआत की अवस्था में आदिवासी भाषाओं का उपयोग किया जाये, तथा ऐसा इंतजाम किया जावे कि आदिवासी बच्चे शुरू के कुछ वर्षो के बाद क्षेत्रीय भाषा के माध्यम से शिक्षा प्राप्त कर सकें।

3. पढ़े–लिखे प्रतिभाशाली आदिवासी युवकों को प्रशिक्षण देकर अपने क्षेत्र में ही शिक्षक बनने के लिये प्रोत्साहन दिया जायेगा।

4. बड़ी तादाद में आश्रम शालाएँ और आवासीय विद्यालय खोले जाएंगे।

5. अनुसूचित जन जातियों के लिये उनकी जिन्दगी के तौर-तरीकों और उनकी खास जरूरतों को ध्यान में रखते हुए ऐसी प्रोत्साहन योजनाएँ तैयार की जायेगी जिनसे शिक्षा प्राप्ति में आने वाली बाधाएँ दूर हों। उच्च शिक्षा के लिये दी जाने वाली छात्रवृत्तियों में तकनीकी और व्यावसायिक पढ़ाई को ज्यादा महत्त्व दिया जायेगा। सामाजिक तथा मानसिक अवरोधों को दूर करने के लिये विशेष उपचारात्मक पाठ्यचर्या और अन्य कार्यक्रम चलाये जाएंगे ताकि आदिवासी शिक्षार्थी सफलता से अपनी पढ़ाई पूरी कर सकें।

6. आंगन वाडियाँ, अनौपचारिक शिक्षा केन्द्र और प्रौढ़ शिक्षा केन्द्र आदिवासी बहुल इलाकों में प्राथमिकता के आधार पर खोले जायेगे।

7. आदिवासियों की समृद्ध सांस्कृतिक अस्मिता और विशाल सृजनात्मक प्रतिभा के बारे में चेतना सभी स्तरों के पाठ्यक्रमों का जरूरी हिस्सा होगी।

5. शिक्षा की दृष्टि से पिछड़े हुए दूसरे वर्ग और क्षेत्र–शिक्षा की दृष्टि से पिछड़े हुए सभी वर्गो को, विशेषकर ग्रामीण क्षेत्रों में, समुचित प्रोत्साहन दिया जायेगा। पहाड़ी और रेगिस्तानी जिलों में दूरस्थ और दुर्गम क्षेत्रों में और टापुओं में पर्याप्त संख्या में शिक्षा संस्थायें खोली जायेगी।

अल्पसंख्यक

अल्पसंख्यकों के कुछ वर्ग तालीमी दौड़ में काफी पिछड़े और वंचित हैं। समाजी इंसाफ और समता का तकाजा है कि ऐसे वर्गो की तालीम पर पूरा ध्यान दिया जाये। संविधान में उन्हें अपनी भाषा और संस्कृति की हिफाजत करने तथा अपनी शैक्षिक संस्थाएँ कायम करने और उनहें चलाने के जो अधिकार दिये गये है, वे भी इनमें शामिल हैं। साथ ही पाठ्यपुस्तकें तैयार करने में और सभी स्कूली क्रियाकलापों में समानता रखी जायेगी तथा सामान्य केन्द्रिक शिक्षाक्रम के अनुरूप राष्ट्रीय लक्ष्यों और आदर्शों के आधार पर एकता को बढ़ावा देने के लिये सभी सम्भव प्रयास किये जायेंगे।

विकलांग

शारीरिक तथा मानसिक दृष्टि से विकलांगों को शिक्षा देने का उद्देश्य यह होना चाहिये कि वे समाज के साथ कन्धे से कन्धा मिलाकर चल सकें, उनकी सामान्य तरीकों से प्रगति हों और वे पूरे भरोसे और हिम्मत के साथ जिन्दगी ज़ियें। इस सम्बन्ध में निम्नलिखित उपाय किये जायेंगे–

1. विकलांगता अगर हाथ पैर की या मामूली सी है, तो ऐसे बच्चों की पढ़ाई आम बच्चों के साथ हो।

2. गंभीर रूप से विकलांग बच्चों के लिये छात्रावास वाले खास स्कूलों की जरूरत होगी। इस तरह के स्कूल जहाँ तक संभव होगा जिला मुख्यालयों में बनाये जायेंगे।

3. विकलांगों के लिये व्यावसायिक प्रशिक्षण की पर्याप्त व्यवस्था की जायेगी।

4. शिक्षकों, खासतौर से प्राथमिक कक्षाओं के शिक्षकों, के प्रशिक्षण कार्यक्रमों को भी नया रूप दिया जायेगा ताकि वे विकलांग बच्चों की कठिनाइयों को ठीक तरह से समझकर उनकी सहायता कर सके।

5. विकलांगों की शिक्षा के लिये स्वैच्छिक प्रयासों को हर संभव तरीके से प्रोत्साहित किया जायेगा।

प्रौढ़ शिक्षा

1. हमारे प्राचीन काल में ग्रन्थों में कहा गया है "**सा विद्या या विमुक्तये**" शिक्षा वह है जो अज्ञान और दमन से मुक्ति दिलाती है। शिक्षा की इस परिकल्पना के तहत हर व्यक्ति को लिखना-पढ़ना तो आना ही चाहिये, क्योंकि आज के युग में यहां सीखने का प्रमुख माध्यम है। इसी कारण साक्षरता और प्रौढ़ शिक्षा का महत्त्व अत्यन्त अधिक है।

2. आज विकास का अहम मुद्दा यह है कि किस तरह कुशलताओं को नि... बढ़ाया जाये और समाज को किस तरह की और जिस मात्रा में जनशक्ति की जरूरत हो उसे तैयार किया जाये। विकास के कार्यक्रमों में उन लोगों की भागीदारी बहुत जरूरी है जिनकों उनका लाभ मिलना है। प्रौढ़ शिक्षा को राष्ट्रीय लक्ष्यों से जोड़ा जायेगा। इन राष्ट्रीय लक्ष्यों में ये सब शामिल है निर्धनता को दूर करना, राष्ट्रीय एकता, पर्यावरण संरक्षण, लोगों की सांस्कृतिक सृजनशीलता का संवर्धन, छोटे परिवार के आदर्श का पालन, महिलाओं की समानता आदि। प्रौढ़ शिक्षा के वर्तमान कार्यक्रमों का पुनरावलोकन करके उन्हें मजबूत बनाया जायेगा।

3. समूचे देश को निरक्षरता उन्मूलन के लिये निष्ठापूर्वक कटिबद्ध होना है, खासकर 15-35 आयु वर्ग के निरक्षर लोगों की। केन्द्रीय सरकार और राज्य सरकारों, राजनैतिक दलों तथा उनके जन-संगठनों, जन संचार के माध्यमों और शिक्षा संस्थाओं को विविध प्रकार के जन-साक्षरता कार्यक्रमों को सफल बनाने के लिये प्रतिबद्ध होना होगा। इस कार्य में शिक्षकों युवावर्ग, छात्र छात्राओं, स्वैच्छिक संस्थाओं और नियोजकों आदि को बड़े पैमाने पर शामिल करना होगा। शोध संस्थानों की सहायता से शैक्षिक पहलुओं में सुधार लाने के ठोस प्रयास किये जायेंगे। साक्षरता के अलावा, कार्यात्मक ज्ञान और कुशलताओं का विकास तथा शिक्षार्थियों में सामाजिक आर्थिक वास्तविकता की समझ पैदा करना और इस स्थिति को बदल सकने की संभावना के प्रति उन्हें सचेत बनाना प्रौढ़ शिक्षा का अंग होगा।

4. विभिन्न पद्धतियों और माध्यमों का उपयोग करते हुये प्रौढ़ तथा सतत शिक्षा

का एक व्यापक कार्यक्रम कार्यान्वित किया जायेगा। इसके अन्तर्गत निम्न प्रकार के कार्यक्रम आयेंगे–

क. ग्रामीण क्षेत्रों में सतत शिक्षा केन्द्रों की स्थापना,

ख. नियोजकों, मजदूर संगठनों और सम्बन्धित सरकारी एजेंसियों के द्वारा श्रमिकों की शिक्षा,

ग. उच्च शिक्षा की संस्थाओं द्वारा सतत शिक्षा,

घ. पुस्तकों के लेखन व प्रकाशन को तथा पुस्तकालयों और वाचनालयों को बड़े पैमाने पर प्रोत्साहन,

ङ जन-शिक्षण और समूह शिक्षण के साधन के रूप में रेडियो, दूरदर्शन और फिल्मों का उपयोग,

च. शिक्षार्थियों के समूहों और संगठनों का सृजन,

छ. दूर-शिक्षण के कार्यक्रम,

ज. स्वाध्याय और स्वयं-शिक्षण में सहायता की व्यवस्था,

झ. आवश्यकता और रुचि पर आधारित व्यावसायिक प्रशिक्षण कार्यक्रम।

शिशुओं की देखभाल और शिक्षा

1. बच्चों से सम्बन्धित राष्ट्रीय नीति इस बात पर विशेष बल देती है कि बच्चों के विकास पर पर्याप्त विनियोग किया जाये, विशेषकर ऐसे तबकों पर जिनके बच्चों की पहली बड़ी संख्या में शिक्षा प्राप्त कर रहे हैं।

2. बच्चों के विकास के विभिन्न पहलुओं को अलग-अलग करके नहीं देखा जा सकता। पौष्टिक भोजन व स्वास्थ्य की ओर बच्चों के सामाजिक, मानसिक, शारीरिक, नैतिक और भावात्मक विकास को समेकित रूप में ही देखना होगा। इस दृष्टि से शिशुओं की देखभाल और शिक्षा पर विशेष ध्यान दिया जायेगा और इसे जहाँ भी संभव हो, समेकित बाल विकास सेवा कार्यक्रम के साथ जोड़ा जाएगा। प्राथमिक शिक्षा के सार्वजनिकरण के संदर्भ में शिशुओं की देखभाल के केन्द्र खोले जाएंगे, जिससे अपने छोटे भाई-बहनों की देखभाल करने वाली लड़कियों का स्कूल जाने की सुविधा मिल सके। साथ ही निर्धन तबके की कार्यरत स्त्रियों को भी इन केन्द्रों से मदद मिल सकेगी।

3. शिशुओं की देखभाल और शिक्षा के केन्द्र पूरी तरह बाल केन्द्रित होगे। उनकी गतिविधियाँ खेल-कूद पर और बच्चों के व्यक्तित्व पर आधारित होंगी। इस अवस्था में औपचारिक रूप से पढ़ना लिखना नहीं सिखाया जायेगा। इस कार्यक्रम में स्थानीय समुदाय का पूरा सहयोग लिया जायेगा।

4. शिशुओं की देखभाल और पूर्व प्राथमिक शिक्षा के कार्यक्रमों को पूरी तरह समेकित किया जायेगा ताकि इससे प्राथमिक शिक्षा को बढ़ावा मिले और मानव संसाधन विकास में सामान्य रूप से सहायता मिल सके। इसके साथ ही स्कूल स्वास्थ्य कार्यक्रम को और सुदृढ़ किया जायेगा।

प्रारम्भिक शिक्षा–प्राथमिक शिक्षा की नई दिशा में दो बातों पर विशेश बल दिया जाएगा;

क. 14 वर्ष की अवस्था तक के सब बच्चों की विद्यालयों में भर्ती और उनका विद्यालय में टिके रहना, और

ख. शिक्षा की गुणवत्ता में काफी सुधार।

बाल-केन्द्रित दृष्टिकोण

बच्चों को विद्यालय जाने में सबसे अधिक सहायता तब मिलती है जब वहां का वातावरण प्यार, अपनत्व और प्रोत्साहन से भरा हो और विद्यालय के सब लोग बच्चों की आवश्यकताओं पर ध्यान दे रहे हों। प्राथमिक स्तर पर शिक्षा की पद्धति बाल केन्द्रित और गतिविधि पर आधारित होनी चाहिये। पहली पीढ़ी के सीखने वाले बचों की अपनी गति से आगे बढ़ने देना चाहिये और उनके लिये पूरक और उपचारात्मक शिक्षा की भी व्यवस्था होनी चाहिये। ज्यों-ज्यों बच्चे बड़े होंगे उनके सीखने में ज्ञानात्मक तत्त्व बढ़ते जायेंगे और अभ्यास के द्वारा वे कुछ कुशलताएँ भी ग्रहण करते चलेंगे। प्राथमिक स्तर पर बच्चों को किसी भी कक्षा में फेल न करने की प्राथमिकता जारी रखी जायेगी। बच्चों का मूल्यांकन वर्ष भर में फैला दिया जायेगा। शिक्षा की व्यवस्था में से शारीरिक दंड को सर्वथा हटा दिया जायेगा और विद्यालय के समय का और छुट्टियों का निर्णय भी बच्चों की सुविधा को दखते हुए किया जायेगा।

विद्यालय में सुविधाएं

प्राथमिक विद्यालयों में आवश्यक सुविधाओं की व्यवस्था की जायेगी। इनमें किसी भी मौसम में काम देने लायक कम से कम दो बड़े कमरे, आवश्यक खिलौने, ब्लैकबोर्ड, नक्शे, चार्ट और अन्य सामग्री शामिल है। हर स्कूल में पूरे समय नहीं

जा सकती, इन सबके लिये एक विशाल और व्यवस्थित अनौपचारिक शिक्षा का कार्यक्रम चलाया जायेगा।

अनौपचारिक शिक्षा

1. ऐसे बच्चे जो बीच में स्कूल छोड़ गये है, या ऐसे स्थानों पर रहते हैं जहाँ स्कूल नहीं है या जो काम में लगे हैं और वे लड़कियाँ जो दिन के स्कूल में पूरे समय नहीं जा सकती, इन सबके लिये एक विशाल और व्यवस्थित अनौपचारिक शिक्षा का कार्यक्रम चलाया जायेगा।

2. अनौपचारिक शिक्षा केन्द्रों में सीखने की प्रक्रिया को सुधारने के लिये आधुनिक टैक्नालाजी के उपकरणों की सहायता ली जायेगी। इन केन्द्रों में अनुदेशक के तौर पर काम करने के लिये स्थानीय समुदाय के प्रतिभावान और निष्ठावान युवकों और युवतियों को चुना जायेगा। और उनके प्रशिक्षण की विशेष व्यवस्था की जायेगी। अनौपचारिक धारा में शिक्षा प्राप्त करने वाले बच्चे योग्यतानुसार औपचारिक धारा के विद्यालयों में प्रवेश पा सकेंगे इस बात पर पूरा ध्यान दिया जायेगा कि अनौपचारिक शिक्षा का स्तर औपचारिक शिक्षा के समतुल्य हो।

3. राष्ट्रीय केन्द्रिय शिक्षाक्रम की तरह का एक शिक्षाक्रम अनौपचारिक शिक्षा पद्धति के लिये भी तैयार किया जायेगा, लेकिन यह शिक्षाक्रम विद्यार्थियों की जरुरतों पर आधारित होगा और इसका सम्बन्ध स्थानीय पर्यावरण से रहेगा। उच्चकोटि की शिक्षण सामग्री बनाई जायेगी और वह सभी विद्यार्थियों को मुफ्त दी जायेगी। अनौपचारिक शिक्षा के कार्यक्रम में सहभागी होते हुये शिक्षा प्राप्त करने का वातावरण उपलब्ध किया जाएगा, और इसमें खेल-कूद, सांस्कृतिक कार्यक्रम, भ्रमण आदि की व्यवस्था की जायेगी।

4. अनौपचारिक शिक्षा केन्द्रों का चलाने का अधिकतर कार्य स्वयंसेवी संस्थाएँ और पंचायती राज की संस्थाएं करेंगी। इस कार्य के लिये इन संस्थाओं को पर्याप्त धन समय दिया जायेगा। इस महत्त्वपूर्ण क्षेत्र की कुल जिम्मेदारी सरकार पर रहेगी।

□□□

6

पत्रकारिता, प्रेस, स्वाधीनता एवं दृष्टिकोण

साहित्यिक पत्रकारिता का विकास

साहित्यिक पत्रकारिता और पत्रकारिता के इतिहास, विकास और आधुनिक स्थिति के अध्ययन से पूर्व साहित्य के बारे में जानकारी होना आवश्यक है।

"**सहित्स्य भावम् साहित्यम**" अर्थात् जो भाव विचार, रस, और अलंकार से युक्त हो उसे साहित्य कहते हैं। आचार्य विश्वनाथ ने साहित्य दर्पण में साहित्य की परिभाषा प्रस्तुत करते हुए कहा है कि जो काव्य, रस, अलंकार से युक्त होता है उसे साहित्य की विधा कहते हैं और यही साहित्य है।

पत्रकारिता की परिभाषा–साहित्य का अर्थ समझने के बाद यह भी आवश्यक है कि साहित्यिक पत्रकारिता के अध्ययन से पहले पत्रकारिता की परिभाषा भी मालूम की जाए। हर्बर्ट ब्रूकर ने पत्रकारिता की व्याख्या करते हुए कहा है कि–"यह वह माध्यम है जिसके द्वारा हम अपने मस्तिष्क में उस दुनिया के बारे में समस्त सूचनाएँ संकलित करते हैं जिसे हम स्वत: कभी नहीं जान सकते।"[1]

इस प्रकार हम यह कह सकते हैं कि जिज्ञासा की वृत्ति मानव मस्तिष्क को सदियों से आलोड़ित करती रही है। इस चित्त-वृत्ति से प्रेरित होकर मनुष्य यह जानने को उत्सुक रहा है क उसके आसपास क्या घटित हो रहा है? क्यों घटित हो रहा है? और जो कुछ घटित हो रहा है उसका प्रभाव उसके अपने जीवन और कार्य व्यापारों पर क्या होने वाला है। उसे अपने स्वयं के तथा अपने परिचय क्षेत्र के लोगों और स्थानों के विषय में ही जानने की उत्सुकता नहीं रहती अपितु अपरिचित व्यक्तियों, स्थलों, नगरों और गाँवों से भी कहीं दूर संसार के एक छोर से लेकर दूसरे छोर तक बसे लोगों और धरती ही नहीं बल्कि आसमान की गहराइयों में अगर जीवन है तो उसकी हलचल के बारें में भी वह जानना चाहता है।

मानवाधिकार और पुलिस की भूमिका को समझने और जानने के लिए, मानवाधिकार के इतिहास, मानवाधिकार की वर्तमान दशाएँ एवं दिशाएँ मानवाधिकार के उल्लंघन का कारण और उनका निवारण कैसे हो मानवाधिकारों में सुधार इन सब के लिए समाचार पत्र, और साहित्यिक पत्रिकाएँ तथा संचार के अन्य माध्यम ही सबसे बड़े स्रोत है इसीलिए समाचार पत्रों के माध्यम से इस विषय का अध्ययन किया गया है।

हिन्दी पत्रकारिता का संक्षिप्त इतिहास

प्रारंभिक दौर

हिन्दी पत्रकारिता के इतिहास के अनुसार 30 मई 1826 को पं. युगलकिशोर शुक्ल ने देवनागरी में पहला पत्र "**उदंड मार्तण्ड**" कलकत्ता से प्रकाशित किया था। आर्थिक परेशानियों और बंगाल में हिन्दी का प्रचलन न होने से यह पत्र अधिक दिनों तक प्रकाशित नहीं हो सका और अन्तत: 11 दिसम्बर, 1827 को इसका प्रकाशन हमेशा के लिए बन्द हो गया। 10 मई, 1829 को राजाराम मोहन राय ने कलकत्ता से हिन्दी साप्ताहिक बंगदूत का प्रकाशन आरंभ किया। बंगदूत के प्रथम सम्पादक नीलरतन हवलदार थे। यही नहीं 1846 में ही "मार्तण्ड", 1848 में "मालवा" और 1849 में "जगदीप भास्कर" जैसे पत्र प्रकाशित होने शुरू हुए थे।[1]

हिन्दी भाषी क्षेत्रों में पत्रकारिता

हिन्दी पत्रकारिता में कलकत्ता के बाद वाराणसी का स्थान है जहाँ से जनवरी 1845 में बनारस अखबार हिन्दी क्षेत्र का पहला साप्ताहिक पत्र प्रकाशित हुआ। इसे राजा शिवप्रसाद ने प्रकाशित किया था। इस पत्र के संपादक गोविन्द रघुनाथ घन्ते थे। 1856 में बनारस से ही "हिन्दी साप्ताहिक सुधार" प्रकाशित होना शुरू हुआ था। जिसके सम्पादक तारामोहन मैत्रेय थे। 1850 में सम्पादक युगलकिशोर ने फिर से एक साप्ताहिक का प्रकाशन किया जिसका नाम "सामदण्ड मार्तण्ड" था। इसी क्रम में 1848 में शिमला में शेख अब्दुल्ला ने हिन्दी और उर्दू का मिला-जुला साप्ताहिक प्रकाशित करना शुरू किया जिसका नाम "शिमला अखबार" था।

निर्भिक पत्रकारिता की शुरूआत

उन्नीसवीं शताब्दी का 50 दशक हिन्दी पत्रकारिता के लिए काफी महत्त्वपूर्ण सिद्ध हुआ। 1857 के बाद हिन्दी पत्रकारिता में एक जबरदस्त उभार की स्थिति दिखाई देने लगी। 1854 में कलकत्ता से ही हिन्दी के पहले दैनिक अखबार "समाचार सुधावर्षण"

का प्रारंभ हुआ। जिसके सम्पादक श्यामसुन्दर सेन थे। निर्भीक और प्रगतिशील शोध पर आधारित पत्रकारिता के चलते इस अखबार को ब्रिटिश हुकुमत की कठोर यातनाएँ झेलनी पड़ी। फरवरी, 1857 में दिल्ली से प्रकाशित "पाथ में आजादी" अखबार की आवाज तो दिल्ली की जनता के दिलों में जज्व हो गई। इस अखबार ने आजादी की एक ऐसी मशाल जलाई जिसे, 1857 में कौमी झंडे को सलामी देते वक्त जगह-जगह पया जाता था। किंवदंतियाँ तो यह भी है कि लोगों के घरों में "पाथ में आजादी" की प्रतियाँ पाई गई उन्हें अंग्रेजी हुकुमत द्वारा फांसी पर लटका दिया गया। आज भारत में "पाथ में आजादी" की एक प्रति उपलब्ध नहीं है। सिर्फ लंदन के ऐतिहासिक संग्रहालय में इसकी एक प्रति सुरक्षित रखी गई है।

1857 के कालखंड को कुल मिलाकर हिन्दी पत्रकारिता के प्रारंभिक युग को मोटेतौर पर पांच दौरों में विभाजित किया जा सकता है। 1857 के बाद के युग में जहां एक तरफ हिन्दी पत्रकारिता का केन्द्र कलकत्ता से हटकर हिन्दी भाषी क्षेत्रों की तरफ खिसका वहीं दूसरी तरफ हिन्दी पत्रकारिता में एक जागरूक राजनीतिक चेतना की अभिव्यक्ति स्पष्ट दिखाई दी। चाहे राजनीति हो या साहित्य 1857 हिन्दुस्तान के लगभग हर क्षेत्र के लिए एक उभार का वर्ष सिद्ध हुआ।

हिन्दी पत्रकारिता के इस युग की शुरूआत "कवि वचन सुधा" से होती है। जिसका प्रकाशन भारतेन्दु जी ने 15 अगस्त, 1867 को वाराणसी से प्रारंभ किया था। यह पत्र मासिक से शीघ्र ही पाक्षिक और 1857 में सासाहिक हो गया। इस युग की पत्रकारिता पर भारतेन्दु जी की स्पष्ट छाप दिखाई दी। पत्रों में न केवल भाषा साहित्य के स्तर पर निखार आया बल्कि एक भिन्न किस्म की जनचेतना का संचार भी हुआ।

ऐतिहासिक तथ्यों के अनुसार लगभग 30 वर्षों की इस अवधि से लगभग 350 से अधिक पत्र-पत्रिकाएँ प्रकाशित हुईं जो मुख्यत: विचार पक्ष को समेटती थी। इन पत्र-पत्रिकाओं में समाचार पक्ष लगभग अछूता ही रहा। इस युग में सन् 1871 में "अलमाड़ा अखबार" का प्रकाशन हुआ, जिसका उत्तर प्रदेश की पत्रकारिता में उल्लेखनीय स्थान है। यह पत्र लगातार 47 वर्ष (1918 तक) कभी साप्ताहिक, तो कभी पाक्षिक रूप से प्रकाशित होता रहा। 1872 में जबलपुर से "जबलपुर समाचार" और वर्ष 1874 में बिहार का पहला सासाहिक पत्र "बिहार बंधु" का प्रकाशन पटना से आरंभ हुआ।

स्वतंत्रता के लिए प्रेरक पत्रकारिता

पंजाब से "जगत अर्थना", अलीगढ़ से "भारत बंधु", 1857 में प्रयाग से "धर्म प्रकाश", 1876 में वाराणसी से काशी पत्रिका और 1877 में प्रयाग से "नागरी पत्रिका" का भी प्रकाशन शुरू हुआ। यही नहीं भारतेन्दु मण्डली के वरिष्ठ सदस्य बालकृष्ण भट्ट ने सितम्बर, 1877 में प्रयाग से हिन्दी "प्रदीप मासिक" का प्रकाशन आरंभ किया जो 33 वर्षों तक निरन्तर प्रकाशित हुआ। वर्ष 1910 में पं. माधव शुक्ल की एक कविता **जरा सोचो यारो यह बम क्या है?** के इस पत्र में प्रकाशन के चलते ब्रिटिश सरकार ने इसके प्रकाशन पर हमेशा के लिए प्रतिबंध लगा दिया।

इसी युग में कलकत्ता से तीन प्रमुख-पत्र प्रकाशित होते थे। वे हैं-"उचित वक्ता" (1900-1805), "भारत मित्र",(1878-1835) पहले पाक्षिक फिर दैनिक और "सार सुधानिधि" (1879-1890) इन तीनों पत्रों के संचालक और प्रेरक दुर्गाप्रसाद मिश्र थे। "उचित वक्ता" ने तो वर्नाकुलर प्रेस एक्ट समेत ब्रिटिश सरकार के कई प्रेस कानून का खुलेआम विरोध किया था। 1883 में पं. प्रतापनारायण मिश्र के सम्पादन में "ब्राह्मण" कानपुर से प्रकाशित होना शुरू हुआ। यह पत्र काफी विवादास्पद रहा है।

हिन्दी में दैनिक पत्र का प्रकाशन

1885 में हिन्दी दैनिक हिन्दोस्तान का प्रकाशन कालाकांकर (उत्तर प्रदेश) से राजा राजपालसिंह ने आरम्भ किया। पं. मदनमोहन मालवीय इसके सम्पादक थे। **"हिन्दोस्तान" हिन्दी भाषा में प्रकाशित होने वाला पहला हिन्दी दैनिक पत्र था**। हिन्दी पत्रकारिता के लिए यह युग इसलिए महत्त्वपूर्ण है क्योंकि प्रतापनारायण मिश्र, बालमुकुन्द गुप्त, रामप्रसादसिंह, बाबूराव विष्णु पराडकर, लक्ष्मीनारायण गर्दे सरीखे लोगों ने इसी युग में पत्रकारिता की शिक्षा ग्रहण की और आगे चलकर ये **लोग हिन्दी पत्रकारिता के स्तम्भ साबित हुए**। बीसवीं शताब्दी के शुरूआती दो दशकों पर हिन्दी पत्रकारिता को हमेशा फख्र रहेगा। इसका श्रेय मुख्य रूप से "विश्वमित्र" को दिया जाना चाहिए। 1901 में कलकत्ता से "सरस्वती" 1913 में कानपुर से "प्रताप" के गणेश शंकर विद्यार्थी। भारत मित्र, प्रताप और विश्वमित्र ने जहाँ तक राजनीतिक-वैचारिक लेखों तथा सामाचारों के माध्यम से अंग्रेजी हुकूमत के खिलाफ खुलेआम बगावत का झंडा बुलन्द किया, वहीं दूसरी तरफ "सरस्वती" ने **हिन्दी भाषा और साहित्य सृजन** को एक नया आयाम दिया और हिन्दी भाषा क्षेत्र में सांस्कृतिक जागरण को अपना लक्ष्य घोषित किया। आजादी के पहले की समूची हिन्दी-पत्रकारिता इन्हीं के धाराओं की वाहक बनी रही।

1920 में पराडकर जी के सम्पादकत्व में वाराणसी से "आज" का प्रकाशन आरम्भ हुआ। गांधी जी के गुजराती "नवजीवन" का हिन्दी रूपान्तर "हिन्दी नवजीवन" 1921 में प्रकाशन शुरू हुआ। इन्हीं वर्षों में "यंग इंडिया" का हिन्दी रूपान्तर "तरुण भारत" प्रकाशित होना आरम्भ हुआ। ये सभी अखबार गांधी जी के असहयोग आन्दोलन और उनके रचनात्मक कार्यक्रमों को प्रमुखता से प्रचारित करना अपना लक्ष्य समझते थे। इसी लक्ष्य के तहत कृष्णदत्त पालीवाल के सम्पादकत्व में 1925 में "सैनिक", रामकृष्ण बेनीपुरी के सम्पादकत्व में बिहार में 1928 में "युवक"। आचार्य नरेन्द्रदेव के सम्पादकत्व में 1937 में "संघर्ष", डॉ राजेन्द्रप्रसाद के सम्पादकत्व में 1940 में "संसार" का प्रकाशन शुरू हुआ। लाला लाजपतराय द्वारा "पंजाब केसरी" का प्रकाशन भी इसी दौर की उपलब्धि है।

साहित्यिक पत्र-पत्रिकाओं का उत्कर्ष काल

यह दौर साहित्यिक पत्र-पत्रिकाओं के लिए भी उत्कर्ष का काल साबित हुआ सन् 1920 में जब महावीर प्रसाद द्विवेदी सरस्वती से अलग हुए तब हिन्दी पत्रकारिता के क्षेत्र में अनेक साहित्यिक पत्र-पत्रिकाओं का जन्म हुआ। वर्ष 1922 में "चाँद" 1923 में "माधुरी", 1926 में "कल्याण", 1927 में "सुधा" तथा 1960 में "हंस" का प्रकाशन विशेष उल्लेखनीय है। हंस का प्रकाशन मुंशी प्रेमचन्द्र ने किया था। इस दौर में इन पत्र-पत्रिकाओं के अलावा लगभग सौ से अधिक हिन्दी साहित्यिक पत्रों का प्रकाशन भारत के विभिन्न अंचलों से शुरू हुआ था। इन्हीं साहित्यिक पत्र-पत्रिकाओं के माध्यम से जयशंकर प्रसाद, निराला, पंत, महादेवी वर्मा, जैनेन्द्र कुमार, सुभद्राकुमारी चौहान, भगवतीचरण वर्मा, हजारीप्रसाद द्विवेदी, अज्ञेय, प्रमुक्तिबोध सरीखे ढेर सारे साहित्यकारों को अभिव्यक्ति का अवसर मिला। सच कहा जाए तो यह युग हिन्दी साहित्यिक पत्रकारिता का स्वर्ण युग था, जिसकी गूंज आजादी के बाद के दिनों में भी सुनाई देती रही।

आजादी के बाद हिन्दी दैनिक पत्रों के प्रकाशन में उल्लेखनीय वृद्धि हुई। "नवभारत टाइम्स", "जनसत्ता", "नई-दुनिया", "प्रदीप", "स्वतंत्र भारत", "नवजीवन", "दैनिक जागरण", "वीर अर्जुन", "पंजाब केसरी" आदि पचासों हिन्दी दैनिक प्रकाशित होने शुरू हुए। इस दौर की हिन्दी पत्रकारिता ने जनतंत्र को जीवित रखने और हिन्दुस्तान के नये राजनेताओं को समय-समय पर आगाह करने की जिम्मेदारी को सहर्ष स्वीकार किया। कार्यपालिका, न्यायपालिका और विधायिका के समानान्तर समूची पत्रकारिता ने अपने आपको चौथे खम्बे के रूप में प्रस्तुत किया।

साप्ताहिक/पाक्षिक पत्र-पत्रिकाओं का प्रकाशन

इस दौर में धर्मयुग (1950), साप्ताहिक हिन्दुस्तान (1950), दिनमान (1955), सरिका (1970), ब्लिट्ज (1962) जैसे पाक्षिकों ने हिन्दी पत्रकारिता में नये मानदण्ड स्थापित किये। धर्मवीर भारती, चंद्रगुप्त विद्यालंकर, मोहन राकेश, रघुवीर सहाय, कमलेश्वर, सर्वेदयाल सक्सेना आदि इसी दौर का प्रतिनिधित्व करते थे। आजादी के बाद वाले उन 30 वर्षों को हिन्दी पत्रकारिता के चौमुखी गुणात्मक विकास का काल कहा जा सकता है। साहित्यिक और राजनैतिक हिन्दी पत्रकारिता की ही नहीं बल्कि इसी दौर में खेल, फिल्म और हिन्दी बाल पत्रकारिता की भी सफल शुरूआत हुई और यह विकसित भी हुई।

आजादी के बाद हिन्दी के दैनिकों, साप्ताहिकों ओर मासिकों की संख्या में आशातीत वृद्धि हुई। हिन्दी के पाठकों की संख्या में इतनी वृद्धि हुई है कि दिल्ली, इन्दौर, लखनऊ, बनारस, पटना, जयपुर आदि शहरों में कई-कई दैनिक एक साथ निकल रहे हैं। इसी प्रका ज्ञान विज्ञान के लगभग प्रत्येक क्षेत्र में हिन्दी पत्रकारिता प्रभावशाली ढंग से प्रविष्ट हो रही है।

राजस्थान में हिन्दी पत्रकारिता

राजस्थान में प्रत्रकारिता का प्रारंभिक काल

राजस्थान में हिन्दी पत्रकारिता के प्रादुर्भाव के अनेकों पत्रों की चर्चा अलग-अलग रूप से ऐतिहासिक संदर्भों में प्राप्त होती है। सही अर्थों में जिन्हें पत्रकारिता का अग्रदूत कहा जा सकता है उनका उदय तथा उनके पुष्ठ प्रमाण जनजाग्रति के रूप में विद्यमान है। जिनका उल्लेख संदर्भगत पहलुओं पर किया जायेगा। यद्यपि भारतवर्ष में हिन्दी पत्रकारिता का प्रारंभिक युग वस्तुतः 1826 में उदन्तमार्तण्ड के प्रकाशन से प्रारंभ होकर 1885 में दैनिक हिन्दुस्तान के जन्म तक कुछ विद्वानों ने माना है। **डॉ. मनोहर प्रभाकर** ने राजस्थान का सर्वप्रथम पत्र **'मजहरूल सरूर'** को माना है।[1] यह पत्र उर्दू और हिन्दी में 1849 में भरतपुर से प्रकाशित हुआ था। दुर्भाग्य है कि इसकी कोई प्रति उपलब्ध नहीं है। फैंच लेखक तासी ने अपने जिस **''डिस्कोर्सेज''** में इसका उल्लेख मात्र किया है अतः इस पत्र के स्वरूप के बारे में प्रमाणित रूप से कुछ नहीं कहा जा सकता।

इसके बाद के सात वर्ष तक की अवधि में राजस्थान के किसी पत्र के प्रकाशित होने का कहीं भी उल्लेख नहीं मिलता। भरतपुर में जब इस उर्दू प्रधान पत्र की स्थिति को लेखकों ने और पाठकों पढ़ा तो इस प्रकाशन के सात वर्ष बाद जयपुर से **''रोजतुल**

तालीम'' जिसे हिन्दी में राजस्थान अखबार के नाम से जाना जाता है। इसका प्रकाशन 1856 में हुआ। इसके संपादन में अहम भूमिका कन्हैया लाल हैडमास्टर ने निभाई थी। यह पत्र द्विभाषी था। इस उर्दू मिश्रित समाचार पत्र में हिन्दी की अपेक्षा उर्दू की प्रधानता थी। जब यह पत्र प्रकाशित हुआ था तब राजस्थान में राजाओं का राज्य था। आश्चर्य है कि यह पत्र भले ही राजाओं के आश्रय और संरक्षण में फला-फूला हो परन्तु राजाओं के गलत कार्यों पर भी इसने पक्षपात नहीं किया बल्कि उन्हें सचेत करने के लिये उन पर अपने निष्पक्षता का रूप देते हुए सही-सही स्थितियों का वर्णन किया। अब इस संदर्भ में यदि बात की जाय तो हिन्दी पत्रकारिता अपने विकास के चौथे दशक तक पहुँच गयी थी। और राष्ट्रीय, सांस्कृतिक, सामाजिक, राजनीतिक और आर्थिक जागरण के क्षेत्र में अपनी विशिष्ट भूमिका रेखांकित कर चुका था। प्रस्तुत समाचार के वातावरण से जनमानस प्रभावी रूप से अपनी बात सोचने समझने की क्षमता का विकास कर चुका था। उसी समय के तत्कालीन पत्रकारों ने पत्रकारिता में जनशिक्षण सामाजिक परिवर्तन तथा सूचना के सशक्त माध्यम के रूप में अपनी पहचान बनायी। इन्हीं भावनाओं से प्रेरित होकर राजस्थान में जनमानस से समक्ष पत्रकारिता का शुभारंभ हुआ।

समाचार पत्रों में मानवाधिकार की चेतना के स्वर

सन् 1861 में अजमेर से जिस समाचार पत्र का शुभारंभ हुआ उसका नाम था "**जगलाभ चिंतन**"। इस समाचार पत्र में जनताह्य के हितकारी कार्यों का प्रकाशन किया गया। जिसे हम **मानवाधिकार** की संज्ञा से विभूषित कर सकते हैं। सन् 1863 में "**जगहितकारी**" समाचार पत्र का प्रकाशन हुआ और इस समाचार पत्र में हिन्दी भाषा का विकास पूर्ण रूप से प्रतिबिंबित हुआ। इस समाचार पत्र में लोकप्रियता की तस्वीर जिस रूप से उभरकर सामने आयी वह अत्यन्त आश्चर्य जनक है। इसके बाद 1866 में जोधपुर से प्रकाशित "**मारवाड़ गजट**" का भी एक भाग हिन्दी में प्रकाशित हुआ था। सन् 1868 में जयपुर गजट और 1869 में उदयपुर गजट का प्रकाशन हुआ। उदयपुर गजट के प्रकाशन के एक दशक बाद 1879 में उदयपुर से प्रकाशित "**सज्जन कीर्ति सुधाकर**" देशी राज्यों से निकलने वाला पहला महत्त्वपूर्ण पत्र था। रजवाड़ों के समय या उनके संरक्षण में जो पत्र अभी तक प्रकाशित हुए थे उनमें हिन्दी और उर्दू भाषाओं का सम्मिश्रण था किन्तु सज्जन कीर्ति सुधाकर उस समय का एक ऐसा पत्र था जिसमें **शुद्ध हिन्दी** का प्रयोग किया था। इस पत्र का प्रारंत तत्कालीन महाराणा सज्जनसिंह ने अपने संरक्षण में प्रकाशित कराया था। इस समाचार पत्र के प्रमुख संपादक पंडित वंशीधर

वाजपेयी थे। यदि हम देखें तो इस समाचार पत्र के प्रकाशन का प्रमुख उद्देश्य **सत्कर्म** का उल्लेख करते हुए असत् कर्मों की निवृत्ति था।

लोक चेतना के प्रयास

प्रमुख रूप से अभी तक जो समाचार पत्र प्रकाशित हुए थे उन सभी का मूल स्वर धार्मिक और सुधारवादी था। लोक चेतना को प्रभुत्व करने वाले इन समाचार पत्रों का जो रूप देखने को मिलता है वह सार्थक अवधारणाओं को प्रस्तुत करता है। लोकचेतना और धार्मिक विचारधारा की स्थिति जो देखने को मिलती है। वह राजस्थान के इन समाचार पत्रों में पूर्ण रूप से विद्यमान थी। राजस्थान में लोकधर्मी पत्रकारिता की नींव भी इसी काल में मानी जानी चाहिए। सन 1882 में अजमेर से मुंशी मुन्नालाल शर्मा ने मासिक समाचार पत्र का प्रकाशन किया जिसका नाम था **''देश हितैषी''**। इस समाचार पत्र ने महर्षि दयानंद के विचारों को प्रमुख रूप से स्थान दिया गया था।

1882 के इस समाचार पत्र से पहले 1881 के उस समाचार पत्र का भी वर्णन करना उचित रहेगा जिसका प्रकाशन उदयपुर से हुआ था। इस समाचार पत्र में विद्यार्थी सम्मिलित **''हरिशचन्द्र चंद्रिका मोहन चंद्रिका''** ने स्वतंत्रता तंत्र तंतु से एक बड़ा प्रखर संपादकीय लेख लिखा जिसमें स्वाधीनता और समाचार पत्रों की आजादी को राष्ट्र की उन्नति और विकास के लिए अनिवार्य बताया। इस सम्पादकीय लेख में प्रमुख रूप से कहा गया कि राज्यों से प्रकाशित पत्र की इतनी सी स्वाधीनता तो अर्जित करनी ही चाहिए कि कि वे राज्य प्रबंधों का दोष दर्शन करा सके।[1]

इस सम्पादकीय लेख में कहा गया कि ''हमको बहुत दिनों से इस विषय में संदेह है कि जितनी स्वतंत्रता हमारे अंग्रेजी खण्ड को वर्तमान समाचार-पत्रों को सर्व प्रकार के लेख लिखने की है उतनी ही देशी राजस्थान के समाचार-पत्रों को नहीं है। जो कदाचित कहे कि है तो उस स्वतंत्रता की छठा कुछ भी दृष्टि नहीं आती। क्योंकि इन सब समाचार पत्रों में अपने राज्यों की प्राय: प्रशंसा ही पढ़ने में आती है जो कहें कि नहीं है तो राजस्थानों के विद्वानों के वाक्य खण्ड जवाब का सवाल के अनुसार प्रश्न उत्पन्न करते हैं की क्यों नहीं है-फिर भी क्यों नहीं है इसमें भी प्रश्न सताते हैं कि स्वतंत्रता बुरी है? व स्वतंत्रता प्रदान करने से राज्यकोष में से न्यून हो जायेगा। जो स्वतंत्रता बुरी है और देने से राज्य की कुछ हानि होती है तो फिर ऐसे राज्यों को क्या विद्वान लोग स्वतंत्र राज्य कह सकते हैं? क्योंकि जो शब्द व पदार्थ जिसका गुण बुरा है तो वह गुण वाचक शब्द क्योंकर किसे के विशेषण में प्रयोग किया जा सकता है। आजकल के विद्वानों ने तो यह निश्चय

करके सिद्ध किया है कि जिस देश जिस राज्य में राज और प्रान्त में स्वतंत्रता भवानी नहीं है उसमें अंधेरा ही रहता है और सर्वगुण सम्पन्नता वहाँ से दूर ही निवास करती है। जो सरकारी भारतखण्ड में हमारे बंधुओं को सरकार स्वतंत्रता नहीं देती तो जितनी उन्नति इस देश की नजर आती है तो वह क्यों होती।"

इस प्रकार के इस समाचार-पत्र में देश की भावना को और स्वतंत्रता की विचारधारा को जिस रूप से उजागर किया गया वह एक अहम पहलू है। राजस्थान में समाचार पत्रों में **मानवाधिकार** का भी स्पष्ट रूप देखने को मिलता है।

सन् 1866 में जोधपुर से उर्दू में समाचार पत्र प्रकाशित हुआ था उसका नाम "**मोहिवेमारवाड़ा**" था तथा हिन्दी में "मरूधर मिश्र" और "मारवाड़ गजट" प्रकाशित हुआ। 1869 में उदयपुर गजट का भी प्रकाशन हुआ। यद्यपि यह समाचार पत्र अधिक समय तक नहीं चला। जयपुर रियासत के मुख्य समाचार-पत्र को जिसे "**जयपुर गजट**" के नाम से जाना जाता है। इसका प्रकाशन 1878 में हुआ था। इसके संपादक बाबू महेन्द्र नाथ सैन थे। बीकानेर से जिस समाचार पत्र का प्रकाशन 1887 में हुआ उसका नाम "**बीकानेर राज-पत्र**" था। इसके बाद अतिरिक्त समय-समय पर भरतपुर धोलपुर कोटा आदि स्थानों से भी इनके गजट प्रकाशित हुए।

लोकचेतना से युक्त राजस्थान में हिन्दी का पहला समाचार-पत्र

लोकचेतना से युक्त हिन्दी का पहला पत्र "**राजस्थान समाचार-पत्र**" था। जिसका प्रारंभ 1889 के आस-पास हुआ। स्वामी दयानंद ने अजमेर में जो वैदिक यंत्रालय खुलवाया था उसके प्रबंधक स्वामी जी के शिष्य मुंशी समर्थदान ने निजी प्रेस राजस्थान यंत्रालय के नाम से स्थापित किया और इसी प्रेस से साप्तहिक पत्र का प्रकाशन किया। इस समाचार पत्र की विशेषता यह थी कि समाचार पत्र से पहले जो मुंशी शब्द उर्दू वाची था उसके स्थान पर संस्कृत शब्द मनीषी का प्रयोग समर्थदान करते थे। पं. चंद्रशर्मा बुलेरी ने सन 1915 में मनीषी जी की मृत्यु पर उनके व्यक्तित्व और राजस्थान समाचार के बारे में भावपूर्ण उद्गार व्यक्त किये थे।[1]

प्रेस की आजादी का अलख

राजपूताना गजट और राजस्थान समाचार पत्र का जो उल्लेख देखने को मिलता है वह भारतीय विचारधाराओं को आगे बढ़ाने का है। इन समाचार पत्रों ने ब्रिटिश शासन की अवांछनीय कारगुजारियों के विरुद्ध अपनी आवाज बुलंद की और सारे खतरे मोल लेकर

जिस प्रकार इन्होंने तत्कालीन **पोलिटिकल एजेन्ट** की अवांछित गतिविधियों का विरोध किया इससे उनकी भूमिका **प्रेस की स्वाधीनता** में स्वत: ही बहुत महत्त्वपूर्ण हो जाती है। राष्ट्रीय अभिलेखागार में इन पत्रों की जो सामग्री रखी है उससे यह स्पष्ट हो जाता है कि इन पत्रों ने चाहे एक क्षेत्र में ही सही अपने निर्भिक नीति द्वारा जनकल्याण के प्रयत्न किये। और देश के अन्य समाचार पत्रों का ध्यान राजस्थान की समस्याओं की ओर आकर्षित किया। इस कथन की पुष्टि के लिये में यहाँ झालावाड़ के तत्कालीन नरेश जालिम सिंह को गद्दी से उतारने का काण्ड जिसका उल्लेख समाचार पत्रों में किया गया था वह देना अप्रसांगिक न होगा।

''जालिम सिंह जो अपनी बुद्धि प्रशासनिक क्षमता और स्वाभिमान के लिए चारों और विख्यात थे वे अंग्रेज पॉलिटिकल ऐजेन्ट को कोपभाजन इसलिए बना कि उसने अपनी सेना में पठानों की भर्ती की थी और अल्बर्ट मैमोरियल कोष से धन देने की उदासीनता दिखाई थी। जब जालिम सिंह ने अपना पक्ष वायसराय के समक्ष प्रस्तुत करने की इच्छा प्रकट की तो पॉलिटिकल एजेन्ट ने मिलने की अनुमति नहीं दी। ''

इसी घटना पर व्यंग्य करते हुए राजपूताना गजट में लिखा था। पॉलिटिकल एजेन्ट के साथ अपनी पटरी बैठाने के लिये एक राजा को चाहिए की प्रतिदिन वह उसके घर जाकर सलाम करें। सप्ताह में दो दिन के लिए उसकी शिकार का बन्दोबस्त करे और एक अच्छा खासा घोड़ा उसकी हाजरी में तैनात करें। जब राजा बीमार हो तो वह एजेन्सी के सर्जन को ही बुलाये जरूरी नहीं कि वह उस डॉक्टर की दवा पीये किन्तु पॉलिटिकल एजेन्ट को खुश करने के लिए जरूरी है। यदि वह सब कुछ करता है तो पॉलिटिकल एजेन्ट उराके बारे में सब अच्छी रिपोर्ट देगा। भले ही उसका शासन कितना ही बुरा क्यों न हो?[2]

झालावाड़ की इस घटना का संकेत राजस्थान पत्र के संवाददाता ने एक सप्ताह पूर्व ही दे दिया था। और यह स्पष्ट कर दिया था कि झालरापाटन पर संकट के बादल घिरे है। वे कब बरस पड़े कुछ नहीं कहा जा सकता।[3]

राजपूताना गजट ने स्पष्ट रूप से ब्रिटिश सरकार को चुनौती दी थी कि **यदि जालिम सिंह का कोई अपराध** है तो सारे मामले की विस्तार से जाँच होनी चाहिए। राजा न तो पॉलिटिकल एजेन्ट से डरता है न उसकी खुशामद करता है और न राज्य में मामलों में उसकी सलाह ही लेता है। राजपूताना गजट में यह भी लिखा था कि पॉलिटिकल एजेन्ट इसलिए नाराज है कि राजा उसकी दखलनंदाजी का विरोध करता है।[1]

इस प्रकार से प्रारंभिक युग में भी राजपूताना के इन कतिपय पत्रों ने इन **राजनीतिक चेतना** का संचार करने में बहुत योगदान दिया कि वे ब्रिटिश शासन की करतूतों के विरुद्ध रियासती शासकों को और जनता को सजग करने लगे। इन पत्रों ने जनता में चेतना के जो बीज बोये उन्होंने आगे अंकुरित होकर प्रादेशिक राजाओं से अभिव्यक्ति की की स्वतंत्रता अर्जित करने में अपनी महत्त्वपूर्ण भूमिका अदा की।

साहित्यिक एवं सांस्कृतिक पत्रों के माध्यम से भी चेतना की जो लहर उभरकर सामने आयी वह एक क्रांति का अग्रदूत थी। ''सर्वहित समाचार-पत्र'' का प्रकाशन बूंदी से 20 फरवरी 1890 में किया गया। इसके प्रथम संपादक पं. रामप्रताप शर्मा थे और यह पत्र बूंदी रियासत की ओर से ही प्रकाशित किया जाने लगा। सर्वहित का सर्वप्रथम अंक राजारामसिंह के राज्यकाल में प्रकाशित हुआ था। यह पत्र राजकीय रंगनाथ यंत्रालय से प्रकाशित होता था और लगभग 15 वर्ष तक प्रकाशित होता रहा।[2]

यह **पाक्षिक** पत्र प्रत्येक अंग्रेजी महीने की 15 व 31 तारीख को प्रकाशित होता था। पत्र में प्रकाशित होने के लिए लेख एवं विज्ञापन एक सप्ताह पूर्व तक स्वीकार किये जाते थे। यद्यपि यह पत्र **राज्याश्रित था** फिर भी **देशानुराग की भावनाएँ इस पत्र के माध्यम से जनता में कूट-कूट कर भरी गयी थी**। पत्र की भाषा शैली से स्पष्ट होता है कि पत्र गौरवपूर्व भारतीय संस्कृति और सभ्यता का समर्थक था और भारत की वर्तमान दशा पर अत्यंत खिन्न था। इस समाचार पत्र में बूंदी के अतिरिक्त भारत वर्ष के विभिन्न सम्बध में भी समाचार पत्र प्रकाशित होते थे। समाचारों में राजस्थान की रियासतों में नियुक्त पॉलिटिकल एजेन्टों, रेजीडेन्टों, भारत के वायसराय, इंग्लैण्ड की महारानी के सम्बन्ध में भी समाचार पत्र प्रकाशित होते थे। उनके दौरे आदि का उल्लेख किया जाता था। इसके अतिरिक्त साहित्य सम्बन्धी समाचार विभिन्न तीर्थ स्थलों सम्बन्धी समाचार तथा भारत सरकार के विदेशों से सम्बन्ध व्यापारिक समाचार एवं अन्य देशों के समाचार भी समाचार पत्रों में प्रकाशित होते थे। इस समाचार पत्र के प्रकाशन की व्यवस्था का दायित्व श्री हरिवल्लभ दाधीच वहन करते थे। यह पत्र छोटे आकार के 16 पृष्ठों में निकलता था। पत्र की लिखाई-छपाई इतनी अच्छी नहीं थी किन्तु भाषा की स्थिति बहुत अच्छी थी। यह 14 वर्ष तक चलकर बंद हो गया। प्रस्तुत समाचार पत्र में चित्रावली का भी प्रयोग किया गया था।

पत्रकारिता में विभिन्न धाराएँ

राजस्थान की पत्रकारिता में 1885 के बाद दो धाराएँ देखने को मिलती है। **एक** वह धारा थी जो राजनीतिक चेतना व राष्ट्रीय आन्दोलन से जुड़ी हुई थी। **दूसरी** धारा साहित्यिक थी।

डॉ. महेन्द्र मधुप ने राजस्थान में साहित्यिक पत्रकारिता का शुभारंभ किया। 1881 में नाथद्वारा से प्रकाशित विद्याथी सम्मिलित हरिश्चंद्र जी का "मोहनचंद्रिका" से मानी गयी है। 1873 में भारतेन्दु ने हरिश्चन्द्र मेगजीन का आरंभ किया। हिन्दी साहित्यिक विचारधारा में यह पत्रिका अहम स्थान रखती है। भारतेन्दु युगेन पत्रकारिता हिन्दी जगत में एक क्रान्ति का अग्रदूत रही है। जून 1874 में यह पत्रिका "हरिशचंद्र चंद्रिका" हो गयी। भारतेन्दु ने इस पत्रिका को साहित्य, इतिहास, उपन्यास, पद्य-गद्य प्रयास और व्यंग्य विशेष विविध सामग्री से युक्त सर्व विषयक पत्रिका बनाना चाहते थे। सन् 1880 तक यह पत्रिका अनियमित रूप से प्रकाशित होती रही। लेकिन इस पत्रिका के संदर्भ में एक घटना उभरकर सामने आती है वह यह है कि भारतेन्दू के एक घनिष्ठ मित्र मोहनलाल पंड्या थे उनके अनुरोध पर यह पत्रिका उन्हें दे दी और उन्होंने इसका प्रकाशन नाथद्वारा से "हरिशचंद्र चंद्रिका" और "मोहनचंद्र चंद्रिका" के नाम से किया। सन् 1881 में जो संस्कृत का मासिक पत्र "विद्यार्थी" था वो भी इसमें मिल गया और अब इस पत्रिका का नाम विद्याथी सम्मिलित "हरिशचंद्र चंद्रिका" और "मोहनचंद्रिका" हो गया। "विद्यार्थी" के संपादक पं. दामोदर शास्त्री इसके संपादक हो गये और इस समाचार पत्र का स्वामित्व पं पंड्या जी के साथ आ गया। इस समाचार पत्र में विविध घटनाओं के रचनात्मक लेख भी प्रकाशित होते थे।

सन् 1883 में नाथद्वारा से मासिक पत्रिका का प्रकाशन हुआ और इस पत्रिका का नाम "**सद्धर्म स्मारक**" हुआ। इसमें **वैष्णव समुदाय के सिद्धान्तों का प्रचार** पत्र था। 1889 में "भारत मातृण्ड" का प्रकाशन हुआ अजमेर से सन् 1889 में मुंशी समर्थदान ने साप्ताहिक राजस्थान समाचार पत्र का प्रकाशन किया। बाद में इसी को इनको तेजस्वी संपादक के रूप में दैनिक समाचार पत्र प्रकाशित किया गया। इस समाचार पत्र में देश की भावी विचारधारा का जो सूत्र देखने को मिलता है उससे देश के प्रति भक्ति का स्वरूप अनायास ही उभर जाता है। बूंदी से सन 1890 में चित्रावली का राजस्थान में जो प्रकाशन हुआ वह प्रथम सचित्र समाचार पत्र है। इस पत्र को जिसका नाम तक किसी लेखक ने कहीं नहीं किया वह पहली बार उदयपुर के राजमहलों के संग्रह से निकलकर लाने का श्रेय लेखकों को है। क्योंकि सर्वप्रथम इस प्रकार की विचारधारा का श्रीगणेश इसी पत्र में हुआ है। इस समाचार पत्र ने जगत विख्यात महापुरुषों के चित्र प्रकाशित किये। यह **दो कालम** में छपता था। एक तरफ **हिन्दी** में और दूसरी तरफ **उर्दू** में सामग्री होती थी और उस समय वार्षिक मूल्य डाक व्यय सहित अंग्रेजी सरकार और राजा महाराजा से **1 रूपये**

छः आने। हाकिमों और अमीरों से **3 रूपये छः आने** गरीबों और सर्वसाधारण से **4 रूपये** लिया जाता था।

1890 में इस अंक ने राव बीकाजी का जीवनचरित्र और कुछ घटनाएँ बादशाह शेरशाह का सचित्र जीवनवृत्र रेखांकित हुआ था। इसके बाद 1891 में अब्दुल रहीम खानखाना का जीवन चरित्र मय रेखाचित्र के साथ छपा है। इसमें कुछ ऐसी घटनाएँ भी वर्णित है जिसका सम्बन्ध राजस्थान से है। प्रसिद्ध चित्रावली में उर्दू की प्रधानता थी। 1895 में भारतवर्षीय दिगम्बर जैन महासभा ने साप्ताहिक जेन गजट का प्रकाशन प्रारंभ किया। बाबू सूरजभान जेन के संपादन ने प्रारंभ हुए इस पत्र में जेन धर्म एवं विषयक रचनाएँ प्रकाशित हुई। अब वर्तमान में यह लखनऊ से प्रकाशित हो रहा है। जहाँ तक शौधकीय विचारधारा से यह उजागर हुआ है कि हिन्दी के वर्तमान में प्रकाशित हो रहे समाचार पत्रों में जैन गजट सबसे अधिक पुराना पत्र है।

अब हम बात.उस समय की कर रहे हैं जब पूरा देश राष्ट्रीय आन्दोलन से परिपूरित था। ब्रिटिश सरकार ने भारत में अपनी शक्ति एवं सत्ता को कायम रखने के लिए ---- प्रकार के हथकण्डे अपनाये दूसरी और विभिन्न पत्र-पत्रिकाओं ने राष्ट्रीयता की भावना का पोषण किया तथा ब्रिटिश सरकार को यह स्पष्ट कर दिया कि आजादी से कम किसी भी स्तर पर हमें कोई समझोता स्वीकार नहीं है। इस संदर्भ में समाचार पत्रों ने भी अहम भूमिका निभाई उन्होंने इस आन्दोलन को एक प्रकार से धर्म युद्ध की संज्ञा देकर जन सहयोग का आह्वान किया। जैसाकि ऐतिहासिक स्रोतों से विदित होता है कि उग्र राष्ट्रीयता का प्रचार-प्रसार करने में राष्ट्रवादी प्रेस सदा आगे रहा है।

राजस्थान के पत्र और पत्रकारों ने भी इन्हीं भावनाओं को बनाते हुए हिन्दी पत्रकारिता की साहित्यिक धारा को बनाये रखा। साहित्यिक पत्रकारिता की जो धारा सरस्वती ने प्रवाहित की उसे जयपुर से प्रकाशित मासिक पत्र समालोचक ने अधिक बेगवान बनाया। श्रेष्ठ साहित्यिक समालोचना के उद्देश्य को लेकर समालोचक का प्रकाशन अगस्त 1902 में प्रकाशन किया गया। इस पत्र के उद्देश्य की घोषणा में कहा गया था कि इस पत्र का मुख्य उद्देश्य समालोचना होगा। इसके साथ साहित्यिक की आलोनभा भी इसमें रहा करेगी। प्रारंभ में इसके संपादक के रूप में बाबू गोपाल राय को जाना जाता था। बाद में इसका संपादकीय दायित्व जयपुर में जवाहर लाल जेन वहन करने लगे। अब वस्तु स्थिति यह है कि समालोचन का संपादन पं. चंद्रधर शर्मा गुलेरी करते थे तथा यह पत्रिका उनकी संपादन कला की श्रेष्टता की कसौटी है। समालोचक ने पुस्तक

समीक्षा स्तंभ सरस्वती से भी पूर्व प्रारंभ कर दिया गया था। तत्कालीन साहित्यिक पत्रकारिता के नवीन दृश्यों को उद्घाटित करने का श्रेय उसने कहा था कहानी के अमर रचनाकार गुलेरी जी को जाता है। इसके साथ-साथ समालोचन के समीक्षकों के जो विवरण प्रस्तुत किये गये वे परिचय पुस्तक का नाम लेखक संपादन का नाम प्रकाशक का पता इत्यादि भी सम्मिलित थे।

समालोचना के प्रकाशक पत्र के अन्य प्रमुख साहित्यिक पत्र भी थे जिनमें पंडित माधोप्रसाद शास्त्री के संपादन से भारत सर्वस्व झालरापाटन से पंडित गिरधर शर्मा, चर्तुवेदी के संपादन में विद्याभास्कर 1907 आबू रोड़ से हिन्दी साहित्य ग्रंथावली 1910 अधिकारी जगन्नाथ के संपादन में निबंध विद्या की भरतपुर से निबंध माला 1915 पंडित रामनिवास शर्मा के संपादन में झालरापाटन से मासिक सोराबादी प्रमुख है। राजस्थान के देशभक्त प्रसिद्ध विजयसिंह पथिक, जमनालाल बजाज, अर्जुनलाल सेठी तथा कैसरीसिंह बारहठ के सम्मिलित प्रयासों और सहयोग से 1920 में वर्धा से राजस्थान "**केसरी**" नाम का प्रकाशन प्रारंभ किया गया। इसके संपादक विजय सिंह पथिक थे। तिलक के केसरी और मराठा की भांति राजस्थान केसरी ने भी क्रांति का सिंहनाथ किया तथा राजपूताना और मध्य भारत की पीड़ित शोषित जनता के अभाव अभियोगों कष्ठों और व्यथाओं की वाणी दी। रामनारायण चौधरी इस समाचार पत्र के संपादन से अविछिन्न रूप से जुड़े हुए थे। इनके अन्दर निर्भिकता और उत्तरदायी शासन की मांग का वो पर्चम था जिसके कारण इन्हें ब्रिटिश सरकार का कोप भाजन बनना पड़ा। सबसे पहले ब्रिटिश सरकार ने इन्हें मान हानि के मुकदमें में फंसाया तथा रामनारायण चौधरी को जेल भेज दिया। इस प्रकार से इनकी विपरीत परिस्थितियों के कारण ही राजस्थान केसरी शिघ्र ही बन्द हो गया। अब परिस्थितियों के कारण राजस्थान केसरी का संपादक मंडल वर्धा से अजमेर आ गया। जब केसरी बंद हो गया तो पथिक जी ने राजस्थान संदेश निकाला जो यह भी शीघ्र ही बंद हो गया। इसके बाद सन 1922 में अजमेर से ही नवीन राजस्थान सासाहिक का प्रकाश न किया गया। इस पत्र के संचालक विजय सिंह पथिक थे।

नवीन राजस्थान की राष्ट्रवादी भावनाओं तथा प्रखर व उग्र नीति के कारण इस समाचार पत्र पर अनकों प्रतिबंध लगाये गये। बिजोलिया के कृषक आन्दोलन को भी इस समाचार पत्र ने महत्त्वपूर्ण योगदान दिया। **नवीन राजस्थान तत्कालीन जन आन्दोलनों का प्रखर प्रवक्ता बनकर उभरा** इस प्रकार की स्थिति में मेवाड़ प्रवेश पर प्रतिबंध लगा दिया गया। बिजोलिया के बाद बेगू में आन्दोलन हुआ और उसके बाद लाग-बाग और

बेगार के विरुद्ध किसान आन्दोलन बूंदी और शेखावटी में भी चलाये गये। जिसका नेतृत्व पंडित नेनूराम शर्मा और कालीचरण शर्मा ने भी किया। नैनूराम को बूंदी से निकाल दिया गया और किसानों पर **गोली चलाई गई**। ऐसी स्थिति में जब मेवाड़ राज्य में प्रतिबंध लगा दिया गया था तब सरकारी आदेश में कहा गया था कि **अगर कोई प्रताप, राजस्थान केसरी तथा नवीन राजस्थान अखबार मंगायेगा अथवा अपने पास रखेगा या इन अखबारों की कटिंग किसी के पास रही तो निश्चित तौर पर उसे जुर्माना और सजा दी जा सकती है।** इसी कारण इस आदेश से बचने के लिए **नवीन राजस्थान** का नाम **तरूण राजस्थान** कर दिया गया। अब तो बूंदी के किसानों ने इसका पूरा समर्थन किया तथा अलवर के नीमूचाणा व सिरोही के **हत्याकाण्ड** पर मार्मिक किन्तु तेजस्वी डिस्पेच प्रकाशित कर जनमानस को झकझोर दिया इस कारण मेवाड़ सहित अलवर, सिरोही बूंदी आदि अनेक रियासतों में इनके प्रवेश पर प्रतिबंध लगा दिया गया।

1921-22 में ही बेगार के विरुद्ध बेंगू के किसानों ने आवाज उठायी।

इसके बाद मोतीलाल तेजावत की अध्यक्षता में भील और मीणों ने विद्रोह किया और राजाज्ञा की अवज्ञा का आन्दोलन छेड़ दिया। 1922 में ही सिरोही में भीलों ने आन्दोलन छेड़ा किन्तु उसका दमन कर दिया गया। नेताओं की गिरफ्तारियाँ हुई और उन्हें सजा सुनाई गई।

इन सभी आन्दोलनों को नवीन राजस्थान से बल प्राप्त हुआ। किन्तु मेवाड़ में प्रताप, राजस्थान केसरी, और नवीन राज से बल प्राप्त हुआ। इसके बाद मेवाड़ में प्रताप राजस्थान केसरी पर रोक लगा दी गई।

दमनकारी व्यवस्था के विरोध में स्वर

1927-28 में जब राजस्थान की जनता दमन के कुचक्रों से पिसती जा रही थी और ब्रिटिश सरकार के प्रति आन्तरिक जन-आन्दोलन सुलग रहा था उस समय 1928 में "**तरूण राजस्थान**" श्री मणिलाल कोठारी एवं जयनारायण व्यास को सौप दिया गया। बाद में इसका संपादन ऋषि दत्त मेहता ने संभाला। आजादी के बाद यह पत्र जोधपुर के "**जलते दीप**" को सौप दिया गया। सन 1923 में ब्यावर से ऋषि दत्त मेहता ने **राजस्थान** नामक पत्र का प्रकाशन किया जो कालान्तर में अजमेर से तथा फिर बूंदी से प्रकाशित हुआ। स्वतंत्रता आन्दोलन के बाद इसने विभिन्न रियासतों के **जन आन्दोलन** की खबरें प्रमुखता से प्रकाशित की। 1928 में अजमेर से मासिक पत्रिका जिसका नाम "**त्यागभूमि**" था उसका प्रकाशन हुआ। इस पत्रिका का प्रकाशन एक युगान्तरकारी

कदम था। इस पत्रिका के अन्तर्गत **जीवन जागृति** त्याग और बलिदान की जो झलक देखने को मिलती है वह अत्यंत सराहनीय है। हरिभाऊ उपाध्याय जैसे व्यक्तित्व और लोकप्रिय देशप्रेमी के व्यक्तित्व में इसका संपादन हुआ। यही कारण है कि यह पत्रिका **गांधीवादी विचारधारा** की पोशिका बनी। इसमें शासकीय दमन और शोषण के विरुद्ध प्रमुखता से स्वर बुलंद किये गये। दमनकारी अन्यायचारी और शोषण के विरुद्ध जो लोग थे उनकों चेता दिया गया कि जनता के विरुद्ध कोइं भी ऐसा कार्य आप नहीं कर सकते हैं जो देश को पतन की और ले जाने का कार्य करती है। इस समाचार पत्रिका में **त्याग की भावना** को प्रमुख रूप से उजागर किया गया। अत्याचार दमन के प्रति जो रूप इसमें प्रस्तुत किये गये वे अत्यंत चेतना प्रमुख प्रतिकारक भावना के साथ उजागर हुए थे।

त्याग भावना के साथ जो रूप इसमें प्रस्तुत किये गये वे अत्यंत विचारवादी क्रिया से युक्त थे। त्याग भूमि की मूल चेतना राजनीतिक होने के बावजूद इसकी **साहित्यिक दृष्टि** अत्यंत दयनीय थी। श्री जयनारायण व्यास ने सन् 1935 में बंबई से **अखंड भारत** दैनिक का प्रकाशन कर राजस्थान की जनता पर हो रहे **अत्याचारों का पर्दाफाश** किया यह समाचार पत्र भी अधिक समय तक आर्थिक व्यवस्था के कारण नहीं चल सका। यद्यपि इस समाचार पत्र में जो विचारधाराएँ प्रस्तुत की गयी थी वे अत्यंत जन चेतना को आत्मकेन्द्रित करने वाली देश के प्रति भावनात्मक सूत्रों को पिरोने वाली एक ऐसी कड़ी थी जो **मील का पत्थर साबित** हो सकती थी। परन्तु अर्थ एक ऐसा महत्त्वकारी स्वरूप है जिसके बिना बड़ी से बड़ी योजनाएँ छोटी से छोटी विचारधाराओं को कुंठित कर सकती है।

सन् 1930 में अजमेर से साप्ताहिक पत्र "**मीरा**" का प्रकाशन किया गया। और इस प्रकाशन का मुख्य कर्णधार जिसे बनाया गया वह दीपक थे। इस पत्र के माध्यम से दीपक जी ने **महिलाओं में जागृति पैदा करने का प्रयास** किया। मीरा का जो शहीद अंक था उसे सरकार ने अपनी जब्त कर लिया। मीरा को जीवित एवं जीवंत बनाये रखने के लिए दीपक जी ने दूसरे पत्रों से होने वाली सारी आय भी इसी पत्र में समर्पित कर दी। इन्होंने **साहित्यिक** परिप्रेक्ष्य में जो अपना योगदान प्रस्तुत किया वह भूरि-भूरि प्रशंसा के योग्य है। इसके अतिरिक्त इस समय के प्रमुख साहित्यिक पत्रों में कुछ समाचार-पत्र और भी प्रकाशित हुए जिनके नाम निम्न है-

1. प्रकाश, जयपुर 1939
2. हितैषी, जयपुर 1940

3. मतवाला, जोधपुर 1940

4. चांदनी, जयपुर 1946

5. भाई-बहिन, जयपुर 1946

6. राजस्थान भारती, बीकानेर 1946 आदि प्रमुख है।

राजनीति का नया वातावरण

देशी रियासतों में नागरिक अधिकारों की प्राप्ति की भावना भी तीव्र गति से बढ़ने लगी। इसी दौर में राज्य में समाचार पत्रों में **प्रभात** का प्रकाशन श्री लाडली नारायण गोयल के संपादन में 1932 में हुआ। इसके संपादक मंडल से श्री सिद्धराज डड्ढा भी सम्बद्ध थे तथापि उस समय ये मासिक पत्र ही था इसे सन 1938 के आस-पास इसे दैनिक पत्र में रूप में निकाला जाना था। किन्तु आर्थिक कठिनाइयों के कारण इसे पहले ही बंद कर दिया गया। 1941 में सतदेव विद्यालंकार ने इसे पुनः चलाने का प्रयास किया किन्तु पूर्णरूप से सफलता नहीं मिली। 1947 में बाबा नरसिंह दास ने इसका पुनः प्रकाशन किया परन्तु यह **उग्र राष्ट्रीयता** का प्रतीक बन गया। एक बात सामने उभरकर आती है कि इस समाचार पत्र के प्रकाशन में बार-बार जो प्रयास किये गये वे पूर्ण रूप से सफल इसलिए नहीं हो सके कि इसके संपादन में पूर्ण रूप से वैचारिक स्थितियों को सामने नहीं रखा गया और आर्थिक स्थितियाँ ही इसे बार-बार बंद कराने को मजबूर हो गयी। अर्थकारी प्रशासन में किसी भी पत्र का प्रकाशन पूर्ण रूप से जब तक सही नहीं चल सकता जब तक उसके पीछे अर्थकारी तंत्र मजबूत स्थिति में न हो। अर्थकारी तंत्र में ही भविष्य की योजनाओं को पूर्ण रूप से अंजाम दिया जा सकता है और साकार प्रर्दशनी का पूर्णरूप से दर्शन हो सकता है।

दैनिक नवज्योति का प्रकाशन

1936 में श्री रामनारायण चौधरी ने श्री चंद्रभान शर्मा और शोभालाल गुप्ता के साथ **राजस्थान सहयोग मंडल** का गठन किया। इसने राष्ट्रीय चेतना जागृत करने, जन आन्दोलन को आगे बढ़ाने, ब्रिटिश व सामन्ती जुल्मों को प्रकाश में लाने व आजादी की लड़ाई को जनता के सामने प्रस्तुत करने के लिये अजमेर के केसरगंज से जिस साप्ताहिक पत्र का प्रकाशन किया गया वह **नवज्योति** था। इसका प्रकाशन 2 अक्टूबर, 1936 को किया गया। कालान्तर में इसका स्वामित्व रामनारायण चौधरी के हाथों में आ गया और नवज्योति सरकारी दमनचक्र का शिकार हो गया। पत्र को अनेक बार चेतावनी भी दी गयी थी, मुकदमें दायर किये गये थे, तथा समय-समय पर भारी नगद जमानतें मांगी गयी थी।

इन सारी परेशानियों को देखते हुए सन 1942 में श्री रामनारायण चौधरी ने नवज्योति के समस्त अधिकार अपने छोटे भाई कप्तान दुर्गाप्रसाद चौधरी को सौंप दिये।

अगस्त 1942 को श्री दुर्गाप्रसाद चौधरी को अजमेर जेल में बंद कर दिया गया इस कारण तीन वर्ष तक इस समाचार पत्र का प्रकाशन नहीं हो सका। स्वतंत्रता के बाद 1948 में नवज्योति साप्ताहिक से दैनिक नवज्योति पत्र के रूप में प्रकाशित होने लगा। 1960 में इसका प्रकाशन जयपुर में तथा 1981 से कोटा में होने लगा इस पत्र की प्रमुख प्रसिद्धि का कारण एक और भी सामने आता है जब यह पत्र साप्ताहिक के रूप में था तब भारत में देशी रियासतों के आन्दोलनों को समर्थन देकर **स्वतंत्रता संघर्ष की महत्वपूर्ण खबरे** प्रकाशित की। दैनिक के रूप में स्वतंत्रता के बाद इस पत्र ने राजकीय समस्त जनता के विकास की ओर ध्यान दिया तथा गरीबों आदिवासियों के प्रति सहानुभूति व्यक्त की। 1992 में कप्तान साहब के निधन के बाद दीन बन्धु चौधरी के संपादन में इसका प्रकाशन होने लगा। वर्तमान में इस पत्र के संस्करण जयपुर, अजमेर, कोटा और जोधपुर से प्रकाशित हो रहे हैं।

इस समाचार पत्र ने प्रदेश को बहुत मूल्यवान योगदान दिया है। एक और **रियासती शासकों के शोषण**, अत्याचार, और **निरंकुशता के खिलाफ आवाज बुलंद** की वहाँ स्वाधीनता के बाद लोकतंत्रीय शासन में नौकरशाही की मनमानी के विरूद्ध तीखी और कटु आलोचनाएँ की है। यह पत्र निरन्तर प्रगति के पथ पर अग्रसित है।

नवजीवन का प्रकाशन

1938 में राजनीतिक चेतना का दौर शुरू हुआ। 1939 में **नवजीवन** का प्रकाशन हुआ। प्रारंभ में इसके संपादक श्री ठाकुर नारायण सिंह थे किन्तु बाद में श्री कनक मधुकर संपादक हो गये। 1944 से इस पत्र का प्रकाशन उदयपुर से हुआ। श्री जयनारायण व्यास की प्रेरणा से श्री अचलेश्वर प्रसाद शर्मा ने जोधपुर से साप्ताहिक **प्रजा सेवक** का प्रकाशन किया और यह समाचार पत्र जिस विचारधारा की भाव भंगिमा से परिपूरित था वह समाज और देश की विचारधारा के लिए अत्यंत अहम् स्थान रखता है। श्री जयनारायण व्यास की प्रेरणा से जिस पत्र का प्रकाशन किया गया था उस समाचार पत्र को लोकपरिषद् के आन्दोलन ने पूरा समर्थन किया। श्री गुलाब चंद काला ने सितम्बर, 1940 में जयपुर से **जयभूमि पाक्षिक** का प्रकाशन किया। जो 1943 में साप्ताहिक तथा 1946 में दैनिक हो गया। धीरे-धीरे 1957 तक यह पत्र प्रकाशित होता रहा। किन्तु आर्थिक अभाव के कारण यह भी बंद हो गया।

पत्र के प्रवेशांक के संपादकीय में पत्र की रीति-नीति और सामग्री के स्वरूप के बारे में विस्तार से चर्चा की गई और कहा गया कि पाठकों के सामने नाना-प्रकार की नई विचारधाराएँ उभरकर सामने आयेगी। भारतीय घटनाचक्र के **घात-प्रतिघातों** का हितकर विश्लेषण सामने रहेगा और देशी राज्यों के शासक और शासितों के बीच प्रेम पूर्ण व्यवहार शैली का मार्गदर्शन करेगा। सम्पादकीय में यह भी स्पष्ट किया गया की यह नवजीवन किसी दल विशेष का पत्र न होकर देश के राजनीतिक वातावरण का सच्चा वायुनायक यंत्र रहेगा। परन्तु यह सारी विचारधाराएँ अर्थ(धन) के बिना धरी-की धरी रह गयी। इसके शुभारंम में योजनाएँ तो देश और समाज के लिए जौर-शौर से की गयी थी परन्तु योजनाओं से ही तो काम नहीं चलता उसके लिए चलाने की प्रक्रिया का समुचित आधार तत्व भी तो चाहिए। 8 सितम्बर, 1942 को जयपुर से ही श्यामलाल वर्मा ने दैनिक **जयपुर समाचार** का प्रकाशन किया। श्री वर्मा कट्टर हिन्दू राष्ट्रवादी पत्रकार थे। हिन्दुओं के समर्थन में उन्होंने इस पत्र के माध्यम से आन्दोलन भी छेड़े इसी कारण से निषेधाज्ञा जारी की गयी तथा श्री वर्मा को 6 माह की जेल सजा दी गयी। जिस समय भारत के सर टी. कृष्णमाचारी के प्रधानमंत्रीत्व के काल में निषेधाज्ञा के समाप्त होने पर 28 अक्टूबर 1946 से पत्र का पुन: प्रकाशन किया गया।

लोकवाणी

1943 में जयपुर से जमनालाल बजाज की स्मृति में साप्ताहिक लोकवाणी का प्रकाशन हुआ। इस समाचार की रूपरेखा और प्रेरणा हीरालाल शास्त्री से हुई। इस पत्र के संपादक श्री देवी शंकर तिवारी थे। श्री सिद्ध राज डड्डा श्री जवाहिर लाल जैन, पूर्ण चंद्र जैन, तथा श्री राजेश शंकरभट्ट जैसे पत्रकार व लेखक भी इस समाचार पत्र से जुड़ गये। इसी कारण इस पत्र की **लोकप्रियता और भाषा शैली** का समृद्ध रूप से विस्तार हुआ। सिद्ध राज डड्डा के संपादन में इस पत्र का दैनिक रूप में प्रकाशन हुआ। प्रारंभिक तीन वर्षों तक इस पत्र पर प्रजामंडल के नेताओं का वर्चस्व रहा। लोकवाणी अपने समय का प्रमुख पत्र बन गया। समाचारों के साथ-साथ इसमें सामयिक परिस्थितियों तथा समस्याओं पर सुंदर एवं सम्यक रूप से विश्लेषण किया गया। लोकवाणी की प्रमुख विशेषता **गांधी वादी और सर्वोदयी विचारधारा से युक्त** थी। श्री हीरालाल शास्त्री ने लोकवाणी की भूमिका के बारे में प्रकाश डालते हुए अपनी आत्मकथा प्रत्यक्ष जीवन शास्त्र में लिखा है।[1] कि लोकवाणी के द्वारा **लोकशिक्षण** का अच्छा काम हुआ। तो दूसरी और उसे नाना-प्रकार की कठिनाइयों का सामना करना पड़ा। कई लाख रुपयों का

घाटा हो गया जिसे पूरा करने के लिए भरपूर कोशिश की जाती रही। अंत में कई कारणों से ऐसी स्थिति आ गई की लोकवाणी को बंद करना पड़ा। कई वर्षों तक लोकवाणी बंद रही। कई मामले और मुकदमें खड़े हो गये एक दूसरी सोसायटी जिसे **राष्ट्र दर्शन** नामक सोसायटी के नाम से जाना जाता है उसने इस लोकवाणी का प्रकाशन किया। इस संस्था की विशेषता यह थी कि इसमें सभी विचारों को सोच समझकर प्रयुक्त किया गया जिससे किसी भी प्रकार से आपत्ति और अड़चन न आ सके। इस सोसायटी ने **मानवीय विचारधारा** को सामंजस्य रूप में बनाये रखा। खेद है कि लोकवाणी की स्थिति दिन-प्रतिदिन घटती चली गयी। उसका कारण यह था कि इसमें नाना प्रकार की फूट पड़ गयी।

अलवर पत्रिका

अलवर पत्रिका का प्रकाशन 1943 में हुआ। इस पत्र की प्रारंभिक स्थिति में 250 प्रतियों को छपाया गया जिनमें से 125 प्रतियाँ त्रिपोलिया में **स्वयं संपादक ने आवाज लगा-लगाकर बेची** और शेष को शहर के प्रमुख व्यक्तियों को **मुफ्त** बांटा। पत्रिका का उद्देश्य प्रजामंडल में **राष्ट्रीयता का प्रचार** करने के साथ उत्तरदायी शासन की मांग को गति प्रदान करना था। इस पत्र की विशेषता यह थी कि इसमें **निर्भिकता और निष्पक्षता कूट-कूटकर भरी हुई थी।** इसी कारण इस पत्रिका को शिघ्र ही लोकप्रियता प्राप्त हो गयी। इसी बीच एक घटना घटी इस पत्रिका के प्रकाशन का दायित्व संभाल रहे कुंज बिहारी लाल मोदी को 1946 में जेल जाना पड़ा उनकी अनुपस्थिति में उनके पुत्र और भतीजे ने प्रकाशन जारी रखा।[2]

इस अवधि में प्रदेश से प्रकाशित होने वाले अन्य पत्र निम्न थे-

- जोधपुर से राष्ट्र पताका,
- जयपुर से अमर ज्योति साप्ताहिक,
- उदयपुर से 15 अगस्त,
- कोटा से जयहिन्द,
- बीकानेर से ललकार, लोकमत गणराज्य,
- कोटा से दीनबन्धु, लोकसेवक, अधिकार, चम्बल, धरती के लाल,
- अलवर से दरबार, राजस्थान संदेश, यंग राजस्थान,
- जयपुर से जय ध्वनि, आजाद सैनिक, युवक हृदय,

- जोधपुर से कल की दुनिया, अखंड, नवयुग आदि।

इनके अतिरिक्त अनेक पत्रों ने राष्ट्र की स्वाधीनता में राष्ट्रीयता के विचारधारा को जीवंत बनाये रखा।

स्वातंत्रोत्तर पत्रकारिता

स्वतंत्रता प्राप्ति के समय वर्षों से गुलामी की दासता से मुक्त होने पर प्रदूषण रहित स्वछंद वायु का सेवन करने का अवसर मिला जिसमें हमारी भाग्य विचार और कुछ करने की धारा स्वतंत्र हो सकी। स्वतंत्रता की प्राप्ति के बाद राज्य के एकीकरण के बाद राजस्थान में पत्रकारिता का व्यावसायिक युग का प्रारंभ हो गया। अब पत्रकारिता का धीरे-धीरे मिशनरी रूप समाप्त होने लगा और व्यवसाय की **प्रतिस्पर्धा** बढ़ने लगी। अगर इसे यूं कहें कि लोगों ने स्वतंत्रता के बाद पत्रिका को व्यवसाय का जरिया बना लिया तो अतिश्योक्ति न होगी। स्वतंत्रता के बाद राजस्थान में पत्रिका का विकास निम्न प्रकार से हुआ।

दैनिक राष्ट्रदूत

पं. हजारी लाल शर्मा ने 1 अगस्त 1951 को जयपुर से दैनिक राष्ट्रदूत का प्रारंभ किया। इस समाचार पत्र के प्रथम संपादक शुभ नरेश जोशी थे। उसके बाद श्री युगल किशोर चर्तुवेदी, श्री दिनेश खर्रे तथा श्री शिवपूजन त्रिपाठी संपादक के रूप में अपनी सेवाएँ प्रदान करते रहे। दैनिक राष्ट्रदूत अनेक वरिष्ठ पत्रकारों की प्रशिक्षण केन्द्र रहा है। राष्ट्रदूत के दीपावली विशेषांक पहले बहुत ही चर्चित और लोकप्रिय रहे हैं। वर्तमान में राष्ट्रदूत दैनिक के साथ राष्ट्रदूत साप्ताहिक प्रति रविवार को पत्रिका के रूप में प्रकाशित कर रहा है। इस पत्र की एक और विशेषता यह है कि राजस्थान की **साहित्यिक सांस्कृतिक वैभव** से जुड़ी कथाएँ साप्ताहिक के रूप में आती है जिनसे राजस्थान की संस्कृति, वैभव और ऐतिहासिक कला का अवलोकन होता है।

दैनिक नवयुग

21 जनवरी 1955 को कांग्रेस दल की ओर से नवयुग दैनिक का प्रकाशन किया गया। श्री हरिदेव जोशी इसके प्रधान संपादक रहै थे और श्री ऋषि कुमार मिश्रा संपादक रहे थे। इस समाचार पत्र का प्रकाशन बामन काले की प्रेरणा से हुआ था। जो कि प्रबंध संपादक थे। परन्तु इस पत्र में भी एक असाधारण घटना घटी और वह घटना थी पत्रकारों के **वेतन का विस्फोटक मामला** जिसके कारण 1964 में इस पत्र का प्रकाशन बंद हो गया।

राजस्थान पत्रिका

7 मार्च 1956 को राजस्थान के वेदविज्ञ कर्मठ पुरुष जिन्हें हम कपूर चंद्र कुलिश के नाम से जानते हैं ने राजस्थान पत्रिका का सायंकालीन दैनिक के रूप में प्रकाशन किया। यद्यपि कपूर चंद्र कुलिश में महत्त्वाकांक्षा कूट-कूटकर भरी हुई थी फिर भी अर्थाभाव के कारण इस पत्र के प्रकाशन के लिए 500 रुपये की पूंजी उधार लेनी पड़ी। 500 रुपये से इन्होंने परिश्रम निष्ठा और समर्पण के द्वारा प्रगति के सोपान को छूना प्रारंभ कर दिया। इसी का जीता जागता उदाहरण आज की राजस्थान पत्रिका है। राजस्थान पत्रिका राजस्थान का जाना-माना समाचार पत्र है। जो प्रदेश के हर जिले और गाँव तक जाता है। लगभग 5 वर्षों तक जयपुर सायंकालीन दैनिक के रूप में यह प्रकाशित हुआ। जयपुर के अतिरिक्त जोधपुर, उदयपुर, कोटा, बीकानेर, सीकर, श्रीगंगानगर, भीलवाड़ा, अलवर, पाली, बांसवाड़ा, बंग्लोर, अहमदाबाद, सूरत, चैन्नई, नई-दिल्ली और कोलकाता से भी इसके संस्करण प्रकाशित हो रहे हैं। नवीन तकनीकी से इसका मुद्रण किया जाता है।

स्वर्गीय श्री कुलिश की सेवा निवृति के बाद, इस पत्र के संपादन से श्री विजय भंडारी, श्री मिलाप कोठारी तथा श्री मोतीचंद कोचर जुड़े वर्तमान में डॉ. गुलाब कोठारी इसके संपादक है। पत्रिका के सहयोगी प्रकाशनों के रूप में साप्ताहिक ईतवारी पत्रिका 1973 से तथा पाक्षिक बालहंस 1986 से शुरू किये गये जो काफी लोकप्रिय हुए। ईतवारी पत्रिका का प्रकाशन 2001 से बंद हो गया है। कुछ वर्षों तक अंग्रेजी में भी राजस्थान पत्रिका का प्रकाशन हुआ। मूल रूप से आर्थिक व वाणिज्यिक समाचारों के दैनिक के रूप में इसने पहचान बनाई। वर्तमान में अंग्रेजी संस्करण बंद कर दिया गया है।

दैनिक भास्कर

19 दिसम्बर 1996 से दैनिक भास्कर का जयपुर से भी प्रकाशन शुरू हुआ। इस पत्र का प्रकाशन मध्यप्रदेश के भोपाल सहित विभिन्न शहरों में होता है। अल्पकाल में ही जयपुर के बाद अलवर, सीकर, जोधपुर, अजमेर, कोटा, बीकानेर आदि शहरों से इसके संस्करण प्रकाशित हुए। अब तो यह भारत के मध्यप्रदेश, हिमाचल प्रदेश, उत्तरप्रदेश, तथा हरियाणा से 22 संस्करणों में प्रकाशित हो रहा है। इसने भी राष्ट्रीय दैनिकों की भांति राज्य में अपनी विशिष्ट पहचान बनायी है। इस पत्र के संपादन में भारत के सुप्रसिद्ध कथाकार ,साहित्यकार कमलेश्वर प्रधान संपादक रह चुके हैं। वर्तमान मे इसके प्रधान संपादक श्री रमेश चंद्र अग्रवाल है। थोड़े समय में ही इसने राजस्थान में जो प्रगति की है वह एक अनूठी घटना है। राजस्थान में इसके संपादक कल्पेश यागिनक है।

साहित्यिक पत्रिकाएँ

स्वतंत्रता के बाद राजस्थान में साहित्यिक पत्रिकाओं का भी प्रकाशन किया गया। इस दौर की प्रारंभिक साहित्यिक पत्रिकाओं में भारतेन्दु 1948 कोटा से, ज्योति 1950 जोधपुर से, विजयी 1950 जयपुर से, राजस्थानी भाषा की मारवाड़ी 1953 जयपुर से, पिलानी से मरूभारती 1953 में, प्रेरणा का प्रकाश 1953 में जोधपुर से, नवनिर्माण का प्रकाश 1953 में जोधपुर से तथा राजस्थान साहित्य का प्रकाशन 1954 में हुआ जो अत्यंत उल्लेखनीय है।

लहर पत्रिका

राजस्थान की साहित्यिक प्रत्रकारिता की धारा में अजमेर से **लहर** का प्रकाशन अत्यंत महत्वपूर्ण है। इसकी प्रशंसा में महेन्द्र मधुप ने कहा है कि लहर के पूर्व राजस्थान की साहित्यिक पत्रिकाओं ने साहित्यिक सामग्री तो प्रकाशित की किन्तु वे साहित्यिक आन्दोलनों, घटनाओं और नव प्रयोगों के उतार चड़ाव में महत्त्वपूर्ण भूमिका नहीं निभा सकी। लहर का प्रकाशन सन् 1951 में प्रकाश जैन के संपादन में हुआ था। 1980 तक इसका नियमित रूप से प्रकाशन होता रहा उसके पश्चात आर्थिक कठिनाइयों के कारण यह पत्रिका भी बंद हो गयी। लहर के विशेषांक आज भी शोधार्थियों के लिए महत्वपूर्ण सामग्री बनकर उभरे हैं।

मधुमती पत्रिका

लहर की भांति ही राजस्थान की साहित्यिक पत्रिका **मधुमती** का भी विशेष स्थान है। राजस्थान साहित्य अकादमी की ओर से 1960 में त्रैमासिक पत्रिका के रूप में इसका प्रकाशन हुआ। 1965 से यह मासिक रूप से प्रकाशित हो रही है। राजस्थान के साहित्यकारों ने इस पत्रिका में जो प्रोत्साहन दिया है वह प्रशंसनीय है।

यह एक कटु सत्य है कि हिन्दी भाषा और साहित्य के विकास में पत्रकारिता के योगदान का स्वतंत्र मूल्यांकन अभी तक भी संभव नहीं हो पाया है। हिन्दी साहित्य के इतिहासो में जहाँ भी पत्र-पत्रिकाओं का प्रसंग उपस्थित हुआ है, इतिहास लेखकों और समीक्षकों ने केवल कुछ प्रसिद्ध और बहुचर्चित पत्र-पत्रिकाओं का उल्लेख करके संतोष कर लिया है। यह तथ्य गहनता पूर्वक अध्ययन किये जाने का है कि मानवाधिकारों के विकास के संदर्भ में साहित्यिक पत्र-पत्रिकाओं और समाचार-पत्रों की भूमिका पुस्तकों से भी कही अधिक महत्त्वपूर्ण रही है। पुस्तक व्यवसाय का विकास होने से पहले तो साहित्य के प्रकाशन का प्रमुख माध्यम पत्र-पत्रिकाएँ ही रही है।

राजस्थान जैसे प्रदेश में तो सामन्ती शासन व्यवस्था के कारण हर क्षेत्र में अन्य राज्यों की तुलना में पिछड़ा हुआ है यद्यपि पत्र-पत्रिकाओं का प्रादुर्भाव बहुत विलंब से हुआ तथापि अपने लम्बे इतिहास में अस्तित्व के लिए संघर्षरत रहते हुए भाषा और साहित्य के विकास में जो उल्लेखनीय योगदान किया है उसका आकंलन भी अब शोध का एक विषय बन गया है।

अध्ययन से यह स्पष्ट होता है कि स्वाधीनता पूर्व पत्रकारिता का मूल उद्देश्य राजनीतिक चेतना का मूल विकास करना था। इस युग में साहित्य और राजनीति दोनों का एक दूसरे से गहरा सम्बन्ध था। **राजस्थान समाचार, तरुण राजस्थान, नवीन राजस्थान, राजस्थान** जैसे पत्रों में एक और जहाँ मुख्य रूप से रियासती शासन के अत्याचार के दमन के कारनामों के विरुद्ध समाचार छापकर **जन-जागृति** फैलायी, वहाँ इन पत्रों ने समय-समय पर देशभक्तिपूर्ण कविताएँ एवं कहानियाँ भी प्रकाशित की।

राजस्थान के दैनिक पत्रों में प्राय: सभी पत्रों के अपने रविवारीय परिशिष्ट निकलते हैं। इन परिशिष्टों में सामयिक विषयों के लेखकों के अलावा कविताएँ, कहानियाँ, रेखाचित्र, रिपोरताज, प्रकाशित होते हैं। रविवारीय परिशिष्टों में सामयिक महत्त्व के विशेष लेख के अतिरिक्त चित्रकथा तथा बालोपयोगी सामग्री का भी प्रकाशन होता रहता है।

प्रेस के आने से पूर्व भारत में समाचार-पत्र व पत्रकारिता नहीं के बराबर थी। मुगलों के शासन में वाकयानवीन, स्वतंत्र राजाओं के यहाँ "अखबार नवीस" होते थे। ये अखबार राजदरबार के लिए लिखी जाती थी। वैसे तो संसार में छपाई की कला में सर्वप्रथम चीन आता है जिसका पहला समाचार पत्र 1500 वर्षों तक चला। धर्म की प्रेरणा ने ही प्रेस को जन्म दिया। यूरोप में पहला प्रेस 1440 ईस्वी में जर्मनी में इसाई द्वारा खड़ा किया गया। बाईबिल को प्रकाशित करना चाहा था। 1477 में इंग्लैण्ड में कैक्सटन ने छापाखाना खोला। इंग्लैण्ड में 1617 में प्रारंभ हुआ।

पत्रकारिता एवं राममोहन राय

राजा राममोहन राय प्रेस एवं भाषण की स्वतंत्रता के महान समर्थक थे। उनका कहना था कि मानव जाति की उन्नति के लिए ज्ञान की ज्योति से मन में अन्धकार को दूर करना आवश्यक है और समाचार-पत्र इस दिशा में महत्त्वपूर्ण भूमिका निभा सकते हैं। इन्हीं विचारों से प्रेरित होकर उन्होंने निश्चय किया था कि समाचार-पत्र द्वारा वे लोगों में

शिक्षा एवं ज्ञान का प्रसार करेंगे जिसमें जनमत तैयार किया जा सकते और लोगों में समानता, भातृत्व और स्वाधीनता की भावना जगाई जा सके। उनका पत्र "संवाद कौमुदी" बंगला तथा अंग्रेजी भाषा में दूसरा पत्र "मिरात-उल-अखबार" फारसरी भाषा में प्रकाशित होता था। वे समाचार पत्रों में निर्भीक और निष्पक्ष समीक्षा के पक्ष में थे। "मिरात-उल-अखबार में उन्होंने इंग्लैण्ड द्वारा आयरलैण्ड के प्रति किए गए अन्याय और विरोध के बारे में जो विचार प्रगट किए और आयरलैण्ड में अकाल के समय जो चंदा एकत्र करके भेजा, उससे उन्हें कुछ समय के लिए अंग्रेजी सरकार का असंतोष पात्र भी बनना पड़ा।"

राजा राममोहन राय प्रेस की स्वतंत्रता को भली-भाँति समझते थे। 1823 में हाईकोर्ट के सामने एक पेटीशन प्रस्तुत करके उन्होंने प्रेस की स्वतंत्रता की माँग की थी। उस समय गवर्नर जनरल ने प्रेस आर्डिनेन्स जारी कर दिया था कि समाचार-पत्र निकालने के लिए सरकार से विशेष लाइसेंस लेना पड़ेगा। इस प्रतिबंध के मूल में यह विचार निहित था कि केवल उन्हीं लोगों को समाचार पत्र निकालने की अनुमति दी जायेगी जो सरकार के प्रति निष्ठावान हों। राममोहन राय ने अपने कुछ साथियों से मिलकर सर्वोच्च न्यायालय में प्रेस की स्वतंत्रता के लिए जो अपील की वह निष्फल रही और तब रय ने अपनी अपील "किंग-इन-कौंसिल" में की थी, और यह भी निष्फल रही। राममोहन का मुख्य तर्क था कि प्रेस की स्वतंत्रता शासक और शासित दोनों के लिए हितकर है। शासन के लिए इस तरह लाभप्रद है कि उसे अपने शासन नीति के बारें में जनता के विभिन्न विचारों को पता चल जाता है और जनता शासकों की भूलों की और इनका ध्यान आकृष्ट कर सकती है। जनता के लिए प्रेस की स्वतंत्रता इस दृष्टिठ से हितकर है कि इसमें ज्ञान का प्रसार होता है जिसमें मानसिक विकास में सहायता मिलती है। राजा राममोहन ने इस तर्क को ठुकरा दिया कि स्वतंत्र प्रेस सरकार के विरुद्ध संगठित हाने ा साधन प्रस्तुत करता है। उन्होंने कहा कि विश्व के किसी भी भाग में स्वतंत्र प्रेस ने कभी कोई क्रान्ति उत्पन्न नहीं की है, अपितु क्रान्ति को उत्पन्न करने वाले असंतोष के कारणों को दूर करने में सहायता पहुँचाई है। उनके विचार से जो सरकार अपने इरादों के औचित्य के प्रति विश्वस्त है उसे एक प्रेस द्वारा सार्वजनिक जाँच से डरने की कोई आवश्यकता नहीं है। जब राममोहन राय की अपील अन्तिम रूप से ठुकरा दी गयी तो क्षुब्ध होकर उन्होंने अपना समाचार-पत्र "मिरात-उल-अखबार" बन्द कर दिया। सरकार के अनुचित शर्तों के अधीन अपने पत्र को चलाना अपने आत्म सम्मान के विरुद्ध समझा।

राममोहन राय ने प्रेस की अपरिमित स्वतंत्रता के समर्थक नहीं थे बल्कि उस समय समुचित प्रतिबन्धों को आवश्यक समझते थे। प्रेस की स्वतंत्रता की मांग से संवैधानिक सरकार को मजबूत बताने के लिए करते थे। सरकार के विरुद्ध विषवमन करने अथवा उसे नष्ट करने के लिए नहीं। उनकी दृष्टि में समाचार पत्र का उद्देश्य को जनता और शासन के बीच एक कड़ी का काम करना और पिछड़े हुए समाज को नई रोशनी देना है। राममोहन राय की पत्रकारिता का मूल्यांकन करते हुए के. दामोदरन में लिखा है "उनकी पत्रकारिता ने देश के समस्त भागों में राष्ट्रीयता पुनर्जागरण के संदेश को पहुँचा दिया .... उनका संदेश मानवता और विश्व बन्धुत्व का संदेश था।"

आधुनिक भारत के नवजागरण के इतिहास के साथ प्रेस की स्थापना और पत्रकारिता का गहरा सम्बन्ध रहा है। वस्तुतः आधुनिक भारत में शिक्षा, ज्ञान-विज्ञान, पाश्चात्य विचार और दर्शर के प्रचार प्रसार में छापाखाना और पत्रकारिता महत्वपूर्ण अंग थे। जनसंचार के इन माध्यमों के महत्त्व को राममोहन अच्छी तरह समझते थे। उन्होंने अपने धार्मिक सामाजिक और राजनैतिक आन्दोलनों में इन माध्यमों को पूरी तरह उपयोग में लाए। देशी पत्रकारिता के क्षेत्र में राममोहन अगुआ थे और पहले व्यक्ति भी थे जिन्होंने प्रेस की स्वाधीनता के लिए अपने युग में सबसे पहला आन्दोलन प्रारंभ किया था। वारेन हेस्टिंग्स के शासनकाल में अन्त तक कलकत्ता में कुछ छापेखाने स्थापित हो चुके थे। सन 1779 में कलकत्ता में एक सरकारी कागजात विलायत में छपकर आते थे। इन कागजातों को अफ्रीका बिल्डिंग में सैकड़ों की संख्या में राइटर्स या पिलिक रखे जाते तो दस्तावेजों की प्रतिलिपि तैयार करते थे। इन प्रतिलिपियों के सुन्दर नमूने आज भी दिल्ली के नेशनल आर्कोइब्ज और लंदन के इण्डिया ऑफिस में सुरक्षित है।

❑❑❑

7

ब्रह्म समाज की स्थापना

"हे ईश्वर! तू धर्म को ऐसा बना दे कि यह मनुष्य और मनुश्य के बीच पारस्परिक भेदभाव और वैर विरोध को मिटाने तथा मानव जाति में शांति और एकता पैदा करने में समर्थ हो।"

राजा राम मोहन राय

वास्तविक धर्म

भारतीय संस्कृति का एक आधारभू तत्व है "धर्म" धृ धातु से बना धर्म जिसका अर्थ होता है धारण या रक्षा करना या संभाले रखना। अंग्रेजी में "रिलीजन" का अर्थ है अतीन्द्रिय सत्ता में विश्वास।

धर्म सामाजिक परिवर्तन और नियंत्रण दोनों में कार्य करता है। नैतिक कार्यों के आचरण के प्रति श्रद्धा, नियंत्रण और परिवर्तन की दिशा में सहायक होता है। धर्म मनुष्य को बुरे प्रवृत्ति की ओर जाने से रोकता है। मनुष्य को नियंत्रित करता है। धर्म मानव जीवन के लिए पाथेय का कार्य करता है। यह अंधकार से प्रकाश की ओर, असत्य से सत्य की ओर, मृत्यु से अमरता की ओर ले जाता है। वास्तविक धर्म है मनुष्य के धर्म की समस्याओं से जूझना और यथाशक्ति दोनों, दुर्बलों, दलितों की सेवा करना है। यदि धर्म का व्यवहारिक जीवन में उपयोग नहीं होता, तो वह व्यर्थ है।

विश्वधर्म-उपासना-पद्धतियाँ

संसार में अनेक धर्म प्रचलित हैं और उनकी उपासना पद्धति भी अलग-अलग है। संगठित धर्म पूरे विश्व में कुछ है। सेर्गी टीकारेव ने अपनी पुस्तक हिस्ट्री ऑफ रिलीजन में विश्व के प्रमुख धर्मों की उपासना पद्धति को बताया है। वैसे हिन्दू धर्म, बौद्ध धर्म, ईसाई धर्म, इस्लाम, जैन धर्म, सिक्ख धर्म, ताओं धर्म, शितोधर्त, जोरास्ट्रियन धर्म,

कन्फ्यूशियस धर्म, हिब्रूधर्म, बहाई धर्म आदि धर्म संगठित धर्म हैं तथा इनकी उपासना पद्धति भी वर्णित हैं। उपरोक्त धर्मों में सबसे संगठित चार धर्म हैं।

1. हिन्दू धर्म

यह धर्म सिर्फ भारत और नेपान तक सीमित है।

2. इस्लाम धर्म

यह अधिकांश एशिया, अफ्रीका तथा खाड़ी के देशों में छाया हुआ है।

3. बौद्ध धर्म

यह धर्म मुख्यत: दक्षिण एशिया और सुदूर पूर्व के देशों में विद्यमान है।

4. ईसाई धर्म

यह धर्म पूरे विश्व में फैला हुआ है।

वैसे तो भारत में धर्मों का जनक रहा है। मुख्य रूप से हिन्दू धर्म, बौद्ध धर्म, जैन धर्म और सिक्ख धर्म का प्रणेता एवं प्रवर्तक रहा है।

भारतीय धार्मिक दृष्टि

भारत एक ''धर्म'' प्रधान देश है। वैदिक ऋषियों ने सृष्टि में एक ऐसा दर्शन प्रदान किया है जो प्रकृति में निहित है। जहाँ ''ऋतु'' प्रकृत अथवा सृष्टि की व्यवस्था का मूल तत्व है वहाँ ''धर्म'' समाज का एक आधारभूत अंग है।

धर्म का मुख्य उद्देश्य समाज को नियंत्रित एवं सन्तुलित करना है। आपसी भाईचारा है तथा शुद्ध आचार विचार होने के कारण ही समाज सन्तुलित रह सकता है और उसमें विकास हो सकता है।

भारतीय धार्मिक दृष्टि वेदों से संचालित होती है। ऋग्वेद के एक सूक्त के अनुसार सभी प्राणियों को मिलजुल कर धरती पर रहना चाहिए, सबको ज्ञानवान बनना चाहिए, कर्तव्य का पालन सभी को करना चाहिए। ईश्वर द्वारा दिया गया पदार्थ जो प्रकृति द्वारा प्रदत्त है उसका समान रूप से उपभोग व उपयोग करना चाहिए। वैदिक साहित्य में तप, दान, निष्कपटता, अहिंसा, सत्य, अस्तेय, अपरिग्रह, अस्वाद, विनम्रता, सत्संग, परोपकार, दया, संयम आदि गुणों पर बल दिया गया है। यह विश्व के सभी धर्मों में वर्णित है।

हिन्दू धर्म का पतन

जैसा कि इतिहास के पृष्ठो में मिलता है कि भारत में हिन्दू धर्म का अभ्युदय और विकास छठी शताब्दी के पूर्व बहुत उच्च कोटि का था तथा अति उन्नति के शिखर पर

हिन्दू धर्म ध्वजा फहरा रही थी। छठीं शताब्दी में बाद इस धर्म में पतन की प्रक्रिया प्रारंभ हुई और भारत में मुसलमानें के शासन के स्थापना के उपरान्त तो और भी तेजी से आ गई। मुसलमान मूर्ति पूजा के कट्टर विरोधी थे। भारत पर आक्रमण पर, अनेक मंदिरों को तोड़ा, देवी-देवताओं के मूर्तियों के गरीब हिन्दू भय से मुसलमान बनाने की प्रक्रिया भारत में प्रारंभ की। मुस्लिम शासन में हिन्दू कुल मिलाकर दोयम दर्जे के नागरिक हो गये अपने ही भारत देश में। इस्ट इण्डिया कम्पनी के आने के बाद अंग्रेजों का शासन हुआ तो हिन्दुओं ने कुछ राहत की सांस ली।

सात सौ साल के मुस्लिम शासन में हिन्दुओं की आत्मशक्ति हिला कर रख दी थी। हिन्दू राजाओं की राजनीतिक शक्ति और राष्ट्रीय भावना को समाप्त कर दिया था। अत: उन्होंने अंग्रेजो को मुसलमान शासकों के विरुद्ध ज्यादा लाभकर समझा। प्लासी में विजय प्राप्त करने के बाद क्लाईव 200 यूरोपीय और 500 देशी सैनिकों के साथ बंगाल की राजधानी मुर्शिदाबाद गया था। पर भारत के लोग उसे देखते रहे। यदि पूरे भारतीय मिलकर चाहते तो मात्र पत्थर मारकर भगा देते तथा यूरोपीय सेना का विनाश हो सकता था।

हिन्दुओं की धार्मिक आस्था और भावना पूर्ववत बनी रही, उन्होंने धर्म नहीं छोड़ा जो 1200 ई० में थी, वहीं उन्नीसवीं शताब्दी में पूवार्ध तक बनी रही। हिन्दुओं को अनेक देवी-देवताओं में विश्वास, मूर्तिपूजा तथा जातिव्यवस्था में कड़ापन, खानपान, छुआछूत के कठोर बन्धन, बाल-विवाह, सती प्रथा, विधवाओं पर अत्याचार आदि से हिन्दू समाज बंधा था। जादू, टोना, अंधविश्वास, भूत-प्रेत में विश्वास ने हिन्दू समाज में विकृतियों को जन्म दिया। धर्म की वास्तविक भावनाओं का लोप और नैतिक आत्ययात्मिक संवेदना का पटाक्षेप ही भारतीय धर्म बन गया था।

राजाराम ने 1831 में भारतीय ग्रामीण लोगों को नैतिक बताया तथा उनके भोलेपन का फायदा लोग उठाते हैं।

कलकत्ता के धनी सम्पन्न जमींदार लोग सुरा और सुन्दरी में शराब के प्यालों और घुँघरुओं में डूब चुके थे। विवाह, श्राद्ध और दूर्गापूजा पर वैसा बहाया जाता था। यूरोपीय समाज तथा बंगाली समामें काफी दूरी बनी थी।

अंग्रेजी भारतीया को हेय दृष्टि से देखते थे। भारतीय अंग्रेजी शिष्टाचार, रहन-सहन की नकल को अहौभाग्य समझने लगे थे। धनी बंगाली अंग्रेजी स्कूलों में अपने बच्चों को पढ़ाने के लिए लालायित रहते थे। बंगाल तथा पूरे हिन्दुस्तान का आलम

भगवान भरोसे छोड़कर लोग किंकर्तव्यविमूढ़ हो चुके थे। ब्रिटिश शासन को लोग ईश्वर का अवदान समझने लगे थे। संसार साधनों के अभाव में भारतीयों की दृष्टि छीन ली थी। लोग भारतीय नहीं थे। लोग सिक्ख थे, मराठा थे, मद्रासी थे। भारतीयता की भावना मर चुकी थी। भारतीयता की भावना को जागृत करने का काम किया राजा राममोहन राय ने।

राममोहन राय की अन्त:दृष्टि ने भारतीरय विवशता के फड़फड़ाते पंखों को मापा और भारतीय संस्कृति के स्वाभिमान और गुलामी के पंख कतरने हेतु तार्किक ढंग से रूढ़ियों के विरुद्ध संघर्ष किया। वे बेकन और लूथर के समकक्ष माने जाते हैं।

हिन्दू धर्म के स्त्रोत

भारतीय धर्मों का मुख्य स्त्रोत वेद है और हिन्दू धर्म का तो मूल आधार ही वेदों, उपनिषदों और ब्रह्मसूत्र में मिलता है।

वेद

वेद भारत ही नहीं विश्व के मानव जाति का प्रथम ग्रंथ है। विद् धातु से बना वेद जिसका अर्थ है ज्ञान। अलौकिक ईश्वरीय शक्ति मनुष्य द्वारा नहीं अपितु ईश्वरकृत मानी गयी है। जैसा कि श्रुति है कि ऋषियों ने वेदों की वाणी को ईश्वर से सुना है। एक हजार वर्ष बाद वेदों की ऋचाओं का संग्रह पुस्तक रूप में किया गया। अत: इसे संहिता भी कहा गया है।

वेदा चार प्रकार के है-1. ऋग्वेद, 2. सामवेद, 3. यजुर्वेद, 4. अथर्ववेद। ऋग्वेद प्राचीनतम ग्रन्थ है। इसमें प्राय: 10,000 श्लोक है जिन्हें सूक्त कहा जाता है। ऋग्वेद के प्रत्येक सूक्त के साथ किसी ऋषि या देवता का नाम मिलता है। ऋग्वैदिक आर्य मूलत: प्रकृति के उपासक थे। जिन प्राकृतिक शक्तियों से उन्हें जीवन शक्ति और मानसिक प्रेरणा मिली, उन्हीं को उन्होंने देवरूप में स्वीकार किया। विभिन्न देवी-देवताओं की उपासना करने पर भी आर्यों की मान्यता थी कि वे सब किसी परम सत्ता की अभिव्यक्ति मात्र हैं। पर परमसत्ता ही, समूचे ब्रह्माण्ड का संचालन करती है। यह बात देवियों और देवताओं के बारे में सच है।

उपनिषद्

उपनिषद् का वास्तविक अर्थ है ब्रह्मविद्या की प्राप्ति के निर्मित्त गुरु के पास बैठकर ज्ञान ग्रहण करना। उपनिषदों में वेदों का ज्ञान मण्डित है। इनकी संख्या 200 तक मानी गई है। पर मुख्य रूप से निम्न उपनिषद् हैं जिन पर शंकराचार्यों ने टीकाएँ लिखी हैं। 1.

ईश, 2. केन, 3. कठ, 4. प्रश्न, 5. मंडूक, 6. तैतरेय, 7. ऐतरेय, 8. माडूक्य, 9. बृहदारण्यक, 10. श्वेताश्वतर, 11. छांदोग्य।

उपनिषदों ने भारतीय चिन्तर का निरन्तर प्रयास किया है। सभी जीवन के पहलुओं का विवरण उपनिषदों में मिलते हैं।

ईशोपनिषद का प्रारंभिक मंत्र है–

ईश्वरस्यमिदं सर्व यत्किचं जगत्यां जगत्।

तेन त्यक्तेन मंजीथा: मागृव: कस्य स्विवद्धनम॥

अर्थात् पृथ्वी पर जो भी चराचर वस्तु है, वह सब ईश्वराच्छादित है। मनुष्य को उसी ईश्वर के दिये हुए पदार्थों का उपयोग करना चाहिए। किसी अन्य व्यक्ति के धन का लालच नहीं करना चाहिए।

तैत्तिरीय उपनिषद् में आचार्य शिष्य को विद्या की समाप्ति पर जीवन के आधारभूत नैतिक मूल्यों का उपदेश देता है। सत्य बोलो, धर्म का आचरण करो, अध्ययन में प्रमाद मत करो, शिक्षक को वांछित धन दो, अपनी संतति की उपेक्षा मत करो, सत्य न्याय के मार्ग से मत हटो। अपनी आत्मरक्षा के लिए सावधान रहो, देवताओं और पितरों के प्रति जो तुम्हारे कर्तव्य हैं उनका पालन करो। माता को देवता समझो, आचार्य को देवता समझो, अतिथि को देवता समझो। तुम्हे सदा अच्छे काम करने हैं, बुरे काम नहीं। दान श्रद्धा सहित दो, यही आदेश अनुशासन है।

छान्दोग्य उपनिषद् में तप, दान, निष्कपटता, अहिंसा और सत्य का गुणगान किया गया है। चोरी, शराबखोरी, ब्राह्मण हत्या, गुरनाय्या को अपवित्र करना महापा है।

बृहदारण्यक उपनिषद् में संयम, दया, धर्म के ज्ञान से ज्ञान की ओर, अंधकारा से प्रकाश की ओर, मृत्यु से अमरत्व की ओर, ईश्वर से प्रार्थना करें। इन्द्रिय संयम, दया, क्षमा आदि है।

कठोपनिषद् में श्रेय एवं प्रेम के भेद का विवेचन है। धर्म, अर्थ, काम, मोक्ष की साधना श्रेय है, श्रेय मार्ग का कल्याण है, मोक्ष का मार्ग है।

भारतीय संस्कृति में चार ध्येय प्रमुख थे–धर्म, अर्थ, काम, मोक्ष। मनुष्य धन से धर्म का पालन कर सकता है। धन का उपार्जन धर्म से करना चाहिए। पुरुषार्थ में अर्थ और ऐश्वर्य की प्राप्ति प्रमुख है। काम में सांसारिक सुख, मोक्ष का अर्थ जीवन और मृत्यु के चक्र से मुक्ति। हिन्दू शास्त्रों में आश्रम व्यवस्था, ब्रह्मचर्य, गृहस्थ, वानप्रस्थ और सन्यास

का अपना सामाजिक महत्त्व है। वर्णव्यवस्था भारतीय सामाजिक संगठन का एक अनिवार्य अंग है। ब्राह्मण, क्षत्रिय, वैश्य, शूद्र उसके विभाग हैं। यह श्रम विभाजन सामाजिक संगठन के लिए आवश्यक था।

ब्रह्मसूत्र–भारतीय संस्कृति के आध्यात्मिक परम्परा में तीन ग्रन्थों का महत्त्वपूर्ण योगदान है। उपनिषद्, भगवद्गीता तथा ब्रह्मसूत्र। ब्रह्मसूत्र के चार अध्याय हैं–समन्वय, अविरोध, साधना और फल। प्रत्येक अध्याय के चार भाग हैं जिन्हें पाद कहते हैं। प्रत्येक पाद में अनेक विभाग हैं जिन्हें अधिकरण कहा गया है। प्रत्येक अधिकरण में एक या एक सू अधिक सूत्र हैं। शंकर के अनुसार ब्रह्मसूत्र में कुल 192 अधिकरण और 555 सूत्र है।

ब्रह्म समाज की स्थापना

ब्रह्म समाज आन्दोलन धर्म सुधार आन्दोलन का प्रथम सोपान था। जिसे राममोहन राय ने सन् 1818 ई० में शुरू किया था। राजा राममोहन राय वस्तुतः प्राजातंत्रवादी और मानवतावादी थे। वे अपने धार्मिक, दार्शनिक और सामाजिक दृष्टिकोण में इस्लाम व एकेश्वरवाद और मूर्तिपूजा विरोध, सूफीमत के रहस्यवाद, ईसाई धर्म की आधार शास्त्रीय नितिपरक शिक्षा और पश्चिम के आधुनिक देशों के उदारवादी बुद्धिवादी सिद्धान्तों के काफी प्रभावित थे। उन्होंने अपने ही व्यक्तित्व में इस्लाम, ईसाई धर्म और आुधनिक मानवतावाद या बुद्धिवाद के सर्वोत्तम तत्वों को परिभाषित और अंगीकृत करने की चेष्टा की और उन्हें एक मूल धर्म में स्थापित किया, जिसके तत्व उन्हें उनके अपने समुदाय के उपनिषद् में मिले। उन्होंने प्राचीन हिन्दू एकेश्वरवाद की जगह बहुदेववादी विकृति की आलोचना की। उन्होंने हिन्दुओं की मूर्ति उपासना को अमानवोचित और गलत कहा और सब धर्मों और सारी मानवता के एक अकेले ईश्वर के सिद्धान्त को प्रतिपादित किया। ब्रह्म समाज में व्यक्ति स्वातन्त्र्य, राष्ट्रीय ऐक्य और सहकर्मण, एवं सामाजिक संस्थाओं और सम्बन्धों के प्रजातंत्रीकरण के सिद्धान्तों को घोषित कर भारतीय जनता के लिए एक नए युग का सृजन किया। भारतीय जनता के राष्ट्रीय जागरण की यह पहली संगठित अभिव्यक्ति थी। प्रार्थना समाज को बम्बई में एम.जी. रानाडे इण्डियन नेशनल कांग्रेजस और इण्डियन सोशल कान्फ्रेंस के भी नेता थे जिनकी पहली सभाएँ क्रमशः 1885 एवं 1880 में हुई थी।

जहाँ तक आधुनिक भारत का प्रश्न है, यह लगभग सर्वसम्मति से स्वीकार किया जाता है कि भारत के इतिहास में 19 वीं शताब्दी का स्थान अत्यधिक महत्त्वपूर्ण है

क्योंकि शताब्दी में पश्चिम के कायाकल्प करने वाले प्रभाव के कारण एक नवीन भारत का जन्म हुआ। इसके पूर्व, 18वीं शताब्दी में प्राचीन भारतीय संस्कृति एक पतनोन्मुख गद्दे में गिर चुकी थी जिसके फलस्वरूप "स्वतंत्र मानसिक प्रक्रिया में एक व्यापक अवरोध उत्पन्न हो गया था ; वैज्ञानिक तथा आलोचनात्मक मस्तिष्क सुषुप्त हो गया था और साथ ही सृजनात्मक अन्तर्ज्ञान भी; विचारों के स्तर पर एक लीक बन चुकी थी, मस्तिष्क का अश्मीकरण हो गया था तथा पूर्वज्ञान के अपूर्ण ढंग से समझे हुए खण्डों की भद्दी पुनरावृत्ति होती थी; प्राचीन सत्ता तथा नियम कठोर रूप से स्वेच्छाचारी हो गए थे और उनके वास्तविक अर्थ तथा ाव का लो हो चुका था।" किन्तु, 19वीं शताब्दी के प्रारंभ होने के शीघ्र बाद ही इस स्थिति में सुधार होने लगा। पश्चिम की उदार एवं विवेकपूर्ण विचारधारा के प्रभाव के फलस्वरूप पुरानी मध्यकालीन स्थिति का, जो केवल परम्परानिष्ठता और अन्धविश्वास के लक्षणों से युक्त थी, अन्त हो गया तथा एक अन्वेषण और तर्कप्रधान के लक्षणों से युक्त थी, अन्त हो गया तथा एक अन्वेषण और तर्कप्रधान युग का उदय हुआ जिसके वजह से देश में एक अभूतपर्वू जागृति प्रस्फुटित हुई जिसके नए विचार, नई संस्थाओं और नई भावी आशाओं का सृजन किया।

उन्नीसवीं शताब्दी का भारतीय पुनर्जागरण इस व्यापक जागृति का प्रतिफल था जिसकी देश के सामाजिक तथा धार्मिक जीवन में इस शताब्दी के प्रारंभ में प्रचुरता थी। इस जागृति का व्यक्तीकरण उन अनेकों ऐसे आन्दोलनों द्वारा हुआ जो थोड़े-थोड़े समय के अन्तर से उत्पन्न हुए। इन आन्दोलनों में से ब्रह्म समाज आन्दोलन अग्रगण्य था। नई उदार तथा विवेकपूर्ण भावना से ओत-प्रोत होन के कारण यह एक ऐसा "शक्ति का खमीर" सिद्ध हुआ जिसने अन्तोगत्वा देश के सम्पूर्ण सामाजिक तथा धार्मिक जीवन को परिवर्तित कर दिया और इस भाँति उसे प्रगतिशील पुनर्जीवन का मार्ग प्रशस्त किया। एच.सी.ई. जेकेरेयस के शब्दों में "राजा राममोहन राय और उनका ब्रह्म समाज उन सभी सुधार आन्दोलनों का-चाहे वे हिन्दू धर्म, समाज तथा राजनीति से सम्बन्धित रहे हों-प्रारंभिक बिन्दु है जिन्होंने भारत में गत दो सौ वर्षों में बहुत उथल-पुथल मचाई है और जिन्होंने हमारे वर्तमान काल में अभूतपूर्व पुनर्जागरण का मार्ग प्रशस्त किया है।"

इस अग्रगणय आन्दोलन को स्थापित करने का श्रेय राजा राममोहन को प्राप्त है। धार्मिक विषयों में तीव्र तथा अन्वेषणात्मक रुचि रखने के कारण, उन्होंने 1815 ई० में, एक "आत्मीय सभा" नाम मित्र समाज की स्थापना की जिसका उद्देश्य धार्मिक सत्यों की खोज के लिए विचार-विमर्श करना था। इसी के बाद से ब्रह्म समाज आन्दोलन की

उत्पत्ति हुई। 20 अगस्त 1828 को राजा राममोहन राय ने कलकत्ता के उत्तरी भाग में एक आस्तिकवादी प्रार्थना-सभा का प्रारंभ किया जो वास्तव में इस आन्दोलन का अधिक औपचारिक रूप था। बड़े उत्साह के साथ, उन्होंने इस नई योजना के लिए कार्य करना आरंभ किया और वर्ष के अन्दर ही इसके लिए नगर के मध्य भाग में एक प्रार्थनागृह बनाने के लिए पर्याप्त धन एकत्र कर लिया। कालान्तर में प्रार्थना गृह निर्मित हो गया, और 23 जनवरी, 1830 ई० को उसका औपचारिक रूप से "ब्रह्म समाज" के नाम से उद्‌घाटन हुआ। ब्रह्म समाज की प्रकृति प्रधानतः धर्मनिरपेक्ष थी। विशद के आधारभू सिद्धान्त ने इसका गहरा सम्बन्ध था जो इसके संस्थापक का प्रमुख आदर्श था। वस्तुतः इसके द्वारा राजा राममोहन राय के सार्वभौमिक प्रार्थना के भव्य आदर्श की पूर्ति हुई। यह एक प्रकार का सार्वभौमिक गिरजाघर था- एक ऐसा गिरजाघर नहीं जो स्थानीय या जातिवादी हो बल्कि इतना विस्तृत कि विश्व और मानव जाति, जिसमें धर्म और वर्ण के सभी भेदों का इति एक सर्वत्र व्याप्त बन्धुत्व में हो जाती हैं। "यह एक ईसामसीह या मुहम्मद का गिरजाघर नहीं है। यह न तो बंगाल का और न भारत का गिरजाघर है, यह विश्व का गिरजाघर है।"

ब्रह्म समाज क्या है ?

अंग्रेजी राज्य स्थापित हो जाने के बाद भी इस जाति-पाति का भेदभाव, अस्पृश्यता, सती-प्रथा, बाल-विवाह, विधवा विवाह पर प्रतिबन्ध आदि कुप्रथाओं का बोलबाला था। पाश्चात्य शिक्षा और आदर्शों से प्रभावित होकर कुछ भारतीय ने समाज सुधार आन्दोलन को चलाने के लिए निश्चित संस्थाओं को संगठित किया। ब्रह्म समाज इसी प्रकार की प्रथम संस्था थी। पहले, राजा राममोहन राय और बाद में महर्षि देवेन्द्रनाथ ठाकुर एवं श्री केशवचन्द्र सेन के संरक्षण में ब्रह्म समाज ने समाज सुधार के आन्दोलन को चलाया। यह समाज वेदों और उपनिषदों पर विश्वास करता था और उन्हीं के सिद्धान्तों का प्रचार किया करता था। ब्रह्मसमाज के समाज सुधारकों के छुआछूत, सती प्रथा, बहुपत्नी-विवाह, पर्दा प्रथा, बाल-विवाह आदि का विरोध किया। साथ ही विधवाओं के पुनर्विवाह व स्त्रियों की शिक्षा का समर्थन तथा उसका प्रचार भी किया। धार्मिक भेदभाव तथा अन्धविश्वासों को मिटाने क लिए संकीर्तन मण्डलियों की स्थापना की गई जो कि प्रभात फेरी गा-गाकर ईश्वर की प्रार्थना करते और ब्रह्म समाज के आदर्शों का प्रचार करते थे। इस समाज के प्रयत्नों के फलस्वरूप अन्तर्जातीय विवाहों को प्रोत्साहन मिला। साथ ही इसके नेताओं द्वारा प्रकाशित पुस्तकों तथा पत्रिकाओं की सहायता से जनता में जागृति लाना सरल हुआ।

सन् 1821 में राजा राममोहन राय की सहायता एवं प्रेरणा से "यूनिटेरियन कमेटी" की स्थापना हुई। आत्मीय सभा और कमेटी की सभाएँ 1823 तक ठीक उाक चलती रहीं लेकिन इसी अवधि में आकर राममोहन और उसके बेटे राधाप्रसार पारिवारिक मुकदमों में फँस गए। इस सभा और इस कमेटी के कार्य कलाप ढीले पड़ गए। पारिवारिक मुकदमों में फैस जाने के कारण कई वर्षों तक राम मोहन राय सार्वजनिक कार्यों से विरत रहे लेकिन 1826 में आस-पास जब उन्हें इन झंझटों से कुछ राहत मिली तब उन्होंने फिर से अपना प्रचार और लेखन कार्य आरंभ किया। अगले ही वर्ष उन्होंने "एक ट्रांसलेशन इनटू इंगिलश ऑफ ए संस्कृत ट्रेक्ट इनक्यूलेटिंग द डिवाइन वरशिप" नामक एक पुस्तिका प्रकाशित की। यह पुस्तिका गायत्री मंत्र और वेदों पर आधारित विवेचन था। इसी समय वे ऐडम साहब के साथ मिलकर उन्होंने बाइबिल के "सरमन आन द माउन्ट" का संस्कृत अनुवाद आरंभ किया था जो किन्हीं कारणों से पूरा न हो सका। 1827 के अन्तिम दिनों में उन्होंने एक और महत्त्वपूर्ण पुस्तिका प्रकाशित की।

राममोहन समझ गए थे कि राष्ट्र का अपनी-अपनी भाषा और धर्मग्रन्थों के माध्यम से साधना का अपना-अपना पथ निर्माण करना पड़ता है। हरेक राष्ट्र अपने इतिहास से सम्बद्ध है। एक दिन राममोहन अपने मित्रों के साथ यूनिटेरियन ऐसोसिएशन की प्रार्थना-सथा से लौट रहे थे। मार्ग में उनके सहयोगी ताराचंद चक्रवर्ती और चन्द्रशेखर देव ने सुझाया "दीवान जी, हम लोग विदेशियों के प्रार्थन भवन में क्यों जाते हैं? हम लोगों को अपने प्रार्थना भवन का निर्माण करना चाहिए। समयानुकूल होने के कारण यह बात राममोहन के मन में बैठ गयी।" यह प्रस्ताव वस्तुत: "ब्रह्म समाज" की स्थापना का मूल सूत्र था। राममोहन ने तुरन्त अपने निकट सहयोगियों-द्वारकानाथ ठाकुर, राय कालीनाथ मुंशी, प्रसन्न कुमार ठाकुर, मथुरानाथ मल्लिक आदि के साथ परामर्श किया। अपने ही घर पर एक सभा में इस विषय पर अन्तिम निर्णय लिया गया। कई प्रस्तावों पर विचार करने के बाद तय किया कि जोड़ा सॉको क्षेत्र के फिरंगी कमल बसु का मकान किराये पर लेकर प्रार्थना-भवन का शुभारंभ किया गया। तेरह वर्षों तक यह सभा उसी मकान में होती रही। सन् 1818 को उस सभा का नामकरण उसी मकान के "ब्रह्म सभा" के नाम से हुआ। और वहीं "ब्रह्म सभा" बाद में "ब्रह्म सभा" के नाम से प्रसिद्ध हुआ। सभा के सदस्यों के लिए एक छोटी सी पुस्तिका "ब्रह्मोपासना" प्रकाशित की गई। आरम्भिक प्रयासों से स्पष्ट है कि राममोहन का पूरा व्यक्तित्व धार्मिक भावना से अनुप्राणित रहा। इसी धार्मिक भावना के आवेश में उन्होंने अपने उद्देश्य की पूर्ति के

लिए जी-जान से कार्य किया। ''आत्मीय सभा'' से शुरू होकर ''ब्रह्म समाज'' तक सफर उसी धार्मिक भावना का विकसित रूप था। इस प्रकार नए धर्म विश्वास की नीवं पड़ी।

हिन्दुओं के इस प्रार्थना-भवन या संस्था की स्थापना के बारे में यह तथ्य भी महत्वपूर्ण है कि ऐडम साहब यूनिटेरियन संस्था को जिसमें भारतीय और अंग्रेज दोनों शामिल थे, सफलतापूर्वक चलाने में असमर्थ थे। हिन्दुओं को लग रहा था कि सारे कार्यक्रम और संस्कार ईसाई धर्म पर आधारित हैं और उनके अपने दैविक एकेश्वरवाद का सही प्रयोग या प्रचार नहीं हो रहा है। नतीता यह था कि उपस्थिति दिन पर दिन कम हाती जा रही थी। इस स्थिति से ऐडम साहब और राममोहन दोनों की चिन्तित थे। ऐडम साहब को लिखे एक पत्र में राममोहन ने जोब बोवरिंग साहब को लंदन में 1818 को लिखा था जिसका कुछ अंध प्रासंगिक है-

''पत्र समाप्त करने में पहले में बताना चाहता हूँ कि कलकत्ता के हिन्दू एकेश्वरावादियों को संगठित करने के उद्देश्य से एक संस्था की स्थापना करने की कोशिय कर रहा हूँ जो ब्रिटिश इण्डियन एसोसिएशन की ही पूरक संस्था होगी। हिन्दू जनता में एकेश्वरवाद का प्रचार, पुस्तक-पुस्तिकाओं का प्रकाशन और धार्मिक प्रचार ही संस्था का उद्देश्य होगा। ईसाई धर्म के विरुद्ध प्रतिकूल प्रभाव को रोकने के लिए आवश्यक है कि इस समय ईसाई धर्म को दूर ही रखा जाय।''

यद्यपि हिन्दू एकेश्वरवादियों की संस्था बनाने के पक्ष में ऐडम साहब नहीं थे फिर भी उन्होंने ईसाई धर्म की ओर पहला कदम समझकर एक अलग हिन्दू संस्था का अनुमोदन किया। यहाँ तक कि अपनी ''यूनिटेरियन कमेटी'' को नयी संस्था के लिए पाँच सौ रुपया अनुदान देने की सिफारिश की। कभी-कभी स्वयं इस संस्था की सभाओं में भी शामिल हुआ करते थे। इस प्रकार डेडम साहब द्वारा संस्थापित सारी संस्थाओं की स्थापना का वास्तविक श्रेय राममोहन को ही जाता है। अध्ययनों से यह प्रमाणित होता है कि ''आत्मीय सभा'' की स्थापना राममोहन ने ही 1815 में की थी और ऐडम साहब को भी एकेश्वरवादी बनाने का पूर्ण श्रेय राममोहन को ही जाता है।

इसी धारा की अन्तिम कड़ी ब्रह्म समाज की स्थापना, जिसका सम्पूर्ण श्रेय सर्वप्रथम राममोहन को और फिर उनके सहयोगियों को जाता है, जिनमें ऐडम साहब भी थे। उनके धार्मिक सुधारवाद का यह सफल प्रयास था। यह स्वाभाविक ही था कि ''ब्रह्म समाज'' की स्थापना के बाद ऐडम साहब और दूसरे यूरोपीय मिशनरी बन्धुओं का पूरी

तरह से मोह भंग हो गया-वस्तुत: उनकी सारी आशाओं पर पानी फिर गया। कमल वसु के किराये के मकान में 20 अगस्त सन् 1828 ई० को बड़े धूमधाम के साथ ''ब्रह्म सभा'' का उद्‌घाटन समारोह मनाया गया। जिस कोलेट के अनुसार आरंभ में इस संस्था का नामकरण ''ब्रह्म सभा'' हुआ था लेकिन बाद के शोधों के आधार पर प्रमाणित हो चुका है कि इस धर्मसभा का नामकरण ''ब्रह्म-समाज'' ही किया गया था। कई लोगों ने और तत्मालीन कई पत्र-पत्रिकाओं में इसका उल्लेख ''ब्रह्म सभा'' के नाम से अवश्य ही किया गया था। प्रमाण स्वरूप पहले दिन के प्रार्थना उपदेश की मुद्रित प्रति में ''ब्रह्म समाज'' स्पष्ट लिखा है। इसके अलावा ब्रह्म समाज हेतु क्रय की गई जमीन के विक्रय में भी ''ब्रह्म समाज'' ही लिखा है। इससे स्पष्ट हो जाता है कि इस संस्था का अधिकारिक नाम ''ब्रह्म समाज'' ही था, अर्थात् ब्रह्म-उपासकों का समाज।

''संख्या में कम होते हुए भी ब्रह्म समाज वाले सारे देश में फैले थे। पहली बार मध्यवर्गीय बुद्धिजीवी वर्ग के प्रतिनिधियों के द्वारा एक आधुनिक धार्मिक आन्दोलन चलाया गया था और सारे भारत में अपने अनुयायियों को एक सूत्र में बाँधने का प्रयत्न किया।''

ब्रह्म समाज 19वीं शताब्दी के सुधारों की पहली किश्त थी। जिसकी स्थापना 1828 में राजा राममोहन राय ने की थी और इसी कारण उन्हें ''भारतीय राष्ट्रीयता का पैगम्बर और आधुनिक भारत का पिता'' कहा जाता है। वे एक स्पष्टदर्शी धार्मिक नेता और अनुगामी राजनीतिक विचारक थे। रवीन्द्रनाथ ठाकुर ने उन्हें ''पूर्व को हीन माने बिना ही पश्चिम का संदेश स्वीकार करने के लिए अनुप्रेरित किया।'' राममोहनराय द्वारा स्थापित ब्रह्म समाज भारतीय संस्कृति के पवित्रीकरण की दिशा में पहला महान् पग था। इस समाज ने नस्ल, जाति और धर्म के भेदभावों से ऊपर उठते हुए एकेश्वरवाद पर बल दिया और उपासना के लिए किसी प्रतिमा, मूर्ति तथा कर्मकाण्ड को निषिद्ध ठहराया। इतिहासकार ताराचन्द्र के अनुसार राजा राममोहन राय का ''ब्रह्म मत केवल कुछ बौद्धिक लोगों को ही अपनी तरफ आकर्षित कर सका। उनका ईश्वरवाद, बुद्धिवाद तथा सामाजिक, आर्थिक और राजनीतिक मामलों में उदार रूख, विचार तथा कार्य में मध्ययुगीन या दकियानुसीपन का निराकरण और धर्मनिरपेक्षता ऐसी बातें थीं जिन्हें लोग आसानी से नहीं पचा सकते।''

सन् 1823 में राममोहन की मृत्यु के बाद लगभग एक दशक तक ब्रह्म समाज के प्रभाव में निष्क्रियता छाई रही। 1843 में कवीन्द्र रवीन्द्र के पिता देवेन्द्रनाथ ठाकुर ने

समाज के पुनर्गठन का भार अपने कंधों पर लिया और मृत्युपर्यन्त ब्रह्म समाज के सिद्धान्तों के प्रचार के लिए प्रयत्नशील रहे। उन्होंने तत्वबोधिनी सभा नाटक एक सभा दार्शनिक और धार्मिक वाद-विवादों के लिए स्थापित की। इसके अलावा उन्होंने ए.के. दत्त के संपादकत्व में ब्रह्म धर्म का प्रचार करने के लिए "तत्वबोधिनी पत्रिका" भी निकाली। उन्होंने सदस्यता और उपदेशकों की नियुक्ति के लिए नियम भी बनाए तथा ब्रह्म समाज की नियमावली बनाई, जिससे सदस्यों को एक ईश्वर की भक्ति और पूजा तथा ईश्वर को प्रिय लगने वाले कार्यों को करने की प्रतिज्ञा करनी पड़ती थी। उन्होंने पूजा-पाठ की विधि और भजनों की पुस्तिका तैयार की। इसके बाद हिन्दू धर्म पुस्तकों पर आधारित धर्म पुस्तिका तथा प्रार्थना पुस्तिका बनाई। इस प्रकार से समाज का नवीनीकरण हुआ और बहुत उन्नति की। इसके प्रचारकगण भारत के विभिन्न भागों में गए और उन्होंने पंजाब से लेकर पूर्व बंगाल तक ब्रह्म समाज की शाखाएँ स्थापित कीं।

देवेन्द्रनाथ ठाकुर एक दार्शनिक एवं रहस्यवादी व्यक्ति थे जिनका क्षेत्र चिन्तन था, न कि समाज सेवा। 1857 के स्वतंत्रता संग्राम के दिनों में वे शिमला की पहाड़ियों में ध्यान मग्न थे। तथापि जो कुछ उन्होंने ब्रह्म समाज के लिए किया, वह बहुमूल्य है। इस महान आध्यात्मिक मानवतावादी ने भारतवासियों को धर्म, आत्मसंयम, प्रेम, उदारता और न्याय का उपदेश दिया और यह विश्वास व्यक्त किया कि ईश्वर की आराधना उसको प्रसन्न करने वाले कार्यों तथा प्रेम के द्वारा ही की जा सकती है। ईश्वर धर्म को प्राप्त करने के अभिलाषी और इस दिशा में प्रयत्नशील व्यक्ति के समक्ष असीमित उत्तरदायित्वों का परित्याग करने की कोई आवश्यकता नहीं है। व्यक्ति संसार में रहकर और गृहस्थ जीवन व्यतीत करते हुए भी अपनी वासनाओं से मुक्त रह सकता है। देवेन्द्रनाथ ठाकुर ने संदेश दिया कि-"मनुष्य की आत्मा का जीवन, उसकी पवित्रता, उसका ज्ञान और उसका प्रेम सब कुछ परमात्मा का ही प्रतिबिम्ब है। अपने पड़ोसी से प्रेम करना परम कर्तव्य है, क्योंकि जब तुम्हारा पड़ोसी तुमसे प्रेम करता है तो तुम्हे आनन्द मिलता है। घृणा द्वारा दूसरों को कष्ट मत पहुँचाओं क्योंकि जब तुमसे कोई घृणा करता है तो तुम्हे कष्ट होता है। अतः दूसरों के साथ हर विषपय में अपने से तुलन करके ही आचरण करों, क्योंकि आनन्द और कष्ट जिस प्रकार तुम्हे प्रभावित करते हैं, वैसे ही वे दूसरों को भी प्रभावित करते हैं। इसी प्रकार के आचरण से मंगल की प्राप्ति की जा सकती है। जो ईश्वर की आराधना करता है, उससे प्रेम करता है, वह संत है।"

ब्रह्म समाज ने सामाजिक सुधारों परिवर्तन के क्षेत्र में महत्त्वपूर्ण भूमिका निभाई। इसने बाल विवाह का विरोध किया और विधवा विवाह का समर्थन। कन्या तथा वर विक्रय, कन्या वध, सती प्रथा आदि सामाजिक दोषों के विरुद्ध ब्रह्म समाज ने प्रबल

आन्दोलन खड़ा कर दिया। ब्रह्म समाज के नैतिक आन्दोलन के कारण ही 1829 में सती-प्रथा के विरूद्ध कानून पास हो गया। इस समाज ने हिन्दू जाति में छूआछूत तथा अस्पृश्यता को दूर करने का एक बड़ा प्रयत्न किया और समता के सिद्धान्त का प्रतिपादन करके लाखों लोगों को ईसाई धर्म अपनाने से रोका। जाति-पाँति को तोड़कर अन्तर्जातीय विवाह का समर्थन दिया था। ईश्वरचन्द्र विद्यासागर ने बंगाल के समाज के आधुनिकीकरण के समाज-सुधार के कुछ महत्त्वपूर्ण कार्य सुधार और विभिन्न सामाजिक बुराईयों पर हमला बोला। राजा राममोहन राय तथा कतिपय अन्य सहयोगियों के प्रयत्नों के कारण विधान सभा ने 1855 में एक अधिनियम पारित किया जिसके अन्तर्गत हिन्दू विधवाओं का विवाह कानूनी करार दिया गया। स्त्रियों की स्वतंत्रता के लिए उन्होंने विधवाओं का विवाह कानूनी करार दिया गया। स्त्रियों की स्वतंत्रता के लिए उन्होंने ड्रिंक वाटर वैधून के साथ मिलकर स्त्रियों के लिए वैधून कॉलेज तथा अन्य शिक्षणालयों की स्थापना की। ब्रह्म समाज ने हिन्दू जाति की विभिन्न सामाजिक बुराइयों पर कठोर प्रहार करते हुए उसमें नवचेतना का शंख फूंका।

ब्रह्म समाज ने मूर्तिपूजा, अनेकश्वरवाद एवं जातियों की कट्टरता के विरुद्ध आवाज उठाई। इनके प्रयासों से 1872 में इस "विशेष विवाह कानून" पास हुआ जिससे ब्राह्ममों के अन्तर्जातीय विवाह वैध हो गए। ब्रह्म समाज ने बुनियादी दृष्टिकोण अपनाया और मानव धर्म की दुहाई दी। ब्रह्म समाज ने हिन्दुओं में और समाज में इस विश्वास का प्रसार किया कि आत्मा एक है, इससे भारतीय धर्म तथा अन्य धर्मों में कोई भेद नहीं रहा। अपने उदार धार्मिक विश्वासों के तहत ही ब्रह्म समाज के भवन के "ट्रस्ट डीड" में राजा राममोहन राय ने यह विचार अंकित कराए कि-"सभी लोग बिना भेदभाव के शाश्वत सत्ता की उपासना के लिए इस समाज का उपयोग कर सकते हैं ....। इसमें किसी प्रकार की मूर्ति की स्थापना नहीं होगी और न ही पूजा होगी ..... न इसमें कोई बलिदान होगा .... न किसी के कर्म की निन्दा की जाएगी।"

राजा राममोहन राय ने हिन्दू कानून में सुधार हेतु आवाज उठाई। मुद्रणालयों पर जो प्रतिबंध था उसका विरोध किया और इसके लिए सुप्रीम कोर्ट तथा "किंग इन कौंसिल" को आवेदन पत्र भी भेजा। इस प्रकार उन्होंने विचार स्वातन्त्र्य का नारा बुलंन्द किया। उन्होंने भारतवासियों को शासन और सेना में सम्मिलित करने पर जोर दिया तथा न्यायालयों में फारसी की जगह अंग्रेजी के प्रतिपादन का पक्ष लिया। कलकत्ता का हिन्दू कॉलेज उन्हीं के सक्रिय सहयोग से 1819 में खुल सका। राजा राममोहन राय के द्वारा

चलाए गए विचार स्वातन्त्र्य के आन्दोलन के कारण ही 1835 में सर चार्ल्स मेटकॉफ ने समाचार पत्रों पर लगाया गया सारा प्रतिबंध हटा दिया। राममोहन राय कियानों के कट्टर समर्थक थे, इसलिए उन्होंने यह मांग की कि किसानों द्वारा दी जाने वाली मालगुजारी निश्चित कर दी जानी चाहिए।

राजा राममोहन राय एवं अन्य ब्रह्म समाजी नेताओं के नेतृत्व में ब्रह्म समाज ने भारतीयों में नई चेतना जागृत की और देश को राष्ट्रीयता क विकास पथ पर बढ़ाया। केशवचन्द्र सेन के नेतृत्व में ब्रह्म समाज ने वैयक्तिक स्वतंत्रता तथा सामाजिक समानता का नया मंत्र फूँका और इसका हमारी शिशु राष्ट्रीयता की भावना एवं तरुण बंबाल के नव राजनीतिक जीवन और आकांक्षाओं पर गहरा प्रभाव पड़ा। अपने गोरे राजनीतिक प्रभुओं की श्रेष्ठता स्वीकार करने की जगह, हमारे शिक्षित देशवासियों में एक नए आत्मविश्वास के चिह्न दृष्टिगोचर हुए। सुध्णार आन्दोलन के एक प्रमुख नेता राजनारायण बोस ने "राष्टीय भावना उन्नति समाज" की स्थापना की जिसका प्रधान उद्देश्य यह था कि युवकों का भारतीय व्यायाम के माध्यम से स्वास्थ्य सुधार किया जाय तथा प्राचीन विद्या का विकास हो। ब्रह्म समाज में चाहे संख्या की दृष्टि से कोई सराहनीय सफलता न मिल पाई हो तथापि समाज सुधार के आन्दोलनों पर उसका प्रभाव बहुत अधिक रहा तथा देश भक्ति की भावना को उत्पन्न करने में, राष्ट्रीयता का प्रसार करने में उसने प्रमुख भूमिका अदा की। यह वास्तव में दुर्भाग्य की बात थी कि कालान्तर में ब्रह्म समाज के नेताओं में मतभेद बढ़ जाने से इसके प्रभाव को गहरी ठेस पहुँची। नवीन संस्थाओं का जन्म हुआ जिन्होंने यद्यपि भारतीय राष्ट्रीय कांग्रेस को बड़े-बड़े नेता प्रदान किए, जो धीरे-धीरे केवल अंग्रेजी पढ़े-लिखे लोगों की गोष्ठियाँ बन कर रह गई, जिनके सदस्यों और जनता में कोई फर्क नहीं था।

पूर्व के अध्ययनों से पता चलता है कि कालान्तर में, ब्रह्म समाज आन्दोलन का स्वरूप, जो प्रारंभ में एक बिल्कुल आस्तिकवादी संगठन था, स्पष्ठतः सामाजिक हो गया। इसके संस्थापक नेता राजा राममोहन राय ने तीव्र आकांक्षा थी। उनका कथन था- "मनुष्य की सेवा ही ईश्वर की श्रेष्ठतम पूजा है।" अतः उनके बहुमुखी व्यक्तित्व के प्रभाव के कारण, यह आन्दोलन पुनर्निर्माण का उपकरण बन गया तथा इसके विभिन्न क्षेत्रों -कानून, विवाह, प्रथा, शिक्षा आदि गें सुभारने की ऐसी योजनाओं का अनुसरण किया जो आधुनिक उदारवादी विचारधारा पर आधारित थी।

शिक्षा के क्षेत्र में ब्रह्मसमाज का योगदान

भारत में प्रथम देशी आन्दोलन, जिसने देश की शिक्षा प्रणाली में रुचि दिखाई, वह ब्रह्म समाज ही था। इस आन्दोलन की उत्पत्ति के पूर्व, अंग्रेज शासक अपने अधीन भारत भूमि पर अनुसरण की जाने वाली शैक्षणिक नीति का निर्धारण स्वयं ही करते थे। शिक्षा के विषय पर कोई देशी विचार जिसे वे मान्य या अमान्य करते थे, स्पष्टत: अनुपस्थित था। अत: इस विषय पर भारतीय दृष्टिकोण का प्रथम अभिसूचक होने के नाते, ब्रह्म समाज आन्दोलन महत्त्वपूर्ण था। जिस समय ब्रह्म समाज ने अपना शैक्षणिक कार्य आरंभ किया, देश में शिक्षा की स्थिति अस्पष्ट तथा अव्यवस्थित थी। उस समय मनमाने ढंग से कार्य कर रही थीं। शिक्षा के क्षेत्र में एकरूपता, समन्वय और केन्द्रीय नियंत्रण नाममात्र को भी नहीं था। संपूर्ण पद्धति अ प्रवहन की स्थिति में थी और उसे निजी भारतीय प्रयास तथा मिशनरियों द्वारा अनेक उद्देश्यों एवं साधनों के अनुसार केवल आकस्मिक ध्यान प्राप्त होता था। ईस्ट इण्डिया कम्पनी के नीति में भी शिक्षा के क्षेत्र में कोई स्थाई या स्पष्ट रूप नहीं ग्रहण किया था। यद्यपि इसने कलकत्ता मदरसा और संस्कृत कॉलेज की स्थापना की थी किन्तु जहाँ तक देशवासियों की शिक्षा का प्रश्न का, इसने कोई उत्तरदायित्व लेने से विमुखता दिखाई थी। इस असन्तोषजनक स्थिति में केवल 1813 ई० का चार्टर एक्ट ही एक आशा का चिह्न था जिसने प्रथम बार कम्पनी को उसकी भूमिका पर हने वाले भारतरीयों की शिक्षा के लिए उत्तरदायी बनाया था, चाहे वह कितना ही अपर्याप्त रहा हो, इसके लिए उसने ''साहित्य को पुनर्जीवित करने तथा भारत के विद्वान निवासियों को प्रोत्साहित करने हेतु और भारत में अंग्रेजों की भूमि पर रहने वाले लोगो के मध्य विद्वानों को प्रस्ताविक करने तथा उनकी अभिवृद्धि के लिए प्रतिवर्ष एक लाख रुपये की राशि का प्रावधान रखा था। शिक्षा के क्षेत्र मे, यह एक्ट एक नवीन युग का प्रतीक था।''

हिन्दी की साहित्यिक पत्रकारिता का क्रांतिकारी स्वरूप

आज पत्रकारिता का स्वरूप मुख्य रूप से दो भागों में दिखाई देता है- प्रिंट मीडिया एवं इलेक्ट्रोनिक मीडिया। प्रिंट मीडिया का सरोकार सामान्य लोगों तक एवं सामान्यजन की पहुँच या सामर्थ्य प्रिंट मीडिया तक बन जाती है जबकि इलेक्ट्रॉनिक मीडिया आज भी पूंजीपतियों के अधिकार क्षेत्र में दिखाई देता है। वास्तव में इसकी एक लम्बी ऐतिहासिक पृष्ठभूमि है। विशेषत: प्रिंट मीडिया जो पत्रकारिता का पितामह है, का हजारों वर्षों का इतिहास है जो हमें प्रत्यक्ष या परोक्ष रूप में दिखाई देता है। मूल विषय पर विस्तृत रूप से

विचार करने से पूर्व पत्रकारिता की ऐतिहासिक पृष्ठभूमि एवं पत्र, पत्रकारिता व पत्रकार की प्रकृति एवं संरचना के मूल रूप को जानना प्रासंगिक प्रतीत होता है।

जैसा कि पूर्व में उल्लिखित किया जा चुका है पत्रकारिता अपने भ्रूण जन्म, शैशव, बालपन, युवा आदि का लम्बा सफर तय करने के पश्चात् आज के स्वरूप तक पहुँची है। प्राचीन पत्रकारिता के लिखित एवं मौखिक दो रूप दिखाई देते हैं। विशेषत: पाषाणकाल में शिलालेखों के माध्यम से सूचना प्रेषित की जाती थीं। ईसा की कई शताब्दियों पूर्व से लेकर मध्य युग तक लिखे गये अभिलेखों के इतिहास का अवलोकन करने से ज्ञात होता है कि भिन्न भिन्न देशकाल वातावरण में राजाओं एवं सामन्तों का मुख्य उद्देश्य अभिलेखों के माध्यम से अपनी दिग्विजयों, जीवनी की सामाजिक, धार्मिक एवं राजनीतिक घटनाओं को चिरस्थायी बनाना था।1 ईसा पूर्व 4000 की सुमेरी सभ्यता की चित्रलिपि एवं ईसा पूर्व 600-500 के युनानी अभिलेखों को इस श्रेणी में सम्मिलित किया जा सकता है।2 वास्तव में प्राचीन अभिलेखों की अति महत्त्वपूर्ण किंतु विस्तृत परम्परा दिखाई देती है। ईसा पूर्व 1400 का एक अभिलेख एशिया माइनर के बोगज कोई नामक स्थान पर मिलता है जिसमें भारतीय आर्यों की विभिन्न सूचनाएँ दी गई हैं एवं साथ ही इस अभिलेख में इन्द्र, वरुण, मित्र और नासत्य के अलावा ऋग्वैदिक अन्य देवताओं का भी उल्लेख उपलब्ध है।

इसी क्रम में अशोक सम्राट के शिलालेख सिंधु घाटी, कुषाणों, इण्डोग्रीक व अन्य राजाओं के अभिलेख, मौर्यकालीन अभिलेख तथा शृंगकालीन अभिलेख भी दिखाई देते हैं। बाद के क्रम में कदम्ब एवं गंगवंशीय अभिलेखों3 के अलावा अनेकों मुस्लिम बादशाहों द्वारा खुदवाये गये अभिलेख भी प्राप्त होते हैं।4

मौखिक सम्प्रेषण जनसूचना का सशक्त माध्यम प्रारम्भ से था और आज भी है। इस विद्या में देवर्षि नारद एवं घंटेवाले, डौंडीगर, डुगडुगी बजाने वाले दिखाई देते हैं। वहीं दृश्यमीडिया के पितामह संजय का नाम सर्वोपरी लिया जा सकता है जिसने महाभारत युद्ध का आंखों देखा विवरण धृतराष्ट्र को बताया।1 देवर्षि नारद निस्सन्देह एक मेधावी पत्रकार के रूप में जाने जा सकते हैं। विश्वकोश में नारद को पत्रकार रूप में मान्यता दी गई है। देवर्षि नारद इतने कुशाग्र व सफल पत्रकार कहे जा सकते हैं कि वे सुर असुर दोनों पक्षों में समान रूप से मान्य था और दोनों पक्ष उनका सम्मान करते थे। यही कारण था कि देवर्षि नारद जो भी सूचना दे देते दोनों पक्ष उसे सत्य और गम्भीरता पूर्वक लेते थे। कोई भी पक्ष उनके अपमान की बात सोच भी न सकता था।

निष्कर्षत: भारत में पत्रकारिता के आरम्भिक स्वरूप को हम पौराणिककाल में स्पष्ट रूप से देख सकते हैं। इस दृष्टि से महर्षि नारद को आदि पत्रकार माना जा सकता है जो एक बात को दूसरी जगह पहुँचाने की कला में माहिर थे।3

पौराणिक ग्रन्थों, शिलालेखों के माध्यम से ज्ञात होता है कि पत्रकार के अनेकों पर्यायवाची प्राप्त होते हैं जैसे कौटिल्य के चर, गूढ पुरुष और सभी5 सम्राट अशोक के प्रतिवेदक, महाभारत में उललेखित वातिक जो युद्धकाल में वृत निवेदन औरवृतप्रसारण का कार्य किया करते थे।6 यद्यपि कुछेक विद्वान इन पौराणिक पात्रों को पत्रकार एवं उनके कार्य को पत्रकारिता की श्रेणी में सम्मिलित नहीं करते लेकिन पत्रकारिता की फलक अत्यन्त विशाल होने के कारण ऐसे विद्वानों का असहमत होना न्यायोचित नहीं है। इसी क्रम में जब हम पश्चिम की ऐतिहासिक पत्रकारिता पर प्रकाश डालते हैं तो हमें सामान्यत: जॉन मिल्टर और होमर जैसे प्रसिद्ध रचनाकार दिखाई देते हैं। जो अपनी रचनाओ को नगाड़े आदि बजा बजाकर सार्वजनिक रूप से लोगों को एकत्र करके विभिन्न पत्रों के माध्यम से अपनी कृति के कथानक या विषय से अवगत करवाते थे। यह परम्परा हमें भारतीय राजाओं में भी दिखाई देती है जो अपनी राजाओं को प्रचारित प्रसारित करने के लिए ढ़ोल नगाड़ों एवं अन्य वाद्ययन्त्रों का सहारा लिया करते थे।

समाचार पत्र के सन्दर्भ में जब हम पत्रकारिता का विकास प्रक्रिया को देखते हैं तो हमें सूचना प्राप्त होती है कि ई. पूर्व 60 में रोमन साम्राज्य परिषद् का नेतृत्व जूलियट सीजर की प्रमुखता में आया। उसने हाथ से लिखा हुआ एकटा डाटाना एक दैनिक बुलेटिन प्रारम्भ करवाया जिसमें सामान्यत: सरकारी घोषणाएँ प्रकाशित की जाती थीं।6 इसी भाँति ई. पूर्व पाँचवी शताब्दी में रोम साम्राज्य में संवाद लेखकों के विषय में भी उललेख प्राप्त होता है जो समाचारों, घटनाओं को अपने हाथ से लिखकर एक स्थान से दूसरे स्थान तक पहुँचाया करते थे। 60 ई. पूर्व जूलियस सीजर ने तो एकटा डायना नामक दैनिक बुलेटिन का शुभारम्भ ही कर दिया था।7

यदि हम भारत के मुगल शासन पर दृष्टिपात करते हैं तो हमें इस अवधि में भी पत्रकारिता संबंधी अनेकों महत्त्वपूर्ण सामग्री प्राप्त होती है। मुगल शासकों ने अपने यहाँ वाक्यानवीशों को विधिवत नियुक्त कर रखा था जो घटित घटनाओं एवं अन्य महत्त्वपूर्ण सूचनाओं को समाचार पुस्तिका में अंकित करके विभिन्न शासकीय स्थानों पर उपलब्ध करवाते थे। इन वाक्यानवीशों के विषय में विस्तृत जानकारी प्रसिद्ध यात्री बर्नियर ने अपनी पुस्तक ट्रेवल इन द मुगल एम्पायर में दी है। इसके अतिरिक्त मुगलकाल में अनेकों दैनिक

बुलेटिन भी निकला करते थे। इसकी प्रामाणिक सूचना हमें नीकोला मैनुक्की जो एक इतालवी नागरिक यात्री था, की संस्मरणात्मक पुस्तक से प्राप्त होती है।1 मुगलों की अंतिम डायरी उर्दू अखबार के रूप में बादशाह बहादुरशाह जफर द्वारा सिराजइल अखबार निकाले जाने की सूचना भी प्राप्त होती है। जहाँ तक विदेशों की बात है तो सन् 1561 में ब्रिटेन में न्यूज आउट ऑफ केन्ट नामक एक पृष्ठीय अखबार का प्रकाशन मुद्रण मशीन द्वारा प्रारम्भ हुआ। इसके पश्चात् सन् 1575 में न्यूज न्यूज, सन् 1609 में अविशरिलेशन ओडेटे जी टूंग नामक समाचार पत्र जर्मनी के आसबर्ग नगर से प्रकाशित हुए। सन् 1620 में विश्व का नियमित समाचार पत्र माने जाने वाला पत्र एडस्टर्डम नामक स्थान से विकली न्यूज नाम से प्रकाशित होने लगा। इसके पश्चात सन् 1621-22 में अनेकों समाचार पत्रों का विभिन्न स्थानों से मुद्रण एवं प्रकाशन होने लगा। लेकिन पुरातत्व की खोज की ओर लोटें तो पुरातत्व मुद्रण को ईसा की दूसरी सदी से आरम्भ हुआ बताती हैं। चीन में 175 ई. में ठप्पे द्वारा ग्रंथ का मुद्रण किया गया। 922 ई. में एक लाख तीस हजार पृष्ठों का त्रिपिटक ग्रंथ छपा। वर्तमान मुद्रण प्रणाली का इतिहास 500 वर्षों से अधिक पुराना नहीं है। धातु के टाइप सर्वप्रथम 1450 ई. मैं जर्मनी में बने रोम के एक्टा डायर्ना तथा चीन के पीकिंग गजट से पत्रकारिता का आरम्भ माना जाता है। आजकल के अखबारों का आरम्भिक रूप नीदरलैण्ड के न्यूजाइटंग 1526 ई. में मिलता है। जर्मनी से 1615 ई. में फैंकफूर्ट जर्नल, फ्रांस से 1631 ई. में गजट द फ्रांस, बेल्जियम से 1666 ई. में 6 गजट वैनगर, इग्लैंड से 1667 ई. में लंदन गजट तथा संयुक्त राष्ट्र अमेरिका से 1690 ई. में पब्लिक अमरेजेस का प्रकाशन हुआ। 11 मार्च 1702 ई. में डेली कोंट दैनिक निकला।2

यदि हम भारत में प्रेस के प्रयोग का इतिहास खोजते हैं तो सन् 1556 में गोवा में पुर्तगालियों द्वारा प्रेस का प्रयोग किया जाने लगा था। सन् 1762 में श्री बोल्टस ने एक सार्वजनिक नोटिस मुद्रित एवं प्रकाशितकर कलकत्ता के कौंसिल हाल एवं अन्य महत्त्वपूर्ण स्थानों पर चिपकाकर क्रांतिकारी कार्य कर दिया। यद्यपि बाद में 18 अप्रैल 1767 को श्री बोल्टस को तत्कालीन अंग्रेजी सरकार ने सरकार विरोधी कार्यो में लिप्त बताकर भारत से निष्काषित कर दिया। किंतु भारत में पत्रकारिता का विकास तीव्र गति से होने लगा और जेम्स ने कलकत्ता जनरल एडवरटाइजर या बंगाल गजट नामक एक साप्ताहिक पत्र का प्रकाशन किया। इसके बाद सन् 1818 में ईसाई मिसनरियों ने ईसाई धर्म के प्रचार प्रसार हेतु दिग्दर्शन एवं समाचार दर्पण नामक मासिक पत्र का प्रकाशन किया।

भारत में अंग्रेजी सत्ता के साथ ही ईसाई धर्म का प्रचार प्रसार बढने लगा अतः ऐसे

में राजा राममोहन राय ने ब्राह्मैनिकल मैगजीन नामक पत्र का प्रकाशन किया जो ईसाई धर्म के प्रभाव को कम करने एवं भारतीय मूल्यों के प्रचार प्रसार करने के उद्देश्य से निकाला गया था।

संक्षेप में, इस प्रकार पत्रकारिता का उद्भव विश्व स्तर पर एवं भारत में प्रारम्भ हुआ।

आज पत्रकारिता अपने चर्मोत्कर्ष पर पहुँच चुकी है। ऐसे में पत्र, पत्रकार, पत्रकारिता को समाचार पत्र एवं समाचार माध्यमों के परिप्रेक्ष्य में समझना अनिवार्य व प्रासंगिक प्रतीत होता है। अतः मूल विषय के विवेचन से पूर्व संक्षेप में इन समस्त बिन्दुओं पर विचार किया जाना अपेक्षित है।

पत्र :- आज यह शब्द दो रूपों में व्यवहृत है। निजी सन्दर्भ में इसका अर्थ चिट्ठी से लगाया जाता है तो सार्वजनिक या पत्रकारिता के सन्दर्भ में इसका व्यापक अर्थ है जो मानव न उससे संबंधित समस्त पहलुओं की सूचना आदि को जन जन तक पहुँचाने का काम करता है। पत्र का राष्ट्रीय और अन्तरराष्ट्रीय स्तर पर इतना महत्त्व है कि उसे शब्दों द्वारा व्याख्यायित किया जाना संभव नहीं है। अकबर इलाहाबादी ने इस विषय में कहा

खींचो न कमान न तलवार निकालो

जब तोप मुकाबिल हो तो अखबार निकालो।

ऐसे ही महत्त्वपूर्ण विचार नेपोलियन बोनापार्ट ने भी व्यक्त किये हैं-

चार विरोधी पत्र हजार संगीनों से अधिक खतरनाक होते हैं।

निस्सन्देह आज प्रिंट मीडिया और इलेक्ट्रोनिक मीडिया से चपडासी से राष्ट्रपति तक, पुलिस से डॉन तक, सब भयाक्रान्त हैं। स्थिति तो यह है कि जो यह दावा करते हैं कि हमें किसी का खौफ नहीं हैं वास्तव में वे इन दोनों मीडिया के समक्ष निस्सहाय महसूस करते हैं।

पत्रकार - समाचारों के संग्रहण से लेकर उनके व्यवस्थित रूप से प्रकाशन तक की प्रक्रिया में संलग्न कुछ ऐसे विशिष्ट व पत्रकारिता से भिन्न व्यक्ति पत्रकार कहलाते हैं जो संवाददाता से सम्पादक तक की श्रेणी में विभक्त हैं। पत्रकार एक बद्धिजीवी प्राणि है जो विभिन्न सामाजिक विषयों का विशेषज्ञ भी होता है अथवा सामान्य रूप से समाचार एकत्र करके ऐसे अधिकारिक पत्रकार के पास समाचार प्रेषित करता है। यह अत्यन्त दायित्वपूर्ण कार्य है।

पत्रकारिता - निस्सन्देह पत्रकारिता एक पुण्य का काम है जिसमें समर्पण भाव के साथ संवेदनशीलता व दूरदर्शिता का समावेश होना अनिवार्य घटक माना गया है। पत्रकार

मानव, प्रकृति, ईश्वर एवं मानवजनित समस्त विषयों की पल प्रतिपल की जानकारी को आम लोगों तक पहुँचाने का काम करता है। यही कर्म पत्रकारिता की संज्ञा से संज्ञित होता है। आज पत्रकारिता अपने स्वतन्त्र विभागों में कार्य करने लगी है, जैसे आर्थिक पत्रकारिता, खेल पत्रकारिता, कृषि पत्रकारिता, विधि पत्रकारिता, फिल्म पत्रकारिता, शैक्षिक पत्रकारिता, मौसम पत्रकारिता, विज्ञान पत्रकारिता साहित्यिक पत्रकारिता, कैरियर पत्रकारिता, खोजी पत्रकारिता, पीत पत्रकारिता आदि।

निष्कर्षतः पत्रकारिता समाचार पत्र-पत्रिकाऐं, टेलीविजन, रेडियो, विज्ञापन एवं फिल्म आदि के माध्यम से की जाती है।

साहित्य और पत्रकारिता- इन दोनों का अन्तः सम्बन्ध अक्षुण्य है। वास्तव में साहित्य और पत्रकारिता एक दूसरे के पूरक हैं। पत्रकारिता यदि साहित्य की निर्माण भूमि है तो साहित्य भी पत्रकारिता का अलंकार है।1

स्वतन्त्रता प्राप्ति हेतु जहाँ एक ओर अंग्रेजों से गोली और बन्दूक की भाषा में स्वतन्त्रता सेनानी वीर सिपाही बातें कर रहे थे वहीं तत्कालीन बुद्धिजीवी समाज ने कलम और शब्दों के माध्यम से अपनी जंग का उद्घोष कर दिया था किंतु साहित्यकार कहलाने वाला ये समाज दोहरी भूमिका का निर्वाह कर रहा था। एक तरफ तो अंग्रेजी सत्ता की बखिया उधेड रहा था तो दूसरी तरफ मासूम और अशिक्षित भारतीयों को जागृत करने, रूढियो, कुरीतियों को ध्वस्त करके संवेदनशील होने का आह्वान भी कर रहा था।

यों तो 20 जनवरी सन् 1780 को बंगाल गजट नामक साप्ताहिक पत्र प्रकाशित होने लगा जिसमें यद्यपि कुल चार ही पृष्ठ थे लेकिन यह पूर्ण निर्भयता से तत्कालीन अंग्रेजी भ्रष्ट सरकार के कारनामों को उजागर करने लगा था। इसे प्रकाशिता करने वाले जैमस आस्ट हिक्की थे, जो विदेशी होने के उपरान्त भी भारत की मिट्टी से प्यार और भारतीयों से स्नेह करते थे।

बंगाल, मद्रास, गुजरात, महाराष्ट्र एवं राजस्थान से विभिन्न पत्र पत्रिकाओं का प्रकाशन होने लगा लेकिन साहित्यिक पत्रकारिता के जनक मुख्य रूप से भारतेन्दु हरिश्चन्द्र को ही माना जाता है। सामान्यतः भारतेन्दुयुगीन, द्विवेदी युगीन, छायावाद युगीन एवं छायावादोत्तर युगीन कालों में साहित्यिक पत्रकारिता को विवेचित किया गया है। हिन्दी पत्रकारिता में भारतेन्दु युग को दूसरे दौर के रूप में देखा जाता है।

बाबू भारतेन्दु हरिश्चन्द्र देश की दुर्दशा को देखकर व्यथित हो उठे-

"अब जहँ देखहु तहँ दुखहि दुख दिखाई

हा हा! भारत दुर्दशा न देखी जाई।"

भारतेन्दुजी ने पत्रकारिता के माध्यम से स्वदेशी आंदोलन एवं भारत की स्वतन्त्रता का सूत्रपात किया। अंग्रेजी सरकार की भाषा, कार्यशैली एवं नीतियों का घोर विरोध किया। 15 अगस्त सन् 1867 को काशी से 'कवि वचन सुधा' मासिक के प्रकाशन के साथ ही नये साहित्यिक क्रांतिकारी युग का प्रारम्भ हो गया। यह पत्र मासिक था लेकिन शीघ्र ही पाक्षिक बन गया। गद्य एवं पद्य में प्रकाशित होने वाला यह पत्र सन् 1875 में साप्ताहिक हो गया। पत्र का मासिक से साप्ताहिक होना हरिश्चन्द्र की अंग्रेजी के प्रति छटपटाहट और आक्रोश को व्यक्त करता है। पत्र ने जन जागरण की विशिष्ट भूमिका अदा की। सरकार ने इस पत्र को सरकार विरोधी घोषित करते हुए सन् 1885 में बन्द कर दिया। इस 22 पृष्ठीय पत्र की 250 प्रतियाँ मुद्रित होती थीं।1 भारतेन्दु हरिश्चन्द्र ने हरिश्चन्द्र मैग्जीन का संपादन प्रकाशन किया जो बाद में हरिश्चन्द्र चन्द्रिका के नाम से प्रकाशित होने लगा। इसके अतिरिक्त बालबोधिनी नामक पत्रिका का भी संपादन एवं प्रकाशन किया।2

भारतेन्दु हरिश्चन्द्र की एक विशिष्ट मित्रमंडली थी जिसमें लेखक, कवि एवं पत्रकारों का जमावड़ा था। बालकृष्ण भट्ट, प्रतापनारायण मिश्र, अम्बिका दत्त व्यास, प्रेमघन, राधाचरण गोस्वामी आदि। वैसे हरिश्चन्द्र ने लगभग दो दर्जन से भी अधिक पत्र पत्रिकाओं के सम्पादन एवं प्रकाशन में अपना सहयोग दिया था।3

राष्ट्रीय आन्दोलन को त्वरित गति प्रदान करने में बालकृष्ण भट्ट की पत्रिका हिन्दीप्रदीप ने महत्त्वपूर्ण योगदान दिया। यह पत्रिका सन् 1878 में प्रयाग इलाहाबाद से प्रकाशित होने लगी थी।

राष्ट्रीय चेतना एवं राजनीति से सम्बद्ध होने के कारण यह पत्रिका अंग्रेजी सरकार की कोपभाजक बन गई और सन् 1910 में इस पत्रिका में पण्डित माधव शुक्ल की कविता जरा सोचो तो यारो यह बम क्या है? प्रकाशित हुई। इस कविता का प्रकाशन ही इस पत्रिका के अवसान का मुख्य कारण बना।

वास्तव में यह पत्रिका क्रांति और साहित्य का सेतु थी। इस पत्रिका ने अंग्रेजी सरकार की प्रेस नीति, भाषा एवं अन्य शासन व्यवस्थाओं पर बेधड़क प्रहार किये वहीं हिन्दी साहित्य के उन्नयन में अपना सहयोग देते हुए साहित्यिक आलोचनाओं को प्रकाशित करके नवीन दिशा बोध दिया।

हिन्दी प्रदीप ही एक ऐसा पत्र था जो अपेक्षाकृत गंभीर आलोचनाएँ प्रकाशित करता था।1

सन् 1880 में कलकत्ता से उचित वक्ता नामक पत्र निकला जिसके सम्पादक पं. दुर्गाप्रसाद मिश्र थे। इस पत्र का आदर्श वाक्य था हित मनोहारी च दुर्लभ: वच:। इस पत्र का मुख्य कार्य था अंग्रेजों एवं राजे रजवाड़ों के मध्य उत्पन्न हुए विवाद पर बेबाक टिप्पणी करना। व्यंग्यात्मक लेखों द्वारा पत्र ने एक अभियान चला रखा था। इस पत्र में तत्कालीन प्रसिद्ध रचनाकारों की विविध रचनाओं का प्रकाशन होता था। कलकत्ता से एक अति महत्त्वपूर्ण पत्र भारत मित्र 17 मई सन् 1878 को प्रकाशित हुआ जो बाद में दैनिक पत्र बन गया इस पत्र ने स्वतन्त्रता आन्दोलन में राष्ट्र की खूब सेवा की थी। पत्र के सम्पादक बालमुकुन्द गुप्त थे जिन्होंने बड़ी विद्वता से शिव शम्भु के चिट्ठे शीर्षक से टिप्पणियां लिखकर लार्ड कर्जन के अत्याचारों का विरोध किया एवं जन जन तक अंग्रेजी प्रशासन व अंग्रेजी अधिकारियो के कारनामों को पहुँचाया। लगभग पचास वर्ष तक प्रकाशित होने वाले इस पत्र ने जनजागृति उत्पन्न करने में पूर्ण सहयोग दिया। जुलाई सन् 1881 में मिर्जापुर से आनन्द कादम्बिनी नामक पत्रिका का प्रकाशन प्रारम्भ हुआ। श्री बदरीनारायण चौधरी प्रेमघन इसके सम्पादक थे। पत्रिका में 44 पृष्ठ हुआ करते थे तथा यह पत्रिका साहित्यिक कलेवर के अलावा राष्ट्रीय समस्याओं के कारण एवं निवारण पर बड़े स्पष्ट रूप में विचार करती थी। इसमें प्रकाशित होने वाली सामग्री स्तरीय और राष्ट्रीय भावना से परिपूर्ण हुआ करती थी। पुस्तक समीक्षा का स्तम्भ सर्वप्रथम इसी पत्रिका ने प्रारम्भ किया था। श्री बदरीनारायण चौधरी प्रेमघन के सम्पादन में ही मिर्जापुर से सन् 1893 में एक विशिष्ट साहित्यक पत्रिका नागरी नीरद का साप्ताहिक प्रकाशन प्रारम्भ हुआ। इस पत्रिका ने भी राष्ट्रीय चेतना जोगरण में अपना महत्त्वपूर्ण योगदान दिया है।

15 मार्च सन् 1883 में प्रतापनारायण मिश्र ने कानपुर से राष्ट्रीय पत्रों की परम्पराओं को जन्म देते हुए ब्राह्मण नामक पत्र का प्रकाशन प्रारम्भ किया।

इसी भाँति हिन्दी साहित्य के मूर्धन्य साहित्यकार बाबू देवकी नन्दन खत्री एवं जगन्नाथदास रत्नाकर ने मिलकर सन् 1894 में साहित्य सुधानिधि नामक पत्र का प्रकाशन किया। सन् 1895 में अपने समय की तेजस्वी और धारधार पत्रिका नागरी प्रचारिणी पत्रिका का प्रकाशन होने लगा। यद्यपि यह साहित्यिक पत्रिका थी लेकिन इसमें प्रकाशित होने वाली सामग्री ने भारतीयों को जागृत करने का विशेष सहयोग दिया है। पत्रिका काफी परिवर्तनों के दौर से गुजरी लेकिन प्रकाशित होती रही। पत्रिका के सम्पादक मंडल में

श्याम सुन्दरदास, राधाकृष्णदास, कालीदास,रामचन्द्र शुक्ल, रामचन्द्र वर्मा, पं. गौरीशंकर औझा, चन्द्रधर शर्मा गुलेरी, मुंशीदेवी प्रसाद आदि विद्वान सम्मिलित थे।

सन् 1903 में पं. महावीर प्रसाद द्विवेदी सरस्वती पत्रिका के सम्पादक बने और इस पत्रिका के प्रकाशन में अपना विशिष्ट सहयोग प्रदान किया। द्विवेदी युग नाम से प्रसिद्ध इस कालखण्ड में हिन्दी भाषा अपने नवीन व परिष्कृत रूप में आई। वहीं इस पत्रिका ने लोगों में बौद्धिक स्तर पर एक उद्वेलन उत्पन्न किया। अनेकों नये कवी, लेखक व पत्रकार इस पत्रिका से जुड़े और उन्होंने ज्वलन्त विषयों पर अपनी विविध नवीन रचनाओं का सृजन कर समाज को जागृत करने का प्रयास किया। इस पत्रिका से जुड़ने वाले रचनाकारों में मैथिलीशरण गुप्त, गया प्रसाद शुक्ल स्नेही, लोचन प्रसाद पाण्डेय, गोपालशरण सिंह आदि प्रमुख थे।

द्विवेदी जी की एक विशेषता यह थी कि वे रचनाकारों को नवीन विषय देकर उन पर लिखने का आग्रह करते तथा तत्पश्चात् भाषा एवं अन्य त्रुटियों का शोधन कर रचना को पत्रिका में प्रकाशित करते। द्विवेदी जी का साहित्यिक अनुशासन इतना सख्त था कि बड़े बड़े रचनाकार भी थर्राते थे।1 सरस्वती पत्रिका ने साहित्यिक पत्रकारिता के क्षेत्र में युगान्तकारी परिवर्तन किया। कालान्तर में श्री महावीर प्रसाद द्विवेदी ने इस पत्रिका का सम्पादन भार ग्रहण करके नये युग की साहित्यिक, राजनैतिक और सामाजिक चेतना को रेखांकित किया। अनेक नये स्तम्भों का प्रारम्भ करके द्विवेदी जी ने इस पत्रिका के कलेवर में व्यापक जन समूह की भावनाओं को प्रतिबिम्बित किया।2

इसी कालखण्ड की एक और विप्लवकारी साहित्यिक पत्रिका का प्रकाशन जयपुर से सन् 1900 में हुआ। समालोचना नामक इस पत्रिका के वास्तविक सम्पादक पं. चन्द्रधर शर्मा गुलेरी थे। यह पत्रिका सरस्वती पत्रिका की भाँति बहुत लोकप्रिय हुई। इस पत्रिका में तत्कालीन श्रेष्ठ रचनाकार पं. रामचन्द्र शुक्ल, मिश्रबंधु, पं. बालकृष्ण भट्ट, अयोध्याप्रसाद खत्री, डॉ. श्यामसुन्दर दास एवं पं. गौरीशंकर हीरा शंकर औझा आदि की रचनाएँ प्रकाशित होती थीं जिन्होंने तत्कालीन भारतीय समाज को एक नवीन दिशा बोध करवाया।

प्रसिद्ध कवि व लेखक जयशंकर प्रसाद के भांजे अम्बिका प्रसाद गुप्त ने सन् 1909 में इन्दू नामक साहित्यिक पत्रिका का प्रकाशन एवं सम्पादन किया। एक और विशिष्ट साहित्यिक पत्रिका मर्यादा का प्रकाशन सन् 1910 में प्रयाग से हुआ। इसके प्रथम सम्पादक कृष्णकान्त मालवीय थे। इसके पश्चात् इसके सम्पादकों में ज्ञानमंडल काशी, श्री शिवप्रसाद गुप्त, सम्पूर्णानन्द एवं मुंशी प्रेमचन्द जैसे महान् रचनाकारों का नाम सम्मिलित

है। इसके प्रवासी विशेषांक के रूप में प्रकाशित हुए अन्तिम अंक के सम्पादक श्री बनारसीदास चतुर्वेदी थे।1 साहित्य के अलावा इस पत्रिका ने जन जन को विविध सामाजिक एवं मानवीय विषयों से अवगत करवाने का सफल उद्योग किया था। विशेषतः तत्कालीन राजनीतिक संबंधी विषयों का प्रकाशन पत्रिका में अपने नाम के अनुरूप पूरी निष्ठा से हुआ करता था।2

पण्डित माखनलाल चतुर्वेदी, गणेशशंकर विद्यार्थी एवं श्री बालकृष्ण शर्मा नवीन जैसे सम्पादकों के दिशा निर्देश में खण्डवा से सन् 1913 में एक मासिक पत्रिका प्रभा का प्रकाशन प्रारम्भ हुआ। सन् 1917 के पश्चात यह पत्रिका विशुद्ध रूप से राजनीतिक पत्रिका बन गई।3 सन् 1907 में कलकत्ता से श्री अम्बिका प्रसाद वाजपेयी ने नृसिंह साप्ताहिक का प्रकाशन किया वहीं इसी वर्ष श्री शांति नारायण भटनागर के सम्पादन में इलाहाबाद में स्वराज्य साप्ताहिक पत्र का प्रकाशन भी प्रारम्भ हुआ। यह बड़ा ही क्रांतिकारी पत्र था जिसके सम्पादकों में नन्दगोपाल चौपड़ा, मुंशीराम सेवक, रामहरि, शामदास वर्मा, लद्धाराम कपूर एवं रामदास मोतीलाल वर्मा आदि थे। राष्ट्रीय विचारधारा के कारण इस पत्र को अंग्रेजी सरकार ने सन् 1909 में बंद कर दिया। इसी भाँति स्वाधीनता आन्दोलन के प्रमुख पत्र के रूप में पंडित सुन्दर लाल ने कर्मयोगी पत्र निकाला जिसे सन् 1910 में ही बंद कर दिया गया।

सन् 1913 से सन् 1930 तक का समय हिन्दी पत्रकारिता में अपना विशिष्ट स्थान मात्र पताप पत्र के कारण रखता है। इस पत्र को कानपुर से श्री गणेशशंकर विद्यार्थी ने निकाला जिसके आधार स्तम्भ थे- माखनलाल चतुर्वेदी, बालकृष्ण शर्मा नवीन, पं. दशरथ प्रसाद द्विवेदी कृष्णदत्त पालीवाल। इस पत्र में तत्कालीन रचनाकारों की रचनाएं प्रकाशित हुआ करती थीं साथ ही भगतसिंह जैसे क्रांतिकारी भी छद्मनाम से इसमें लिखा करते थे।

पांडेय बेचन शर्मा उग्र के सम्पादन में सन् 1919 में एक और महत्त्वपूर्ण क्रांतिकारी साहित्यिक पत्र निकाला स्वदेश। विशेषतः उत्तर प्रदेश के ग्रामीण एवं अन्य अंचलों में स्वाधीनता की लहर को फैलाने का कार्य इस पत्र ने किया। सन् 1924 में इस पत्र में एक कविता छपी जिसके कारण पांडेय बेचन शर्मा उग्र को अंग्रेजी सरकार ने नौ माह का कारावास दिया।

सन् 1913 में अति विशिष्ट साहित्यिक पत्रिका हिन्दी साहित्य सम्मेलन का प्रकाशन त्रैमासिक रूप में हुआ। इसके सम्पादक डॉ. धीरेन्द्र वर्मा थे। बाद में यह पत्रिका मासिक हो गई। इस पत्रिका ने मुख्य रूप से हिन्दी भाषा के प्रचार प्रसार के साथ लोगों को अपने

लेखों, कविता कहानियों एवं टिप्पणियों के माध्यम से जागरूक करने का कार्य किया। इसके सम्पादकों में वियोगी हरि, भगवती प्रसाद दीक्षित, इलाचन्द्र जोशी, भगवतीचरण वर्मा, रामकुमार वर्मा, माता प्रसाद गुप्त, रामचन्द्र टंडन, गिरिजाकुमार घोष, गुरु प्रसाद, उदयनारायण तिवारी, हरिप्रसाद द्विवेदी, रामप्रताप त्रिपाठी, ज्योतिप्रसाद मिश्र, दयाशंकर दुबे आदि दिग्गज साहित्यकार थे।

निष्कर्षतः कहा जा सकता है कि द्विवेदी युग को साहित्यिक पत्रकारिता ने अपनी दोहरी भूमिका का निवर्हन करते हुए सच्चे भारतीय के कर्त्तव्यों को पूर्ण किया है।

सन् 1920 में श्री रूपनारायण पाण्डेय एवं दुलारे लाल भार्गव के सम्पादन में लखनऊ से माधुरी नामक साहित्यिक पत्रिका का प्रकाशन हुआ। आगे चलकर इसके सम्पादन का भार मुंशी प्रेमचन्द, जगन्नाथ दास रत्नाकर, ब्रजरत्नदास, कृष्ण बिहारी मिश्र, शिवपूजन सहाय एवं सूर्यकांत त्रिपाठी निराला जैसे साहित्यकारों ने वहन किया।

मुशी प्रेचन्द ने सन् 1939 में हंस पत्र का प्रकाशन बनारस से प्रारम्भ किया। शीघ्र ही यह पत्र कथा साहित्य का प्रतिनिधि पत्र बन गया और अपनी रचनाओं के माध्यम से इसने समाज में एक विशेष जागरण का सूत्रपात किया। इसी भाँति हिन्दी साहित्य के अन्य सशक्त हस्ताक्षर सूर्यकांत त्रिपाठी निराला ने सन् 1922 में लखनऊ से समन्वय नामक पत्र का सम्पादन किया। इसने तत्कालीन राष्ट्रीय आन्दोलन के समर्थन अंग्रेजी के स्थान पर भारतीय भाषाओं की प्रतिष्ठा तथा हिन्दी साहित्य की चतुर्दिक उन्नति में महत्तवपूर्ण कार्य किया।[1] मुंशी प्रेमचन्द एवं शिवपूजन सहाय जैसे साहित्यकारों ने काशी से सन् 1932 में प्रकाशित होने वाले जागरण नामक का सम्पादन भी किया था। इस पत्र में पंत, निराला एवं जयशंकर प्रसाद जैसे रचनाकारों की रचनाएँ प्रकाशित हुआ करती थीं। बाद में मुंशी प्रेमचन्द ने इसे अपने अधिकार में ले लिया और यह राजनीतिक साप्ताहिक रूप में प्रकाशित होने लगा।

इसी काल की मुख्य पत्र पत्रिकाओं में, सन् 1936 में प्रकाशित हुई रूपाय पत्रिका जिसके सम्पादक सुमित्रानन्दन पंत एवं शांति निकेतन से प्रकाशित होने वाली पत्रिका विश्व भारती जिसके सम्पादक पं. हजारी प्रसाद द्विवेदी थे, प्रमुख हैं। सन् 1936 में ही बिहार हिन्दी साहित्य सम्मेलन पटना से त्रैमासिक साहित्य पत्र का प्रकाशन एक महत्त्वपूर्ण घटना है।

श्री बनारसीदास चतुर्वेदी के सम्पादकत्व में सन् 1928 में कलकत्ता से विशाल भारत नामक पत्र का प्रकाशन हुआ जिसका आगे चलकर सम्पादन सच्चिदानंद हीरानंद वात्स्यायन

अज्ञेय, श्री रामशर्मा, मोहन सिंह सेंगर जैसे रचनाकारों ने किया। उक्त पत्र ने विशेषतः अश्लील साहित्य एवं पाश्चात्य साहित्य व संस्कृति के विरुद्ध एक लम्बा अभियान चलाया और स्वाधीनता आन्दोलन में अपनी विशिष्ट भूमिका का निर्वहन भी किया।

इस समय की कुछ विशिष्ट पत्रिकाओं में गंगा जिसके सम्पादक श्री शिवपूजन सहाय एवं पं. गौरी नाथ झा थे, वाणी जो सन् 1927 में इन्दौर से पं. कालिका प्रसाद दीक्षित कुसुमाकर के सम्पादकत्व में प्रकाशित हुई तथा हर गोविन्द सेठ, पांडेय बेचन शर्मा उग्र, शिवपूजन सहाय, नवजादिक लाल एवं सूर्यकांत त्रिपाठी निराला जैसे लब्ध प्रतिष्ठित साहित्यकारों के सम्पादकत्व में सन् 1923 में मतवाला नामक साप्ताहिक पत्र का प्रकाशन पत्रकारिता के इतिहास के विशिष्ट स्थान रखता है। इस ऐतिहासिक पत्र ने हास्य व्यंग्य विधा के माध्यम से पूर्ण निर्भीक होकर देश, समाज की साहित्यिक, सामाजिक, राजनैतिक सेवा में अपना भरपूर योगदान दिया। सन् 1924 में महारथी मासिक का प्रकाशन रामचन्द्र शर्मा ने दिल्ली से, सन् 1939 में पण्डित माखन लाल चतुर्वेदी ने कर्मवीर का सम्पादन जबलपुर से, श्री कृष्ण दत्त पालीवाल ने सैनिक का प्रकाशन आगरा से तथा श्री यशपाल ने प्रसिद्ध क्रांतिकारी पत्र विप्लव का प्रकाशन व सम्पादन किया।

साहित्यिक पत्रकारिता के क्रांतिकारी राष्ट्रीय स्वाधीनता आन्दोलन की ऐतिहासिक यात्रा से ज्ञात होता है कि महान् क्रांतिकारी योद्धाओं, सैनिकों के समतुल्य ही साहित्यिक पत्र पत्रिकाओं में अपना विशिष्ट योगदान दिया है। तत्कालीन अंग्रेजी सरकार के विरुद्ध लिखने का परिणाम सहर्ष स्वीकार करते हुए तत्कालीन साहित्यकारों ने अपनी कलम को अनवरत जारी रखा। अनेकों बार ऐसी स्थिति उत्पन्न हुई जब साहित्यकारों को जेल की यातनाओं को भुगतना पड़ा अथवा पत्र पत्रिका को राष्ट्र विरोधी घोषित कर देने के कारण बंद कर देना पड़ा। लेकिन साहित्यकारों ने छद्मनाम से भूमिगत होकर या फिर पुनः एक नवीन नाम से अपना अभियान प्रारम्भ रखा। इसीलिए आज वे समस्त हिंदी के साहित्यकार जिन्होंने पत्रकारिता के माध्यम से अंग्रेजी सरकार की नीवं को हिलाकर रख दिया। सेल्यूट के हकदार हैं।

सामाजिक व धार्मिक सुधार आन्दोलन

अठारहवीं शताब्दी राजनीतिक, सामाजिक तथा धार्मिक क्षेत्र में अवनति का युग था। अगणित जातियों औ उपजातियों में हिन्दू विभाजित थे। विभिन्न जातियों व उपजातियों के बीच सद्भावाना का अभाव था। लोग देश या सम्पूर्ण समाज के बदले अपनी जाति के प्रति निष्ठावान होकर छोटे-छोटे समूहों में बँट गये थे। सती-प्रथा, बाल-विवाह, बहुत-

विवाह, पर्दा प्रथा आदि कुप्रथाओं प्रचलित थीं। ऊँच-नीच के भेद-भावों के कारण समाज में निम्न वर्गों की दशा शोचनीय थी। परम्परागत रीति-रिवाज के अन्धे अनुकरण के फलस्वरूप कर्म-काण्डों की प्रधानता हो गई थी। धार्मिक क्षेत्र में भी उनके अन्ध-विश्वासों ने घर कर लिया था। धर्म के वास्तविक स्वरुप को जन साधारण भूलने लगे थे। वस्तुत: समाज अपनी प्रगतिशीलता खो चुका था। परन्तु यह स्थिति अधिक समय तक नहीं रह सकी। उन्नीसवीं शताब्दी के प्रारम्भिक दशकों में भारत के बुद्धिजीवी वर्ग में एा नवीन चेतना से प्रभावित होकर उनको महान् विभूतियों ने धार्मिक सामाजिक व सांस्कृतिग्रें क्षेत्र में सुधार के लिये प्रयत्न किये।

कारण

1. एशिया के जागरण का प्रभाव- उन्नीसवीं शताब्दी में चीन, टर्की व एशिया के कुछ अन्य देशों में सुधार की लहर आरम्भ हुई जिसका प्रभाव भारत पर भी पड़ा।

2. अंग्रेजों द्वारा आर्थिक शोषण-अंग्रेजों की आर्थिक शोषण की नीति से भारत की जतना क्षुब्ध थी। अधिकांश, कृषक गाँव छोड़कर शहर आ गये और उनमें सुधार के लिये चेतना पैदा हुई।

3. पाश्चात्य सम्पर्क का प्रभाव-उन्नीसवीं शताब्दी के आरम्भ में भारत का सपर्म्क पाश्चात्य जगत से हुआ। विशेषकर 1835 ईसवी में अंग्रेजी भाषा के शिक्षा का माध्यम घोषित होने के बाद से भारतीयों को पाश्चात्य देशों की प्रगति और स्वतन्त्रता की भावना से परिचित होने का अवसर मिला। रमेश चन्द्र मजूमदार के अनुसार अंग्रेजी शिक्षा ने पाश्चात्य विचारों की बाढ़ के लिये द्वारा खोल दिया। उच्च शिक्षा प्राप्त करने के लिये अनेक इंग्लैण्ड गये। भारत में भी अंग्रेजी भाषा के माध्यम से शिक्षा प्राप्त करने वाले विद्यार्थियों ने पाश्चात्य देशों के सम्बन्ध में जानकारी प्राप्त की। रमेश चन्द्र मजूमदार केमत में पश्चिमी जगत के विचारों से उचित समय पर सम्पर्क हुआ। इस समय यूरोप में फ्रांसीसी क्रान्ति के सिद्धान्तों का प्रचार हो रहा था, लोकतन्त्र की भावना दृढ़ होती जा रही है थी तथा किसी भी विचार को तर्क की कसौटी पर उतारे बिना स्वीकार नहीं किया जाता था। सामाजिक क्षेत्र में समानता को सबसे अधिक महत्त्व दिया जाता था।

पाश्चात्य ग्रन्थों के अध्ययन से शिक्षित भारतीय भी इस प्रकार के विचारों से प्रभावित हुए। उनमें भी अंधविश्वासों एवं सामाजिक कुरीतियों के प्रति विद्रोह की भावना जागृत हुई। तारा चन्द के अनुसार उन्नीसवीं सदी में पाश्चात्य शिक्षा की प्रगति का विवेचन करने पर पता चलता है कि भारतीय मन को बदलने में इसके प्रभाव कितने दूरगामी थे। वास्तव

में बाहरी संस्कृति के फैलाव के कारण भारतीयों के लिए यह जरूरी हो गया कि वे आत्म निरीक्षण करें और अपनी संस्कृति और संस्थाओं की शक्ति और कमजोरियों की छान-बीन करें।

समाचार-पत्रों का योगदान-अठारहवीं शताब्दी के अन्तिम दशकों में तथा उन्नीसवीं सदी के प्रारम्भिक काल में भारत के प्रमुख नगरों से उनके समाचार-पत्र प्रकाशित हुए। इनमें से कुछ समाचार-पत्र हिन्दी, उर्दू और प्रान्तीय भाषाओं में भी थे। इनमें प्रकाशित लेखों को पढ़कर भारतीयों में सामाजिक व धार्मिक सुधार की भावना जागृत हुई।

साहित्य का प्रभाव- इस समय में संस्कृत, फारसी, उर्दू व हिन्दी के अतिरिक्त क्षेत्रीय भाषाओं में अनेक ग्रन्थों का प्रकाशन हुआ। उपन्यासों, नाटकों व कविताओं में सामाजिक व धार्मिक सुधारों की आवश्यकता के प्रति जनता का ध्यान आकर्षित किया गया।

ईसाई धर्म प्रचारकों के कार्यों से प्रेरणा- भारत में ईसाई धर्म के प्रचारकों को धर्म-प्रचार करने वाले शिक्षण संस्थायें खोलने की पूरी स्वतन्त्रता थी। इसमें कोई सन्देह नहीं कि ईसाई धर्म के कुछ प्रचारकों ने गाँवों के शिक्षा के प्रचार में महत्त्वपूर्ण योगदान दिया परन्तु अधिकांश प्रचारकों ने हिन्दू धर्म व समाज की कटु आलोचना करके अपने धर्म को श्रेष्ठ बताया। उन्होंने भारत की प्राचीन संस्कृति को भी हीन बताया। उनके प्रभाव में आकर कुछ शिक्षित भारतीयों ने ईसाई धर्म स्वीकार किया। राजा राममोहन राय जैसे विद्वानों ने धर्म परिवर्तन को रोकने के लिये हिन्दू धर्म व समाज की कुरीतियों को दूर करने की आवश्यकता का अनुभव किया।

नये माध्यम वर्ग का विकास- बी. बी. मिश्रा के मत में उन्नीसवीं शताब्दी से भारत में एक नये माध्यम वर्ग का उदय हुआ। सरकारी कार्यालयों मे कार्य करने वाले अधिकारी, वकील, डॉक्टर, व्यापारी व अन्य शिक्षित व्यक्ति इस वर्ग के सदस्य थे। वे पाश्चात्य सभ्यता के विचारों से प्रभावित थे। इस वर्ग के व्यक्ति सामाजिक व धार्मिक कुरीतियों को समाप्त करने के पक्ष में थे।

प्राचीन गौरव का गुण-गान-कलकत्ता की एशियाटिक सोसायटी ने भारत के प्राचीन ज्ञान विज्ञान की नए सिरे से जानकारी दी। विलियम जोंम व अन्य विद्वानों ने प्राचीन ग्रन्थों के माध्यम के आधार पर भारतीयों को बताया कि उनका देश प्राचीन काल में उन्नति के उच्च शिखर पर था। इससे भारतीयों में फिर से आत्म-विश्वास की भावना जागृत की। उन्हें विश्वास होने लगा कि अंधविश्वासों, पाखंडों और सामाजिक कुरीतियों से मुक्त होकर उनका देश फिर महान् बन सकता है।

यातायात के साधनों का विकास-आरम्भ में सड़कों और बाद में रेलवे लाइनों के विकास ने विभिन्न प्रान्तों के व्यक्तियों के विचारों को आदान-प्रदान करने में सहायता दीं। यातायात के विकास ने अनेक सामाजिक व धार्मिक कुरीतियों के विरुद्ध किये गये आन्दोलनों को व्यापक बनने में सहायता दी। रेलगाड़ी में यात्रा के कारण भी छुआछूत और खान-पान के बंधनों में शिथिलता आई।

शान्ति व सुव्यवस्था की स्थापना- अठारहवीं शताब्दी अशांति का काल था। उन्नीसवीं शताब्दी के आरम्भ के आरम्भ तक देश के विभिन्न भागों में शान्ति व सुव्यवस्था स्थापित हो गई थी। अतएवं सामाजिक व धार्मिक सुधार के लिये प्रयास किये गये।

महान नेता का उदय- उन्नीसवीं शताब्दी में राम मोहन राय, दयानन्द विवेकानन्द व सैयद अहमद आदि महान व्यक्तियों ने सामाजिक व धार्मिक सुधार का कार्य किया।

ब्रह्म समाज:

राम मोहन राय का जीवन- राम मोहन राय का जन्म 1774 ई. में पश्चिम बंगाल के बुर्द्धवान जिले के एक कट्टर व धनी ब्राह्मण परिवार में हुआ। आरम्भ से ही उसमें विविध धर्मों के मूल ग्रन्थों का अध्ययन करने में रुचि प्रदर्शित की। युवावस्था में ही उन्होंने पटना में अरबी-फारसी का अध्ययन किया। पटना से घर लौटकर लगभग सौलह वर्ष की अवस्था में राम मोहन राय ने मूर्ति-पूजा के विरुद्ध अपने विचार एक पुस्तिका में प्रकट किये। इससे अप्रसन्न होकर उसके पिता ने उसे घर से निकाल दिया। लगभग तीन-चार वर्षों तक वे भारत में भ्रमण करते रहें ।

इसके बाद बनारस में संस्कृत भाषा और हिन्दुओं के धार्मिक ग्रन्थौं का अध्ययन किया। 1903 ई. में वे मुर्शिदाबाद आ गये और वहाँ उन्होंने फारसी में तुहाफात-उल-मुजाहिदिन नामक पुस्त्का में सभी धर्मों में प्रचलित अन्ध-विश्वासों की निन्दा की तथा मूर्ति-पूजा का खण्डन किया। 1805 से 1814 ई. तक राम मोहन राय का घनिष्ठ सर्म्पक ईस्ट इण्डिया कम्पनी के एक वरिष्ठ कर्मचारी जॉन डिग्बी के साथ रहा। इस अवधि में उन्होंने दो बार ईस्ट इण्डिया कम्पनी की नौकरी भी की। दूसरी बार 1809-1814 नौकरी के समय में वे रंगपुर में डिग्बी के साथ रहे। रंगपुर में उन्होंने विभिन्न धर्मों के विद्वानों के साथ विचारों का आदान-प्रदान किया। उपनिषद् और वेदान्त तथा जैन धर्म के ग्रन्थों का भी अध्ययन किया। अंग्रेजी, लेटिन, ग्रीक, व हिन्दू भाषाओं के ज्ञान में वृद्धि की तथा यूरोप की समकालीन राजनीतिक घटनाओं की जानकारी प्राप्त की।

ब्रह्म समाज की स्थापना

1814 ईसवी में राम मोहन राय कम्पनी की नौकरी छौड़कर कलकत्ता चले आये। कलकत्ता में उनका सर्म्पक पश्चिमी सभ्यता से प्रभावित होकर सुधारों में विश्वास करने वाले कुछ व्यकि यों से हुआ। 1815 ई. में उन्होंने आत्मीय सभा की स्थापना की। प्रत्येक सप्ताह में एक बार इस सभा के सदस्य ऐकेश्वरवाद के सिद्धान्तों के समर्थक में विचार प्रकट करते थे। 1819 ई. में राम मोहन राय ने दक्षिण के एक प्रसिद्ध ब्राह्मण विद्वान सुब्रह्मण्यम शास्त्री को मूर्ति-पूजा के विषय पर एक वाद-विवाद में परास्त किया। 1820 ई. में उन्होंने दी प्रीसेप्ट्स ऑफ जीसस-दी गाइड टू हेपीनेस पुस्तिका में ईसा मसीह की शिक्षाओं का विवेचन किया।

1820 से 1823 ई. के मध्य राम मोहन राय ने **बाइबिल** के आधार पर 'अपील्स टू दी क्रिश्चियन पीपूल' नामक तीन लेख प्रकाशित किये। उपनिषेद् के पाँच ग्रन्थों का अनुवाद भी उन्होंने किया।

अगस्त 1828 ई. में राम मोहन राय ने ब्रह्म समाज की स्थापन की। 1831 ई. में वे मुगल सम्राट के वकील बनकर लन्दन गये। 1833 ई. में लन्दन में उनकी मृत्यु हो गई।

ब्रह्म समाज के सिद्धान्तः

अ. धार्मिक - **1.** ईश्वर एक है। वह संसार का सृष्टा, पालक एवं रक्षक है। वह निराकार और निर्विकार है। उनके प्रेम व पवित्रता असीमित है।

2. आत्मा अमर है तथा वह अपने कार्यों के लिये भगवान के सामने उत्तरदायी है। उसमें उन्नति की असीम क्षमता है।

3. भगवान के अस्तित्व की अनुभूति और आध्यात्मिक उन्नति के लिये प्रार्थना आवश्यक है।

4. किसी भी पुस्तक अथवा पुरुष को मोक्ष का एक मात्र साधन नहीं मानना चाहिये।

5. उन्होंने मूर्ति-पूजा का खण्डन किया तथा किसी भी बनायी हुए मूर्ति को ईश्वर मान का पूजने का विरोध किया। यज्ञों व उनमें बलिदान की प्रथा का भी उन्होंने खण्डन किया।

6. राम मोहन राय ने सभी धर्मों में प्रतिपादित मूल सिद्धान्तों के प्रति आदर प्रकट किया।

7. धर्म के पालन में ब्राह्य कर्मकाण्डों का तथा अन्य विश्वासों का विरोध किया।

8. विश्वबन्धुता के सिद्धान्त को माना।

ब. सामाजिक – सामाजिक कुरीतियों का धर्मा से कोई सम्बन्ध न मानते हुए राम मोहन राय ने अनेक कुरीतियों का विरोध किया। सती-प्रथा, बाल-विवाह, जातिप्रथा, छुआछूत कन्या-विक्रय और कन्या वध आदि कुरीतियों को समाप्त करने के लिए ब्रह्म समाज ने आन्दोलन किया तथा स्त्री शिक्षा का समर्थन किया।

राम मोहन राय की मृत्यु के पश्चात् देवेन्द्र नाथ टैगोर और केशव चन्द्र सेन ने ब्रह्म समाज को नेतृत्व प्रदान किया। देवेन्द्र नाथ ने 1839 ईसवी में तत्वबोधिनी सभा स्थापित की। केशव चन्द्र सेन ने नव विधान सभा की स्थापना की। इन दोनों नेताओं में केशव चन्द्र ईसाई धर्म से आधिक प्रभावित थे। दोनों के विचारों में मतभेद के कारण ब्रह्म समाज दो भागों में विभक्त हो गया। केशव चन्द्र ने देश के कुछ प्रान्तों का दौरा किया। रमेश चन्द्र मजूमदार के अनुसार केशव चन्द्र सेन के नेतृत्व में ब्रह्म समाज मे सामाजिक सुधार का एक विस्तृत कार्यक्रम आरम्भ किया जो कि भारतीय पुनर्जागरण का एक प्रमुख अंग बन गया। इसमें स्त्रियों के स्तर में सुधार श्रमिकों की शिक्षा नैतिकता दान व कम मूल्यों पर अच्छे साहित्य के प्रकाशन को भी महत्त्व दिया गया।

ब्रह्म समाज की स्थापना को हम आधुनिक काल के धार्मिक और सामाजिक आन्दोलनों का आरम्भ मान सकते है। राम मोहन राय ने हिन्दू धर्म व समाज की कुरीतियों को दूर करने का प्रयत्न किया। उन्होंने प्राचीन हिन्दू धर्म की महानता को माना तथा हिन्दुओं को अपने प्राचीन गौरव का स्मरण कराया। ब्रह्म समाज के सदस्यों को साप्ताहिक अधिवेशनों में वेदों का पाठ तथा उपनिषदों के बंगला अनुवादों का वाचन करना होता था। ऐकेश्वरवाद तथा मनुष्य जाति के भ्रातृत्व पर जोर देते हुए राम मोहन राय ने सभी धर्मों के प्रति सहनशीलता का सबक सिखाया।

राम मोहन राय की उपलब्धियाँ

विद्वता- राम मोहन राय संस्कृत अरबी व फारसी के विद्वान थे। वे हिन्दू लेटिन ग्रीक व अंग्रेजी भाषा भी जानते थे। वेदों उपनिषदों वेदान्त व हिन्दू धर्म के अन्य ग्रन्थों का उन्होंने गहन रूप से अध्ययन किया था। कुरान और बाइबिल का भी उन्होंने अध्ययन किया। राय ने विभिन्न गम्भीर विषयों पर अनेक पुस्तिकाएँ लिखीं। इन पुस्तिकाओं का उल्लेख पहले किया जा चुका है। उन्होंने काफी लगन व परिश्रम के बाद वेदों और उपनिषदों का बंगला अनुवाद प्रकाशित किया।

धार्मिक व सामाजिक सुधारक-आरम्भ में आत्मिक समाज और बाद में ब्रह्म समाज की स्थपना कराके राम मोहन राय ने उन्नीसवीं शताब्दी में धार्मिक व सामाजिक

सुधार आन्दोलन को जन्म दिया। बाल्यकाल में ही अपनी विधवा भाभी को सती होते देखकर उन्होंने इस अमानवीय प्रथा का विरोध करने का निश्चिय किया। सती-प्रथा को निषेध करने में विलियम बेंटिक को राम मोहन राय से काफी सहायता व समर्थक मिला। राम मोहन राय ने सिद्ध कर दिया कि सती-प्रथा का कोई धार्मिक आधार नहीं है। बाल विवाह, बहु-विवाह, छुआछूत, पर्दा-प्रथा आदि कुरीतियों का उन्होने विरोध किया। स्त्रियों के स्तर को ऊँचा उठाने के लिए स्त्री शिक्षा का समर्थक किया। मूर्ति-पूजा, यज्ञ, पशु बलिदान और कर्मकाण्डों का विरोध करके धार्मिक सुधार के लिए प्रयास किया। यद्यपि वे अंग्रेजी भाषा के माध्यम से शिक्षा का समर्थक करके भारतीयों को पाश्चात्य प्रगति से परिचित कराना चाहते थे किन्तु उन्होंने अपने देश की संस्कृति को हीन नहीं माना तथा भारतीयों का प्राचीन धर्म शास्त्रों व ग्रन्थों को समझने का उपदेश दिया। वास्तव में वे हिन्दू धर्म के विरोधी नहीं थे। उन्होंने निर्भिकता के साथ ईसाई धर्म प्रचारकों की धर्म परिवर्तन कराने वाली गतिविधियों का विरोध किया। इस प्रकार उनका उद्देश्य हिन्दू धर्म व समाज की कुरीतियों को दूर करना था।

पत्रकारिता- 1821 ई. में राम मोहन राय ने अपने सिद्धान्तों का प्रचार करने के लिये बंगला में सबसे पहला साप्ताहिक समाचार-पत्र संवाद कोमुदी प्रकाशित किया। 1822 ई. में इस पत्रिका का प्रकाशन बन्द हो गया। किन्तु शीघ्र ही इसका प्रकाशन पुनः आरम्भ हो गया तथा 1833 में इसे द्वि-साप्ताहिक कर दिया गया। अप्रैल 1822 ई. में राम मोहन राय ने फारसी का भी पहला समाचार-पत्र मिरात ऊल-अखबार कलकत्ता से प्रकाशित किया। राम मोहन राय की प्रेरणा से चार भाषाओं-बंगला, फारसी, हिन्दी, अंग्रेजी, में बंगदूत अंग्रेजी में बंगाल हेराल्ड का प्रकाशन आरम्भ हुआ। एक पत्रकार के कर्तव्य और दायित्व से राम मोहन राय परिचित थे। मिरात-उल-अखबार नामक पत्रिका की भूमि में उन्होंने लिखा कि मेरा उद्देश्य जनता को ऐसे समाचार देना है जिससे उनका सुधार हो। इसके लिए व उन्हें घटनाओं की सही जानकारी देंगे।

समाचार-पत्रों की स्वतंत्रता के राम मोहन राय प्रबल समर्थक थे। 1823 ई. में ब्रिटिश सरकार द्वारा लागू किये गये प्रेस अध्यादेश का विरोध किया। इसके लिए राम मोहन राय ने सम्राट की परिषद के सामने एक स्मरण-पत्र प्रस्तुत किया।

उनके सशक्त विरोध के कारण अध्यादेश रद्द कर दिया।

शैक्षणिक- राम मोहन राय अंग्रेजी भाषा के माध्यम से शिक्षा देने का समर्थक कराते थे। पाश्चात्य जगत के स्वतन्त्रतापूर्ण विचारों और प्रगति का अध्ययन करने के लिए वे

अंग्रेजी का ज्ञान आवश्यक मानते थे। किन्तु मेकाले की भाँति पूर्वी देशों के प्राचीन ज्ञात को उन्होंने निकृष्ट नही माना तथा भारतीयों को प्राचीन धार्मिक ग्रन्थों का अध्ययन करने की सलाह दी। इन विचारों के आधार पर कलकत्ता में वेदान्त कॉलेज और हिन्दू कॉलेज के साथ-साथ इंग्लिश स्कूल खोला। उनके द्वारा स्थापित हिन्दू कालेज ने भारत के पुनर्जागरण में सहरानीय योगदान दिया।

राम मोहन राय स्त्रियों की शिक्षा के समर्थक थे। ब्रह्म समाज में युवतियाँ शिक्षा प्राप्त करती थीं। वे स्त्रियों को समान अधिकार दिलाना चाहते थे।

साहित्य- बंगला भाषा के विकास में उनका महत्त्वपूर्ण योगदान रहा। उनके लेखन ने बंगला में एक सुन्दर गद्य को जन्म दिया।

राजनीतिक विचारधारा व कार्य - अपने समय के व्यक्तियों के समान राजा राम मोहन राय तत्कालीन परिस्थितियों में भारत के लिए ब्रिटिश शासन को हितकारी मानते थे। उनके मत में यद्यपि ब्रिटिश शासन में भारतीय राजनीतिक प्रभुत्व से वंचित हो गये थे किन्तु अंग्रेजों ने उनके नागरिक व धार्मिक अधिकारों को मान्यता प्रदान कर उनके स्तर को ऊँचा किया। इसके अतिरिक्त अंग्रेजी शासन ने भारतीयों का पाश्चात्य जगत से सम्पर्क स्थापित करके उन्हें आगे बढ़ाने में सहायता दी। अंग्रेजी शासन के समर्थक होते हुए भी राम मोहन राय ने अनेक मामलों में अंग्रेजों से सुधारों की माँग की। प्रेस पर प्रतिबंध लगाने वाले अध्यादेश का राजा राममोहन राय ने विरोध किया। 127 ई. के जूरी एक्ट के विरोध में भी एक स्मरण-पत्र सरकार को प्रस्तुत किया। इस अधिनियम में हिन्दू व मुसलमानों को भारतीयों के मुकदमें में जूरी नियुक्त होने के अधिकार से वंचित किया था। राम मोहन राय ने बोर्ड ऑफ कण्ट्रोल को प्रस्तुत किये गये समय किसानों से ली जाने वाली मालगुजारी की दरों को कम करने, जूरी द्वारा न्याय की व्यवस्था, न्यायाधीशों एवं राजस्व अधिकारियों की पृथकता, दीवानी व फौजादी कानूनों का संग्रह बनाने फारसी के स्थान पर न्यायालयों में अंग्रेजी का प्रयोग, न्यायाधीशों की स्वतंत्रता और भारतीयों की उच्च पदों पर नियुक्ति करने के लिए अपील की।

उन्होंने कृषि के क्षेत्र में दमनकारी कानूनों का विरोध किया। स्त्रियों के लिए सम्पत्ति के अधिकारों की माँग की। ऐसा विश्वास किया जाता है कि 1833 ई. के चार्टर में भारतीय के हितों से सम्बन्धित कुछ प्रावधानों की सम्मिलित करने में राम मोहन राय का प्रभाव था।

रमेश चन्द्र मजूमदार के मत में राजा राममोहन राय प्रथम भारतीय थे जिन्होंने अपने देश की समस्याओं को अंग्रेजी सरकार के सामने रखा। यद्यपि उनके प्रयास कुछ उद्देश्यों तक सीमित थे। किन्तु उन्हें इस दिशा में मार्ग प्रशस्त करने का श्रेय दिया जा सकता है।

राम मोहन राय अन्तर्राष्ट्रीयता के पुजारी थे। फ्रांसीसी क्रांति के विचारों के गहन अध्ययन से वे प्रभावित हुए। उन्होंने अन्तर्राष्ट्रीय विवादों को सुलझाने के लिए एक अन्तर्राष्ट्रीय कांग्रेस की स्थापना का सुझाव दिया।

मूल्यांकन-मिस कालेट में राजा राम मोहन राय के प्रतिक्रिया तथा प्रगति के मध्य का बिन्दु माना है। वस्तुत: राजा राम मोहन राय के समय भारत में प्रतिक्रियावादी युग से निकल कर आधुनिक युग में प्रवेश किया। इसलिए उन्हें नये युग का अग्रदूत अथवा आधुनिक काल के पूनर्जागण आन्दोलन का जनक भी कहा जा सकता है।

यंग बंगाल आन्दोलन-उन्नीसवीं शताब्दी के तीसरे व चौथे दशक में बंगाल के बुद्धिजीवियों ने एक आन्दोलन आरम्भ किया जिसे यंग बंगाल के नाम से जाना जाता है। इसके प्रेरणा स्रोत हेनरी विवियन डिरोजियो थे। 1826 से 1831 ईसवी तक इस एंग्लो-इंडिया नवयुवक के हिन्दू कालेज, कलकत्ता में प्राध्यापक के पद पर कार्य किया। उन्हें भार से अपार प्रेम था, उन्होंने अपने विद्यार्थियों को विवेकपूर्ण और मुक्त ढंग से सोचने, सभी आधारों की प्रमाणिकता की जाँच करने, मुक्ति, समानता और स्वतंत्रता से प्रेम करने तथा सत्य की पूजा करने की सलाह दी। वे प्राचीन रीति-रिवाजों का विरोध करते थे। वाद-विवाद, लेखन और बौद्धिक संगठनों के माध्यम से उन्होंने अपने विचार का प्रचार किया।

उन्होंने कई संस्थाओं का गठन किया। इनके नाम हैं- ऐकेडेमिक ऐसोसियेशन, सोसायटी फॉर द एक्वीजिशन, ऑफ जनरल नोलेज, डिबेटिंग कस्ब और बंग हित सभा। इनमें सामाजिक व धार्मिक कुरीतियों के उन्मूलन के तरीकों पर विचार किया जा सकता था। डेरोजियो व उसके अनुयायी पाश्चात्य विचारों से अत्यधिक प्रभावित थे। अतएव उन्होंने प्राचीन हिन्दू परम्पराओं में दोष नजर आते थे। कट्टरपंथी हिन्दुओं ने उनका विरोध किया। फलस्वरूप अप्रैल 1831 ई. में उन्हें हिन्दू कॉलेज से निकाल दिया गया। परन्तु उन्होंने ईस्ट इंण्डिया नामक एक दैनिक पत्र का सम्पादन सम्भाल लिया। दिसम्बर 1831 ई. में लगभग चौबीस वर्ष की आयु में उनकी मृत्यु हो गया। उनकी मृत्यु के बाद एकेडेमिक एसोसियेशन बिखर गया। किन्तु हिन्दू कॉलेज में उनके कुछ शिष्यों ने काम जारी रखा। 1834 ई. में बम्बई में स्थापित एलफिन्स्टन कॉलेज ने यंग बंगाल का

अनुसरण करके यंग बंगाल नाम संस्था खोली । इसी प्रकार मद्रास में एक संस्था खोली गई। लेकिन डेरोजियो की मृत्यु के बाद यह आन्दोलन धीरे-धीरे शिथिल होता गया।

इस आन्दोलन के शिथिल होने के कई कारण थे। यह आन्दोलन किताबी ज्ञान पर जोर देता था, अतएव इसका व्यावहारिक पक्ष सामाजिक वास्तविकता पर कम आधारित था। क्योंकि इसका उद्देश्य प्राचीन परम्पराओं पर प्रहार करना था, इसलिए इसे तीव्र विरोध का सामना करना पड़ा। यद्यपि इस आन्दोलन का उद्देश्य भारतीय धर्म व समाज का सुधार करना था, किन्तु इसकी प्रेरणा फ्रांसीसी क्रांति व इटली के एकीकरण की घटनाएँ थी। अतएव यह आन्दोलन भारतीयों में लोकप्रिय नहीं हो सका।

यद्यपि यह आन्दोलन अधिक नहीं फला किन्तु इसकी कुछ उपलब्धियाँ हैं। इसने जनता को सामाजिक, धार्मिक व राजनीतिक प्रश्नों पर विचारा-विमर्श करके शिक्षित करते की राजा राम मोहन की परम्परा को आगे बढ़ाया। इससे सामान्य हितों से सम्बन्धित समस्याओं पर सार्वजनिक आन्दोलन किये। इन आन्दोलनों के मुख्य मुद्दे थे- जमींदारों से रैयतों की सुरक्षा, प्रेस की स्वतंत्रता और उच्च सरकारी सेवाओं में भारतीयों की भर्ती आदि। इस आन्दोलन को हम राष्ट्रीय पतन के बाद के काल में रचनात्मक प्रतिक्रिया का प्रतीक मानते हैं।

प्रार्थना समाज

केशवचन्द सेन के नेतृत्व में ब्रह्म समाज का प्रचार देश के विभिन्न भागों में हुआ। 1864 ई. में उन्होंने बम्बई की यात्रा की। उसकी प्रेरणा 1867 ई. में आत्माराम पाण्डुरंग ने बम्बई में ब्रह्म समाज के आधार पर प्रार्थना समाज की स्थापना की। इसके दो मुख्य उद्देश्य-ऐकेश्वरवाद का प्रचार तथा सामाजिक सुधार का कार्य 1869 ई. में आर. जी. भण्डारकर और महादेव गोविन्द रानाडे प्रार्थना समाज के सदस्य बने। रानाडे के ऐकेश्वरवाद में विश्वास के साथ-साथ हिन्दू धर्म में व्याप्त भ्रष्टाचार के विरुद्ध भी आवाज उठायी। ब्रह्म समाज की भांति प्रार्थना समाज ने भी वेदों को पवित्र ग्रन्थ नहीं माना। इस समाज ने भी आत्मा के आवागमन सिद्धान्त और अवतारवाद के सिद्धान्त को स्वीकार किया किन्तु मिस कोलेट के अनुसार ब्रह्म समाज के समान प्रार्थना समाज ने ब्राह्मणवाद का उग्र विरोध नहीं किया। सदस्यों के लिए मूर्ति-पूजा का त्याग और जाति के बन्धनों का विरोध भी आवश्यक माना गया।

प्रार्थना समाज ने सामाजिक सुधार की दिशा में सराहनीय कार्ड किया। इससे विधवा विवाह के प्रचलन, बाल-विवाह पर रोक, स्त्री-शिक्षा को प्रोत्साहित और पर्दा प्रथा के

त्याग पर जोर दिया। 1891 ई. में रानाडे ने महाराष्ट्र में विडो रिमेजिर एसोसियेशन की स्थापना की। उनके प्रयत्नों से दक्षिण शिक्षा के तत्वाधान में शिक्षा के प्रसार के लिए कार्य किया। प्रार्थना समाज के अनुयायियों ने विधवा आश्रम, अछूतोद्धार, रात्रि पाठशालाएँ आदि समाज सेवी संस्थाएँ खोली। इस समाज के तत्वाधान में दलित जाति मण्डल भी खोला।

रमेश चन्द्र मजूमदार के मत में प्रार्थना समाज ने हिन्दू धर्म शास्त्रों में प्रतिपादित अनेक सिद्धान्तों को माना और मराठी संत –कवियों की वाणी का प्रयोग किया। यद्यपि ब्रह्म समाज के समान प्रार्थना समाज का भी अधिक प्रसार नहीं हुआ किन्तु फिर भी तेलगु भाषी प्रदेशों में इसने लोकप्रियता अर्जित की। धार्मिक गतिविधियों की अपेक्षा प्रार्थना समाज ने सामाजिक सुधार और शिक्षा के प्रसार के क्षेत्रों में उल्लेखनीय कार्य किया।

आर्य समाज

दयानन्द का जीवनमृत- 1824 ई. में गुजरात के एक गाँव के ब्राह्मण परिवार में मूल शंकर का जन्म हुआ। चौदह वर्ष की आयु में वे घर छोड़कर चले गये। उसके बाद पन्द्रह वर्ष तक उन्होंने देश के विभिन्न भागों का भ्रमण किया। आरम्भ में उन्होंने ब्रह्मचर्य का पालन किया किन्तु कुछ समय बाद वे साधु बन गये। 1860 ईसवी में उन्होंने मथुरा में स्वामी वृजानन्द से दीक्षा ली। उसके पास रह कर दयानन्द ने संस्कृत का ज्ञान प्राप्त करके वेदों का गहन अध्यनन किया। स्वामी वृजानन्द से विदा लेते समय दयानन्द ने वचन दिया कि वे पौराणिक हिन्दू धर्म की कुरीतियों, अन्धविश्वासों तथा पाखण्डों का खण्डन तथा वैदिक युग की धर्म व संस्कृति की स्थापना के लिए निरन्तर प्रयास करेंगे। तत्पश्चात् दो साल तक एवं केशव चन्द्र ने कलकत्ता में विचार-विमर्श किया। इसके कुछ समय बाद बनारस के एक प्रकाण्ड विद्वान की चुनौती को स्वीकार करके दयानन्द ने उनके कर्मकाण्डी पंडितों को शास्त्रार्थ में परास्त किया। 1847 ई. में बम्बई में दयानन्द ने आर्य समाज की स्थापना की। इसके बाद दयानन्द ने देश के अनेक अन्य भागों में भ्रमण किया। अक्टूबर 1883 ई. में जोधपुर में किसी ने स्वामी जी को दूध में विष दे दिया। स्वास्थ्य खराब होने पर भी वे जोधपुर से अजमेर आ गये। 30 अक्टूबर 1883 ई. को उनका देहान्त हो गया। सत्यार्थ प्रकाश के आधार पर 1877 ई. में आर्य समाज ने निम्नलिखित दस नियम बनाये-

1. वेद सच्चे ज्ञान के स्रोत हैं। अतएव सभी मनुष्यों को इसका अध्ययन, मनन, और प्रचार करना चाहिए।

2. ईश्वर सर्व शक्तिमान, न्यायकारी, दयालु, निर्विकार, सर्वव्यापक, अजर-अमर, पवित्र और सृष्टिकर्त्ता है। अतएव उसकी उपासना सबको करनी चाहिए।

3. प्रत्येक व्यक्ति के लिये सत्य ग्रहण करना तथा असत्य को त्यागना आवश्यक है।

4. प्रत्येक कार्य को सत्य व असत्य का विचार करके करना चाहिये।

5. समाज का प्रमुख उद्देश्य संसार का उपकार करना होना चाहिये। अतएव उसे समस्त व्यक्तियों की शारीरिक, आत्मिक और सामाजिक उन्नति का प्रयास करना चाहिये।

6. प्रत्येक व्यक्ति को केवल अपनी उन्नति से ही संतुष्ट नहीं होना चाहिये। उसे सबकी उन्नति में अपनी उन्नति समझना चाहिये।

7. समस्त ज्ञान का निमित्त कारण है और उसके माध्यम से समस्त बोध ईश्वर है।

8. अविद्या का नाश करके विद्या का प्रचार करना चाहिए।

9. सब व्यक्तियों को धर्मानुकूल आचरण करना चाहिए।

10. एक व्यक्ति को स्वयं के हित से सम्बन्धित कार्यों में आचरण की स्व..... रखनी चाहिये किन्तु सामाजिक कार्यों में मतभेदों को भुला देना चाहिये।

अन्य मान्यतायें

1. ब्राह्मणों की श्रेष्ठता को स्वीकार न करना- दयान्नद ने जन्म के आधार पर ब्राह्मणों की श्रेष्ठता को स्वीकार नहीं किया तथा वेदों के अध्ययन का अधिकार केवल ब्राह्मणों तक सीमित रखने की परम्परा का विरोध किया।

2. मूर्ति-पूजा का खण्डन- विभिन्न देवी-देवताओं के स्थान पर ईश्वर की उपासना पर जोर दिया। मूर्ति-पूजा का खण्डन किया। अनेकश्वरवाद और अवतारवाद का विरोध किया।

3. वेदों में विश्वास- उन्होंने वेदों की ओर लौटो का नारा जनता को दिया। वेदों में वर्णित यज्ञों और अन्य संस्कारों की व्याख्या करते हुए दयानन्द ने बताया कि हवन का उद्देश्य वायु मण्डल को शुद्ध करना है।

4. मोक्ष प्राप्ति का मार्ग- उन्होंने मोक्ष के सिद्धान्त को माना। उनके अनुसार ईश्वर की उपासना, अच्छे कर्म और ब्रह्मचर्य पालन से मोक्ष की प्राप्ति हो सकती है।

5. अन्ध-विश्वासों का विरोध- दयानन्द ने अन्ध विश्वासों का विरोध किया। श्राद्ध की प्रथा को मूर्खतापूर्ण बताया।

6. सहिष्णुता का पालन– दयानन्द के अनुसार आरम्भ से ही अन्य धर्मों के प्रति सहिष्णुता की नीति का पालन करन के फलस्वरूप हिन्दू धर्म को आघात पहुंचा।

7. शुद्धि आंदोलन– इस्लाम व ईसाई धर्म के प्रचार के फलस्वरु हिन्दुओं द्वारा धर्म परिवर्तन को कम करने के लिये दयानन्द ने शुद्धि आंदोलन चलाया। ऐसे हिन्दुओं का, जो ईसाई अथवा मुस्लिम धर्म स्वीकार कर चुके थे तथा वापिस हिन्दू धर्म की शरण में आना चाहते थे, आर्य समाज ने स्वागत किया। वस्तुत: आर्य समाज में बुद्धि आंदोलन को भारत की धार्मिक, सामाजिक और राजनीतिक एकता के लिये एक आवश्यक कार्यक्रम माना। इस आंदोलन के कारण आर्य समाज को सैनिक हिन्दुत्व संस्था बताया गया।

8. जाति बंधन व अस्पृश्यता का विरोध– राजा राम मोहन राम के समान स्वामी दयानन्द भी विश्वास करते थे कि पौराणिक युग में हिन्दू समाज में अनेक कुरीतियाँ प्रचलित हो गई थीं जिन्हें दूर किये बिना समाज प्रगति नहीं कर सकता। स्वामी दयानन्द ने जाति के बन्धन को नहीं माना तथा अस्पृश्यता का विरोध किया। समुद्र यात्रा को बुरा नहीं माना।

9. अन्तर्जातीय विवाह तथा विधवा विवाह का समर्थन–उन्होंने अन्तर्जातीय विवाह का समर्थन किया। लड़के व लड़की का विवाह क्रमश: पच्चीस व सोलह वर्ष की आयु में करने का समर्थन किया। आम तौर पर वह विधवा विवाह को पसंद नहीं करते थे किन्तु एक सन्तानहीन विधवा के विवाह पर उन्हें आपत्ति नहीं थी। रमेश चन्द्र मजूमदार के मत में ऐसा प्रतीत होता है कि दयानन्द के बाद आर्य समाज ने आम तौर पर सभी विधवाओं के पुन:विवाह को प्रोत्साहन दिया। आर्य समाज ने पर्दा प्रथा व सती-प्रथा का विरोध किया। दयानन्द ने स्त्री व पुरुष को समान अधिकार देने का सर्मथन किया।

आर्य समाज का सुधार आंदोलन में योगदान

1. शिक्षा– शिक्षा के क्षेत्र में आर्य समाज का योगदान सराहनीय है। दयानन्द के कुछ शिष्यों ने हरिद्वार व अन्य स्थानों में गुरुकुलों की स्थापना की। इनका संचालन प्राचीन आश्रमों की परम्परा के अनुसार किया गया। इस दल के नेता मुंशी राम थे। आधुनिक शिक्षा प्रदान करने के लिये आर्य समाज के कुछ नेताओं ने, जिनमें हंसराज प्रमुख थे, उनके स्थानों में दयानन्द ऐंग्लो वैदिक विद्यालय चलाये। आर्य समाज में स्त्री शिक्षा का भी प्रचार किया।

2. हिन्दी भाषा के प्रयोग का समर्थन– दयानन्द हिन्दी भाषा के समर्थक थे। हिन्दी के राष्ट्र भाषा स्वीकार करने वाले वे प्रथम महान व्यक्ति थे। उन्होंने अपने सब ग्रन्थ

हिन्दी में लिखे। हिन्दी भाषा और साहित्य को प्रोत्साहित करके आर्य समाज ने अंग्रेजी भाषा पर निर्भरता कम करने का प्रयत्न किया।

3. राष्ट्रीयता पर बल- यद्यपि दयानन्द ने राजा राम मोहन राय के समान राजनीतिक अधिकारों की माँग नहीं की किन्तु उनके विचारों से राष्ट्रीय और स्वराज्य की भावना को बल मिला। सत्यार्थ प्रकाश के अनुसार अच्छे से अच्छा विदेशी राज्य स्वेदेशी राज्य की तुलना नहीं कर सकता। दयानन्द ने विदेशी वस्तुओं का बहिष्कार तथा स्वदेशी वस्तुओं का उपयोग करने की सलाह दी। भारत के प्राचीन गौरव का स्मरण कराके दयानन्द ने आत्म सम्मान और स्वावलम्बन की भावना जागृत की। आर्य समाज ने राष्ट्रीय आंदोलन में सराहनीय योगदान किया। रमेश चन्द्र मजूमदार के मत में ब्रह्म समाज की अपेक्षा आर्य समाज ने आधुनिक हिन्दुओं, विशेषकर पंजाब के हिन्दुओं में नवीन राष्ट्रीय चेतना का अधिक विकास किया।

निष्कर्ष- भारत के पुनर्जागण में आर्य समाज ने महत्त्वपूर्ण भाग लिया। जिस प्रकार से यूरोप के प्रोटेस्टेट धर्म का आधार बाईबिल था उसी प्रकार से आर्य समाज ने भा अपना सुधार आंदोलन वेदों के पुनः अध्ययन पर रखकर उसे लोकप्रिय बनाया। दयानन्द ने वेदों को वैज्ञानिक, सामाजिक, राजनीतिक और आर्थिक सिद्धान्तों का स्रोत माना। स्वामी दयानन्द ने जनता के हृदय में ऋषियों और वेदों के लिए अपरिमित उत्साह पैदा किया। शुद्धि आंदोलन द्वारा आर्य समाज ने हिन्दू धर्म की रक्षा का प्रयत्न किया। दयानन्द ने हिन्दू धर्म को अंध-रुढ़िवादिता से मुक्ति दिलाने का भी भरसक प्रयास किया। वैदिक काल में समाज स्त्रियों को समाज में सम्मानीय स्थान व अधिकार दिलाने के लिये आर्य समाज ने सशक्त आंदोलन चलाया। सामाजिक कुरीतियों को दूर करने में यह संस्था अन्य सुधारको संस्थाओं की अपेक्षा अधिक सक्रिय रही। शिक्षा के प्रसार में भी आर्य समाज का योगदान उल्लेखनीय है। दयानन्द ने भारतीयों के मन में हीनता की भावना को कम करके उनमें राष्ट्रीयता और स्वराज्य प्रेम की भावना को विकसित किया।

□□□